中等职业教育国家规划教材
全国中等职业教育教材审定委员会审定
旅游服务与管理专业主干课系列教材

U0884148

中国旅游地理

Zhongguo Lüyou Dili

（第五版）

林婉如　主编

东北财经大学出版社
Dongbei University of Finance & Economics Press
大连

图书在版编目（CIP）数据

审图号：GS（2023）1357号

中国旅游地理 / 林婉如主编. —5版. —大连：东北财经大学出版社，2023.7（2024.7重印）
（旅游服务与管理专业主干课系列教材）
ISBN 978-7-5654-4826-3

Ⅰ.中…　Ⅱ.林…　Ⅲ.旅游地理学-中国-中等专业学校-教材
Ⅳ.F592.99

中国国家版本馆CIP数据核字（2023）第067267号

东北财经大学出版社出版
（大连市黑石礁尖山街217号　邮政编码　116025）
网　　址：http://www.dufep.cn
读者信箱：dufep@dufe.edu.cn

大连雪莲彩印有限公司印刷　　东北财经大学出版社发行

幅面尺寸：185mm×260mm　　字数：403千字　　印张：17.75
2023年7月第5版　　2024年7月第2次印刷

责任编辑：周　欢　　责任校对：郭海雷
封面设计：张智波　　版式设计：原　皓

定价：42.00元

教学支持　售后服务　联系电话：（0411）84710309
版权所有　侵权必究　举报电话：（0411）84710523
如有印装质量问题，请联系营销部：（0411）84710711

出版说明

为了贯彻《中共中央国务院关于深化教育改革　全面推进素质教育的决定》精神，落实《面向21世纪教育振兴行动计划》中提出的职业教育课程改革和教材建设计划，根据教育部《中等职业教育国家规划教材申报、立项及管理意见》（教职成〔2001〕1号）的精神，我们组织力量对实现中等职业教育培养目标和保证基本教学规格起保障作用的德育课程、文化基础课程、专业技术基础课程和80个重点建设专业主干课程的教材进行了规划和编写，从2001年秋季开学起，国家规划教材将陆续提供给各类中等职业学校选用。

国家规划教材是根据教育部最新颁布的德育课程、文化基础课程、专业技术基础课程和80个重点建设专业主干课程的教学大纲（课程教学基本要求）编写的，并经全国中等职业教育教材审定委员会审定。新教材全面贯彻素质教育思想，从社会发展对高素质劳动者和中初级专门人才需要的实际出发，注重对学生的创新精神和实践能力的培养。新教材的理论体系、组织结构和阐述方法等方面均作了一些新的尝试。新教材实行一纲多本，努力为教材选用提供比较和选择，满足不同学制、不同专业和不同办学条件的教学需要。

希望各地、各部门积极推广和选用国家规划教材，并在使用过程中注意总结经验，及时提出修改意见和建议，使之不断完善和提高。

教育部职业教育与成人教育司

第五版前言

《中国旅游地理》第五版紧紧围绕中职教育培养第一线岗位所需要的能够直接上岗操作的技能型人才的目标，坚持以强化旅游职业技能为重点，以提高学生整体素质为基础，以能力为本位，着力培养学生的操作实践能力和创新能力，据此兼顾理论教学和实践教学两个方面，着力改革课程体系和教学内容，力求适应时代发展变化，体现教改的最新成果。

新版教材修订以党的“二十大”精神为指导，注重人文精神与思政元素的渗透，“职业知识”“职业能力”“职业道德”三者并重。引导学生正确理解科学、技术与社会的关系，把学习知识、培养能力与情感体验有机地结合起来，使学生既具有较强的业务能力，又具有爱岗敬业、踏实肯干、谦虚好学和与人合作的精神，乐于在基层第一线工作；着力体现教育部、文化和旅游部、人力资源和社会保障部及其他相关部门颁布的新版《职业教育专业简介》以及全国旅游新规范、新标准和新景点，并着眼于“工学结合型”教育所要求的“双证沟通”，按照旅游大类的职业岗位群的要求，调整课程内容，把职业资格标准中要求的知识、技能与能力以及思政元素融入教材中。全面更新有关资料数据，力争如实反映我国及各旅游区的旅游发展现状。

具体来讲，本书从地理学的角度，研究和阐述我国旅游资源的分布、成因及开发利用的方向。在教学内容中，仍强调旅游地理学科知识的系统性、完整性，在传授理论知识的同时注意渗透能力的培养，如在景区景点的介绍中，不仅做了适当的描述和评价，而且简述了其形成的原因，从而突出了旅游与地理相结合的“旅游地理”这一边缘学科的特点，力图让读者“知其然又知其所以然”，要求学生熟悉旅游区内的旅游景点，并能设计游览路线。在必须掌握的“基本技能（如读图、识图、应用地图能力的培养）”中，则完全以职业岗位群的要求来组织学习和模拟操作（如当导游、自助旅游等）；同时重视和引导学生了解、掌握中华瑰宝、“绿水青山就是金山银山”以及红色旅游资源等内容。帮助学生牢固树立对马克思主义的信仰，对中国共产党和中国特色社会主义的信念，对实现中华民族伟大复兴的信心，坚定不移地听党话、跟党走。

本书主要内容包括：绪论、中国旅游资源、中国客源地理、中国旅游交通与路线、旅游信息与地图、东北旅游区等七大旅游分区以及自助旅游。每章节均配有章首的引例、节内的微型案例（以“观念应用”为名）、小思考、知识练习、技能训练和章后综合案例等。

本书第五版由林婉如任主编，叶慧莲、惠继超任副主编。参加编写的人员有重庆旅游学院教授罗兹柏，福建工贸学校高级讲师林婉如，郑州财经技师学院高级讲师惠继超、福建省福州旅游职业中专学校高级讲师卢小芸，山东旅游职业学院博士徐艳芳，浙江商业职业技术学院教授何添锦，福建工贸学校讲师叶慧莲，全书由林婉如总纂定稿。在本书编写过程中编者参阅了大量文献，得到了有关部门和学校的领导、专家和教师的大力支持，在此一并感谢。

为方便教学，我们为本书配制了PPT电子教学课件和“附录4　章后习题参考答案与提示”、“附录5　综合案例分析提示”和“附录6　综合实训教学建议”。使用本书的任课教师可登录东北财经大学出版社网站（www.dufep.cn）查询或下载这些网上教学资源。

由于时间仓促，编写水平有限，书中疏漏之处在所难免，敬请广大读者不吝赐教，以便日后再次修订，使之日臻完善。

编　者

2023年2月

目　录

绪 论

学习目标

知识目标：初步认识和理解旅游与地理的关系；掌握旅游地理学的研究对象，熟悉其学科性质与特点，了解其主要内容；了解中国旅游地理研究的发展概况。

技能目标：熟悉中国旅游地理基本知识体系纲要，了解其主要内容；初步认识中国旅游地理的学习目的，熟悉其学习方法。

能力目标：根据地理学科的体系，举例说明旅游地理与相关学科的关系。

引例： **我国早期的旅游活动**

相传远在4 000多年前，黄帝就曾游过五山；清明远足踏青、九九重阳登高，更是历来民间惯常的旅游活动；魏晋南北朝时期，文人雅士以观赏风景和怡情悦性为主要目的的山水游蔚然成风，并由此出现了“旅游”一词。

这说明我国的旅游源远流长，而且与地理环境密不可分，绪论就是探讨旅游与地理环境的关系。

0.1 旅游与地理

无论是古代社会帝王巡游天下、文人漫游山水、高僧云游四海等少数人有限的特殊旅游活动，还是当今社会人们涌向海滩、投身自然、同时又流连都市的规模化大众旅游活动，无不是以旅游者的地域空间流动和地理空间变换为基础的。由此也决定了有关旅游的学问与地理学的不解之缘。

0.1.1 旅游活动的由来

在传统意义上，旅游是指旅行与游览相结合的消遣性活动。人们有意识的外出旅行最初是由商品交换所引起，最早可追溯到原始社会末期。同时，这一历史过程也伴随着少数人外出休闲游乐、求学寻知、宗教朝圣等非经济目的的旅行活动。

18世纪中叶开始的西方产业革命，是近代规模化旅游活动与旅游产业兴起的根本基础。尤其是第二次世界大战后，随着全球社会、经济的巨大发展，特别是人们收入水平的普遍提高、闲暇时间的大幅增加，以及交通条件的全面改善，全球范围内形成了持续增长的大规模旅游客流，世界由此进入了“大众旅游”的时代。

我国自1978年改革开放以来，发展国际入境旅游，国内旅游也迅速崛起、蓬勃发展。1995年后，我国国内居民年出游率均在50%以上，城镇居民年出游率在90%以上。随着双休日、春节、国庆节、清明节、“五一”劳动节、端午节等假期的实施，我国假日旅游空前活跃。我国也由此步入大众旅游时代。

0.1.2 旅游活动与地理环境

1）旅游活动的地理属性

在旅游日益成为社会时尚的今天，现代旅游实际上已成为以追求精神享受、心理快感为主导，以跨时空的审美经历为核心的精神享受与物质享受相结合的综合性休闲活动。人们可以通过观光、度假、疗养、修学、科考、探险等各种旅游形式漫游自然山水、探访文化古迹、领略异域风情、选购他乡特产、享受现代康乐设施与旅游服务，不断寻求自然美、生活美与艺术美相结合的综合性审美新感受。在开阔视野、增长见识、丰富阅历的同时，获得新奇、刺激、美妙、舒心、快乐等旅游审美体验，并达到提高生活质量、有益身心健康的功效。

当今蓬勃发展的大众旅游，正是人类对大千世界永无止境的好奇心、探索欲的产物，对优质化、多样化生活不断追求的结果。而无论现代旅游的内涵与外延如何发展，其本质上都是人类生活的一种休闲性、审美性空间置换，都是人们以异地环境为基本对象，必须走出家门、身临其“境”才能展开和体验的综合性审美活动。异地性、流动性以及综合性是旅游活动区别于其他休闲活动最基本的特征。从一定意义上说，现代旅游所丰富的正是其空间活动的范围和内容，及其与地理环境更广泛而深刻的联系。由此决定了旅游活动与地理环境的特殊关系。

为什么说现代旅游活动与地理环境的关系更加广泛而深刻？

答：现代旅游活动的规模与空间范围增大，活动的内容不断丰富，活动的频度不断增强，并有旅游业的介入。

小思考0-1

2）地理环境与旅游活动

地理环境是人类生存、繁衍、活动的根本基础，也理所当然地是人类旅游活动的大舞台。地理环境又可分为自然地理环境和人文地理环境。前者由各地的地形地貌、气象气候、水文水体、生物植被等自然要素构成；后者则是在各地自然环境基础上，在人类历史过程中形成的各地居民、政区、城乡聚落、产业活动、文化背景、社会风貌等。其中优美奇异的自然山水是观光旅游最基本的对象，宜人的气候与生态环境则是修身养性、度假旅游的首要吸引因素，特定的自然条件还为登山、滑雪、泛舟、狩猎等娱乐与探险活动提供了难以替代的天然场所。因此，自然环境作为开展旅游活动最基本的场所和对象，又被人们称为“旅游的第一环境”。

地球上各地自然及人文环境要素结构的不同，使得地域差异性成为地理环境最基本、最突出的特征。而不同国家和地区、不同民族聚居地、不同气候带，沿海与内陆、山区与平原、都市与乡村、森林与牧场等各地不同地理环境的差异性，正是旅游活动产生的根本外在动因。一般情况下，两地间地理环境的差异越大，对人们进行旅游活动的外在驱动力就越强。也可以说，没有地理环境的差异性就没有实质意义的旅游活动。

从总体过程看，旅游活动又是以旅游客源地、旅游目的地和旅游通道构成的旅游系统（见图0-1）为支撑的。任何旅游活动的进行，都必定要与这一系统发生空间摩擦和必须要克服其中的地理障碍。由此也决定了任何旅游活动的产生与实现，都必定要受到这一系统三部分地理环境的影响与制约。而以“游”和“娱”为核心和导向，包括吃、住、行、购等多种生活要素在内的现代旅游活动，其突出的综合性、流动性及规模化发展特征，更加深了旅游活动与地理环境之间的相互作用关系。

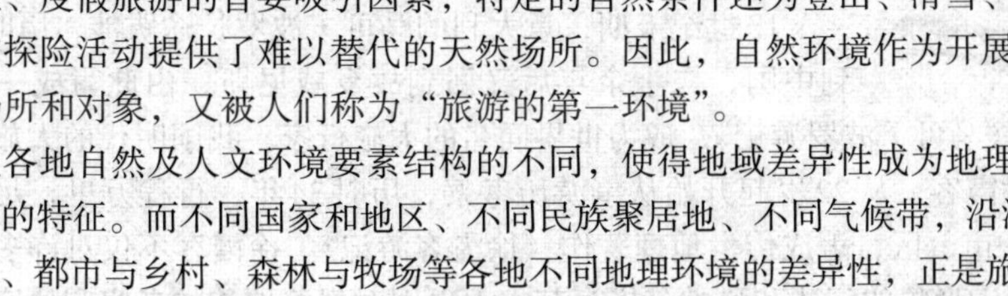

图0-1 旅游系统示意图

小思考0-2

为什么说没有地理环境的差异性就没有实质意义的旅游活动?

答：地理环境的差异性是旅游活动产生的根本外在动因，旅游的本质是以异地环境为基本审美对象的一种休闲性、审美性空间置换。

0.1.3 旅游研究与地理学

旅游是一项突出的人类社会地理空间活动，而地理学又是一门有关地理环境与人类活动的学问，由此决定了旅游及旅游研究与地理学密不可分的联系。仅就旅游实践活动而言，人们通过旅游可以获得丰富的地理知识，而地理知识的丰富，又有利于更好地指导和促进旅游活动的开展。古代地理学的产生与发展，就始终根植于人类旅行活动中不断积累的地理知识。而随着近代旅游业诞生及现今大众旅游的发展，旅游与地理更深层次的联系还表现在地理学对旅游学研究与旅游业发展的重要作用和意义上。

小知识0-1

大旅行家马可·波罗和徐霞客

13世纪末期，意大利的马可·波罗长途跋涉，历时3年半来到中国，二十余年后又回到故乡威尼斯，由此写成一部“世界奇异书”《马可·波罗游记》，成为世界闻名的大旅行家。我国明代的大旅行家和地理学家徐霞客，从22岁起开始从事游历考察，历时34年，行程万里，足迹遍及今19个省、市、区，著成传世地理著作《徐霞客游记》。徐霞客不仅对许多名山大川进行了生动形象的记述和科学分析，其本人更因对岩溶地貌的考察和研究早于欧洲同类研究200年，被尊为世界上研究这方面的鼻祖。

1）现代旅游活动三要素的地理研究基础

与古代少数人有限的特殊旅游活动相比，现代旅游活动不再是仅靠旅游者自身方面即可实现的一项个体性、孤立性较强的活动，而更表现为由旅游者、旅游资源和旅游业三要素通过旅游市场供求关系相互作用，所形成的一项区域影响深刻的综合性社会消费活动。当今世界各国及现代地理学对旅游业发展的关注，其意义也主要在这一层面上。

旅游资源作为旅游活动的客体，即旅游活动的具体对象，是一国一地区旅游业生存、发展最根本的前提与基础。旅游资源又与旅游主体旅游者相辅相成共同构成了支撑旅游活动最基本的两个方面。旅游资源是一切具有旅游吸引力的自然与人文因素，内容极为丰富，山水风光、文物古迹、民俗风情、田园牧场、现代化工厂、人造主题公园，以至于“神农架野人”之谜、“尼斯湖怪兽”之谜等等，均可成为旅游吸引因素。而旅游资源作为存在于一定地域空间的地理环境的有机组成部分，地域差异、地域特色是其存在的根本客观基础。因此，旅游资源是与地理环境关系最直接、最密切的旅游要素。其特色与分布直接受制于所在的地理环境。同时，旅游资源通过其旅游吸引功能还把现代旅游活动三要素紧密联系为一体，由此也决定了旅游资源研究同时是旅游学研究与地理学研究旅游的基本立足点。

旅游者作为旅游活动的主体，其旅游动机是旅游活动的根本内在依据。旅游者将其旅游动机转变为旅游行为，又是与旅游相关的一切社会现象和关系发生的根本基础。而旅游者的旅游动机首先取决于旅游客源地与旅游目的地之间的地理差异及空间关系；来自不同国家和地区的旅游者，对同一旅游目的地也有着不同的旅游需求与行为方式。旅游客源作为旅游业发展的根本前提，从根本上制约着旅游资源的开发方向与规模。旅游客源除了给整个旅游系统的三大组成部分带来不同社会经济后果的根本因素外，还直接给旅游目的地带来文化与生态的影响。

旅游业作为联系旅游主体和客体的纽带和桥梁，是实现现代旅游活动的媒介。旅游业作为直接为旅游活动提供便利条件和服务的综合性经济产业，涉及的范围很广。其中直接依赖旅游者与旅游活动而生存的旅行社、旅游交通运输业和旅游饭店又被称为旅游业的三大支柱。在市场经济条件下，旅游活动的开展高度依赖旅游业的存在；旅游业发展还能给旅游地带来综合的经济、社会及生态效益。因而当今许多国家或地区都将旅游业作为本国或本地区的支柱产业或经济增长点来发展。而旅游产业的发展又是以旅游资源为基础，以客源市场为导向，还受制于本地及整个旅游系统的相关地理条件，直接起着沟通旅游客源地与旅游目的地联系的作用；同时，各地旅游业发展也可能给旅游地及旅游通道带来生态环境后果，从而使旅游业的发展与地理环境具有紧密而复杂的联系。

2）地理学对旅游研究的重要意义

地理学作为一门研究地理环境及其与人类活动相互关系的学科，具有突出的地域性与综合性研究特点。人类旅游活动显著的地域性、综合性特征，及其广泛而深刻的区域影响与可持续发展的强烈需求，使得旅游的地理学研究具有极为基础而重要的意义。正如马特勒在其《国际旅游地理》一书中所言：“旅游几乎没有哪个方面与地理无关，地理也几乎没有哪个部门无助于研究旅游现象。”

在近现代，随着旅行社的诞生，组团旅游的发展，西方地理学者利用自己掌握的地理知识和区域研究成果，积极撰写导游材料和旅行指南等，成为最早涉猎旅游研究领域的主角；而在当代，中外旅游地理学者已成为旅游研究领域的一支重要生力军。当今国际上知名的旅游学者中，就有不少是以对旅游的地理研究见长。

根据地理学各分支学科的研究内容，着眼旅游活动本质上的社会文化属性，旅游与社会文化地理学有着最密切的联系；着眼旅游活动的综合消费属性与旅游产业的经济属性，旅游又与经济地理学紧密相关；而着眼旅游环境与旅游资源最基本的组成部分自然环境与自然旅游资源的研究，则旅游又与相关自然地理学科相联系。

事实上，几乎整个地理学的理论与知识体系都可构成旅游活动研究的基础。

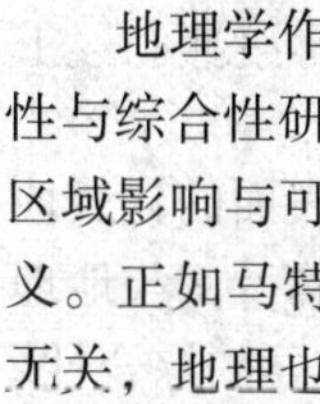

小思考0-3

为什么说旅游资源通过其旅游吸引功能把现代旅游活动三要素紧密联系为一体？

答：旅游资源是吸引旅游者进行旅游活动的具体指向与根本对象，一国一地区旅游业的发展从根本外在条件上说，是建立在具有能将游客吸引到旅游地的旅游资源基础上的。

0.2 旅游地理学认知

近代以来，地理学对有关人类旅游活动的研究与贡献又主要落实和体现于旅游地理学这门相对独立的地理分支学科上。

0.2.1 旅游地理学的科学范畴

1）旅游地理学的产生与发展

随着近现代旅游业的兴起与区域旅游开发的进程，在20世纪二三十年代，旅游地理学开始作为一个新兴的研究领域应运而生。尤其是第二次世界大战后，西方在旅游资源评价、旅游地开发、旅游客源分析和旅游影响等广泛的实用性研究基础上，70年代中期以后逐步形成了旅游地理学的学科理论体系。日本、英国、南斯拉夫、加拿大等国的学者先后发表了具有一定代表性的旅游地理学专著。

我国现代旅游地理学的研究起步于20世纪70年代末期，主要以区域旅游开发研究为主线发展起来，并出版了不少有关旅游地理学的专著和译著。我国几乎所有旅游院校和中职学校中的旅游服务与管理专业都开设了旅游地理课程，还培养出了旅游地理学方面的硕士和博士。

2）旅游地理学的研究对象与学科性质

旅游地理学是一门研究人类旅游活动与地理环境及社会经济发展之间相互关系的新兴学科，主要从旅游的主体（旅游者）、客体（旅游资源）和媒介（旅游业）三个方面研究旅游活动与地理环境之间的相互关系。

地理学可分为自然地理学和人文地理学两大门类，前者以研究地球表面的自然地理环境为主，后者则主要研究地球表面人类各种社会经济活动的空间结构及其与地理环境的关系。旅游本质上属于社会文化活动，同时又是以文化消费为主导的综合性、高层次消费活动，旅游业也因此是一项文化性很强的经济产业，故旅游地理学理应属于人文地理学范畴。

旅游地理学又是一门适应大众旅游活动与旅游产业发展需要而产生的应用性边缘学科。旅游地理学发展至今，已开展了大量以区域旅游开发为中心的具体应用课题研究，并且，在旅游资源的评价方法、旅游地的规划手段、旅游容量的估算、旅游流的测定与预报技术等等技术手段研究上取得了积极的成果。旅游地理学还直接服务于旅游活动的开展与旅游业的经营。

从旅游地理学的应用领域出发，它又是一门综合性极强的边缘学科。旅游地理学作为与旅游心理学、旅游经济学、旅游社会学、旅游文化学、旅游经营管理学等学科并列的旅游研究学科，决定了其研究内容必然与其姊妹学科有着不同程度的交叉。由于旅游活动涉及的内容极其广泛，因此旅游地理学的研究与众多学科的知识领域有着密切的内在联系，如历史学与考古学、民族学与民俗学、社会学与宗教学、建筑与园林科学、城市与区域规划学、环境与生态科学、心理学与美学、文学与艺术，以及经济学与营销学等。

0.2.2 旅游地理学的研究内容与任务

1）旅游地理学研究的主要内容

围绕旅游地理学的研究对象与应用学科性质，现代旅游地理学的研究内容主要包括以下六大方面：

（1）旅游资源的研究：包括旅游资源的界定与分类，各类旅游资源的形成条件、特征和分布规律，尤其旅游资源的调查与旅游资源和旅游地评价是研究重点。

（2）旅游客源研究：包括旅游者的概念，旅游产生的条件及其地理背景，旅游动机与旅游者行为规律，旅游流（旅游需求）预测等。

（3）区域旅游开发与规划研究：包括区域旅游开发的综合条件评价、区域旅游发展战略的制定、旅游环境容量的估算、旅游资源开发利用与保护规划、旅游路线与项目设计规划、旅游促销与客源组织规划、旅游通道的评估与建设、旅游用地与基础设施规划，以及旅游行业发展与布局规划等。

（4）旅游开发的区域影响研究：包括旅游开发对区域经济、环境与社会文化等方面的积极和消极影响。

（5）旅游区划研究：包括旅游区划的理论依据和区划方案等。

（6）旅游信息系统与旅游地图研究：包括旅游信息的收集和传播、旅游地理信息系统的建立和运用，以及旅游地图的绘制与表现形式等。

2）旅游地理学的主要任务

当前，旅游地理学的主要任务就是运用地理学的基本理论、方法和技术手段，研究解决与旅游有关的各种地理问题，尤其是要研究解决如何使区域旅游业可持续发展的旅游规划与开发中的系列问题。其中，旅游资源的调查与评价历来是旅游地理学最基本的任务。旅游客流规模与流向的时空分布分析及发展预测、旅游地开发与旅游行业的合理布局、旅游路线的合理设计与选择、旅游资源及其生态环境的监测与保护、旅游地理学学科理论的研究等，也都属旅游地理学的基本任务之列。

0.3 中国旅游地理知识体系

中国旅游地理是在旅游地理学的一般原理与方法体系统帅下，对有关旅游的中国区域地理知识的有机组合与分析研究。从旅游地理学的形成与发展历程看，区域旅游地理既是旅游地理学研究的重要基础，又是旅游地理学指导下特定区域的实用旅游地理知识体系。而区域旅游地理知识的积累和研究，不仅在我国有着非常悠久的历史，也是我国当代区域旅游开发的最基础环节之一。

0.3.1 中国旅游地理记述与研究史略

在人类有文字记载的历史上，中国作为源远流长的文明古国与地理大国，充分享有区域旅游地理知识记述与研究的优势，由此我国拥有世界上最丰富多彩的古典旅游地理文库。

我国早在《周易》中即有“观国之光”一语；战国时代成书的《山海经》是最早载有我国各地山川风物与古迹的典籍，书中还指出山有“游乐之山”和“游戏之山”之别。

古代中国的旅游地理记述和研究，始终伴随着文人学者的特殊旅行与游览活动：西汉伟大的史学家、旅行家司马迁，在20余年间，游程万里，撰成传世名著《史记》，其中的《货殖列传》堪称最早的中国旅游地理记述专篇；而南宋著名诗人陆游则开我国日记体游记之先河，写成著名的《入蜀记》；在有关中国旅游地理记述与研究的所有古代著作中，明末徐宏祖的《徐霞客游记》堪称我国古代最早的区域旅游地理专著，开创了以旅游考察地理并进行科学研究的一代新风，《徐霞客游记》也是继《入蜀记》后又一部优美的日记体纪实游记；此外，总数不下万余种七万余卷的我国所独有的各地方志，大部分辟有专卷详述当地的山川风物、名胜古迹、民风民俗、节日喜庆，堪称世界上内容最丰富的古典旅游地理文库。

在中国古代有关旅游地理的文库中，还有不少“出境旅游”的文字记述。其中最有成就的当推以宗教“云游”形式到西域取经的东晋法显和唐代玄奘两位高僧。法显历时14年，游历今南亚、东南亚地区30余国，著成的《佛国记》堪称当时世界上规模最大的旅行巨著。玄奘泛游中亚和天竺（今印度），历时17年，归国后著成内容丰富的《大唐西域记》，此书早在19世纪就被英、法等国翻译出版。

在浩若烟海、瑰丽多姿的中国古代有关旅游的各种体裁的文献中，“山水游记”这种借景抒情的旅游文学体裁最富艺术魅力。其中陶渊明追慕自然和田园生活，在其山水诗文中表达的审美观以及关于桃花源的畅想，对后世关于山水景观的美学形象认识产生了深刻的影响。

小知识0-2

我国古代山水诗文

魏晋南北朝时期的嵇康、阮籍、陶渊明、谢灵运、王羲之等人淡泊世态、寄情山水，写出了不少优美的山水诗文。其中谢灵运被公认为我国山水游记的奠基人，尤为山水诗的鼻祖。唐宋年间许多诗人和文学家更是留下了众多描绘山水景观，并借景抒意的不朽名作。如王勃的《滕王阁序》、崔颢的《黄鹤楼》、杜甫的《登岳阳楼》、张继的《枫桥夜泊》、范仲淹的《岳阳楼记》、柳宗元的《永州八记》、欧阳修的《醉翁亭记》、苏轼的《石钟山记》等。正是这些传世诗文形成了我国积淀深厚的“文以景成，景以文传”的旅游文化效应。

在旅游地图编绘方面，中国也有悠久的历史。长沙马王堆出土的西汉地图已具有较高的水平，唐代已经出现了长安风景名胜导游图，到宋代，京城导游图已经相当普遍，清代则出现了城市导游图册。

古代中国关于旅游地理知识的文献虽然极为丰富，但基本上多属对中国区域旅游地理的纪实性或审美性、抒情性的描写，而较少科学研究成果。近现代虽然也有关于中国自然风景的成因研究，但较系统的中国旅游地理研究成果，多以教材的形式于

20世纪80年代以后陆续问世。

0.3.2 中国旅游地理的基本知识体系

根据中国旅游地理研究的现状和旅游业发展对区域旅游地理知识的实际需要，可将中国旅游地理基本知识体系归纳为如下几个方面：

1）中国旅游地理环境

中国旅游地理环境包括中国旅游发展的区位条件和自然、经济与社会文化等方面的地理环境条件，是影响我国旅游业发展最基本的背景条件。

例如，我国作为海陆兼备的中、低纬度大国，其优越的位置、辽阔的疆域与多样的自然地带，造就了丰富多样、优美宜人的旅游自然环境；尤其是在横贯南北纬30度与回归线之间的世界荒漠带上，唯有中国是大面积终年葱绿秀美的丘陵山地与水乡平原。而我国作为世界上山地分布最广的国家，自然旅游资源极为丰富的大部分国土又深处内陆，这对我国旅游交通的建设与客源市场的竞争又多有不利。

2）中国旅游资源地理

中国旅游资源地理包括中国旅游资源形成的地理背景，中国旅游资源的类型、特征、结构、分布及其成因等。由于旅游资源在旅游活动中的基础性，以及旅游资源与地理环境的紧密联系，故目前中国旅游地理知识体系在很大程度上以旅游资源地理为主干内容。

例如，我国复杂多样的自然环境结构，使得我国以山水风光为主的原生性自然景观资源世界地位极为突出，而悠久的历史、灿烂的文明、众多的民族又使得我国以历史古迹及民俗风情为代表的人文景观绚丽多彩，历史文化古迹的丰富程度为世界任何国家所无可比拟。而在旅游资源的具体分布上，不同区域又各具特色。如我国的名山胜水主要集中在东部季风区，较原始的自然风光与民族风情则主要分布于西南、西北、东北的山地与边疆地区，我国的皇家建筑、帝王陵寝以北京、西安为代表的北方为胜，山水园林风光则以苏州、杭州为代表的南方为优。

3）中国旅游客源与客流地理

中国旅游客源与客流地理主要包括我国的主要客源市场及其旅游偏好，旅游客流的结构、方向、规模及其时间变化等。旅游客源作为一国、一地区旅游业发展的根本市场基础，其地理研究应是中国旅游地理知识体系中亟待加强的重要内容。

例如，我国的国际旅游市场现逐步趋于成熟，初步形成以亚洲周边国家为中心，以欧美等传统客源市场为两翼的格局。旅游者对中国旅游资源的偏好构成，主要集中在山水风光、文物古迹和民俗风情三个方面，其次是饮食烹调、旅游购物和文化艺术。

4）中国旅游服务业地理

中国旅游服务业地理主要包括中国旅游交通运输方式及其地域组合、中国旅游交通线网布局发展及其与自然条件、社会经济条件的关系，中国住宿业与餐饮业的地域分布及其地理条件。其中旅游交通是旅游系统中旅游通道的主体构成，并与地理条件有着紧密的联系。因而旅游交通地理一直是中国旅游地理知识体系中较重要的组成部分。

5）中国区域旅游开发

中国区域旅游开发包括中国旅游地的主要类型与分布、中国旅游资源与旅游地的开发利用评价、中国旅游路线设计、中国区域旅游的发展战略、中国旅游环境保护与区域旅游可持续发展等内容。本部分内容是中国旅游地理研究的主题和热点。

6）中国旅游区划

中国旅游区划主要包括中国旅游区划的原则、依据和旅游区划方案。

7）中国分区旅游地理

中国分区旅游地理包括中国各旅游区的旅游地理环境与旅游资源特色，主要旅游地、旅游城市及景区、景点与旅游线路、旅游活动概况，区内旅游业发展概要等等。由于我国地域辽阔，各地旅游地理环境差异很大，分区旅游地理是中国旅游地理基本知识体系的重要组成部分。

小知识0-3

西方旅游地理学研究的一些趋势

将研究的视野放到闲暇时间从事的不同活动，旅游地理学被不同学者分别冠之以“休闲地理学”“游憩地理学”“娱乐地理学”“康乐地理学”等称谓。研究的内容向多样化发展，包括旅游者对旅游区的感知和旅游行为、旅馆等旅游服务行业的空间经济分析、特种旅游的区域环境影响等研究领域；从传统的以旅游资源和旅游土地利用为重点的研究主题上，转移到以服务设施的空间经济分析、旅游者的空间行为与旅游目的地营销、大区域旅游开发与规划等研究主题上。

0.4 中国旅游地理学习要求

中国旅游地理是中国区域旅游开发与旅游业发展必不可少的重要基础知识领域。明确学习目的，掌握学习方法，为发展中国特色旅游打下旅游地理知识基础，是我们学习中国旅游地理的基本要求。

0.4.1 学习目的

从总体上说，通过学习、掌握中国旅游地理的基本知识，可以开阔我们的视野，帮助我们正确认识、宣传和合理开发、利用好我国的旅游资源，有效组织好旅游客源市场，合理设计好旅游线路，合理布局旅游基础设施和服务设施，不断开发具有中国及各地方特色的旅游新产品（如红色旅游、工农业旅游等），促进旅游经济效益、社会效益和生态环境效益协调发展；并由此提高我们综合分析问题、解决问题的能力，以利于更好地胜任我国的旅游服务与旅游业经营管理工作。

此外，学好中国旅游地理无疑还会为今后有志于接受旅游高等教育，尤其是从事有关旅游地理的科学研究打下有利的基础，同时，也有利于自助旅游活动的开展。

0.4.2 学习方法

第一，要以马克思主义的唯物辩证法作为我们学习和研究中国旅游地理的根本指导思想。要坚持理论联系实际，注意用全面的、发展的、一分为二的眼光来认识和分析中国旅游地理的基本国情和内在规律。尤其是在分析掌握中国及各地旅游业发展的旅游资源条件与地理环境条件时，更要注意这一点。第二，要学会应用结构分析法和分类对比法来分析中国旅游地理所包含的旅游地理环境系统、旅游资源地理系统、旅游客源地理系统和旅游交通地理系统等的结构特征，把握其主导因素、主要方面和整体特点；同时采取分类的方法加以理顺，使之杂而不乱，并要重视通过区域对比分析的方法，加深认识和记忆。第三，要充分利用地理图表法和现代信息技术法，通过中国旅游地理的典型图片、图画、光盘，生动、形象、直观地了解和认识有关地区的旅游资源、旅游地及景区景点。同时，通过旅游地图，以及有关旅游地理的统计图表，更直观、全面、科学、系统地认识和掌握中国旅游地理的基本面貌和相关规律。“没有地图就没有地理学”，要充分利用地图，把所学区域旅游地理知识落实到地图上，了解其分布规律、加深理解记忆，提高自己的综合分析能力。通过摄像、摄影与图形、图像处理技术的结合，多媒体技术与互联网技术的应用等，也都能极大地提高我们学习中国旅游地理的效率并增强学习效果。第四，掌握知识积累法，对于内容丰富且不断发展变化的中国旅游地理知识，应特别重视平时通过电视、报刊和新媒体等各种渠道对有关中国旅游地理的知识进行用心的积累和更新。还应该重视扩展相关知识，以加深对相关问题的理解，避免死记硬背、一知半解。第五，有条件的前提下要多采用实地考察法，这样可以帮助我们加深对区域旅游地理知识的感性认识，培养实际分析问题与解决问题的能力。

本章小结

旅游作为一种人类休闲性的空间地域活动，决定了它具有突出的异地性、流动性及综合性的地理特征。旅游活动的总体过程以旅游客源地、旅游目的地和旅游通道所构成的旅游系统为支撑，由此决定了现代旅游活动三要素旅游者（旅游主体）、旅游资源（旅游客体）、旅游业（旅游媒介）的相互作用关系及其与地理环境的紧密联系。对现代旅游活动三要素与地理环境及社会经济发展的关系的研究的基础上，产生了旅游地理学这门新兴的应用性、边缘性人文地理分支学科。而中国旅游地理则是在旅游地理学的一般原理与方法体系统帅下，关于中国旅游发展的实用区域旅游地理知识体系。中国旅游地理是中国区域旅游开发与旅游业发展的重要基础知识领域，学好这一系统知识是提高旅游从业意识水平与业务素质的基本要求。

主要概念与词语

□ 主要概念

旅游地理学

□ 主要词语

地理环境　地理学　旅游系统

知识练习

□ 简答题

0.1　简述旅游地理学的研究对象及学科特点。

0.2　简述中国旅游地理的基本知识体系。

□ 填空题

0.1　________、________以及综合性是旅游活动区别于其他休闲活动最基本的特征。

0.2　旅游系统包括________、________和________。

□ 选择题

0.1　旅游地理学具有（　　）等学科属性。

A.应用性　　B.边缘性　　C.流动性　　D.人文性

0.2　旅游活动的客体是（　　）。

A.旅游者　　B.旅游资源　　C.旅游交通　　D.旅行社

技能训练

0.1　在中国地图上找出你知道的著名旅游地，并说出它们以什么吸引力著称。

0.2　就近考察一个具代表性的旅游地，分析其旅游吸引力与地理环境有何关系；并调查一下其外地游客的主要客源地所在，以及其进行旅游的交通方式与交通线路。还可了解一下来自不同地方的外地游客对本旅游地的不同感受，并尝试分析原因。据此写一份考察报告。

观念应用

□ 分析题

看风光片、读游记，以及上网浏览各地风光介绍是否也能达到旅游审美的效果，为什么？

□ 实训题

试分析你觉得最有意义的一次旅游活动的主要感受与收获，并说明为什么。

□ 综合案例

"大旅游"概念

随着社会的发展，旅游的内涵在充实、外延在拓展。现代旅游活动已不再局限于传统意义上的游览观光，而是日益成为包括休养、康乐、探险、科考、研修、商务等丰富内容与形式的新的综合性社会活动。游览观光、康乐度假等纯休闲性旅游活动，与商务、探亲等旅行活动日益广泛而复杂地交织在一起，由此形成了更具社会产业经济意义的大旅游概念。为此，世界旅游组织定义：旅游是指人们出于休闲、商务和其他目的，到惯常环境以外的地方连续不超过一年的旅行和逗留活动。

根据以上的资料回答：

(1) 你体验过上述的旅游吗？说给同学们听听。

(2) 世界旅游组织对旅游的定义是什么？

第1章 中国旅游资源

- 学习目标
- 1.1 中国旅游资源形成的地理条件
- 1.2 中国自然旅游资源
- 1.3 中国人文旅游资源
- 本章小结
- 主要概念与词语
- 知识练习
- 技能训练
- 观念应用

学习目标

知识目标：了解并熟悉中国旅游资源形成的地理条件，掌握中国旅游资源的主要类别与代表性景观。

技能目标：掌握中国主要自然与人文旅游资源的地理分布和特点，并能够把它们填在空白地图上。

能力目标：综合分析中国旅游资源的主要类别与代表性景观形成的内在联系，并以小组为单位进行讨论。

引例：　　　　　　　　北纬30度：难以解开的千古之谜

在地球北纬30度附近，存在许多神秘而有趣的自然现象。如美国的密西西比河、埃及的尼罗河、伊拉克的幼发拉底河、中国的长江等均在北纬30度以南或以北入海。地球上最高的珠穆朗玛峰也在北纬30度附近。在这一纬线上，奇观绝景比比皆是，神秘事件频频发生，如中国的钱塘江大潮、古巴比伦的空中花园、埃及的金字塔及狮身人面像、大西洋的百慕大三角区……可以说，在北纬30度附近或在这一纬度上，奇事怪事数不胜数。这些又都是世界和我国神奇而珍贵的遗产或旅游资源。

到目前为止，无数科学家、专业工作者还在锲而不舍探求其奥秘。同时也提示人们旅游资源的形成与地理环境密不可分。本章就与同学们一起来学习探讨在中国特定的地理环境下，中国旅游资源的形成与分布。

旅游资源是指自然界和人类社会中能对旅游者产生吸引力，可以为旅游业开发利用，并可产生经济效益、社会效益和环境效益的各种事物与因素。我国在特有的自然和人文地理条件下，发育并形成了异彩纷呈的自然旅游资源和光辉灿烂、精美绝伦的人文旅游资源，它们为旅游业的发展奠定了坚实的物质基础。

1.1　中国旅游资源形成的地理条件

地理条件是旅游资源形成的物质基础。它包括自然和人文地理条件两大部分。

1.1.1　自然地理条件

1）中国地理位置及其旅游评价

中国位于东半球赤道以北，亚欧大陆东部，太平洋西岸。北起黑龙江省漠河以北的黑龙江主航道中心线，南至海南省南沙群岛的曾母暗沙，南北跨纬度近50°，直线距离约5 500千米；东起黑龙江与乌苏里江的汇合处，西至新疆乌恰县以西的帕米尔高原，东西跨经度近62°，直线距离约5 200千米，时差达4小时以上。陆地国土面积约960万平方千米，分别占亚洲和世界陆地面积的21.8%和6.42%，仅次于俄罗斯和加拿大，位居世界第三。

我国领土跨经纬度多，又背靠世界最大的大陆——亚欧大陆，面向世界最大的大洋——太平洋，这造就了各地自然景观差异极大，在客观上激发了人们旅游的动机，同时也满足了不同层次人们的旅游愿望。但海陆热力差异极大，是我国季风气候形成的主要原因。季风气候使我国的旅游业出现了明显的淡旺季。

2）中国地貌及其旅游评价

地貌是地表各种形态的总称。按常规地貌可分为山地、丘陵、高原、平原和盆地等五种类型。按成因形态又可分为岩溶地貌、丹霞地貌、火山地貌、海岸地貌、黄土地貌、冰川地貌、风沙地貌、流水地貌等。

（1）中国地貌的基本特征

中国地貌基本特征是地势西高东低、呈阶梯状分布，山地多而高，地貌类型多样。

我国地势自西向东呈三级阶梯。第一级阶梯为我国西南部的青藏高原，平均海拔在4 000米以上，由极高山、高山和大高原组成，号称“世界屋脊”。第二级阶梯为昆仑山—祁连山—横断山连线以北以东至大兴安岭—太行山—巫山—雪峰山连线之间的广大地区，平均海拔1 000~2 000米，由一系列高山、高原和盆地组成，包括阿尔泰山脉、天山山脉、秦岭山脉，准噶尔盆地、塔里木盆地和四川盆地，内蒙古高原、黄土高原和云贵高原等。第三级阶梯为第二级阶梯以东至海岸线的广大地区，海拔多在500米以下，主要由低山、丘陵和广阔的平原组成，自北而南分布有东北平原、华北平原和长江中下游平原，低山丘陵有辽东丘陵、山东丘陵、江南丘陵、浙闽丘陵和两广丘陵。自第三级阶梯向东，是我国大陆向海洋延伸的大陆架，水深大多在200米以内，岛屿星罗棋布，亦可称为第四级阶梯。

我国又是一个多山的国家。包括山地、高原和丘陵在内的广义山地占全国陆地面积的69%，海拔1 000米以上的山地高原超过全国土地面积的1/2。我国的山不仅多而且高，全世界海拔超过8 000米的高峰共有14座，我国就占了9座，它们主要分布在青藏高原周围。山脉受地质构造体系的控制，排列与走向有一定的规律，大体可以分为四个系列：一为东西走向山脉，如天山—阴山—燕山、昆仑山—秦岭、南岭；二为南北走向山脉，如贺兰山、六盘山、横断山脉；三为东北—西南走向山脉，如大兴安岭—太行山—巫山—雪峰山、长白山—武夷山、台湾山脉；四为西北—东南走向山脉，如阿尔泰山、祁连山、喜马拉雅山等。

（2）中国地貌的旅游评价

我国西高东低呈阶梯状分布的地势，对我国旅游业发展的空间格局具有深刻影响，使我国地区间旅游资源的特点各不相同，旅游业发展水平也有较大的差异。东部地区地势相对低平，自古以来经济发达，人口稠密，交通方便，发展旅游业条件优越。西部地区海拔高，经济发展水平较低，交通不便，限制了旅游业的发展。但西部地区独特的自然风貌及其别具一格的少数民族风情，对旅游者具有极大的吸引力，因此，旅游业的发展潜力很大。西高东低的地势又使我国许多大河滚滚东流，沟通了东西交通。同时河流流经阶梯转折处时，往往塑造出气势宏伟险峻的峡谷或瀑布等有较高观赏价值的自然景观。江河上所建造的大型水电站也成为人们旅游观光的景点。西高东低的地势还有利海洋湿润空气的深入，给东部广大地区带来丰富的降水，这是我国东部地区山清水秀的自然景色形成的重要因素之一。

山地具有较高的旅游价值。我国山地不但类型齐全众多，而且分布广泛，对不同纬度带的气候和生物都产生深刻的影响，形成复杂且独特的山地自然景观垂直带。同时，山地各具特色的雄、险、奇、幽、秀等天然美融为一体，形成了丰富的山地旅游资源，吸引着旅游者前往探险登山、观赏游览、避暑休闲。

各种地貌类型都有其独特的形态和魅力，从而构成多姿多彩的风景资源。我国多样的地貌类型增加了地貌旅游资源的种类，为开展多种形式、类型的旅游活动奠定了基本的自然环境基础。

3）中国水体及其旅游评价

地球上的水体包括海洋水、地表水（河流、湖泊、沼泽、冰川、水库等）和地下水等。

（1）中国水体基本特征

我国河流众多，径流资源十分丰富。流域面积超过1万平方千米的大河有79条。大小河流的总长度超过42万千米，其中通航里程达12.33万千米。全国径流总量达27 115亿立方米，约占世界河川径流总量的6.8%。我国的河流可分为外流河和内流河。以大兴安岭—阴山—贺兰山—祁连山东端到冈底斯山一线为界，大多数内流河分布在该线以北以西的内流区域（新疆境内的额尔齐斯河属外流河，注入北冰洋）。这里降水稀少，气候干燥，多为季节性河流，河水补给主要靠高山冰川和积雪融化水。塔里木河是我国最大的内流河。该线以东以南属外流区域，这里降水丰沛，气候湿润，河水补给主要靠降水。大部分外流河向东流入太平洋，也有部分外流河向北或向南分别流入北冰洋和印度洋。我国主要的外流河有长江、黄河、珠江、黑龙江、松花江、辽河、海河、淮河等。

长江是我国第一大河，也是世界第三大河，发源于唐古拉山主峰各拉丹冬雪山，流经青、藏、川、滇、渝、鄂、湘、赣、皖、苏、沪11个省级行政区，注入东海，全长6 300千米。长江沿途接纳了雅砻江、岷江、沱江、嘉陵江、乌江、湘江、汉水、赣江、青弋江和黄浦江等众多支流，形成一个庞大的水系，流域面积近181万平方千米，年径流量近1万亿立方米，相当于黄河年径流量的20倍。长江从源头到入海口，分别以湖北宜昌和江西湖口为界点，分为上游、中游和下游三段。其上游穿行于高原和崇山峻岭之间，山高谷深，形成许多著名的峡谷，如虎跳峡、瞿塘峡、巫峡、西陵峡等；中游流入平原，支流众多，河道弯曲，湖泊密布；下游江面开阔，水天一色，江海相连，大量泥沙在河口堆积，形成了我国第三大岛——崇明岛。

黄河是我国第二大河。它发源于巴颜喀拉山北麓的约占宗列渠，流经青、川、甘、宁、内蒙古、陕、晋、豫、鲁9省区，在山东垦利县注入渤海，全长5 464千米，流域面积为75.3万平方千米。黄河自源头到内蒙古河口为上游，河口至河南孟津为中游，孟津以下至入海口为下游。按河道特征，上流可分为河源、峡谷和平原三段。河源段亦称卡日曲，流经青藏高原，河道迂回曲折，河水清澈，水流和缓。龙羊峡至青铜峡为峡谷段，有松巴峡、积石峡、刘家峡、黑山峡等十几个峡谷。出青铜峡后，河床平缓，水流缓慢，河水渐减，形成大片冲积平原，即著名的银川平原和河套平原。黄河中游穿行于晋陕峡谷之中，河床比降很大，河面狭窄，有著名的壶口瀑布。中游接纳了汾河、渭河等大支流，水量大增，但该段绝大部分为黄土分布区，水土流失严重，河水含沙量大。进入下游，黄河游荡在华北大平原上，河道宽阔，水流缓慢，泥沙大量沉积，使河床高出地面4~5米，成为举世闻名的“地上河”。

我国湖泊众多，天然湖泊总面积超过7万平方千米。此外，还有众多的人工湖（水库）。湖泊是在自然地理因素综合作用下形成的。其分类，按成因可分为构造湖、火山湖等；按湖水与径流的关系，分为内流湖和外流湖；按湖水的矿化程度分为淡水湖、咸水湖和盐湖。此外还可以按湖水的来源、湖水的温度等进行分类。我国的湖泊分布相当广泛，但又相对集中。外流湖以淡水湖为主，它具有“江涨湖蓄、江落湖泄”调节水量的功能以及灌溉、航运、水产养殖、调节气候和旅游等功能。主要外流湖泊有长江中下游平原的洞庭湖、鄱阳湖、太湖、巢湖等；华北平原的白洋淀、微山湖等；云贵高原的滇池、洱海等；东北地区的呼伦湖、贝尔湖、兴凯湖、镜泊湖等。

内流湖以咸水湖为主，集中分布在西北地区和青藏高原，主要有青海湖、纳木错、色林错等。青海湖面积达4 402.5平方千米，是我国面积最大的湖泊。此外，我国还有许多人工湖，较为著名的有松花湖（丰满水库）、红枫湖（红枫水库）、千岛湖（新安江水库）、三峡、葛洲坝、龚嘴、龙羊峡。它们不但具有发电等综合功能，还有较高的旅游价值。

地下水的天然露头称为泉。我国泉水种类繁多，各种泉点数以千计，遍布全国各地，但较集中分布于藏、滇、闽、粤、台等地，其中以西藏最多。据初步统计，西藏有矿泉600多处，从南到北有明显的四个矿泉带，又以狮泉河—雅鲁藏布江地带即“板块缝合线”最多。云南有400多处矿泉，为我国第二矿泉集中区，分布遍及全省，又以横断山脉和腾冲一带最多。与西藏一样，该区多火山活动和地震，因此多热泉和高热泉。闽、粤、台三省泉水以温泉为主，计有500余处。

我国大陆海岸线北起中朝边界的鸭绿江口，南至中越边界的北仑河口，长达1.8万千米，加上沿海岛屿岸线，总长约3.2万千米。漫长的海岸线跨温带、亚热带、热带三个自然带，形成千姿百态的海岸景观。

（2）中国水体的旅游评价

“山无水不活，水无山不媚”“因山而俊，因水而秀”。水是构景的基本要素，富有魅力的水体是一项重要的旅游资源。我国江河湖海泉兼备，形成数量丰富、观赏和欣赏价值较高的水体旅游资源，为开展各种水上旅游活动提供了广阔的场所。

我国广而多的河流与各种地形地貌相结合，景色各异，或雄伟险峻，或秀丽清逸。如万里长江穿行三峡，“两岸猿声啼不住，轻舟已过万重山”“黄河之水天上来”，波澜壮阔，气势雄奇；漓江“江作青罗带，山如碧玉簪”；富春江一路山送水迎，步移景换，堪称“天下独绝”。且沿江河两岸又多人文旅游景观，形成了丰富的江河旅游资源。

众多的湖泊犹如颗颗明珠镶嵌在广袤的祖国大地上，把江山点缀得更加妩媚动人。湖泊旅游资源以水面为中心，与周围山地、植被等自然要素融为一体，形成千姿百态的湖泊景观。有的烟波浩渺，有的秀丽娇艳，有的湖水平若明镜，有的清波涟漪，成为古今中外诗人、文人和广大旅游爱好者所神往的风景名胜区。

自古以来，成分各异的泉水就被人们广泛地应用于灌溉、医疗、饮用等。现在，人们更注重天然矿泉水的综合利用价值，很多泉点被开发为以茶肆、疗养、休闲、观赏为中心的旅游区。

我国海域辽阔，海岸线漫长曲折，形成形态各异的海岸景观。尤其是岩岸岸线长，既有壮美奇特的海蚀地貌景观可供观赏，又有众多的优良海滩可开辟为理想的海滨浴场和海上体育娱乐场所。

4）中国气候及其旅游评价

短时间内风、云、降水、温度和气压等气象要素连续变化的综合现象，称为“天气”。气候通常指某一地区（地点）多年常见的和特有的天气状况。

（1）中国气候基本特征

我国是世界上典型的季风气候国家。大陆性季风气候显著，影响范围大，其西界可达大兴安岭—唐古拉山—冈底斯山一线。**季风气候区**冬夏风向更替明显，四季分明。冬季受来自北极、西伯利亚的干冷大陆气团的控制，盛行偏北风，气候寒冷干燥。夏季则受来自海洋暖湿气团的影响，为偏南风，气候温暖湿润，雨热同期。与世界上同纬度地区的平均气温比较，夏季我国许多地区气温偏高，且南北温差小，除青藏高原和大兴安岭北部地区外，全国普遍高温。冬季全国气温普遍偏低，且南北温差大。我国大部分降水来自太平洋和印度洋，降水量丰富，但时空分布极不平衡。降水空间分布的总趋势是从东南沿海向西北内陆递减，东南降水量多，尤其是秦岭—淮河以南地区，年均降水量超过800毫米。降水量最多的是在台湾北部的火烧寮，年均降水量超过6 000毫米，西北地区，气候干燥，降水少，大部分地区降水量在200毫米以下，吐鲁番盆地西侧的托克逊年降雨量平均只有5.9毫米，为全国降水量最少之地。受夏季风控制的降水季节分配极不均匀，年际变化大。夏季降水一般占全年降水量的50%以上，且越向北集中程度越高。总之，受季风影响，我国大部分地区气温年、日较差较大，降水时空分布极不平衡，年变率大，所以我国气候又有很强的大陆性特点，且越向西北大陆性越强。

我国气候类型复杂多样。按热量状况，从北至南跨寒温带、中温带、暖温带、北亚热带、中亚热带、南亚热带、热带等七个热量带和青藏高原高寒区。按水分条件，以800毫米、400毫米、250毫米三条等雨量线为界，全国自东南向西北可划分为湿润、半湿润、半干旱和干旱地区四个干湿区。多种热量带和干湿地区体现出我国气候类型的复杂多样，而两者交错分布，加上各种地形的影响，更增加了气候的错综复杂，使我国不但有水平气候带，而且有山地垂直气候带；呈现出东北地区长冬无夏，春秋相连；长江流域冬寒夏热，四季分明；华南地区长夏无冬，高温多雨；西南地区气候垂直差异大，人们常用“一山有四季，十里不同天”来形容它。青藏高原则终年寒冷，日照丰富。此外，还有许多特殊的地方性气候，如“巴山夜雨”“贵州秋雨”，昆明“四季如春”等。

（2）中国气候的旅游评价

我国典型的季风气候和复杂多样的气候类型对旅游业既有有利的方面，也存在不利的因素。首先，我国大部分地区属温带、亚热带范围，温和的气候有利于旅游活动的开展。其次，我国从南到北，从沿海到内陆，气候类型复杂多样，可以开展相应的气候旅游。即使在同一季节，也可以在全国开展多种气候旅游，如隆冬季节在海南岛可以开展游泳、滑水等水上娱乐活动；在西双版纳可以观赏鲜花盛开的热带风光；而在哈尔滨则可以观赏“千里冰封，万里雪飘”的北国风光，也可以组织滑雪、冬猎、观赏冰雕等旅游活动。典型的季风气候，四季分明，景色各异。即使在同一个地区也可因时制宜地组织安排丰富多彩的旅游活动，如江南地区的“春戏桃柳、夏赏荷花、秋临丹桂、冬咏寒梅”，杭州“西湖十景”中的“苏堤春晓”“曲苑风荷”“平湖秋月”“断桥残雪”等。

我国气候对旅游业的不利之处表现在：冬季严寒，夏季酷热，影响旅游，使我国旅游业一年中出现明显的淡季。全国大部分地区，冬寒夏热，不利于旅游活动的开展。此外，春天北方和西北地区多风沙，直接影响观赏效果，同时对景物也产生一定的破坏作用。长江中下游地区有的年份副热带高压持久不移，造成长时间高温天气。东南沿海夏秋之交常受台风影响，旅游活动被迫中断。只有秋天大气层结构稳定，秋高气爽，又是瓜果收获季节，因此，秋季是我国大部分地区旅游的黄金季节，即使在西北干旱地区或青藏高原也是如此。

5）中国生物及其旅游评价

生物是指自然界中具有生命的物种，包括植物、动物和微生物三大类。

（1）中国生物基本特征

我国生物种类丰富且多珍稀品种，在复杂多样的地形、气候等自然因素的综合作用下，形成丰富的生物种类和多样的生物群落。世界上大多数的植物都可以在我国找到生存的环境，加之在第四纪冰川期，我国许多地区未被冰川所覆盖，为大陆上的物种和生物群落的保存、发展提供了理想的场所，从而使我国不但生物种类丰富繁多，而且各地不同程度地保存有白垩纪、第三纪以来的许多孑遗物种及其形成的植物群落。

我国现有种子植物2 980多属、24 490多种，仅乔木树种就有2 800多种，包括各种针叶林、落叶阔叶林、常绿阔叶林和热带季雨林及它们之间的各种过渡类型。其中品质优良、经济价值极高的乔木有1 000种。此外，还有一批古老和稀有的孑遗树种，如水杉、水松、银杉、银杏、珙桐、台湾松等，被称为“活化石”。我国天然草地面积近4亿公顷，包括温带草原、干旱荒漠草原和高寒草原，其中温带草原面积广阔，形成许多优良牧场。此外，各地还普遍栽培着数以千计的花卉植物，梅、兰、菊、荷等都是我国名花，牡丹更有“国花”之称。

我国动物种类多、数量大，仅脊椎动物就有3 700种。其中哺乳动物兽类420种，鸟类1 175种，两栖类及爬行类520种，分别占世界的11.2%、15.3%和8%。我国动物中不少珍禽异兽是目前世界上所特有的，如大熊猫、金丝猴、白唇鹿、野生双峰驼、丹顶鹤、扬子鳄、中华鲟、白暨豚等，这些均已被列为国家重点保护动物。

我国生物的地域差异显著。植被的分布有着明显的水平地带性和垂直地带性。受地形、气候等因素的影响，植被从东南至西北依次为森林、草原、荒漠三大基本区域。东部森林区随气温、降水的变化，自北而南有寒温带针叶林、温带针叶阔叶混交林、暖温带落叶阔叶林、亚热带常绿阔叶林和热带雨林等。山地随海拔升高，形成植被的垂直地带谱。一般说来，纬度越低，山地愈高，相对高差愈大，垂直地带谱也愈完整，植被组成也愈复杂。东部山地基本上以各种类型的森林为主，西北部山地一般为荒漠、荒漠草原、山地灌木草原或草甸草原等。

动物在地区分布上也有较大的差异。我国东部地区属耐湿动物群，如东北虎、紫貂、丹顶鹤、长臂猿、亚洲象、猴、孔雀等；蒙新地区是耐旱动物群，如骆驼、马、羚羊、黄羊等；青藏高原是耐寒动物群，如牦牛、藏羚羊、野牛等。

（2）中国生物的旅游评价

生物种类繁多且分布地域差异显著，使我国不同地区呈现景色各异的自然风光，大大丰富了旅游活动的内容。林海莽莽，松涛滚滚；草原茵茵，牛羊遍地……这些均是旅游的好去处。登山旅游，人们还可以观赏到从山下到山顶不同的植被景观。此外，我国众多的稀树珍禽、奇花异草吸引着旅游者，还有一大批科学工作者前往考察研究，更为旅游点锦上添花。

小思考1-1

中国地理位置有何优越性？为旅游活动提供了哪些有利条件？

答：特殊的地理位置使我国领土跨经纬度多，且大部分领土属中纬度；海岸线漫长，海域广阔。为旅游活动提供了丰富多彩的自然景观，满足了不同层次人们的旅游愿望。

小思考1-2

您到某地旅游，给您留下印象最深的自然景观是什么？为什么？

答：因旅游者的旅游偏好而不同，但一般来说，印象最深的是当地的植物景观与动物。

1.1.2 人文地理条件

1）悠久的历史

中国是个有5 000多年历史的文明古国。在漫长的各历史时期，勤劳智慧的各族人民创造了辉煌绚丽的民族文化和中华文明，给后人留下了浩如烟海的历史文物。它们是我国人文旅游资源的重要组成部分。

（1）古人类发源地

中国是世界古人类发源地之一。远在200多万年前，人类的祖先便在我国境内繁衍生息。已发现的中国古代遗址包括更新世早、中、晚期的古人类化石，有元谋人、蓝田人、北京人、山顶洞人等，其中以元谋人为最早，距今已有170万年的历史。周口店北京猿人是世界上迄今发现的资料最丰富的古人类。

（2）光辉灿烂的中华文明

我国是世界四大文明古国之一。早在4 000~7 000年前，我们的祖先就在黄河流域和东南沿海等地创造了令人赞叹的新石器史前文化，如河南渑池仰韶、陕西西安半坡、浙江余姚河姆渡等古文化遗址，都是人类文明的史证。

我国有文字记载的历史是从商朝开始的。公元前21世纪，禹的儿子启建立夏朝，我国开始步入奴隶社会，经历了商、西周、春秋时期，至公元前475年进入战国时期，开始了长达2 000多年的封建社会发展史。战国是一个诸侯争霸、战争频繁的社会变革过程，延续了200多年，直到公元前221年，秦始皇统一中国，建立了我国第一个中央集权的封建帝国，才结束了长期分裂割据的局面。自秦以后，我国经历了汉、三国、晋、十六国、南北朝、隋、唐、五代十国、辽、北宋、西夏、金、南宋、元、明、清等朝代的更替。其中汉代是我国历史上强大的封建王朝，唐代是我国封建社会的鼎盛时期。唐代不仅创造了丰富的物质财富，而且文化艺术也达到了很高的水平，为后世留下了众多的诗歌、绘画、雕塑、书法、音乐和舞蹈等优秀作品。

1840年鸦片战争以后，我国沦为半殖民地半封建社会。1911年的辛亥革命推翻了清王朝，结束了长达2 000多年的封建君主制度。1912年元旦，中华民国建立，之后经历了第一次和第二次国内革命战争、抗日战争和第三次国内革命战争，直到1949年中华人民共和国成立，中国人民才翻身得解放，成为国家的主人。在新中国

70多年的历史进程中，中国在政治、经济、文化、科学、艺术等方面都取得卓越的成就，为世人所瞩目。中华民族从此巍然屹立在世界的东方。在灿烂的历史长河中，中国古代文明内容之丰富、价值之高是世界上其他国家的文明所难以比拟的，且有许多是世界上绝无仅有的，如举世闻名的指南针、火药、造纸术和印刷术四大发明，此外在天文、地理、数学、物理、生物、医学等各个科技领域都遗留下了数不清的瑰宝，它们都是极具魅力的旅游资源。1953年我国公布的文物保护单位有572处。1961年、1982年、1988年、1996年、2001年、2006年、2013年至2019年国务院又先后公布了八批全国重点文物保护单位共5 058处，它们包括古遗址、古墓葬、石窟、寺庙和其他石刻、雕塑艺术、古建筑和历史纪念建筑物、革命遗址和革命纪念建筑物等，其中有的已列入《世界遗产名录》。2006年6月，国务院批准了首批国家级非物质文化遗产名录共518项，又分别于2008年、2011年、2014年确定了三批非物质文化遗产共计854项，包括民间文学、民间音乐、民间舞蹈、传统戏剧、曲艺、杂技与竞技、民间美术、传统手工技艺、传统医药和民俗十大类。这些浩如烟海的人文旅游资源，在文人墨客的渲染下，更加生辉，吸引着中外游客。

2）中华民族

民族是指人们在历史上形成的一个有共同语言、地域、经济生活以及表现于共同文化上的共同心理素质的稳定共同体。民族是一社会历史范畴，有其产生、形成、发展和消灭的过程。随着人类社会向高级形态发展，民族差别将逐渐消失。目前全世界有2 000多个民族。

（1）民族组成及分布

我国是一个团结统一的多民族国家。在历史长河中，各族人民交流、混杂、融合、分化，相互依存和促进，共同缔造了一个中华民族。中华民族由56个民族组成，是一个不可分割的整体，屹立于世界民族之林。至2016年底，中国大陆总人口约13.83亿人，是世界上人口最多的国家。在各民族中，汉族人口最多，约占全国总人口的90.56%。其他55个民族人口较少，统称为少数民族。壮族是人口最多的少数民族，约1 700万人，人口最少的少数民族是塔塔尔族，人口约3 500人。新中国成立以来，中国政府始终实行正确的民族政策，维护少数民族利益，发展少数民族的经济和文化，使各少数民族在中华民族的大家庭里，地位平等，受到尊重。

汉族分布广泛，相对集中在东部地区。少数民族人口虽少，但分布地区占全国总面积的50%~60%，主要居住在西北、西南和东北等地，新、藏、宁、内蒙古、滇、桂、黔等是少数民族聚居的省区。汉族和少数民族交错分布，形成了各民族大杂居、小聚居的分布特点。

在世界各地还有许多华人（包括华侨、华人、华裔）。据统计，全世界华人华侨约6 000万人，其中90%以上居住在亚洲，尤其是东南亚国家。海外华人热爱祖国，热爱家乡，他们不但发扬光大中国的优秀文化，而且为世界经济、文化交流做出贡献。

（2）民族文化

在漫长的历史进程中，勤劳智慧的各族人民创造了光辉灿烂的民族文化。它们包括各民族的发展历史、文字、文化和风俗习惯。如住房、服饰、发式、饮食、礼仪、婚丧嫁娶的形式、宗教信仰等方面的特色，与各民族生活地区的自然风光相结合，便

构成了一道别具一格的民族风景线。此外，各民族还有自己丰富多彩的民族节日和绚丽多姿的民族歌舞、艺术和开朗、热情、好客的性格等民俗风情，吸引着中外游客。通过旅游活动，各民族之间加强了联系沟通，增进友谊，同时也促进了少数民族地区经济、文化等各方面的进步。

小思考1-3

想一想中国人文地理条件有哪些优越性？试举个例子说明。

答：我国悠久的历史创造了光辉灿烂的中华文明，如无数的古人类遗址、异彩纷呈的民族文化等。

1.2 中国自然旅游资源

自然旅游资源主要是指在特定的自然地理环境下形成的丰富多彩的地貌、水体、气候、生物等旅游资源。

1.2.1 地貌旅游资源

各种地貌以其独特的形态和魅力构成千姿百态的旅游资源。其开发利用的潜力巨大。

1）各种地貌旅游资源

我国拥有各种类型的地貌旅游资源，其中以岩溶地貌、丹霞地貌、火山地貌、花岗岩地貌和海岸地貌旅游资源最具吸引力。

（1）岩溶地貌

岩溶地貌是指地表可溶性岩石受水的溶蚀作用形成的各种地貌形态，如石芽、石林、峰林、溶斗、落水洞、暗河、溶洞、溶蚀洼地等。我国碳酸盐类岩石面积约有130万平方千米，是世界岩溶面积最大的国家。它以桂、黔、滇东部分布最广，发育最完善；其次，鄂西、湘西、渝东和鲁、晋、京等地分布亦较广，苏、浙、闽等地则有局部分布。因气候和岩性的差异，各地岩溶地貌发育程度相差大，或以地面奇峰为主，或以地下溶洞见长，或以泉水为特色。我国有不少地区由于岩溶地貌发育典型而形成著名风景区，如桂林山水、云南石林等。

桂林山水是指广西东北的漓江沿岸，北起兴安南至阳朔，以桂林为中心的岩溶风景区。地貌上属于峰林、溶蚀谷地和孤峰溶蚀平原，是亚热带岩溶地貌典型代表。其主要特点是，在江岸和平坦地面上，矗立着一座座峭拔奇特的峰峦，“四野皆平地，千峰直上天”。如独秀峰矗立于桂林市中心，高60余米，古人题之为“南天一柱”。伏波山屹立江边，大有迂波回澜之势。桂林诸峰，千姿百态，惟妙惟肖，如象鼻山、老人山、猴山、骆驼山、宝塔山等。秀丽的漓江发源于桂林市北猫儿山，自北而南流经石灰岩地区，泥沙含量极低，因而清澈碧透，逶迤流转于千峰万壑间，映得群峰碧翠，倒映清明，舟行江中宛如画中游。溶洞幽雅深邃，仅桂林市区144平方千米内竟有洞穴300余处，大小、深浅、形状各不相同，以芦笛岩、七星岩最为著名。洞内石笋、石钟乳、石柱、石幔等琳琅满目，五彩缤纷。古人用“无山不洞，无洞不奇，洞洞相通”来形容桂林的奇穴异洞。同时，洞内又有许多历代诗文题刻等人文景观，更增添了游览内容和情趣。

以山青、水秀、洞奇、石美为特色的桂林风景，随着季节、早晚、晴雨的不同，又能变幻出各种意境不同的景观，令人流连忘返。无怪乎历代以“江作青罗带，山如碧玉簪”“桂林山水甲天下”等诗句来描绘赞美这里的山光水色。

（2）丹霞地貌

丹霞地貌又称红层地貌，是指在巨厚的红色沙砾岩上发育的方山、奇峰、陡崖、赤壁、巨石等特殊地貌，具有较高的旅游价值。我国地质学家于1928年首先在广东省仁化县丹霞山一带对这种地貌作了深入考察，并把这种发育在白垩纪、第三纪红色岩层，形态类似岩溶的地貌，命名为“丹霞地貌”。我国丹霞地貌主要分布在赣、闽、粤、湘四省的交界处，特别是粤北仁化和闽西武夷等地，发育十分典型。其景观可用“丹山碧水”概括之。

2010年，“中国丹霞”（湖南崀山、广东丹霞山、福建泰宁、贵州赤水、江西龙虎山、浙江江郎山等6处“捆绑”）成为第8项中国世界自然遗产。

武夷山是丹霞地貌的代表性景观。武夷山位于闽西北武夷山市，是我国首批国家级重点风景区。其群峰由沙砾岩层叠生成，平地而起，不与外山相连，突兀林立，溪谷环绕，山回水折，以“三三秀水清如玉，六六奇峰翠插天”构成武夷山风景区的骨架和精华。另有“巉岩九十九”“怪石六十一”“洞景七十二”以及“十三泉”“十一涧”等自然佳景，还有名茶、方竹、古树名木等，自古以来就是著名的游览胜地。区内的峰、峦、岩、洞，秀拔奇伟，千姿百态，如玉女峰、大王峰、鹰嘴岩、一线天等，所有的山峰皆翘首东方，势如万马奔腾，雄伟壮观。九曲溪碧绿清透，似玉带盘绕山中，环结成“曲曲山回转，峰峰水抱流”的九曲之胜。山光水色交相辉映，构成丹山碧水之美景。所以人们称赞武夷山“有桂林山水之清秀，又有黄山风景之奇趣，更有漓江的诗情画意，还有庐山的雄伟壮丽”。

（3）火山地貌

火山地貌是因火山活动形成的地貌。火山的喷发奇景、休眠火山的圆锥形体的动人风姿和熔岩流构成的奇异微地貌形态，都是很有吸引力的旅游资源。我国邻近环太平洋火山地震带和地中海–喜马拉雅地震带，是一个多火山、多地震的国家。我国共有火山800余座，大多为死火山和休眠火山，集中分布在东北、云南和台湾等地，构成著名的火山地貌风景区。其中以“五大连池火山群”最为典型，该火山群是我国第一个火山遗迹自然保护区，1996年被评为国家级风景区，2004年被评为世界地质公园。

五大连池坐落在黑龙江省五大连池市北部，小兴安岭西南侧，在火山群环抱之中。风景区包括14座玄武岩火山锥，5个串珠状堰塞湖和一块熔岩台地。历次火山喷发，大量黏度较低的玄武岩岩浆流出，形成了该区最具魅力的各种熔岩流景观以及国内外罕见的喷气构造景观。包括千姿百态的象鼻状、爬虫状、绳状、木排状、钢轨状、盘肠状、瀑布状熔岩，类似各种动物如海龟、蟒蛇等的熔岩造型，以及1 537个喷气锥，让人去遐想那天雷地火、岩浆横溢的壮观场景。五大连池是世界上火山地质地貌保存最完整的地区，故有“火山博物馆”之称。此外，区内多矿泉，其中以药泉山附近的冷矿泉水最为著名，水温在2℃~5℃，因有奇特的理疗作用被称为“神泉”

"圣水"，用于医疗保健已有100多年的历史。现在，每年来这里游览、疗养者络绎不绝，已成为北方综合疗养胜地。

（4）花岗岩地貌

花岗岩在我国分布相当广泛，尤以南方为最。花岗岩岩性坚硬，但节理特别发育，在长期内外营力作用下，形成千姿百态的奇峰、奇石、台地、石丘、石蛋等花岗岩地貌形态。如黄山怪石，太姥奇石，福建东山的风动石、厦门鼓浪屿的日光岩等。

观念应用1-1

黄山——上帝的盆景

黄山地处皖南低山的中心，有72峰，群峰相连，以主峰莲花峰为最高，海拔1 864.8米。黄山的花岗岩垂直节理发育，经长期的内外力作用造就出各种奇峰怪石。"象形"是黄山怪石的特点，它似人、似物、似鸟、似兽……姿态各异，惟妙惟肖。如莲花峰，俨若一朵初绽的莲花，凌空而立，仰天怒放。天都峰顶的巨石，形如硕大的仙桃，故名"仙桃石"。散花坞圆柱形石柱，矗立松海中，顶尖如削，顶尖石缝中长出一株奇巧古松，盘旋曲折，称之"梦笔生花"。狮子峰的平顶上一块巨石，颇似猴子，当云涛起时，巨石屹立云海之上，神似远望，故曰"猴子观海"。还有"兔子望月""姜太公钓鱼""童子拜观音"等形态都十分逼真。黄山奇松与巨石伴生，"无石不松，无松不奇"。奇松从断岩绝壁破土而出，有立、卧、仰或盘曲倒挂，异体同干等各种形态。由于山上气温低，风速大，日照短，使松树不能笔直向上生长，故顶平如削，针叶短而稠密，枝杈趋向水平，迎风展开，呈不对称的旗形树冠，给人一种刚毅挺拔之感，以翠屏峰上的千年古树迎客松为代表。黄山地近江海，丰沛的水汽随地形抬升，在峰峦间凝成云雾，云多时笼罩整个山区，只有高耸的山峰如岛屿浮动于云上，形成变幻无穷的"云海奇观"。黄山温泉终年不涸不溢，水质清澈，水温在42℃左右，可饮可浴，极有医疗价值。

总之，黄山风景兼有泰山之雄伟、华山之险峻、雁荡之怪石、衡山之烟云、匡庐之飞瀑、峨眉之奇秀，故有"五岳归来不看山，黄山归来不看岳"之感叹！

根据以上资料，试分析黄山风景的特色是什么？是属于哪一类的地貌旅游资源？

[分析提示]

黄山风景名胜多为天然雕琢，以奇松、怪石、云海、温泉"四绝"最负盛名。属花岗岩地貌。

（5）海岸地貌

海岸地貌是指海岸地带受波浪、海流、潮流等外力因素综合作用而形成的地貌。它包括海蚀地貌和海积地貌两大类，前者有海蚀平台、海蚀柱、海蚀洞、海蚀拱桥、海蚀穴和海蚀崖等；后者有海滩、沙坝、沙嘴和泻湖等。这些都具有较高的观赏价值，尤其在阳光、海水和沙滩（即Sun，Sea，Sand，习称"三S"）已成为重要旅游资源的今天，海岸地貌的旅游价值更为上升。

我国海岸线漫长，兼有岩岸、沙岸、生物海岸三类，海蚀地貌旅游资源丰富。

岩岸海岸线曲折，岬湾交错，峭壁断崖，气势雄伟，海蚀地貌千姿百态，惟妙惟肖，吸引游人驻足观赏。在岬角之间往往有沙滩，是优良的海滨浴场。我国的岩岸主要分布在杭州湾以南以及杭州湾以北的山东半岛、辽东半岛、辽西走廊、浙闽丘陵和台湾东岸。福建的最大海岛——海坛岛，海蚀地貌特别发育，类型多，形态各异，既有观赏价值，又有科学研究价值，已被列为国家级风景区。

沙岸地区多三角洲、环状沙坝、海滨沙滩和陆连岛等海积地貌。一些沙软潮平、砂粒大小均匀的海滩，也可开展海水浴旅游活动。我国的沙岸主要分布在杭州湾以北的地区。

我国的生物海岸主要有珊瑚海岸和红树林海岸，以前者旅游价值为大。珊瑚生长在水温较高、风浪不大、水质良好、水深1~10米的沿岸海底。海滩下方往往有宽广平坦的礁坪，向海延伸，退潮时露出水面，宜开展水上、水下各种运动；海滩上还有婀娜多姿的椰子树，一派热带海滨风光的旅游佳境。东沙群岛、西沙群岛、南沙群岛具有典型的珊瑚海岸风光。

红树林是生长在热带和亚热带海岸潮间带的灌木林，高5~10米，抗碱性强，能改良滩地土壤，防风护堤，同时也能美化海岸环境。我国温州以南的海岸都可栽培红树林，但以闽、台、粤、琼红树林海岸发育最好，自然景观独具特色。

（6）风沙地貌

风沙地貌是指风力对地表物质的侵蚀、搬运和堆积形成的地貌，可分为风蚀和风积地貌两大类。风沙地貌区虽然环境恶劣，但发展旅游业的潜力巨大。“茫茫戈壁一马平川，万里绝人烟”的景观以及沙漠中的绿洲、风蚀城堡、风蚀蘑菇等都带有极神秘的色彩，成为具有冒险精神的游人所向往的地方。

我国是世界上风沙地貌分布最广泛的国家之一。它主要发源于西北和内蒙古干旱、半干旱地区，总面积达128万平方千米。其风景区以宁夏中卫沙坡头、内蒙古达拉特旗响沙湾和甘肃敦煌鸣沙山三大响沙最为著名。茫茫大漠风光、秀美的月牙泉和随着游人自上而下滑动发出轰轰响声的鸣沙极具吸引力。此外，新疆乌尔禾和罗布泊地区的风蚀“城堡”，也以其神秘幽深吸引着中外游人。

（7）冰川地貌

冰川是极地或高山地区沿地面运动的巨大冰体。冰川地貌是指主要由冰川的侵蚀和堆积作用而形成的地貌，有角峰、刃脊、U形谷和冰川湖等景观。尤以冰川湖和冰川消融形成的冰塔林最具吸引力。在冰川末端，受冰川消融的影响，冰塔成林，与冰蘑菇、冰瀑布等错落相间，构成了童话般的“水晶园林”景观。

我国现代冰川集中在西部雪线以上的高山地带，雪岭横空，冰河四溢。其中天山是我国最大的冰川区。我国最著名的冰川地貌景区是贡嘎山。它位于四川省甘孜藏族自治州境内，海拔7 556米。贡嘎山，藏语意为“白色冰山”。由于受季风影响，形成海洋性冰川。据统计，以主峰为中心沿山谷呈放射状的冰川有100条以上，规模最大的海螺沟冰川，从海拔7 500多米处一直向下延伸到海拔2 800米的地方，甚至还深入森林区，所以海螺沟冰川又是我国海拔最低的冰川。贡嘎山除冰川景观外，高山湖泊、原始森林、瀑布和温泉也颇富特色。它在“中国最美的十大名山”中位居第二。同时，它也是红军长征经过的地方，有许多革命史迹，这些都是宝贵的红色旅游资源。

（8）黄土地貌

黄土地貌是黄土高原地区发育的一种特殊的沟谷流水地貌。我国的黄土地貌分布之广、发育之典型举世罕见。它主要分布在太行山以西、乌鞘岭以东、秦岭以北、长城以南的黄土高原，黄土覆盖层厚度一般在100~200米。黄土的成因，一般认为主要由风力从西北广大沙漠地区搬运而来的第四纪堆积物，其结构疏松，具有多孔性和垂直节理，透水性强，易被雨水冲刷和流水割切，形成梁、峁、塬、柱等地貌景观。区内沟壑纵横，支离破碎，是“疯神捏就”的世界。它以粗犷、豪放的高原面貌，壮观、奇特的土柱“峰丛”以及独具一格的黄土窑洞和风情民俗吸引着游客。

（9）流水地貌

流水地貌是指由地表流水的侵蚀、搬运和堆积作用而塑造的地貌。如沟谷、河谷、河漫滩、河流阶地、冲积平原、三角洲等。在陆地表面，流水地貌无处不有，其中因河流切穿山地而形成的峡谷地貌，是一种极富观赏价值的地貌形态。我国众多的名川大江，沿途（尤其在上游段）都发育有壮观的峡谷，如雅鲁藏布大峡谷、虎跳峡、长江三峡等。大河的中下游，常形成大面积的冲积平原和水网稠密的三角洲。它们都以不同的景观吸引游客。

2）著名山岳

我国是一个多山的国家，山地旅游资源丰富。其中许多山岭雄伟、险峻、奇特、秀丽，并有众多的名胜古迹，是理想的游览、避暑或登高之地。

（1）五岳

五岳是我国五大名山的总称。它们是以中原地区的中岳嵩山为中心，东有泰山（东岳），西有华山（西岳），北有恒山（北岳），南有衡山（南岳）。五岳是历代皇帝加封的。由于五岳独有的胜景，古今对之颂扬甚多，明代旅行家徐霞客就有“五岳归来不看山”的赞叹。

①泰山（世界双遗）

泰山位于山东省泰安市境内，成山于太古代，距今约有24.5亿年，是由片麻岩、花岗岩构成的断块山地，雄居于平原和丘陵之上。主峰玉皇顶，海拔1 532.7米，突起于群峰之上，巍峨挺拔，气势磅礴。登顶眺望，有“一览众山小”之感。泰山自古以“雄”而闻名天下。泰山古称“岱山”或“岱宗”。古人以东方为万物交替、日月升华之地，所以泰山有“五岳独尊”“五岳之长”的称誉。历代帝王把泰山当作神的化身，在登基之初和太平之年多来泰山封神祭祀天地，建庙塑神，刻石题字，给泰山加上许多封号，自古就有“泰山安，四海皆安”的说法。因此，山中遍布诗文碑刻、古诗亭桥等古迹。历代文人也多爱慕泰山，留下了大量描绘、赞美泰山风景的诗文佳作，为泰山锦上添花。泰山的奇峰幽谷、苍松翠柏与名胜古迹和谐地融为一体。它既是我国一个大型的山岳公园，又是一个天然的历史、艺术博物馆。泰山以“华夏的图腾”入选“中国最美的十大名山”。

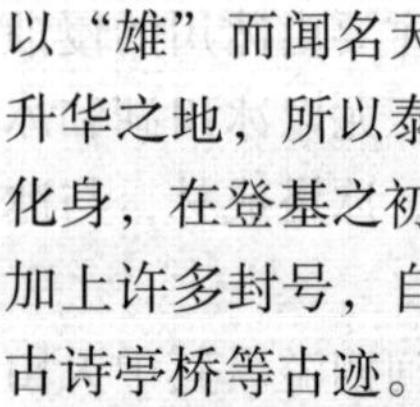

小知识1-1

泰山主要旅游线路和游览景点

岱庙：遥参亭　岱庙坊　正阳门　天贶殿　汉柏院　东御座　铜亭铁塔

东路：岱宗坊　孔子登临处　斗母宫　经石峪　壶天阁　中天门　十八盘

西路：黄西河　长寿桥　黑龙潭　无极庙　天胜寨　扇子崖

岱顶：南天门　月观峰　天街　碧霞祠　大观峰　玉皇顶　日观峰

岱麓：虎山公园　王母池　吕祖洞　普照寺　五贤祠　冯玉祥墓

岱庙是泰山第一名胜，位于泰山南麓泰安市内，是历代帝王祭祀泰山举行大典的地方。从秦汉起，历经修建，建筑面积96 000多平方米。主殿天贶殿高22.3米，宽19.8米，重檐八角，红墙黄瓦，斗拱彩绘，雄伟壮观，与北京故宫太和殿、曲阜孔庙大成殿并称为中国三大古建筑殿宇。庙内藏有自秦代以来的壁画和石碑150余方，与西安、曲阜等地碑林齐名，为国内重要碑林之一。

②华山

华山位于陕西省华阴市东南，是秦岭北坡的一条支脉。南依秦岭，北环渭河，东南西北中五峰环峙，状如莲花，故名华山。华山之险居五岳之首。在6万~7万年前，秦岭断块山地几经上升，华山东西两侧受河谷深切，谷底至峰顶高差千米左右；南为断层所割，以深达500米的鸿沟（峡谷）与南面山岭相隔，形成了“自古华山一条路”的险峻奇观（但现在游人可乘黄甫峪索道直抵北峰或由巨灵索道直达西峰）。千尺幢、百尺峡、猢狲愁、苍龙岭、擦耳崖等都是十分险峻之处。

从华山脚下的玉泉院到清柯坪，一路上风光幽静，峡谷青翠，鸟语花香，流泉垂挂，令人心旷神怡。青柯坪以东才是真正登山的开始。千尺幢有“太华咽喉”之称，是在绝壁上剔两道石槽，均宽约80厘米，纵坡近60度，非铁索牵挽，难以登攀，令人望而生畏。百尺峡两侧峭壁，中夹石阶险道，下段纵坡近50度，上段仅容一人通行，上浮悬石一块，仰望摇摇欲坠，镶“惊心石”三字，过石窥探，竟稳如扎根壁间，又镶有“平心石”。“老君犁沟”，是夹于陡绝石壁间的一条沟状通道，自下而上有570余石级。犁沟的尽头有猢狲愁、媪神洞、群仙观等道院。再向前就到了华山的北峰。北峰即云台峰。三面绝壁，巍然独秀，只有一条山道通往南面山岭。苍龙岭是北峰到其他诸峰的必经之路。该岭在华山之腰，宽不足1米，长1 500米，两侧万丈深渊，陡得像蛟龙昂首腾空。据记载，唐朝大文学韩愈登上此岭，在万丈深谷前不知去路，恐惧失色，于是写下遗书投掷崖下。至今崖上还有“韩愈投书处”的石刻。

华山其他四峰，中峰玉女峰，依附于东峰西壁，是通往东、西、南三峰的咽喉。西峰又名莲花峰，峰旁有巨石，名为斧劈石，传说沉香“劈山救母”的故事就发生在这里。东峰即朝阳峰，峰顶有朝阳台，可观日出。南峰即落雁峰，是华山主峰，海拔2 154.9米，也是华山最险峰，峰上苍松翠柏，林木葱郁。峰顶有老君洞，相传老子曾隐居于此。洞北有太上泉，俗称仰天池，池水清绿，冬夏不竭。

③衡山

衡山位于湖南省衡阳市，为花岗岩断块山。层峦叠嶂，气势磅礴，大小山峰72座，以祝融、天柱、芙蓉、石廪、紫盖五峰最著名。衡山气候暖湿，风景秀丽，植物繁茂，是天然植物园。“行尽千山与万山，衡山更在碧云间”，自古就有“五岳独秀”之誉。衡山历史悠久，相传舜南巡、禹治水时都到过这里，历代帝王也曾来此登山祭奠。因此山中多殿宇、古刹、碑刻等文物古迹。南岳庙是衡山最雄伟的古建筑群，与泰山岱庙、嵩山中岳庙并称于世。大殿高22米，内外有72根石柱，象征72峰。殿四角飞檐、斗拱等都雕刻着龙凤，栩栩如生，是古建筑艺术之精华。衡山最令人神往的是“四绝”，即祝融峰之高、藏经殿之秀、方广寺之深和水帘洞之奇。祝融峰海拔1 300.2米，是衡山的主峰，因相传上古祝融氏葬于此地而得名；峰顶的祝融殿，由于是供奉火神祝融的，故用石墙铁瓦筑成，别具一格；峰顶的望日台，是观日出的最佳处，一览群峰罗列，九嶷洞庭，历历在目；此处还可欣赏变幻莫测的烟云，峰顶还有“天半祝融”“一日千里”“山耸天止”、“乾坤胜览”等石刻。藏经殿位于赤帝峰下，始建于南朝陈光大二年（568），经历代修葺，这里红墙绿瓦，淡雅宜人，古树奇花，秀丽天成，是衡山风景最佳处，此外，这里曾保存过明太祖所赐的《大藏经》。方广寺坐落在莲花峰下的深谷之间，建于南朝梁，现存的是清代木结构建筑，周围八山四水环抱，珍奇树木繁茂，古寺则隐藏其中。水帘洞在紫盖峰下，水源来自峰顶，流经山洞，汇入石池，池满水溢，形成70多米长的瀑布飞泻而下，如雪溅雷鸣，蔚为奇观。

④恒山

恒山位于晋东北，西部衔雁门关，东连太行山，绵延150多千米。山体为古寒武纪、奥陶纪石灰岩构成，犹如骏马奔腾，故有“恒山如行”之说。相传在4 000多年前，舜帝北巡至此，见山势雄伟，封为“北岳”。恒山东峰为主峰天峰岭，海拔2 016.1米，拔地而起，危岩峭壁，气势磅礴；西峰翠屏峰，俊俏多姿。两峰对峙，峭壁如门，浑水中流，形势雄险，为南北交通咽喉、兵家必争之地。宋代杨家将曾驻兵于此，当年栈道遗迹尚存。古有“恒山十八景”之说，山上苍松翠柏、古树参天，楼台殿宇掩映其间，给雄伟的北岳增添了不少秀色。著名的庙宇、自然景区有朝殿（北岳庙）、会仙府、九天宫、琴棋台、出云洞等，但最为奇绝的是古刹悬空寺。

悬空寺建筑于翠屏崖的腰部，依山傲基，就岩起屋；上载危崖，下临深谷；殿廊参差，大有凌空欲飞之势，远远望去，犹如一上不着天、下不着地的层楼飞阁，镶嵌在万仞峭壁之间，令人叹绝。内部结构也曲折迷离，或以栈道飞渡，或以暗道相通，有的经石级攀登而上，有的越石壁穿窗入室。回旋曲折，别有洞天。古诗赞曰：“谁凿高山石，凌空构梵宫，蜃楼疑海上，鸟道没云中。”悬空寺始建于北魏后期（距今1 500多年），经金、明、清三代重修。全寺主要有三级建筑，前为道教天地三宫殿，中间是佛教世界三圣殿，最后是集儒、佛、道三教于一堂的三教殿。如此三教合一的安排，在中国寺庙建筑中别具一格。

⑤嵩山

嵩山位于河南省登封市西北，属伏牛山脉，山峦绵延30多千米。分东西两支，东太室山，山体如卧，主峰峻极峰海拔1 491.7米。嵩山为我国儒、佛、道三教汇集之地。自秦建宗祠始，历代都有宗教建筑。山麓地带名胜古迹星罗棋布，尤以少林寺、中岳庙、嵩阳书院和嵩岳寺塔等最著名。少林寺有“天下第一古刹”之称。始建于北魏，是印度高僧菩提达摩传授禅宗之地，闻名中外的少林武术源于此。千佛殿（毗卢阁）是寺内规模最大的殿宇。殿内有著名的明代《五百罗汉朝毗卢》壁画300多平方米。白衣殿内有清代少林寺拳谱、十三棍僧助秦王（李世民）壁画。寺内还存唐以来的碑褐石刻300余品，其中以《秦王告少林寺主教碑》最为珍贵，上面刻有唐太宗李世民的手迹。寺西有塔林，为历代高僧的墓地。现存自唐至清千余年的砖石墓塔220多座，是我国最大的墓塔群。中岳庙位于登封市城东的黄盖峰下，是历代帝王祭祀山神的地方。始建于秦，唐宋时极盛，现存殿宇为清代重建，面积10万多平方米，规模宏大，布局严谨，松柏蔽日。其中心大殿的建筑风格和北京故宫的太和殿风格十分相似。庙内有北宋时期铸造的四尊铁人，高3米，振臂握拳，颇具武士风度，为宋代佳作。嵩岳寺塔掩映于登封西北的山谷中，建于北魏，是我国最古老的砖佛塔，也是嵩山的标志。塔高40余米，15层，外形轻快秀丽。塔身中空，原可扶梯登至塔顶。

（2）四大佛教名山

"天下名山僧占多"。我国山水壮美的风景胜地，遍藏名寺古刹，成为著名的宗教圣地。山岳因宗教而扬名。五台山、峨眉山、普陀山和九华山为我国四大佛教名山。

①五台山——文殊道场

五台山位于山西五台县东北部，由东台、南台、西台、北台和中台五座山峰环抱而成。山峰耸峙，高入云霄，峰顶如台似垒，故称五台山。其中北台最高，海拔3 061.1米，素称"华北屋脊"，山上夏无酷暑，绿草如茵，山花烂漫，清风习习，十分凉爽，故又称清凉山，是避暑胜地。相传，五台山是文殊菩萨讲经之地。早在东汉永平年间，这里就开始修建寺院，鼎盛时期有寺院200多座，现存58座。精美的建筑，玲珑的雕刻，逼真的塑像和彩画遍及各寺。五台山在我国佛教史上地位显赫。唐宋以来，日本、尼泊尔及东南亚各国僧侣前来进香，络绎不绝。五台山名寺栉比，大部分集中在台内中心台怀镇一带，如显通寺、塔院寺、菩萨顶、殊像寺、罗睺寺、南禅寺、龙泉寺等。显通寺始建于东汉，为五台山大寺之最。各种建筑400余间，面积共8万平方米。寺中有铜殿三间，铸造极为精美。铜塔两座，造型秀丽。门前钟楼雄伟壮观，内悬万斤铜钟，声闻数里。在塔院寺内，有一藏式白塔（舍利塔），高70米，建于明永乐年间，格外醒目，是五台山的标志。南禅寺中的大殿是我国现存最古老的木结构建筑，殿佛坛上布满唐代彩塑，彩塑的形体、衣饰和手法与敦煌唐塑如出一辙。罗睺寺以"开花见佛"为奇。在最后的一座大殿里，有一木制圆形佛坛，坛中有一高约3米的木制红色莲花，花内坐着四方佛。平时莲瓣紧闭，看不见内中佛像，由机关操纵，红色莲花徐徐张开，现出佛像，颇有味趣。

②峨眉山——普贤道场

峨眉山屹立在四川盆地西南，是大峨山、二峨山、三峨山的总称。大峨山为游览区，山体由古生代花岗岩、变质岩构成，顶部有大面积玄武岩覆盖。主峰万佛顶海拔3 079.3米，高出四川盆地2 000多米，故有"峨眉高出西极天，从盆地升向天庭"之说，也是"中国最美的十大名山"之一。山势雄伟高大，山岭绵延曲折。地处亚热带，湿润多雾，树木丛生，苍翠鲜艳，自然景观垂直变化明显，植物种类多达3 000余种，且多特有种属和孑遗植物。有"植物王国"之称，是"峨眉天下秀"的一个重要组成部分。密林中栖息多种珍禽异兽，如小熊猫、苏门羚等，尤以产猴著称于世。

峨眉山佛教历史悠久，相传是普贤菩萨道场。从东汉时就有寺庙建筑，现存寺庙26座，多隐伏于绿树丛中，一派"深山藏古寺"的意境。著名的寺庙有报国寺、万年寺、卧云庵和金顶等。寺内均珍藏佛经、舍利、铜塔、瓷佛、碑匾、书画等文物古迹。报国寺地处山麓，海拔550米，是游山的起点，也是全山最宏伟辉煌的建筑群。

寺内有明代巨型瓷佛和紫铜华严塔，塔高7米，14层，塔身铸佛像4 700多尊，并刻有《华严经》全文，为艺术珍品。从报国寺至金顶，游人要攀登数十千米的崎岖山路。途经峨眉胜景清音阁、黑龙江栈道和洪春坪、洗象池等。登顶环顾，东有大渡河、岷江宛如玉带，银光闪闪；西有大雪山、贡嘎山白雪皑皑，接连天际，大有“眨眼唯嫌天地窄”的磅礴气势。金顶设有“睹光岩”，可赏日出、云海和佛光三大奇观，尤以佛光最奇。

③普陀山——观音道场

普陀山是舟山群岛中的一个小岛，位于杭州湾以东近100海里的莲花洋中。全岛面积12.76平方千米，最高峰佛顶山海拔286.3米。它是我国著名的佛教圣地。相传五代梁贞明年间，日僧慧锷自五台山请观音像回国，途经普陀山，为风浪所阻，他以为观音不肯离开中国，于是在普陀山东南紫竹林结庐留居，建“不肯去观音院”，这就开始了普陀山的佛教历史。南宋时又规定此山以供奉观音为主。因此，山上寺庙和传说，多半与观音有关，这成为普陀山名胜的一大特色。经宋、元、明、清各代修建，普陀山最盛期间拥有大小寺庙200多座，僧尼2 000余人，称为“海天佛国”。现存建筑以慧济、法雨、普济三寺为最大。三寺经历代修建，现存的均为清代宫殿形制。

慧济寺又称佛顶山寺，坐落在普陀山最高峰佛顶上。登临寺前山顶，近可见普陀诸寺罗布绿荫中，远可望海天一色，渔舟点点，云烟缥缈，这就是普陀胜景之一“华顶云涛”。佛顶山南光熙峰下的法雨寺，又称后寺，创建于明代。殿宇按山势依次升级分布在六层台基上，其中观音殿殿内顶部有著名的“九龙盘拱”结构，因此，又名“九龙殿”。普济寺又称前寺，是全山最大的寺院，坐落在岛的南部灵鹫峰下。初建于900多年前的北宋后期，规模宏大，建筑雄伟，有殿宇九座，主殿圆通宝殿建在2米多高的石板平台上，石栏围护，巍峨壮丽。殿内置观音大士像。寺院外围有海印池、八角亭、御碑亭、多宝塔等名胜。

普陀山在四大佛教名山中，以山海之利为其自然特色，山虽不高，但奇峰、怪岩、山泉、沙滩与大海一起构成许多天然美景。其中以山海相连处的石洞最为奇特，如潮音洞、梵音洞、狮子洞等都是名洞。它们多是海水沿岩石节理侵蚀而形成的海蚀穴。潮音洞从洞底至洞顶高达数十米，洞深70米，日夜吞吐海潮，声如雷鸣。普陀山东岸有一长1 750米、宽约100米的沙滩，称千步沙，沙细如荅，不沾人足，色如金毯，是良好的海滨浴场。普陀山的气候冬暖夏凉，是理想的避暑、休养胜地。其“佛顶茶”“观音水仙茶”也名扬海内外。

④九华山——地藏道场

九华山位于皖南，北依长江，南接黄山、太平湖。方圆100平方千米内有99峰，以天台、莲花、十王等九峰最为突出，李白以诗“昔在九江上，遥望九华峰；天河挂绿水，秀出九芙蓉”赞美九峰。九峰又如莲花盛开，同时千百年来，山中古刹林立，香烟缭绕，使九华山有了“莲花佛国”的美称。十王峰海拔1 344.4米，为九华山主峰。山体为花岗岩断块山，节理发育，在内外营力作用下形成峭壁峥嵘，谷幽潭深的花岗岩地貌。九华山佛教历史悠久。公元719年，新罗国（今韩国）王子金乔觉（法号地藏）渡海来唐，卓锡九华，苦心修行75载，圆寂后成为地藏菩萨应世，九华山遂辟为地藏菩萨道场。现存化城寺、月身宝殿、祇园寺、百岁宫等古刹99座，佛像6 000多尊。这些寺庙建筑具有典型的皖南徽派民居风格，佛教徒与当地居民和谐相处，形成了僧俗杂居、农禅并重的独特的民风民俗。

祇园寺，始建于明代，清代重修，是一宫殿式庙宇群，规模为全山寺院之冠，寺内大雄宝殿高43米，飞檐黄瓦，金碧辉煌。百岁宫依山而建，殿宇巍峨，殿内保存着明万历年间在九华山坐化的无瑕和尚的真身贴金坐像。无瑕为直隶宛平人，寿126岁，人称“百岁公”。九华山天台正顶，海拔1 320米，为传统的游山极顶，面积约8平方千米，有万佛楼、拜经台、天台万佛灯、捧日亭、金地藏足印石等胜迹。也是观九华全景、看日出和云海的最佳处。北长江，南黄山，万千气象，尽收眼底。

九华山历代高僧辈出，且留下了一个现代生命科学之谜：从唐至今共有15位高僧的遗体化为肉身菩萨，在年降雨量2 300毫米左右、气候湿润的自然条件下，肉身不腐，可谓神奇。现可供游人观瞻的有5尊。

（3）四大道教名山

道教是我国宗教之一，历史悠久，创立于东汉，盛行于南北朝，奉老子为教祖。我国有许多道教名山，著名的有湖北武当山、四川青城山、安徽齐云山、江西龙虎山，并称为“四大道教名山”。

①武当山

武当山位于鄂西北、汉水南岸，属大巴山东段分支。山势峻拔，群峰林立，有上、下“十八盘”等险路和“七十二峰、三十六崖、二十四洞、九泉、三潭”等胜景。它既是旅游名山，又是道教圣地。历代道家均修炼于此。明成祖朱棣大力宣扬道教，永乐年间在武当大兴土木。曾有诗句“五里一庵十里宫，丹墙翠瓦望玲珑”，生动地描写了武当山建筑规模的庞大宏伟。现在基本上保存着明代的建筑体系，主要宫观古迹尚存有金殿、太和、南岩、紫霄、五龙、遇真、玉虚等六宫，复真、元和二观，以及磨针进、玄岳门等。金殿矗立于海拔1 612.1米的主峰——天柱峰峰顶，建于明代。金殿全部构件均为铜铸，如殿内神像宝座、香案器物均是铜制金饰，其中真武祖师座像重达10吨。武当山也是武当拳术的发源地。武当拳刚柔兼蓄，独具风格，是我国一支重要的拳术流派，与嵩山少林拳齐名。

②青城山

青城山在四川省都江堰市西南，最高峰海拔1 260米，是邛崃山脉的分支，北接岷江。山林终年青翠，景色清幽，故有“青城天下幽”的美称。青城山是我国道教发祥地之一。东汉时期，道教创始人张道陵（道教徒尊之为“天师”）曾在此山设坛传教。唐朝佛教兴盛后，曾与道教争夺青城山这一阵地，后经唐玄宗下诏裁决，青城仍为道教基地，并以道教名山为特色。至今保存的道教遗迹有天然图画、天师洞、祖师殿、朝阳洞、上清宫等。天师洞位于青城山腰混元顶下峭壁间，有阁道通往洞前的常道观。该观为青城主庙，创建于隋大业年间，现存部分是清代建筑，规模宏大，结构精美，依山而上，雄伟壮观。山顶上清宫，为唐玄宗入蜀时所建，高踞山顶，可观日出、云海、圣灯。圣灯为晚间飘在山谷间的磷火，附以离奇传说，为青城山“圣景”之一。

③齐云山

齐云山，古称白岳，因遥观山顶与云平齐得名；位于安徽省黄山市休宁县齐云山镇，地处休宁县城区西约15千米处，距屯溪区33千米，总占地面积110平方千米。

齐云山内有月华街、云岩湖、楼上楼3个景区。有奇峰36座，怪岩44处，幽洞18个，飞泉洞27条，池潭14方，亭台16座，碑铭石刻537处，石坊3个，石桥5座，庵堂祠庙33处。

1994年，齐云山被批准为国家重点风景名胜区；2001年，齐云山被批准为第二批国家地质公园；2005年，齐云山被评为国家AAAA级旅游景区。

④龙虎山

龙虎山属武夷山余脉，位于江西省鹰潭市西南，地跨贵溪市和余江县。龙虎山海拔247.4米，为典型的丹霞地貌风光，奇峰秀出、丹崖碧水。芦溪水贯通景区，点缀着龙虎山99峰、24岩、108处自然和人文景观。既可泛舟赏景，亦可徒步游览。龙虎山是道教正一派的发源地，张道陵曾到此炼丹，历代天师在此相传，到民国末年，已长达1 800多年，被誉为“南国第一家”。山中有著名的道观大上清宫、正一观等。

（4）高山雪峰

高山雪峰不仅以它丰富多彩的冰川地貌吸引旅游者，而且还凭它的高、险成为登山探险的好场所。现在体育探险登山运动已成为一项很重要的旅游活动。自1980年以来，我国先后开放了珠穆朗玛峰、希夏邦马峰等12座山峰，有力地推动了我国和世界登山探险的旅游活动。

①珠穆朗玛峰

珠穆朗玛峰是喜马拉雅山的主峰，海拔8 848米，巍峨屹立在中国与尼泊尔边境。“珠穆朗玛峰”藏语意为“女神第三”。它以举世无双的海拔高度、绚丽多姿的地形地貌、神奇莫测的自然奥妙，长期以来吸引着世界各国登山家、探险家和科学家。人们把它与南极、北极并提，称为“世界第三极”。从20世纪20年代开始，就有不少国家派出探险队来此活动，分别从南坡和北坡登峰。

②希夏邦马峰

希夏邦马峰位于西藏聂拉木县境内，是喜马拉雅山中段北支最高峰，海拔8 027米。“希夏邦马”藏语意为“气候严寒，天气恶劣多变”。它是全世界8 000米以上的14座高峰中最后被人类征服的一座，直到1964年，才由中国登山队的10名队员由北坡登上顶峰。

③博格达峰

博格达峰是天山山脉东段博格达山的主峰，海拔5 445米，是我国对外开放的山峰中最低的一座。该峰附近有许多冰川，雪线可达3 500米。在西北坡海拔1 900米处有一颗山间明珠——天池，湖水清澈，绿如碧玉，是令人向往的旅游地。

此外，我国其他对外开放的高峰还有乔戈里峰、贡嘎山等（我国对外开放的登山山峰一览表见表1-1）。

我国除了五岳、四大佛教名山、四大道教名山以及在各种地貌旅游资源中已列举的名山外，还有许多风景名山，如庐山、雁荡山、天柱山等。

表1-1　**我国对外开放的登山山峰一览表**

山峰名称	海拔高度（米）	所在位置
珠穆朗玛峰	8 848	中尼边界
希夏邦马峰	8 027	西藏境内
乔戈里峰	8 611	中巴边界
加舒尔布鲁木峰	8 068	中巴边界
布洛阿特峰	8 047	中巴边界
公格尔山	7 649	新疆境内
慕士塔格山	7 509	新疆境内
公格尔九别峰	7 595	新疆境内
博格达峰	5 445	新疆境内
贡嘎山	7 556	四川境内
四姑娘山	6 250	四川境内
玛卿岗日	6 282	青海境内

1.2.2　水体旅游资源

1）中国滨海和海岛旅游资源

我国是一个海陆兼备的国家，大陆海岸线漫长曲折，沿海岛屿众多，海域辽阔，拥有许多发展旅游业条件优越的海滨风景区。

（1）大连海滨——旅顺口

该风景区位于辽东半岛南端，东临黄海，西濒渤海，包括大连海滨和旅顺口两个景区。大连海滨景区海岸线长达30余千米，碧海蓝天，金色沙滩，岛屿、礁石遍布，气象万千，处处透出温带海滨的气息。白云山庄莲花状地质构造地貌和由岩溶礁石构成的黑石礁如同“海上石林”，为世所罕见。旅顺口历史上就是我国的海上门户，地形雄伟壮阔，古迹众多，景区内有重点文物古迹47处，其中有中国近代史上记载的中日甲午战争和日俄战争以及日本侵华战争等遗迹，是进行爱国主义教育的课堂。旅顺口外礁岛棋布，口内峰峦叠翠，自然风光绮丽多彩。

（2）秦皇岛——北戴河

秦皇岛市位于冀东北，是我国的一个天然不冻港。它背倚燕山余脉，面临渤海，东北有山海关，西南有北戴河海滨，是一个山海壮丽、风景宜人、历史悠久、古迹荟萃的风景名胜区。北戴河因戴河流经而得名。它北靠联峰山，南邻渤海，受海洋影响，夏无酷暑，冬无严寒，盛夏日均气温仅23℃，空气清新，是理想的休养和避暑胜地。海滨有20余千米的沙滩，滩面平缓，沙软潮平，附近入海河流短小，泥沙量不大，故海水清澈见底，是优良的天然海水浴场。由于海浪等作用，海岸带还发育了岬角、海蚀崖、礁石等海岸地貌，如金山嘴、鹰角石、老虎石等。联峰山上奇峰异石千姿百态，松柏葱郁竞秀，登山可俯瞰海滨全景。

（3）嵊泗列岛

嵊泗列岛位于浙江省舟山群岛北部，由钱塘江与长江入海口汇合处的数以百计岛屿群构成。景区内气候宜人，具有滩多、礁美、石奇之特色。其中泗礁山岛上的基湖沙滩面积约60万平方米，南长沙滩面积约40万平方米，皆为理想的海滨浴场。嵊山和黄龙岛上众多奇石怪礁耐人观赏，妙趣横生。花鸟岛上有建于1870年的远东第二灯塔，与渔港景色、渔村风貌交相辉映。这里夏季凉爽，海产品丰富，极宜避暑度假。

（4）三亚海滨

三亚地处海南岛的最南端，花岗岩山丘逼近海岸，有著名的“鹿回头”胜景和“天涯”“海角”“南天一柱”等历代题刻。这里海天一色，一望无际，奇石磊磊，白浪翻滚。三亚海滨不仅景色美丽，而且气候宜人，甚至冬天仍温暖如春，因此它具有建设世界一流海滨休闲疗养地的良好条件。

2）中国陆地水旅游资源

我国陆地水旅游资源主要包括江河风景区、瀑布风景区、湖泊风景区和泉水风景区等景观。

（1）江河风景区

①虎跳峡

虎跳峡位于云南省丽江市。金沙江奔腾于横断山脉的高山深谷之间，在石鼓附近，金沙江急转，切断玉龙雪山和哈巴雪山，形成世界上落差最大的峡谷之一——虎跳峡。该峡两岸雪山夹峙，高出水面3 000多米，江面最窄处仅20余米，相传老虎可一跃而过，故名之。仰望峰穿云天，俯视水似金线，惊险无比。峡谷内水汽蒸腾，云雾缭绕，金沙江虎啸龙吟、汹涌澎湃，具有狂涛怒卷、飞瀑撼天的雄伟气势。游客若身临其境，将感受到虎跳峡的夺人心魄、令人敬畏的威严之美。它与玉龙雪山、泸沽湖和丽江古城四个景区组成了一个国家级的重点风景名胜区，并且位居“中国最美的十大峡谷”第二名。

②长江三峡

长江三峡西起重庆奉节白帝城，东至湖北宜昌南津关，由瞿塘峡、巫峡和西陵峡三大峡谷及大宁河宽谷、香溪宽谷组成，兼有雄、险、奇、幽之美，是我国著名的江河风景区。三峡电站竣工后，它以“高峡出平湖”的景观展现在游客面前。

③富春江—新安江

该景区位于浙江省钱塘江的中上游。两岸山峦青翠秀丽，江水清澈碧绿，伴以众多的名胜古迹，旅游价值高。新安江发源于著名的游览胜地黄山山地，在流经建德市铜官峡处建造拦河大坝，形成了新安江水库。库区面积广阔，湖中有1 078个岛屿，故有“千岛湖”之称。乘艇游湖饱览湖光山色。整个景区山中有水，水中有山，湖中有岛，岛上有湖，风景层次重叠，犹如一幅水墨画，美不胜收。湖中岛屿飞禽走兽聚集，有蛇岛、猴岛等。明代海瑞祠所在地龙山岛亦在湖心。千岛湖沿江而下不远即为梅城古镇，梅城以下为富春江。富春江景色极为秀丽，古人有诗赞曰：“日出江花红胜火，春来江水绿如蓝。”沿江两岸名胜有桐庐桐君山、严子陵钓鱼台、七里泷峡谷、瑶琳洞和富阳鹳山等。

④钱塘江涌潮

富春江自萧山闻堰以后称钱塘江。因钱塘江入海口——杭州湾外宽内窄的喇叭状地形和河口沙坝的拦阻，当海潮来时，以每秒10米的流速带来了数十吨海水向内江推进，由于江道越来越窄，再加上江底变浅，潮水涌积，后浪推前浪，一层叠一层，由此就激起了一道高达3~10米的白浪水墙，形成天下奇观“钱塘江涌潮”。每年农历八月十八海潮最大，因海宁市的盐官镇为观潮最佳地点，故又被称为“海宁潮”。现在当地政府把每年农历八月十五至八月二十一定为观潮节。观潮胜地也已从传统的盐官发展为八堡、盐官、老盐仓三处。观潮者可乘汽车自东向西与潮头赛跑（潮速25千米/小时，车速40千米/小时），先在八堡看东南“碰头潮”，继至盐官饱览“一线潮”，最后赶到老盐仓欣赏“丁字形返头潮”，大饱“一潮三看”之眼福。观潮期间，这一带车水马龙，人声鼎沸，人潮海潮齐涌。潮来时，“远若素练横江，声如金鼓，近则亘如山岳，奋如雷霆”。刹那间，波涛汹涌，万马奔腾，真有“涛来势转雄，猎之驾长风；雷震云雾里，山飞霜雪中”的壮丽气势。钱塘江大潮是天下奇观，全世界只有巴西亚马孙河的涌潮可与之媲美。

（2）瀑布风景区

我国瀑布很多，难以一一列举。许多著名风景区都有飞瀑为之锦上添花。瀑布既表现了力量，又体现了柔美，既粗犷，又细腻，使风景区更富活力，更引人入胜。我国以瀑布为主要游览景观的有以下几处：

①黄果树瀑布

黄果树瀑布地处贵州省镇宁县，为打帮河上源白水河上黄果树地段九级瀑布中的最大一级瀑布。落差67米，宽83.3米，年均流量9.12立方米/秒，河水从悬崖顶端直泻犀牛潭。巨大的飞瀑，未见其景，先闻其声。近处观瀑，如临万马奔腾之阵，水拍击石，犹似雷劈山崩，令人惊心动魄。飞溅的水花，雾气腾腾，光照下五彩缤纷。瀑布的后面，有一长130余米的水帘洞，洞内有6个洞窗、5个洞厅和3个洞泉，洞中观瀑，如置身于流水之中，堪称奇观。这里的夜景也十分迷人，蒙蒙细雨落在黄果树街上（公路），人们称之“夜雨洒金街”。附近有岩溶地貌，众多的岩溶洞穴内不仅有各种形态的钟乳石，且多暗河和地下瀑布，可供游人泛舟游览。黄果树瀑布以它“形象的壮美、内外观赏的奇特”列入“中国最美的六大瀑布”。

②壶口瀑布

壶口瀑布位于山西省吉县城西45千米，距临汾市165千米处黄河晋陕峡谷段的河床上，是国内外罕见的黄色瀑布。壶口瀑布以排山倒海的雄姿著称于世。落差30余米，宽度最大时有1 000余米，年均流量1 010立方米/秒。两岸苍山夹峙，滚滚黄河在此急速收敛，奔腾呼啸，跌入深潭，黄浪滔天，巨响如雷，雾气飞腾，震天撼地，真是“万千气象一壶收”。壶口瀑布是黄河上最具气势的自然景观，是大自然赐予人类的宝贵财富。它以“民族之魂的气势、黄色飞瀑的奇特”位居“中国最美的六大瀑布”第三名。

（3）湖泊风景区

①天山天池

从乌鲁木齐往东约110千米，就是著名的高山湖风景区——天山天池，是一冰川湖，以融雪为水源。天池海拔1 980米，面积约4.9平方千米，水深达百米，曲折幽深，湖平似镜，湖光山色，景色壮观，相传为西天王母娘娘沐浴的瑶池。沿湖云杉满坡，碧草茵茵，蓝天白云衬托着白雪皑皑、冰川纵横的博格达峰倒映湖中，组成了一幅优美的风景画。环湖尚有八景，即石门一线、龙潭珀月、顶天三石、悬泉飞瀑、定海神针、南山望雪、西山观松和漫游步行道，每处都令游客赏心悦目，乐不知返。

②西湖

西湖位于杭州市区，由海湾演变而成，至今有近1 400年的历史。西湖三面环山，一面临城，湖山相映，兼有山水之胜、林壑之美。人文景观绚丽璀璨，自然与人工结合，互为借景，融为一体，以西湖为中心的风景点和名胜古迹构成了面积广达49平方千米的游览区。园中主要风景名胜有三潭印月、湖心亭、孤山、平湖秋月、中山公园、文澜阁、浙江博物馆、放鹤亭、西泠印社、苏堤、白堤、断桥等。沿湖主要风景名胜有花港观鱼、柳浪闻莺、曲苑风荷、岳坟（庙）、宝石山、葛岭、初阳台以及湖滨公园、涌金公园等。西湖外围的主要风景名胜点有灵隐寺、黄龙洞、紫云洞、玉泉、杭州动物园、虎跑泉、钱塘江大桥、白塔、六和塔、九溪十八涧、五云山、云栖寺、梅家坞等。杭州西湖以它的“柔美、风雅”列入“中国最美的五大湖”。

③太湖

太湖地处苏浙两省交界处，主要在江苏省境内，原为一潟湖，面积约2 420平方千米，为我国第三大淡水湖。太湖烟波浩淼，气象万千，山水秀美，物产丰富。沿湖有72峰，湖中有48个岛屿和2个半岛，以洞庭东山、洞庭西山、马迹山和鼋头渚最负盛名，湖和山在这里组成了一幅山外有山、湖中有湖的图画。太湖沿岸有著名的无锡风光、苏州园林和宜兴洞天等景区。

（4）泉水风景区

我国泉水众多，以泉水为主要游览内容的著名风景休闲疗养区有以下几处：

①华清池

华清池即骊山温泉，地处西安市临潼区骊山山麓，泉水温度约43℃，内含多种矿物质，适宜于沐浴疗养。早在2 700多年前，这里就已发现温泉，周幽王曾在此建“骊宫”。唐玄宗天宝年间（742—756），将温泉开拓为池，并在其上修建宫殿楼阁，名曰华清宫，因宫在泉之上，又名华清池。“春寒赐浴华清池”为杨贵妃沐浴处。现在的华清池建筑是新中国成立后在清代重建的基础上扩建而成的。骊山景点甚多，山上有老君殿、老母殿、烽火台、石瓮寺等建筑，山腰有兵谏亭、五间厅，山下有周幽王和褒姒墓、扁鹊墓、蔺相如墓等。此外，还有秦皇陵、秦始皇兵马俑从葬坑、坑儒谷、鸿门宴等文化遗址。

②安宁温泉

安宁温泉位于云南省安宁市螳螂川畔，号称“天下第一汤”。泉水温度在40℃以上，富含矿物质，可饮可浴，水色碧绿，故有“碧玉泉”之称。安宁温泉相传有三绝：一是无硫黄气；二是身有污垢入水俱浮；三是有关节炎皮肤病者，一浴即愈。温泉隐于骆山之中，林木葱郁，风景秀丽，是理想的疗养胜地。温泉附近建有曹溪寺，寺内有宋代木雕古佛。据传每逢甲子中秋，月光透过檐下小窗直射佛像额端，随月渐升，月光沿梁下移至脐部，出现“月映佛肚”的奇景。

③汤岗子温泉

汤岗子温泉地处辽宁省鞍山市南郊15千米处，温泉水温一般在57℃~65℃，最高可达72℃，无色无味，含钾、磷、钙等20多种化学成分和矿物质，具有较高的医疗价值。汤岗子温泉开发已有千年历史，溥仪和张作霖都曾在此营建私人别墅，现已辟为温泉疗养院，这里还兴建了理疗康复中心。

④阿尔山温泉

阿尔山温泉地处内蒙古大兴安岭南段西坡，是我国也是世界上少有的名泉。这里的30余眼泉相距甚近，但水温和功用却各不相同，分别能治眼、耳、脚、胃等多种疾病，实为世所罕见，被誉为“神水”。

1.2.3　气候旅游资源

天气、气候与人类生活、生产的关系极为密切。同时它也直接或间接地影响着人们的旅游活动。宜人的气候本身就是一项旅游资源，而且各种气候经过开发可以成为各具特色的旅游资源。许多国家都充分利用气候资源的优势发展旅游业。如地中海沿岸的国家，就是利用温暖的气候、和煦的阳光发展旅游业的，每年接待比他们本国人口还要多的游客，从而增加了本国的外汇收入。

1）中国气候旅游资源

我国气候旅游资源非常丰富。首先，我国大部分地区位于适合旅游活动的温带和亚热带地区，从气温和干湿状况来说气候条件十分优越；其次，我国从南到北，从东南到西北，气候类型很多，还有不同高度山地气候和海滨气候，因此可以开发多种气候旅游。在全国大部分地区，秋季都是最好的旅游季节，因为秋天大气层结构稳定，天高云淡，即使是西北干旱地区或青藏高原也是如此。新疆地区虽然气候干旱，风沙大，但日照充足，气温日较差大，有利于瓜果糖分的积累，秋季正逢瓜果成熟季节，游客品尝美味瓜果，增加一项富有生趣的旅游内容。

我国许多风景游览地，因与气候、天气变化融合在一起而组成独特的自然景观，耐人寻味。如林海雪原、香山红叶、洛阳牡丹、断桥残雪、三潭印月等等，都有特定的观赏游览季节、时间和方位。利用气候条件开发体育运动的旅游项目愈来愈多，其中特别突出的是利用冰雪资源，开展山地滑雪，冰橇、冰帆以及冰雕等活动。

2）天气旅游资源

（1）极光

极光是高纬度地带的晴夜天空见到的一种辉煌闪烁的光弧或光带，它是太阳带电微粒从高纬度进入地球磁场，激发高层空气质粒而形成的。极光颜色鲜艳夺目，形状多样，节日焰火与之相比，亦大为逊色。我国黑龙江的漠河地区和新疆的阿勒泰地区每年能看到一次极光。

（2）佛光

佛光又称宝光，多出现在中低纬度、高山之巅的茫茫云海中。它是阳光透过水蒸气折射形成的一种自然现象。佛光呈现为色彩华美的光环，霞光四射，光环随人而动，人在光环中如临仙境。我国的峨眉山、泰山、庐山均可见到佛光，尤以峨眉山金顶的佛光最为壮观。

（3）海市蜃楼

海市蜃楼是大气层中的一种光折射现象。它发生在特定的地理环境和一定季节的气候条件下，常出现在冬春季节的北极地区、夏季的沙漠、大海边及江河湖泊上空。山东蓬莱的海市蜃楼名闻全国，呈现的空中楼阁虚无飘渺，被誉为“蓬莱仙境”。

（4）雪霰

雪霰是水蒸气在高空中遇到冷空气凝结成的小冰粒。在下雪花以前往往先下霰。它是中纬度地区一种重要的天气旅游资源。冬季的雪景，尤其是山区的雪景极为壮观，如西安的“终南积雪”、北京香山的“西山晴雪”等。在千里冰封、万里雪飘的北国，雾凇、冰挂和冰雪体育活动项目已成为重要的旅游内容。雪凇又称树挂，是雾滴直接冻结在低温物体上的乳白色附着物。当它呈现在各类树枝上时，因树冠形态各异而呈现出千姿百态的奇丽景观。吉林市的树挂闻名全国。

（5）云雾与云霞

山区云雾瞬息万变，酷似波涛汹涌，使游人心潮起伏，感情奔放。黄山云海历来闻名遐迩。庐山云雾虚无缥缈，宛若仙境。云霞是日出和日落时阳光透过云层的一种天气现象，主要有朝霞和晚霞。它们绚丽多彩、光芒四射，伴随着旭日东升和夕阳西下，情景交融，美不胜收。高山和海边是观赏日出、日落和云霞景观最为理想的地点。著名的云霞景观有“骊山晚照”“金台夕照”等。

1.2.4 生物旅游资源

生物是生态环境中的主体，是自然景观的主要标志。它们不仅为人类提供了各种食物和生产原料，同时也提供了多种多样的休养娱乐环境和观赏游览对象。生物在不同环境条件以及在长期适应、发展过程中形成了不同类型的植被和动物群。多样的生物群落成为地表最具特色、最生动的外部特征，成为各地自然风光中最富生气的组成部分。当旅游者获得诸如“热带风光”“草原风光”之类的名词时，其中印象最深刻、概念最明确的往往在于地带性植被及其栖息的动物。

我国生物旅游资源丰富，有许多珍稀种属，其中不少为我国所特有。这些生物对旅游者，特别对科学工作者格外具有吸引力，其中最突出的是稀有动物、珍贵植物和自然保护区。

1）稀有动物

（1）大熊猫

大熊猫是世界著名的珍稀孑遗动物，是我国的“国宝”，已成为国际友好往来的礼物。大熊猫现仅存于岷山、邛崃山、大凉山和秦岭山区。大熊猫性情温顺，体态丰满，憨态可掬，花斑美丽，行动风趣，是一种非常逗人喜爱的野生动物。为保护大熊猫，已建立了一批自然保护区，其中以四川省汶川县的卧龙自然保护区面积最大、最著名。

（2）扬子鳄

扬子鳄体长约2米，形扁圆状，全身披鳞甲，四肢有锐利的爪子，爬行拖着长尾巴，寿命可达30~40年，是驰名世界的珍稀动物。现仅分布在长江中下游的苏、浙、皖三省毗连的低山丘陵水域中。我国在安徽宣城建立了扬子鳄繁殖中心并划建了扬子鳄自然保护区。

（3）白暨豚

白暨豚是一种哺乳动物，为我国特产，是现今世界上仅存的五种淡水鲸之一，在世界上享有“活化石”的佳誉。它栖息在我国洞庭湖及长江中下游一带，钱塘江也曾发现白暨豚。白暨豚长2米多，体背蓝灰色，腹面白色，嘴细长，有齿130枚。现存仅100头左右。

（4）金丝猴

金丝猴因全身毛光亮如丝，色金黄，长而细密，肩部的毛长达30多厘米，在阳光下闪闪发光而得名。它们成群觅食，嬉戏玩耍，喧闹欢腾，并以非凡的跳跃、攀援和平衡能力穿梭于森林中。金丝猴生活在陕南、川、甘、云、贵及鄂西北深山密林中。

（5）丹顶鹤

丹顶鹤又称仙鹤，体白色，头顶赤红色，翅端黑色，脚长，雍容潇洒，十分珍贵。冬天它们在温暖的江南过冬，春天又飞回北国。扎龙自然保护区是著名的丹顶鹤栖息地，被称为“丹顶鹤的故乡”。

（6）东北虎

东北虎体大，毛色较淡，产于长白山和小兴安岭等处。现在哈尔滨松花江北岸建立了东北虎林园，占地144万平方米，是目前世界上最大的人工饲养、繁育东北虎的基地。

（7）孔雀

孔雀羽色绚丽，带有金属光泽，尾上覆羽延长成尾屏，并具有五色金翠钱纹，开屏时尤为美丽。我国产的孔雀以绿孔雀为多，常见于滇西南和滇南。

（8）白唇鹿

白唇鹿因吻端两侧和下唇呈纯白色而得名，分布在青藏高原，是我国特产的珍稀动物。

以上所列举的稀有动物均为我国一类保护动物。其他关于所谓的动物之谜，如神农架的“野人”、青藏高原的“雪人”等，不仅使人感到好奇，也引起专业工作者的密切关注。

2）珍贵植物

我国有丰富的珍贵植物资源，尤以孑遗植物、观赏植物和名贵花卉最为突出。

我国名贵花卉近600种，其中牡丹、芍药、月季、菊花、兰花、莲花、海棠、山茶花、水仙、梅花是我国著名的十大名花。牡丹以它那硕大而艳丽、雍容华贵的花姿而夺冠，被誉为“花中之王，国色天香”。山东菏泽是我国著名的牡丹之乡。洛阳牡丹享誉国内外，除了花美外，还与神话有关。相传唐朝武则天除夕因喝醉酒，令天下百花盛开，唯牡丹抗旨，被贬到洛阳，因此，洛阳牡丹又披上一层神话色彩。山茶花花大而艳丽，花期长，并有白、黄、红等各种颜色，主要分布在我国南方地区，尤以云南的山茶花最为著名。梅花芳香素洁，秀丽多姿，有很高的观赏价值。梅花盆景更是我国的传统技艺。梅花广布于长江流域，余杭超山、无锡梅园、苏州邓慰和武汉磨山梅园，自古以盛产梅花而闻名遐迩，是我国著名的四大赏梅胜地。水仙花芳香，茎叶清秀，亦称“凌波仙子”。在严冬季节，它是室内观赏的名花。以福建漳州市百花村所产的“水仙”最为著名。

此外，还有被誉为“花中西施”的杜鹃花，自古闻名的“花相”芍药花，出污泥而不染的荷花以及千姿百态的菊花等。它们把祖国大地装扮得“万紫千红总是春”。

特色松竹也是我国著名的特色观赏植物。松树以抗寒暑、耐瘠旱、潇洒多姿而著名。松树种类繁多，如雪松、塔松、红松、落叶松、五针松等，尤以生长在江南海拔1 000米以上的黄山松最为著名。竹子冬不凋萎，秀丽俊俏，古人曰：“宁可食无肉，不可居无竹。”笋竹低萎成丛，点缀园景，增添野趣。成都望江楼公园有锦竹、人面竹、佛肚竹、方竹等100余种，十分典雅，被誉为“竹的公园”。

珍贵活化石多指珍稀树种，其中以水杉、银杉和银杏最著名，被誉为植物界的“活化石”。它们主干挺拔，枝叶秀丽、典雅，为著名的观赏树木，现经人工育种，已在我国广泛栽培，遍布各地。

3）自然保护区

为了保护各种生物资源和生态系统，我国从1956年开始就建立了不少自然保护区。区内都拥有特殊的自然景观和生态系统以及珍贵的物种，并有较高的科研价值和旅游观赏价值。地理位置优越，交通方便的自然保护区，可适当地开发成为旅游区。这类在自然保护区基础上开发建设的旅游区大多是以生物为主要观赏对象。但是，在自然保护区发展旅游业，一定要处理好保护自然和旅游开发的关系，以求得良好的社会经济效益、生态效益和科学研究成果。截至2019年底，我国国家级自然保护区474个，面积达9 811.4万公顷。其中吉林长白山、广东鼎湖山、四川卧龙、贵州梵净山、福建武夷山、内蒙古锡林郭勒、湖北神农架、新疆博格达峰、江苏盐城、云南西双版纳等自然保护区已加入“世界生物圈保护区网络”。

值得一提的是，在国家重点风景名胜区中，以生物为主要观赏和游览目的的有蜀南竹海和西双版纳自然保护区。

蜀南竹海在四川省长宁县，原名“万岭箐”。以竹林景观为主要特色，以竹为原料制作的工艺品惟妙惟肖，并有许多文物古迹。在7万余亩的景区内峰峦连绵，山山皆竹，登高远望，万顷碧波，翠绿如海。当地人与竹相伴、以竹为生，构成独特的竹乡风情。它以“竹海天下翠”入选“中国最美的十大森林”。

此外，随着人类生态环境意识的增强，“回归大自然走向森林”已成为当今人类社会生活中的一种时尚。森林旅游作为一项独具特色的专项旅游产品，越来越受到世界各国的重视。为了充分利用我国丰富的森林资源，1994年林业部首次选择了20处国家森林公园作为首批示范点。现在国家级、省级森林公园发展很快，已形成重点森林旅游区和旅游热线。至2019年，国家级森林公园累计达897处。

小知识1-2

中国第50个世界遗产——神农架

2016年7月17日，第40届联合国教科文组织世界遗产委员会会议（世界遗产大会）把中国湖北神农架列入《世界遗产名录》，中国的世界遗产项目由此达到50个。

神农架自然保护区具有完整的亚热带森林生态系统和丰富的生物多样性，并因“野人”的传说等引人关注。1990年，神农架加入教科文组织世界生物圈保护区网络，2013年被列入教科文组织世界地质公园网络名录。

神农架世界自然遗产地面积73 318公顷，分为西部的神农顶-巴东片区和东部的老君山片区，遗产地缓冲区面积41 536公顷。目前，神农架遗产地内有3 767种维管束植物，已记录脊椎动物600多种，已发现昆虫4 365种。其中有205个本地特有种、2个特有属和1 793个中国特有种，旗舰物种神农架金丝猴数量达1 300多只。

世界遗产委员会认为，神农架拥有世界上最完整的垂直自然带谱，其生物多样性弥补了世界遗产名录中的空白。此次成功列入世界遗产名录，也让神农架成为中国首个获得联合国教科文组织和生物圈保护区、世界地质公园、世界遗产三大保护制度共同录入的“三冠王”名录遗产地。

小思考1-4

在河流的上、中、下游所形成的旅游资源有什么不同？

答：一般来说，在河流的上中游易形成雄伟壮观的峡谷、瀑布景观；在河流的下游是宽广、秀美的江河，海天一色的风光。

1.3　中国人文旅游资源

人文旅游资源是指能够吸引旅游者的古今人类文明活动的成果，即人类文化遗产、物质财富和各种人文现象的总和，带有鲜明的历史烙印和民族地域特色。我国是一个有几千年历史的文明古国，人文旅游资源丰富多彩。它包括历史古迹、现代建筑、游乐设施、风土民情、风味佳肴和土特产品等。

1.3.1　历史古迹

1）古代伟大工程

古代伟大工程系指历史上建筑的，对我国经济、军事与科学技术曾经或仍在产生重大影响的工程。它们是中华民族智慧和汗水的结晶，是历史的载体和见证，是科技发展的成果和标志。这些古代伟大工程是一宗重要的旅游资源。其中旅游价值较高的主要有万里长城、都江堰、灵渠、京杭大运河、坎儿井等。

（1）长城

长城是我国古代著名的军事工程，是中华民族的象征和骄傲，被誉为世界七大奇迹之一。2007年7月又位居世界“新七大奇迹”榜首。长城是世界上修建时间最长、工程量最大的冷兵器战争时代的国家军事性防御工程。最早的修筑年代可追溯到公元前9世纪的西周或公元前7世纪的春秋时期，当时各国为防御游牧民族的骚扰在自己辖境内构筑城墙。秦统一中国后，秦始皇派著名大将蒙恬北伐匈奴，把各国长城连起来，西起甘肃临洮，东至辽东，绵延万余里，遂称万里长城。后经汉、明代两次大的修筑高峰始成今日西起嘉峪关、东至山海关，全长6 350千米的“万里长城”。它穿行于戈壁、沙漠、草原、高原、山地、海滩等复杂的地理环境中，遍布我国甘、内蒙古、宁、陕、晋、京、冀、辽等省区市。长城对各个时代的政治、经济和文化有着深远的影响。长城不但以它修筑年代的久远、工程浩大、险峻雄伟而闻名于世，而且长城本身的一砖一瓦都是珍贵的艺术品，有很高的观赏价值。长城主要的游览点有山海关、八达岭和嘉峪关长城三段，尤以八达岭长城最为著名。

（2）都江堰

都江堰在四川都江堰市西的岷江中游，地处山地与平原相连的咽喉，西面高山万丈，东面平原千里，大江中流。它由战国秦昭王时蜀郡守李冰父子主持兴建，至今已有2 200多年的历史。其规模之宏大，治水方法之科学，技术之高超，在当时水利史上是罕见的。都江堰工程使川西平原成为“水旱从人，不知饥馑，沃野千里，世号陆海”的天府之国。现在都江堰已成为4A级旅游胜地。

（3）灵渠

灵渠又称湘桂运河或兴安运河，位于广西兴安县湘江畔。秦始皇时代开凿，是世界最古老的运河之一，全长34千米。它与万里长城、都江堰、郑国渠齐名，被称为秦代四大工程。它沟通了长江与珠江两大水系，促进了中原和岭南经济文化的交流，使沿岸人民代代受益。渠中可泛舟，渠两岸桃红柳绿，成为桂林附近风景秀丽的游览胜地之一。

（4）京杭大运河

京杭大运河北起北京，南至杭州，贯穿京、津、冀、鲁、苏、浙六省市，沟通了海河、黄河、淮河、长江和钱塘江五大水系，全长1 794千米，是世界上最长的人工运河。它始凿于公元前5世纪的春秋末期，隋元两代又进行了大规模扩建疏浚，奠定了现代南北大运河的基础。运河在古代的漕运中发挥了重要作用。长江以南的江南运河是最具活力的一段，至今仍是水上重要通道，连接了杭州、苏州、无锡、常州、镇江和扬州等历史文化名城，沿途水乡泽国风光秀丽，每逢秋季，浙江桐乡段的运河河畔菊花盛开，如白雪铺地，阵阵菊香沁人心脾，是一条颇受中外旅客欢迎的旅游线。2014年，京杭大运河被列入《世界文化遗产名录》。

（5）坎儿井

坎儿井主要分布在新疆的吐鲁番、哈密和库车地区，是一种特殊的灌溉系统。其基本特点是在地下开挖引水渠道，将深部地下水变为浅层地下水，最后通过竖井引出地面，为干旱地区提供生产和生活用水。据统计，坎儿井的总长度已达3 000千米以上，至今仍在灌溉中发挥着重要作用，使附近地区树木成荫，瓜果飘香，景色优美，并可调节气候，因此成为干旱地区一项独特的旅游资源。

此外，我国著名的古代工程还有河北的赵州桥、北京的卢沟桥、福建泉州的洛阳桥、广西三江侗族自治县的程阳风雨桥、北京观象台等。

2）宗教建筑

宗教是一种社会意识形态。目前世界上以佛教、基督教和伊斯兰教最具代表性，构成世界三大主要宗教。在我国历史上有多种宗教流行，尤以佛教和道教影响最为深远。宗教也是一项重要的旅游资源，以其石窟、寺庙和塔等宗教建筑旅游价值最高。在我国几乎所有的旅游项目都包括宗教建筑。许多宗教建筑，尤其是庙宇和古塔往往成为一个地区的标志。

（1）宗教洞窟艺术及分布

石窟即石窟寺，是古代佛教徒就山崖开凿而成的寺庙建筑，起源于印度。我国石窟寺的建筑约始于公元4世纪中期，随着佛教的传入而兴起。石窟艺术属于综合艺术，它是建筑、雕塑、绘画等多种艺术的综合构成，内容丰富，题材广泛，是极具价值的形象历史博物馆。我国最著名的石窟有敦煌石窟、大同云冈石窟、洛阳龙门石窟和天水麦积山石窟，号称“四大石窟”。此外，还有甘肃炳灵寺石窟，河北邯郸响堂山石窟，宁夏须弥山石窟，河南巩义的石窟寺，江苏南京栖霞山石窟以及新疆克孜尔千佛洞和柏孜克里克石窟等较为有名。太原天龙山石窟为最重要的道教石窟。

（2）寺庙

寺庙有佛寺、道观和清真寺等类型。我国古代佛教盛行，所以我国常见的寺庙以佛教寺庙为主。

小知识1-3

寺庙的布局与建筑

佛寺的布局：在一条中轴线上先后排列着天王殿、大雄宝殿、方丈室和藏经楼，两侧有僧房、斋堂和禅堂等。天王殿内中座者为弥勒佛，背后常为韦驮菩萨，两侧塑有四大天王像。大雄宝殿常作为佛寺的主殿。中座者即为释迦牟尼像，其左右或是药师和阿弥陀佛，或是迦叶和阿难，有的却是文殊和普贤菩萨。大雄宝殿的两侧有时为二十诸天，有时则为十八罗汉，大雄宝殿主佛的背后常为善财求法壁塑。“大雄”意即大无畏的勇士，这是对释迦牟尼的尊称。方丈室是方丈讲经说法和接待施主的地方。藏经楼一般在方丈室的楼上。佛教寺庙的建筑多采用宫殿的式样，一般天王殿为单檐歇山式，大雄宝殿为重檐歇山式。

道观的布局：类似佛寺建筑，装饰彩画用道教图案，如灵芝、仙鹤、八卦、八仙等。道教所供神祇庞杂。尊老子为道祖。

清真寺的布局：一般为宫殿式建筑的布局，主要由大殿、望月楼、宣礼楼、经堂教育讲堂、浴室等组成。礼拜正殿和壁龛背向伊斯兰教圣地麦加，以示跪拜朝向。

我国寺庙众多，著名寺庙有洛阳白马寺、五台佛光寺、天台国清寺、西宁塔尔寺、拉萨大昭寺、喀什艾提尕尔清真寺和北京白云观等。

①白马寺

白马寺位于河南洛阳市东10千米，建于东汉永平十一年（68），为佛教传入我国后兴建的第一座寺院，被尊誉为佛教的“祖庭”。相传蔡愔等人去西域取经，因用白马驮经回洛阳，次年建寺，故以“白马”命名。原建筑规模雄伟，今仅存天王殿、大佛殿、大雄殿、接引殿、毗卢阁等建筑。在寺门外左右各立一匹宋代青石雕马，寺东有金大定十五年（1175）建造的齐云塔。古刹高塔，遥相辉映。

②白云观

白云观在北京西城区广安门滨河路，是全真派的著名道观。规模宏丽壮观，由几进四合院组成。主要殿堂分布在中轴线上，依次为牌楼、山门、灵宫殿、五皇殿、老律堂、丘祖殿、四御殿、戒台和云集山房等。丘祖殿为主要殿堂，内有真人丘处机的泥塑像，下葬丘的遗骨。观内珍藏大量历代石刻、碑帖、经书、画卷和书帖等文物。最著名的有“三宝”：明英宗皇帝赐给白云观的《正统道藏》。观内的一尊石雕老子坐像，据说是唐代作品，它造型生动，神态逼真，是古代石刻中的珍品。祠堂室内壁上所镶的石刻《松雪道德经》和《阴符经》，是清代按元代的拓本复制的。

③艾提尕尔清真寺

艾提尕尔清真寺在新疆喀什市。艾提尕尔，为阿拉伯语与波斯语复合词，意为“节日礼拜场所”。它是新疆最大的礼拜寺，也是全新疆伊斯兰教活动中心和古尔邦节群众游乐歌舞的主要场所。该寺正门浅绿，满布精细刻花。砖红色门楼高12米，边廊环以穹形壁龛。全寺由礼拜寺、教经堂两部分组成。礼拜寺顶部由18根凸花雕柱承重，柱头造型多变。天棚饰绘彩色花卉，形成独具风格的藻井。

我国其他寺庙还有：体现我国汉、回、蒙古、藏各民族宗教建筑风格的承德外八庙；以少林派拳术著称的嵩山少林寺；成都最大最古老的道观青羊宫；泉州清净寺；北京牛街清真寺等。古寺之多，犹如璀璨群星，不胜枚举。

（3）塔

塔是在印度建筑的影响下，由我国古代的高层建筑重楼演变而成的，最早是藏佛经和舍利子的地方。塔的形式很多，按塔的结构可分为实心塔和楼阁式塔两种；按材料可分为木塔、砖塔、石塔、琉璃塔、铁塔、铜塔、金塔、陶瓷塔等；以平面形式可分为四角塔、六角塔、八角塔等；按其用途可分为经塔和墓塔两种。塔的层数一般为单数。塔的外形有的秀丽玲珑，有的稳重挺拔，也有的庄重古朴。我国著名的塔有河北定州开元寺塔、山西应县木塔、西安的大雁塔等。此外，浙江杭州的六和塔（砖木塔）、泉州开元寺东西塔（石塔）、江苏苏州的虎丘塔（砖石塔）、河南开封龙亭铁塔（琉璃塔）、山东济宁铁塔（铁塔）、四川峨眉保国寺华严铜塔（铜塔）、西藏拉萨布达拉宫五世达赖喇嘛灵塔（金塔）、福建福州鼓山涌泉寺千佛陶塔（陶瓷塔）、河南登封少林寺塔林、山西五台山佛光寺塔林、山东长清灵岩寺塔林等均较有名气。

3）古人类遗址和陵墓

（1）古人类遗址

我国是世界上古人类发源地之一，无论南方或北方，都有原始人类活动生息的踪迹，现在许多地方陆续出土了古人类化石及其他遗址、遗物。这些遗址对于了解人类进化和社会发展具有重大意义，是人类学、地质学、考古学、史学和美学等工作者考察旅游的重点项目，也是旅游者缅怀人类进化历程的场所。目前不少古人类遗址，已对外开放接待游人，如周口店北京猿人遗址、半坡村遗址、大汶口文化遗址、河姆渡遗址等。

①北京猿人遗址

北京猿人遗址在北京房山区周口店，这里是我国最早发现的一处距今50万~60万年前的猿人洞穴。洞穴是猿人藏身和保存火种的地方，经过多次大规模发掘，发现了人类化石、文化遗物和大批脊椎动物化石。遗址附近建有博物馆。该遗址已成为研究人类起源的重要科学基地。

②半坡村遗址

半坡村遗址在陕西西安市东郊浐河东岸半坡村北，距今约6 000年，是黄河流域一个典型的原始社会母系氏族村落遗址。经过多次发掘，发现房屋遗迹45座，圈栏2座，储藏窖穴200多个，陶窑遗址6座，墓葬250座，出土生产工具和生活用具上万件。1958年在原遗址上建成半坡博物馆，是我国建立的第一座原始社会博物馆。

③大汶口文化遗址

大汶口文化遗址在山东泰安大汶口村。1959年首次发现，后经过多次发掘，遗址内容丰富，有房址、墓葬、窑坑等。出土大量的生活和生产用具，墓葬出现二人墓葬，男子居中，女子在侧，说明已出现男女不平等现象。墓葬有大、中、小之分，大墓随葬品多达160多种，小墓则一无所有，说明私有财产已经出现，正向阶级社会过渡。

④河姆渡遗址

河姆渡遗址位于浙江余姚市河姆渡，面积4万平方米，文物堆积厚度1米，出土石、陶、骨、木等文物6 000余件。还发现了大量的人工栽培水稻，大片干栏或木构建筑遗迹和丰富的动植物遗存，反映了当时发达的农业，高超的建筑、制陶、纺织技术和辉煌的原始艺术，证明长江流域也是中华民族文明的发祥地。现在此建造了河姆渡遗址博物馆，江泽民总书记题写了馆名。

(2) 陵墓

陵墓多选于“乾坤聚秀之区，阴阳汇合之所”，环境优美，地面建筑豪华，地下墓穴宏大，殉葬品丰富，格局独特。陵墓的殉葬品为了解当时的社会状况，生产水平，文学、艺术、科学技术发展程度，研究我国古代史、天文史、地理学史、工艺史以及医学史等提供了极为珍贵的资料，具有很高的科学价值。

近代有些陵园是人们为凭吊伟人和先烈而建的，如中山陵、毛主席纪念堂、烈士陵园等。

①黄帝陵

黄帝陵在陕西省黄陵县城北的桥山之巅，是中华民族的祖先轩辕黄帝的陵墓。黄帝，姓公孙名轩辕，号有熊，是我国远古时代的杰出领袖人物，是创文明、奠华夏的“人文始祖”。山上古柏成林，有86 000余株，郁郁参天，千年以上古柏3万多株，是我国最大的柏树群。陵高36米，墓前有碑亭，内有石碑一座镌“桥陵龙驭”四字。桥山东麓的轩辕庙，祭殿正门上方悬挂“人文初祖”的匾额。庙内有孙中山、毛泽东、江泽民、李鹏、蒋中正等题词或所致祭文五通。“黄帝手植柏”号称世界柏树之冠，相传为黄帝亲手所植，树龄近5 000年，仍健壮挺秀，枝叶繁茂。

②秦陵

秦陵在西安市临潼区骊山之北，是秦始皇嬴政的陵墓，冢高55.05米，周长2 000米。陵园有内外两城，在东侧1 500米处，已发掘三个面积达2万多平方米的兵马俑坑。坑内丛葬大量如真人真马大小的陶质兵马俑和当时实战使用的战车及青铜剑等兵器，出土文物达万件之多。在陵西约500米处，发现大量胥役墓坑，每坑2~4个，大部屈肢埋葬。秦陵兵马俑气魄之宏大、阵式之威武、艺术之高超，均为世界所罕见，被誉为“世界第八奇迹”。1979年建立了秦始皇陵兵马俑博物馆，吸引了世界各地的旅游者。

③汉陵

汉陵在陕西省咸阳市北原上。西汉11个皇帝陵墓除文帝霸陵和宣帝杜陵在西安郊区外，其余都分布在渭河以北咸阳北原。以汉高祖长陵为中心，自西向东绵延50千米。武帝茂陵规模最大，在陕西兴平市。霍去病墓作为茂陵的陪葬墓，墓以岩石垒砌成祁连山形。前列石雕寓意深刻，刀法含蓄有力，线条流畅，是我国石雕珍品，现已在此建茂陵博物馆。

④唐陵

唐陵分布在渭水北岸的礼泉、三原、乾县等县。唐太宗的昭陵和唐高宗的乾陵都是以山为陵，气势雄伟。昭陵在礼泉县海拔1 188米的九峻山上，陵园周长60千米，面积达2万公顷，建有献殿和寝宫，原立于玄武门的内西庑的六骏浮雕，是仿李世民当年南征北战驰骋战场所骑的六匹战马，栩栩如生，现已迁至陕西省博物馆，其中两匹于1914年被盗运至美国，现藏于美国费城宾夕法尼亚大学博物馆。1979年建成了昭陵博物馆。乾陵建于乾县梁山上，是唐高宗李治与女皇武则天的合葬墓，为唐陵中具有代表性的一座。墓前仅保存“述圣记”和“无字碑”两碑及无头石雕人像等古迹，陵东南陪葬有17座王公大臣的墓冢，现已发掘5座墓葬，出土大量壁画、三彩俑、线刻石廊和墓志等重要文物。乾陵也已建起了博物馆。

⑤宋陵

宋陵在河南巩义洛河南岸的台地上，北宋9个皇帝，除徽、钦二帝被金所虏囚死大漠以外，其余均葬于此，共7帝8陵（包括太祖父赵弘殷陵），附葬皇后20余个。宋陵现保存的几百件精美绝伦、镂镌隽永的石雕，是研究宋代雕塑艺术的珍品，为世人所赞叹。

⑥西夏王陵

西夏王陵在宁夏银川市西约30千米贺兰山东麓，是西夏历代帝王陵墓的所在地。陵区范围南北10千米，东西4千米，随地势错落着9座西夏帝王的陵园和200余座陪葬墓。每个陵园都是一个单独的完整建筑群体，形制大致相同，仿唐代特别是北宋诸陵的建筑风格。陵园在明代以前被掘被毁，地面建筑只剩遗址，但仍保存着大量的建筑材料和西夏文、汉字残碎碑刻，对研究西夏文化和汉文化的关系有重大价值。

⑦明陵

明陵除明孝陵在南京外，其他陵墓都集中在北京昌平区天寿山，称“明十三陵”。它是明代13个皇帝的陵墓统称，陵区面积达40平方千米。各陵区除面积大小、建筑繁简有所不同外，其建筑布局和规制等基本一致，平面均呈长方形，后面有圆形（或椭圆形）的宝城。其中以明成祖长陵规模最宏大，保存也最完整，是我国古建筑史上的杰作。明神宗的定陵地宫保存较好，发掘后已建成了地下博物馆，陈列出土文物。

⑧清陵

清朝入关以前的祖陵都在辽宁，分别为永陵、福陵和昭陵。清朝入关后，先后在遵化和易县建成清东陵和清西陵。清东陵位于河北省遵化马兰峪以西，是座规模宏大、保存完好、体系较完整的古代帝后陵墓群，有顺治、康熙、乾隆、咸丰、同治等五个帝陵。慈禧陵的建筑最为讲究，超过清代其他皇陵，仅殿宇贴金一项就用掉黄金4 592两，地上建筑的工艺水平在清陵中也是最高的。清西陵位于河北易县永安山下，有雍正、嘉庆、道光、光绪四个皇帝及后妃、公主等十余处陵墓。陵区林木葱郁，一望无际，空山鸟语，流水潺潺，为京南游览胜地。目前，清东、西陵已列入《世界遗产名录》。

4）园林

园林是在一定的地段范围内，利用并改造天然山水地貌或人为地开辟山水地貌，结合植物的栽植和建筑的布局，从而构成一个供人们观赏、游憩和居住的环境。园林中的建筑物上常有匾额、楹联、山石题刻，这不仅是装饰，而且可点出风景特点，启发想象，以表达园主志趣，箴规游人思想。园林为我国文化四绝之一（其他三绝为山水画、烹饪和京剧），它融建筑、绘画、雕塑、文学、书法、金石等艺术为一体，具有很高的观赏游览价值。

我国古典园林不同于西方几何图形式的园林，是属于自然式山水风景园林。即以客观存在之模山范水为蓝本，经过艺术加工提炼，按照特定的艺术构思，采取人造山水的手法，移山缩地，把自然风景的优美集中在园林中表现出来，使人足不出户而能够领略多种风情，于潜移默化中受到大自然的陶冶和艺术的熏染。

我国园林按性质可分皇家园林和私家园林；按建筑风格与特点又可分北方园林、南方园林和岭南园林三大类型。北方园林以北京为代表，多为皇家园林，其规模宏大，建筑体态端庄，色彩华丽，风格上趋于雍容华贵，如承德避暑山庄、颐和园。南方园林以苏州为代表，多为私家园林，其规模小而多奇石秀水，花木修林，亭台楼阁，色彩淡雅，装修精巧，仿效自然，以小见大，景色多样，如苏州的拙政园、留园，无锡的鼋头渚、梅园等。岭南园林以广东园林为代表，其风格介于北方园林和南方园林之间，并引入了国外造园的手法，形成岭南园林轻巧、通透明快的风格，如湖州南浔的小莲庄等。

5）历史文化名城

城镇是社会发展的历史产物，居民聚居的中心，多选址于自然条件优越，地理位置适宜，经济文化发达，交通便利，气候宜人，易于防守之处。这些城镇的演变、文物古迹、风貌和民俗等，都是历史的缩影和国家的橱窗，是极为重要的旅游资源。

历史文化名城是历史上形成的有重要传统文化价值的，在军事、政治、经济、科学和文化艺术等方面具有独特地位，有不同程度影响力的各类城市。

古都是最重要的历史文化名城。它曾是君主统治的中心，除帝王贵戚、达官巨富聚集于此外，还集中了全国人物之精华。我国古都城很多，但因年代久远，多已毁坏，或被埋于地下，或被洪水冲毁，保留下来的古都城建筑已为数不多。安阳、西安、洛阳、开封、杭州、南京和北京因建都朝代多，时间长，建筑宏伟，被称为我国历史上的七大古都。

除七大古都外，我国还有众多的历史文化名城。截至2018年年底，我国共公布了134座历史文化名城。它们都拥有自己独特的城镇风貌，有的是我国古代政治、经济、文化中心，有的是近代中国革命运动的策源地，拥有大量的历史遗迹和革命文物（国务院最早公布的三批历史文化名城见表1–2）。

6）宫殿建筑

宫殿是历代统治者的房舍，是规模最大、装饰最华丽、技艺最高超的古建筑群，但是大部分建筑毁于战火，只留下一些断砖残瓦和部分房基柱础供人凭吊。明、清宫庭建筑犹在，为世界上保存最完好、规模最大的帝王宫苑。其形制体现了我国同类建筑的传统要求，也是其代表之作。三殿相连，符合“三朝”制度；前三殿后三宫，符合“前朝后寝”制度。我国宫殿建筑最大的特点是处处体现帝王至高无上的权力，总体规则和建筑形制则体现封建宗法制和象征帝王权威的精神感染作用。为了显示整齐、严肃的气魄，主要建筑严格对称布局在中轴线上，因而宫殿建筑也是统治者的哲学思想和审美观点在都城建设中的具体体现。最具代表性的是北京故宫、拉萨的布达拉宫和曲阜的孔府、孔庙，其他著名宫殿还有沈阳故宫、长春的伪满洲国宫殿、西安大明宫等。

此外，亭台楼阁也是一项颇具旅游价值的历史古迹。我国亭台楼阁以岳阳楼、黄鹤楼和滕王阁最为有名，被誉为“江南三大名楼”。其他较为有名的楼有昆明的大观楼、嘉兴的烟雨楼、成都的望江楼、山西万荣县的飞云楼、广州的镇海楼等，它们造型独特，形态各异。我国现存的阁数以千计，形式结构造型各有千秋。耸立于颐和园万寿山上的佛香阁和承德普宁寺的大乘阁，分别是我国第一、第二高阁。天津市蓟县独乐寺的观音阁，是我国最古老的木结构阁。宁波的天一阁是我国最古老的藏书阁，内藏有《四库全书》。山东烟台的蓬莱阁是著名的登高览胜的高阁。安徽琅琊山的醉翁亭、北京的陶然亭、长沙岳麓山的爱晚亭和杭州西湖的湖心亭被誉为“四大名亭”。

我国从1985年加入《世界遗产公约》以来至2019年，世界遗产项目总数有55处，名列世界前茅。其中，自然遗产14处，文化遗产37处，文化与自然双遗产4处（峨眉山—乐山大佛、泰山、黄山和武夷山）（见附录3）。根据国际上有关世界遗产申报和审定规则的变化，我国于2006年年底，对《中国世界文化遗产预备名单》进行重设，新增线性遗产、工业遗产和文化景观三大类。

1.3.2 现代建筑和康乐设施

1）博物馆

博物馆又称“博物院”，是陈列、研究、保藏物质文化和精神文化的实物以及自然标本的一种文化教育事业机构。全国已建成各种不同类型而富有教育性和知识性的

表1-2　　**国务院最早公布的三批历史文化名城一览表**

省、自治区、直辖市	第一批（24座）	第二批（38座）	第三批（37座）
北京	北京		
天津		天津	
河北	承德	保定	正定、邯郸
山西	大同	平遥	新绛、代县、祁县
内蒙古		呼和浩特	
辽宁		沈阳	
吉林			吉林、集安
上海		上海	
江苏	南京、苏州、扬州	镇江、常熟、徐州、淮安	
浙江	杭州、绍兴	宁波	衢州、临海
安徽		歙县、寿县、亳州	
福建	泉州	福州、漳州	长汀
江西	景德镇	南昌	赣州
山东	曲阜	济南	青岛、聊城、邹城
河南	洛阳、开封	安阳、南阳、商丘	郑州、浚县
湖北	江陵（今荆州）	武汉、襄樊（今襄阳）	随州、钟祥
湖南	长沙	岳阳	
广东	广州	潮州	肇庆、佛山、梅州、海康（今雷州）
广西	桂林		柳州
海南			琼山
四川	成都	重庆（今重庆为直辖市）、阆中、宜宾、自贡	乐山、都江堰、泸州
贵州	遵义	镇远	
云南	昆明、大理	丽江	建水、巍山
西藏	拉萨	日喀则	江孜
陕西	西安、延安	韩城、榆林	咸阳、汉中
甘肃		武威、张掖、敦煌	天水
青海			同仁
宁夏		银川	
新疆		喀什	

博物馆800多处。我国著名的博物馆主要有中国国家博物馆、首都博物馆、军事博物馆、美术馆、民族馆、农业展览馆、自然博物馆、地质博物馆、中国丝绸博物馆和中国茶叶博物馆等等。

（1）中国国家博物馆

该馆位于北京天安门广场东侧，建于1959年，是一座雄伟壮丽的建筑物，浅黄的墙面，金黄翠绿的屋檐，迎面是12根巨型方柱式的门廊，整个建筑分为相互对称的南北两部分。南面的中国历史博物馆是收藏我国古代、近代文物资料及研究历史科学和有关学术问题的机构，主要是通史的陈列。此外，还经常举办一些有关历史、考古和文物等方面的专题展览。北部的中国革命博物馆，有两层陈列室，每层4 000平方米，另外还有供举办专题展览的两个大厅。收藏“五四运动”和中国共产党成立以来的革命文物和党史文献资料，其中主要是中国共产党党史的陈列，有展品3 300多件。馆内还经常举办各种专题陈列和老一辈革命家的光辉事迹展览。2003年两馆合并为中国国家博物馆。

（2）自贡盐业博物馆

该馆在四川自贡市内，是一个专业性博物馆。主要是搜集、整理、研究以自贡地区为中心的井盐生产技术发展史，通过文物资料和生产工具，展示井盐生产悠久历史和生产技术、生产发展以及远景规划等。该馆于1959年经邓小平同志倡议成立，由郭沫若题写馆名。

（3）中国丝绸博物馆

该馆在浙江省杭州市，占地5.5万平方米，设有序厅、养蚕厅、制丝厅、印染厅、综合厅等。馆内珍藏现代各种丝绸织物、制成品和部分古代丝绸实物，生动真实地反映了我国丝绸生产和发展史以及在国际贸易中的地位等。在有些展厅游人可自己动手操作，亲身体验。综合厅内设有商场、贸易洽谈处等，能满足各类游人的需求，是集文博、旅游和经贸为一体的多功能行业博物馆。

（4）北京自然博物馆

该馆在北京东城区永安门内大街东侧，有植物、动物、古动物和古人类四个陈列室。植物陈列室通过众多的现代植物标本和古代植物化石，展示植物的主要类型和进化历程。动物陈列室通过无脊椎动物和脊椎动物的标本，再现动物进化过程中的一系列质变。古动物陈列室陈列着珍贵稀有的古脊椎动物化石，介绍古脊椎动物的演变发展。古人类陈列室陈列各种材料及人与动物的骨骼、内脏等标本，说明人类起源于动物这一科学论断。自然博物馆不仅是一个科学研究机构，也是广大群众参观学习和普及科学知识的场所。

2）纪念地

我国是一个富于革命传统的国家，在祖国大地上留下了众多的革命遗迹和遗物，成为人们瞻仰、凭吊和怀念先烈的地方——庄严的革命纪念地，是目前我国发展红色旅游的重要资源之一。

（1）中国人民抗日战争纪念馆

中国人民抗日战争纪念馆于1987年7月7日在北京正式开放。纪念馆占地2万多平方米，馆前广场中间，雄踞一尊巨大的醒狮雕像，象征中华民族的不屈精神。馆内有序厅和东西两个展厅以及半景画厅等。序厅的顶部悬挂8个方形古钟，以示警钟长鸣。正面有一组高4米、长18米的大型艺术浮雕，题为“铜墙铁壁”，表现中国人民以血肉之躯筑成坚不可摧的钢铁长城。东西展厅，陈列中华民族抗日的有关文物、文献资料及历史照片。半景画厅是运用绘画、塑型、灯光、音响相结合来表现重大历史题材的艺术馆。

（2）李大钊故居

李大钊故居在距河北乐亭县城东南18千米的大黑坨村。李大钊是中国最早的马克思主义者、中国共产党的创始人之一。故居建于1881年，共三层院落，环境安静。现已建成纪念馆，陈列有关李大钊生平的照片、手稿、书刊及遗物等。

（3）遵义会议会址

彪炳史册的遵义会议会址在贵州遵义老城内，原为黔军第二师师长柏辉章官邸，是一座砖木结构曲尺形洋房。1935年1月中央工农红军长征途中，在此召开了具有伟大历史意义的政治局扩大会议，结束了王明“左”倾教条主义路线，确立了毛泽东同志在全党的领导地位，为红军胜利完成二万五千里长征奠定了基础，在中国革命历史上写下了光辉灿烂的篇章。

此外，其他还有革命圣地（纪念地）延安、井冈山、红岩村、梅园新村、西柏坡等。这些都是各地红色旅游线路的重要内容。

3）现代著名建筑

我国经济发展进程日新月异，特别是改革开放以来到处呈现一派蒸蒸日上的景象，城建工程随处可见。一些现代著名建筑已成为展示我国改革开放形象的重点旅游新景观。如东方明珠广播电视塔、杨浦大桥、长江三峡工程、奥运村等。

（1）东方明珠广播电视塔

东方明珠广播电视塔位于上海浦东陆家嘴，1991年兴建，1995年投入使用，是国家首批5A级旅游景区，也是上海标志性文化景观之一。塔高468米，塔体造型独特，三根直径7米的斜柱，支扶着三根直径9米的立柱，直上云天，其上镶嵌着11个大小不等的钢结构圆珠，构成了“大珠小珠落玉盘”的意境。电视塔承担上海6套无线电视发射业务，地区覆盖半径80千米。塔内有太空舱、旋转餐厅、上海城市历史发展陈列馆等景观和设施。

（2）杨浦大桥

杨浦大桥横跨黄浦江，全长8 358米，距水面高度48米，日通车5万余辆，中孔主跨度为602米，居世界同类桥梁前列。杨浦大桥东、西两主塔标高208米，塔顶设有航空标志灯，桥塔两侧各有32对、共256根彩色拉索将全漂浮结构的桥面凌空悬起，蔚为壮观。其中最长的一根为330米，重33吨。桥面宽30.35米，设有主桥6车道，两侧各有2米宽的人行观光道（由桥下乘电梯上去）。凭栏远眺，心旷神怡，浦东开发区、外滩全景等大上海改革开放的新气象尽收眼底。

（3）香港中区行人电梯

它是世界上最大的行人电梯，全长800米，由20节扶梯和3节自运行人道组成，爬升度为135米，架空部分长度为510米，耗资2亿多港元。电梯由港岛中环皇后大道始开，到终点千德道，电梯上面有顶盖，可避风雨。这条长廊堪称香港城市建设大观。

4）康乐设施

人文旅游资源是可以被人们有意识地创造出来的，康乐设施正是专为旅游业建设的工程。它包括人造乐园、度假村、微缩景区、高尔夫球场、保龄球场、跑马场等。随着旅游业的蓬勃发展，各地康乐设施层出不穷，各具特色，为人们提供了休闲的好去处。

1.3.3 风土民情

1）民族风情

（1）节庆日

我国是一个多民族的国家，各民族都有自己世代相传的民族风情。无论是节庆日、文娱体育，还是建筑结构、服饰饮食、宗教仪式、婚丧嫁娶等都有鲜明独特的民族色彩和强烈的生活气息，具有很大的旅游价值，尤其是节庆活动。

全国节日是指国家统一规定的节日，主要有元旦、春节、三八国际妇女节、植树节（3月12日）、五一国际劳动节、五四青年节、六一国际儿童节、中国共产党成立纪念日（7月1日）、八一建军节、教师节（9月10日）、国庆节等。

传统节日主要有春节、元宵节、清明节、端午节和中秋节。春节在农历正月初一，是我国人民最重视的传统佳节，过去又叫“过年”，几千年来形成了许许多多的风俗习惯，现仍保持很多富有生活情趣的习俗。“腊月二十四，掸尘扫房子”，除夕之夜，家人团圆，吃年饭，谈笑守岁，临近午夜12点，不管是繁华的城市还是僻静的山村，无论是闹市区还是小巷深处，爆竹声此起彼伏，那五彩缤纷的烟火，给夜幕划出一道道彩虹，为人们增添了无穷的乐趣。节日期间，城乡到处可见条条长“龙”翻腾起舞，为节日平添欢乐气氛，这是我国独具特色的传统民间娱乐活动形式。

其他节日是指我国少数民族地区一些特殊的节日，如傣族的泼水节、彝族的火把节、白族的“三月街”、信仰伊斯兰教民族的古尔邦节、蒙古族的那达慕等。这些节庆活动已成为吸引游人的重要人文旅游资源之一。

（2）民族习俗

①服饰习俗

服饰习俗是人们在衣服、鞋帽、佩戴和装饰穿戴方面所形成的风俗习惯。我国各族人民的服饰丰富多彩。汉族的服饰比较现代化，但仍保留唐装的痕迹，有的传统风格比较突出，有的则逐步欧化。少数民族的服饰各具特色。如蒙古族的服饰将首饰、长袍、腰带、靴子集于一身，完美地把蒙古族人民精悍、健美、英武的气概表现出来。维吾尔族的服饰很优美，妇女多着短式连衣裙，加穿灯笼长裤或长袜，花色都很讲究，外出时必须带小花帽，冬天戴皮帽，再戴上白布盖头。瑶族人民喜穿色彩鲜艳、美观大方以及手工绣成的外衣，用黑布缠头，绕成盆状，越大越好看。黎族姑娘穿无扣对襟上衣，下着筒裙，筒裙精巧细致、五彩缤纷。苗族妇女喜穿绣花衣，脚蹬绣花鞋，爱戴银首饰。

②饮食习惯

蒙古族人主食奶、肉，少食米面及蔬菜，家常便饭是手抓肉，考究的是烤羊肉。奶及奶制品是蒙古族的又一主要食品，常饮用奶茶、酸奶、奶酒等，一般不食马肉。维吾尔族重主食，不讲究副食，但做菜必须有肉，无肉不叫菜，“白面”是平时最好的食品，他们信仰伊斯兰教，忌食猪、驴、狗肉。藏族的主食是糍粑。

③居住习惯

汉族，北方房屋一般墙壁较厚，用石头砌成，有火炕、火墙和火道。北京则有三合院、四合院，造型独特，居住很方便，并保留了许多各代住房建筑。江南水乡则因天热雨多，房屋多用砖木砌成，或以茅草、竹子盖成。山区住两层楼房的较多，多为木质或竹质，上面住人，下边养牲口。鄂伦春族，居住在大兴安岭中，常年积雪不化。他们在狩猎途中，就地挖一个深雪坑，四角立木，罩一层熊皮，即成一雪屋，屋内燃一堆篝火，火堆旁铺一张野猪皮，便可酣然入睡，既温暖，又舒适。傣族人民住竹楼，设计精巧，有楼梯、走廊、凉台。楼上住人，楼下饲养牲口，十分凉爽。侗族人民多住木楼，通常选址于能见到流水的山湾之处，顺依山势而建。蒙古族人民住蒙古包。

④待客习俗

好客是我国各民族共同的传统美德。蒙古族人民对待来客，不论相识与否，一见面总是热情问候，右手放在胸前，微微躬身，请客人进蒙古包，全家老少随客人坐下，亲切交谈，把各种食品、酒类端上任其品尝，有时还唱歌敬酒。苗族迎客别有情趣，由男主人盛装到村外路口迎接，到家门口唱歌叫门，女主人闻声，穿着节日盛装，唱歌开门，表示欢迎。进门先饮“牛角酒”，而后交谈，宴客前男女主人边跳舞边把最好的菜肴送到客人嘴里，而后入座陪客畅饮。瑶胞请客，桌上只有一菜，将鸡、鸭、鱼、肉煮于一锅，熟了端出来请大家共食。

2）民族传统文化艺术

我国的书法、绘画、戏剧等传统文化艺术，具有浓郁的民族特色和地方色彩，是中华民族灿烂文化的一部分，也是我国最重要的非物质文化遗产的组成部分，同时也是旅游资源中最活泼生动的一项内容。

（1）戏剧艺术

我国现存的各民族各地区的戏剧曲种有300多种。著名的戏剧有京剧、越剧、秦腔、评剧、昆曲、徽剧、豫剧、黄梅戏、汉剧、川剧和沪剧等。这些具有浓郁地方色彩的戏曲，是传统文化生活的一部分。其最有代表性、影响最大的要数京剧艺术，被称为“中国的国粹”。

京剧是清代中叶以后北京地区形成的大型剧种，已有180年的历史。清代乾隆年间，来北京演出的安徽、湖北民间艺人把二黄和西皮两种腔调有机结合起来，并吸收了昆剧和评弹等唱腔，形成了京剧特有的一套演唱风格。现在京剧有1 000多个传统剧目，有《打渔杀家》《霸王别姬》《铡美案》等优秀剧目。京剧不仅风行全国，而且享誉海外，深受世界各国人民的欢迎和赞誉。

（2）绘画艺术

绘画艺术在世界上分为两大体系：一是西方画，以油画为代表；二是东方画，以中国画为代表。中国画的特点是追求神似，讲求象征性和意境，并且处理时空极富灵活性，并融诗歌、书法篆刻于一体。中国画大多以人物、山水、花草虫鸟为主要题材，在世界上影响较大。

(3) 书法艺术

我国书法字体主要有篆、隶、楷、行、草五种。书法构成一门艺术，是与书写的工具笔、墨、纸、砚分不开的。特别是毛笔。毛笔的铺毫抽锋，极富弹性，书写时结合用墨，使字体肥瘦枯润，变化无穷，我国书法艺术在世界上独树一帜，是世界文化艺术宝库中的一朵奇葩。

1.3.4 风味佳肴和土特产

1）风味佳肴

吃是旅游的六大要素之一，但其目的绝不仅为果腹，更重要的是体验异国、异地风情与文明。目前，我国一些地市纷纷兴建“食品街”或“风味小吃街”，集中展示地方佳肴特色，颇受游人垂青。很多风味佳肴在国际上久享盛誉，是东方菜肴的代表。

我国地大物博，且各地民俗民风不一，菜肴地域差异明显，形成众多的菜系。主要有鲁菜、川菜、苏菜、粤菜、闽菜、浙菜、湘菜、徽菜等八大菜系。同时还有北京菜、上海菜、河南菜、湖北菜等20多种地方名菜以及别有风味的清真菜和素斋等。此外各地充分运用地方珍品或传说故事等，烹制了多种地方风味食品，更富有乡土特色。如北京全聚德烤鸭，东来顺涮羊肉；天津的“狗不理”包子；陕西的羊肉泡馍；新疆的烤羊肉串；江苏的南京板鸭和盐水鸭，常熟叫花鸡，苏州东坡肉，无锡肉骨头；浙江的金华火腿，宁波猪油汤团和年糕；福建的晋江深沪鱼丸，福州佛跳墙；广东的腊肠，广州龙虎斗；云南昆明过桥米线；四川的火锅、担担面和赖汤圆；吉林的牛肉锅贴，延边的狗肉锅贴等。

以上这些都是我国珍贵的饮食文化遗产，为我国旅游业的发展提供了良好条件。

2）著名的土特产

(1) 名茶

我国是世界著名的产茶国，茶叶产量居世界第一位。悠久的产茶历史，辽阔的产茶区域，众多的茶树品种，丰富的采制经验，在世界上是独一无二的。因此，中国名茶品种之多，制法之巧，质量之优，风味之佳，都为别国所不及。绿茶中著名的品种有西湖龙井、碧螺春、蒙顶茶、庐山云雾、黄山毛峰、君山银针、六安瓜片等。红茶著名品种有祁红、滇红和闽红等。乌龙茶著名的品种有福建安溪铁观音、武夷岩茶等。花茶著名品种有苏州、福州、金华和杭州茉莉花茶等。普洱茶产于云南的普洱市及西双版纳，是砖茶中的极品。白茶是世界上有名的茶中珍品，因其成品多为芽头，满披白毫，色白如银，故称白茶。白茶是福建省专门外销的特种名茶，产于闽北高山、闽东地区。产于福建福鼎的白毫银针（太姥银针）是白茶中的极品。

(2) 名酒

名酒不仅可供国内外旅游者在旅途中品尝，也可作为旅游纪念品馈赠亲友。我国酿酒历史悠久，名酒甚多。

白酒是我国的国酒，著名的有贵州仁怀的茅台酒，山西汾阳的汾酒，四川宜宾的五粮液、泸州的老窖特曲、绵竹的剑南春等。其中茅台酒与法国的白兰地、英国的威士忌齐名，并列为世界三大名酒。

黄酒是我国最古老的酒类，集饮料、调味和药用于一身，用途之广在我国酒类中首屈一指。其名酒有浙江绍兴的花雕酒和福建龙岩的沉缸酒等。

啤酒素称“液体面包”。改革开放以来啤酒生产发展迅速，已成为我国产量最大的酒类。我国的啤酒以青岛啤酒质量最佳。

葡萄酒是以葡萄为原料，用压榨的方法制得的一种低度酒。将葡萄酒蒸馏得到的酒液放入橡木桶中陈放，成品即为白兰地。烟台的张裕红葡萄酒和金奖白兰地，天津的白葡萄酒，北京的中国红葡萄酒，河北沙城的白葡萄酒等均是名酒。近年，“新疆红”和“云南红”异军突起，发展较快。

果露酒是果酒和露酒的合称。果酒是以水果为原料经发酵酿制而成。露酒是用葡萄酒、黄酒、白酒或食用酒精为酒基，加入香料、色素、糖或中药材等配制而成。我国果露酒类的名酒有山东烟台的味美思，山西汾阳的竹叶青和湖北园林青酒等。

（3）水果

我国地域辽阔，自然环境复杂多样，因而水果种类多。我国的水果大致可分为温带水果、北亚热带水果、南亚热带及热带水果三类。其地理分布分别以秦岭—淮河和南岭为界。秦淮以北的广大地区盛产苹果、梨、桃、葡萄等温带水果；秦淮以南、南岭以北盛产柑橘、猕猴桃等北亚热带水果；南岭以南地区盛产香蕉、龙眼、荔枝和菠萝等南亚热带、热带水果。游人可在不同的区域、不同季节品尝风味各不相同的果品，从中获得丰富的美食文化的体验。

（4）工艺美术品

我国传统工艺美术品的生产已有3 000多年的悠久历史，种类繁多，工艺精巧，民族风格鲜明。游客在游览途中选购些当地的传统工艺品，作为旅游纪念，或馈赠亲友，可增添旅游情趣，留下美好回忆。

织绣工艺品包括绣品、织锦、地毯等。我国绣品中以“四大名绣”最负盛名，分别是苏绣、粤绣、湘绣和蜀绣。苏绣已有2 000多年历史，绣工精细，色彩雅洁，图案秀丽，针法活泼，尤以双面异色、异样、异针、异景的四异绣独具风格，备受中外游客称道。织锦较为有名的有苏州的宋锦、成都的蜀锦、南京的云锦、广西的壮锦、杭州的都锦生织锦等。其中云锦、蜀锦和宋锦色彩绚丽，风格独特，被誉为三大名锦。杭州都锦生织锦色彩瑰丽、织工精细，被国际友人誉为“东方艺术之花”，曾在美国国际博览会上获得金质奖章。

雕刻工艺品包括玉雕、石雕、牙雕等。我国的雕刻艺术高超，历史悠久。各种艺人用不同的原料，进行精心加工，雕刻成各种精致的工艺品。玉雕以江苏、北京、上海等地最为精良；石雕以福州寿山石雕、浙江青田叶腊石雕、湖南浏阳的菊花石雕最为优美，远销国外几十个国家和地区；牙雕以北京、广东、南京等地最负盛名。这些雕刻工艺品造型美观，技艺精湛，做工精巧，栩栩如生，富有浓厚的民族风格和地方特色，十分新奇有趣，备受国内外旅游者的喜爱。

金属工艺品。景泰蓝又称“铜胎掐丝珐琅”，是我国最著名的金属工艺品。早在唐代就有，明代景泰年间得到较大发展，并以孔雀蓝釉最为出色，所以称为“景泰蓝”。制作工序分打胎、掐丝、点蓝、烧蓝、磨光、镀金等，其中最复杂细致的是掐丝和点蓝的技术。品种有瓶、碗、盘、烟具、台灯、糖罐、奖杯等。它是一种瓷铜结合、绚丽多彩、工艺精湛、造型优美的工艺制品，是我国重要的出口商品之一。

此外，我国还有景德镇瓷器，宜兴紫砂陶，浙江萧山、江苏常熟、广东汕头的花边抽纱，浙江、福建、四川、安徽的竹编，宁波草席，福建脱胎漆器，天津彩塑，无锡的惠山泥人以及宣纸、湖笔、徽墨、端砚等工艺美术品。它们在旅游商品中的地位越来越重要，备受旅游者的青睐。

我国古代有哪些著名的军事和水利工程？

答：我国古代著名的军事工程是“长城”；著名的水利工程是都江堰、灵渠、坎儿井、京杭大运河。

小思考1-5

本章小结

地理条件是发展旅游业的物质基础。我国幅员辽阔，自然和人文地理要素相互叠加，互为衬托交融，形成绚丽多彩、价值极高的旅游资源。我国优越的地理位置和辽阔的疆域，为开展旅游活动提供了广阔的空间和丰富多样的旅游内容、项目，并在客观上满足了国内不同层次旅游者的需求。同时又吸引世界各国人民来华旅游观光。

对我国旅游业影响较大的自然地理条件主要是地貌、水体、气候和生物四大要素。我国西高东低，呈阶梯状分布的地势，基本决定了我国旅游发展的空间格局。一是使我国东西部旅游业的发展具有明显的差异；二是使河流在阶梯处塑造出宏伟险峻的峡谷或瀑布景观；三是有利于海洋湿润空气的深入，使东部地区山清水秀。多山且高海拔的地貌特征，为山地各具特色的雄、险、奇、幽、秀等天然美的形成奠定了地质基础。我国五种地貌类型俱全，在其基础上又发育了岩溶、丹霞、火山、海岸、黄土等多种多样的地貌类型，具有极高的旅游价值。

我国江海河湖泉兼备，它们在当地特定的地形、气候条件下与周边的山地、植被等自然要素交相辉映，丰富多彩，为疗养、休闲、探险提供了旅游价值很高的水体旅游资源。

我国典型的季风气候和复杂多样的气候类型对我国各地旅游业的发展影响很大。有利的方面是：使我国大部分地区属温带、亚热带范围，温和的气候适于人们旅游。同一季节，全国各地可开展相应的气候旅游活动，如在冬季，海南岛可避寒、游泳，哈尔滨则可滑雪，观赏“千里冰封，万里雪飘”的雪景。典型的季风气候，又使同一地区四季分明、景色各异，可因时制宜组织丰富多彩的旅游活动，如江南地区的“春戏桃柳，夏赏荷花，秋临丹桂，冬咏寒梅”。季风气候对旅游不利的影响是：冬季严寒，夏季酷热，影响旅游，使我国旅游业一年中出现明显的淡季。

生物是指自然界具有生命的物种，包括植物、动物和微生物三大类。我国在复杂多样的地形、气候等自然因素的综合作用下，生物种类丰富，多珍稀品种，且地域差异十分显著。这就使我国不同地区呈现景色各异的自然风光，大大丰富了旅游活动的内涵。

中国的人文地理条件主要包括悠久的历史、中华民族等。我国是个有五千年历史的文明古国，在漫长的各历史时期，各族人民创造了辉煌绚丽的民族文化和中华文明，给后人留下了浩如烟海的历史文物，包括古遗址、古墓葬、石窟、寺庙、古建筑、古城等。中华民族由56个民族组成，其中汉族人口最多，约占全国总人口的90.56%，分布广泛，但相对集中在东部地区。其他55个民族人口较少，统称少数民族，主要居住在西北、西南和东北等省区。少数民族有自己的发展历史、文字、文化和风俗习惯，这些别具一格的民俗风情是现代旅游业的重要组成部分，旅游价值高。同时，旅游活动能够加强各民族的沟通联系，增进友谊，促进少数民族地区经济、文化等各方面的进步。

地貌对我国自然景观的形成与演变有深刻的影响，作为旅游资源，开发利用的潜力巨大，一般分为平原和山地两大类。我国地貌旅游资源种类丰富多样，其中岩溶、丹霞、火山、花岗岩、海岸地貌最具吸引力。

我国著名山岳主要包括五岳、四大佛教名山、四大道教名山、高山雪峰和其他风景名山。它们以高、雄、险、幽、秀等天然美，与当地的历史、宗教相结合，形成各具特色的旅游资源，是现代崇尚大自然的旅游者理想的游览、避暑或登山之地。

我国水体旅游资源多姿多彩。滨海和海岛旅游资源以温带的大连—旅顺口、秦皇岛—北戴河，亚热带的嵊泗列岛和热带的三亚海滨为代表。江河风景区既有雄伟壮丽的峡谷景观，如虎跳峡、长江三峡，又有清新秀丽、江水清澈碧透的景区，如富春江—新安江，以及世界奇观“钱塘江涌潮”等。我国瀑布众多，为旅游区锦上添花，最为著名、壮观的是黄果树瀑布和壶口瀑布。湖泊素有“大地明珠”之称。许多风景秀丽的湖泊已成为旅游胜地，如高山之顶的天池，群山环抱的太湖、杭州西湖等。泉水也是一项重要的旅游资源，并日益受到人们的青睐，温泉分布的地方，是旅游者和疗养者沐浴的好去处，如华清池等。

我国拥有复杂多样、绚丽夺目的气候、天气旅游资源。极光、佛光、海市蜃楼、雪霰、云雾、云霞等气象万千，变化莫测，宛若仙境，极具观赏价值；且有许多游览区，因与气候、天气变化融合在一起组成独特的自然景观，如林海雪原、香山红叶、洛阳牡丹、断桥残雪、三潭印月等。它们都有特定的观赏季节、时间、地点、方位，这是气候、天气旅游资源最突出的特点。

生物是生态环境中的主体，是各地自然景观的主要标志。我国生物旅游资源丰富，为人类提供了多种多样的娱乐休闲环境和观赏游览对象。最为突出的是稀有动物、珍贵植物和自然保护区，它对游人尤其对科考工作者极具吸引力，且随着绿色旅游的兴起，回归大自然的时尚，生物旅游资源日益受重视，不断地被开发利用。

我国劳动人民在几千年的文明史中，创造了许多浩大雄伟的古迹，主要有古代伟大工程（长城、都江堰、灵渠、京杭大运河、坎儿井），宗教建筑（石窟、寺、庙、塔），园林，历史名城（古都、宫殿建筑）等。它们是我国古代文明史中的瑰宝，是人文旅游资源中的珍品，具有极高的旅游价值。

我国地域辽阔，民族众多。在长期的社会历史发展过程中，各民族在特有自然和社会经济条件下，形成了具有鲜明特色的风土民情。它是各民族政治、经济和文化生活以及心理感情特征的集中反映。早在汉代就有“百里不同风，十里不同俗”的说法。最具旅游价值的风土民情除传统节庆活动外，还有服饰、居住、饮食习惯、传统文化艺术等。

总之，丰富多彩的人文旅游资源与引人入胜的自然旅游资源互相熔融，交相辉映，构成一个个别开生面、绚丽壮观的风景名胜区，是旅游业成为支柱产业的物质基础。

主要概念与词语

☐ 主要概念

旅游资源　季风气候区　岩溶地貌　丹霞地貌　园林　博物馆

☐ 主要词语

民族　自然保护区

知识练习

☐ 简答题

1.1　中国各具特色的地貌旅游资源有哪些？试举例说明。

1.2　中国气候与天气旅游资源有何特点？

1.3　我国有哪些珍稀、名贵动植物？

1.4　哪些属于宗教旅游资源？试举例说明。

☐ 填空题

1.1　桂林山水属________地貌风景区，以山青、________、________、石美为特色。

1.2　我国丹霞地貌主要分布在________四省交界处，以________为典型代表，风景特色可概括为________。

1.3　四大佛教名山中属观音道场的是________；属文殊道场的是________；属普贤道场的是________。其中具有“植物王国”之称的是________山。

1.4　在五岳之中，最为险峻的是________；最为秀丽的是________；最为雄伟的是________。

1.5　我国的________、西安、________、________、________、________、北京因建都朝代多，时间长，建筑宏伟，被称为我国历史上的七大古都。

1.6　我国园林按性质可分为________、________。按建筑风格与特点可分为________、________和________。

1.7　洛阳________为我国第一座佛寺，尊誉为佛教的“________”。

☐ 选择题

1.1　塑造我国众多的峡谷和瀑布景观的主要因素是（　　）。

A. 西高东低呈阶梯状的地形　　B. 丰富的水资源

C. 典型的季风气候　　D. 地貌复杂多样

1.2　形成东部山清水秀自然景观的主要因素是（　　）。

A. 典型的季风气候

B.阶梯状的地势有利于海洋空气进入

C.东部是平原

D.以上三点都不是

1.3　钱塘江涌潮形成的主导因素是（　　）。

A.海潮　　B.地形　　C.气候　　D.水文

1.4　（　）是蒙古族一年一度的群众性盛会。信仰伊斯兰教民族的主要节日是（　）。

A.古尔邦节　　B.那达慕节　　C.歌圩节　　D.泼水节

1.5　以下风景区属于火山地貌的是（　　）；属于花岗岩地貌的是（　　）；属于海岸地貌的是（　　）。

A.黄山　　B.五大连池　　C.珊瑚礁　　D.云南石林

1.6　以下属于温带海滨旅游景区的有（　　）。

A.三亚海滨　　B.厦门

C.秦皇岛—北戴河　　D.嵊泗列岛

1.7　以下属于天气旅游资源的有（　　）。

A.极光　　B.香山红叶　　C.云霞

D.海市蜃楼　　E.断桥残雪

1.8　以下景点属于宗教旅游资源的是（　　）；属于古陵墓旅游资源的是（　　）。

A.敦煌石窟　　B.秦始皇陵兵马俑

C.西安大雁塔　　D.布达拉宫

技能训练

1.1　在中国填充图上填出我国第一批历史文化名城。

1.2　在中国填充图上填出所学过的著名的自然、人文旅游资源景点。

1.3　你了解哪些少数民族的民风民俗，请描述给你的同学听。

1.4　请你向同学们介绍你家乡的著名上特产品和风土民情。

观念应用

□ 分析题

1.1　试分析我国的地势特征，并从旅游的角度评价之。

1.2　试分析钱塘江涌潮的成因，并指出其形成的主导因素是什么？

□ 实训题

1.1　根据学过的知识，谈谈如何发展中国的绿色旅游、红色旅游和工业旅游。

1.2　应用学过的知识，为你的亲朋好友设计一条泰山“三日游”的旅游路线。（注：济南起点）

□ 综合案例

深秋赏红叶

（1）米亚罗红叶风景区。米亚罗红叶风景区是我国最大的红叶景区之一，地处四川省阿坝藏族羌族自治州理县境内。景区海拔1 700~3 400米，全长127千米，面积3 688平方千米，是我国目前发现并开放的面积最大、景色最为壮观的红叶风景区之一。10月的米亚罗被称为“红色走廊”。那流丹泛红的红叶溢出秋的火热辉煌，泛金耀眼的红叶则是秋的轻歌曼舞。景区气候宜人，高原特征明显，冬季平均气温在-3℃左右，7月、8月两月平均气温为15℃。春秋期长，清凉无夏，是著名的避暑胜地。

（2）香山红叶。香山又叫静宜园，位于北京海淀区西郊，距城中心20千米，全园面积160公顷。是中国最负盛名的红叶观赏区。每到秋天，漫山遍野的黄栌树叶红得像火焰一样。这些黄栌树是清代乾隆年间栽植的，200多年来，逐渐形成拥有94 000株的黄栌树林区。每年10月中旬到11月上旬是观赏红叶的最好季节，红叶延续时间通常为1个月左右。半山亭、玉华山庄和阆风亭都是看红叶的好地方。

（3）栖霞山。栖霞山古称摄山，位于南京太平门外22千米处。主峰海拔286米。山西侧称枫岭，有成片的枫树，每到深秋，漫山红遍，景色十分迷人，是栖霞山吸引游人的主要景致。

（4）岳麓山。岳麓山位于长沙市湘江西岸，是著名的风景名胜区。游览区面积553.3公顷，最高峰海拔300米，山涧幽壑，树木葱翠，风景优美。每到秋季，这里漫山红叶，风景极佳，自古就成为著名的赏红叶胜地。爱晚亭原名红叶亭，又名爱枫亭，位于岳麓山下清风峡中，亭坐西向东，三面环山，古枫参天。后取杜牧“停车坐爱枫林晚，霜叶红于二月花”诗意，将亭改名为爱晚亭。

（5）塔川秋色。塔川隶属于安徽黟县宏村镇的塔川村，又名塔上。它位于黟县桃花源著名旅游景点——宏村到木坑竹海景点途中，距宏村仅2千米，是黟县小桃源众多美丽富饶的自然村落中一个独具魅力的山间村落。这里古树众多，树种包括樟树、榧树、枫树等，有所谓“五树参天”的景观。每到秋天，色彩绚烂。

根据以上资料和学过的知识回答：

（1）请在中国地理填充图上标出以上五处“深秋赏红叶”的地理位置。

（2）从以上各景点的地理位置和地形来看，哪一处能最早欣赏到“红叶”？

（3）“深秋赏红叶”属于那种旅游资源？为什么？

（4）在以上各处赏红叶的同时，还有哪些可游览的景点？

第2章 中国旅游客源地理

- 学习目标
- **2.1 旅游流产生的地理因素**
- **2.2 中国旅游客流地理**
- 本章小结
- 主要概念与词语
- 知识练习
- 技能训练
- 观念应用

学习目标

知识目标：认识地理环境差异性与旅游行为的关系；了解自然条件、人文条件、旅游地理环境质量等方面差异性对旅游者的影响及其一般流动规律。

技能目标：能够在中国地图和世界地图上找出我国主要客源地和客源国，并能够把它们填在空白地图上。

能力目标：掌握我国海外入境客流、国内客流与出境客流的现状及主要特征。能够综合分析地理环境差异与我国旅游客流地理的关系。

引例：　　　　　　　　“十三五”期间我国旅游业发展简况

“十三五”期间，我国新旅游业态不断涌现，休闲度假产品不断丰富，度假区产品涵盖了温泉、冰雪、滨海、山地等多种类型。截至目前，全国共有精品A级旅游景区12 402家、500多家全域旅游示范区、10个中国旅游休闲示范城市。5年来，我国国内旅游人数累计超过249.8亿人次，年均增长10.7%；实现国内旅游收入22.8万亿元人民币，年均增长达13.6%。出境旅游人数合计超过7.8亿人次，接待入境旅游者8.3亿人次，实现国际旅游收入7 208.3亿美元，年均增长4.5%。

资料来源　根据央视网《新闻联播》“十三五”成就巡礼（2020年10月8日）整理得来。

以上数字说明我国已是重要的客源地和客源国，海外入境、国内旅游、出境旅游呈现快速增长的势头。那么，这与我国的地理环境因素有关吗？本章与同学们一起来探讨。

2.1　旅游流产生的地理因素

地理环境的千差万别能够诱发常年居住在单一环境中的人们产生各种各样的旅游动机，进而产生旅游行为，成为旅游者。一般而言，两地的地理环境差异性越大，对旅游动机的激发力也就越强，特别是在自然景观和人文景观差异大的地区。如外国旅游者普遍对我国的历史古迹和自然风光很感兴趣，而对娱乐活动、冬季运动、廉价的度假兴趣不高，显然前者与他们居住地的地理环境有较大的差异，而后者在各国都类似。

因此，地理环境差异性是导致旅游行为的重要因素，是旅游流产生的主要原因。**旅游流**是旅游者群体从旅游客源地向旅游目的地的连续空间位移。**旅游客源地**（简称客源地）是产生旅游者的国家或地区，即游客来源地。**旅游目的地**（亦称客流地）是旅游者流向的旅游吸引物比较集中的区域。按旅游市场而言，旅游流即为旅游客流。

地理环境差异性对旅游流产生的影响主要有以下方面：自然条件的差异性、人文条件的差异性和旅游地理环境质量的差异性。

2.1.1　自然条件的差异性

自然地理环境的差异性是引起居住在不同地区的旅游者旅游动机的自然基础，是产生旅游流最基本和最持久的因素。由于人们的求异求知心理，生活在终年炎热或寒冷地区的人们总是希望去温带或亚热带地区旅行以避暑或避寒，城市的人们愿意去看看崇山峻岭或海滨风光，还有些旅游者对去人迹罕至的高山或极地进行探险旅行感兴趣。因此，自然地理环境特征的差异越大，自然景观越奇特，未知程度越高，对人们心理的吸引力就越强。

一般而言，不同类型的自然景观地区之间往往具有双向互动吸引力。如热带、亚热带的“阳光地带”与寒温带、亚寒带的“冰雪世界”之间、海滨岛屿与内陆大漠之间、高山高原与盆地平原之间等等，往往都由于旅游资源的互补性而容易互为旅游客源地和旅游目的地。对生活在普通环境和以人工环境为主的人们来说，舒适、优美、奇特的自然环境尤其具有单向吸引力。总体来说，山水风光配合奇妙、景色秀美的区域都具有很大的吸引力。此外，四季气候宜人或具有特殊避暑、避寒意义的地区旅游条件也较为有利。因此，阳光充足的海滨、奇特秀丽的名山胜水等都是旅游人流最集中的区域。

从世界范围看：气候温和湿润、阳光充足、环境优美奇特的地区旅游吸引力最大；中、低纬度地带比高纬度地带的旅游吸引力大；中、低纬度沿海地带又比内陆地区的旅游吸引力大；内陆地区一般以奇特优美的自然环境及其原始程度越高者吸引力越大。

从我国来看，幅员辽阔，气候多样，广阔的国土上发育了数不清的名山胜水。中国山水风光数量之多、质量之高、景观之美是世界上其他国家无法比拟的。世界旅游者对中国山水十分敬仰。如：杭州西湖、桂林山水、长江三峡、安徽黄山等。国外游客和国内游客多数都选择这类知名度高的风景胜地以及具有良好气候条件的东部沿海地区旅游。

2.1.2 人文条件的差异性

人文条件的差异性主要包括社会经济地理的差异、文化地理环境的差异和旅游者个人状况的差异等。

1）社会经济地理的差异

旅游是经济发展的产物，一个国家或地区的旅游业发展水平与其经济发展水平呈正相关关系。

经济发达的国家和地区对国际旅游和国内旅游都有巨大的推动作用，成为主要的旅游客源地和客流地。究其原因主要有两点：

（1）经济发展水平高会产生旅游需求

旅游需求是在人们满足了吃、穿、住、行及安全感等多种基本需要之后才产生的一种高层次的需要。所以只有在人均GDP达到一定水平时才可能产生旅游需求。据国际上的经验统计，当人均国内生产总值达到800~1 000美元时，居民将普遍产生国内旅游动机；达到4 000~10 000美元时，将产生国际旅游动机；超过10 000美元时，将产生洲际旅游动机。我国2000年人均GDP为856美元，2016年上升到8 866美元，2019年人均GDP超过10 000美元。根据旅游发达国家的经验，一个国家人均GDP超过3 000美元，旅游消费就会进入一个爆发性增长时期。

（2）经济发展水平高能够提供出游的能力与条件

一般人均国民收入越高，则人均所得越高，人的衣食等基本生活支出占他们总收入的比重将越来越小，可自由支配收入会增加，因此，这些人就有可能成为旅游者。此外，经济发达地区由于技术水平和劳动生产率高，可缩短社会必要劳动时间，使得居民拥有较多的闲暇时间和带薪假期，也就有可能外出旅游。

由此可见，社会经济发展水平是决定旅游者产生的重要因素，客源地是经济发展的产物。

就世界范围而言，当今世界主要的传统客源地是欧洲和北美，亚太地区的日本、韩国、新加坡以及中国香港、中国台湾等也是重要客源地。

就我国大陆而言，东部沿海地区的经济远较中、西部内陆地区发展快、水平高，因此，国内旅游者主要集中在东部沿海的省区市。

就城乡对比而言，城市的经济水平一般比农村高，由于收入、职业、文化素养等原因，城市居民比农村居民更乐于出游。所以在城市化水平高的地区，出游人数也多。京津地区、沪宁杭地区、珠江三角洲都是我国城市化水平较高的地区，它们的出游率为全国最高。上海人和广东人已成为全国各大旅游城市的“常客”。

小思考2-1

经济发展水平差异为什么对旅游者的产生有影响?

答：经济发展水平高低会影响当地居民的需求。经济发展水平高的地区会产生旅游需求，因为旅游需求是在人们满足了吃、穿、住、行及安全感等多种基本需要之后才产生的一种高层次的需要。所以只有在人均国内生产总值达到一定水平时才可能产生。经济发展水平高能够提供出游的能力与条件——可自由支配的收入和闲暇时间。

2）文化地理环境的差异

人类文化包括语言文字、生活方式、宗教信仰、价值观念、社会组织以及聚落、建筑、园林、音乐、舞蹈、美术、文学、民俗风情等物质与非物质的文化景观。它们是由不同地域的种族在不同的自然环境和时空下创造出来的不同地域的文化。

从世界范围来看，大体可分五大文化圈：欧洲文化圈（又称西方文化）、东亚文化圈（又称东方文化或儒教文化）、阿拉伯文化圈、非洲文化圈、太平洋群岛上的土著文化圈。一般同一文化圈内的人们具有归属感，不同文化圈的人们具有陌生感。在同一文化圈内还可细分为若干文化区以及民族文化小区。因此，世界文化地理环境的差异性与文化景观的丰富性十分显著。

一般而言，文化景观差异较大的两地都相互具有很强的旅游吸引力。而历史越悠久、文化影响力越强，内容与形式越丰富、审美特色越突出的文化景观，它的旅游吸引力就越大。目前对旅游者吸引力最大的文化景观地主要是知名度大的历史文化名城（古都）和政治经济文化发达的中心城市等。就我国来看，来华外国旅游者多选择北京、上海、广州、西安等城市，以及自然山水与人文胜迹并茂的杭州、桂林、昆明等地。

3）旅游者个人状况的差异

同一国家或地区的旅游者也存在着个人状况的差异。

(1) 收入差异

城市居民的收入高于农村居民。职业不同，也意味着收入、闲暇和受教育程度不同。一般来说，金融家、商人、高级职员、教师、律师、医生等职业产生旅游的可能性较大。

(2) 旅游偏好

旅游者由于年龄、职业、文化层次、气质、性格等素质差异而常表现出不同的兴趣与爱好，即人们趋向某一旅游目标的心理倾向，于是产生不同的旅游地选择。从年龄上看，青少年、年轻人喜“动”，旅游要带有“参与性”和“刺激性”；中老年则一般愿“静”，如观光等。从文化层次来看，一般受教育程度高或有较高文化素养的人更加喜好旅游。通常，旅游愿望与对外部世界的了解呈正相关。高学历的人基于他们对外部世界的了解，他们对去哪里、看什么目的性较明确。从职业上看，其偏好多倾向与个人的专业和职业有关的内容。

小思考2-2

哪些因素会影响旅游者的旅游偏好？

答：旅游偏好是旅游者趋向某一旅游目标的心理倾向，由于年龄、职业、文化层次、气质、性格等素质差异而常表现不同的兴趣与爱好，于是产生不同的旅游地选择。

2.1.3　旅游地理环境质量的差异性

旅游者在选择旅游目的地时已日趋重视那里的旅游环境质量。因为目前绝大多数的旅游者主要的旅游行为是观光，观光旅游极大地依赖于自然环境的质量。因此，旅游地理环境质量的优劣对旅游者的多少有着不可忽略的影响。

旅游者对旅游地的环境质量评判标准，普遍侧重于旅游地的生态环境质量和环境污染程度等方面。因为对广大旅游者来说，普遍希望得到的是山清水秀、鸟语花香的真正大自然景色，即人们常说的“回归大自然”。这种良好的自然环境通常是在生态环境不受破坏情况下才得以保持的。从环境保护学家的观点来看，环境特征和条件保存得越接近原生状态越好。

但事实上，目前旅游环境衰退现象日益严重，出现的主要问题有：水体干涸，河湖污染，城市大气、噪声污染与夏季高温，旅游地滥建项目以及旅游地接待游客“超负荷”等等。比如，九寨沟因森林砍伐过度而出现严重缺水现象，以致许多景点已经干涸；不少大城市因建筑、交通密集使废气、噪声污染和夏季高温现象严重；许多旅游“热点”在旅游旺季接待游客“超负荷运转”；有些景区缺乏对游客不文明行为的管理，使景区一片脏乱，黯然失色，旅游环境质量明显下降。久而久之，在缺乏良好环境的地方也就基本没有旅游者了。

可见，环境质量是旅游业的基础。良好的环境能给旅游者提供悦目、舒适的游览内容，对旅游者的产生和旅游业的发展起着重要的推动作用。因此，无论何地，要使旅游可持续发展，就需要对旅游目的地的风光和历史遗产及其周围的自然环境倍加保护。我国有不少做得较好的城市和景区，如：大连、珠海、杭州西湖、武夷山等。

2.2　中国旅游客流地理

旅游客流是旅游由客源地向旅游目的地连续空间流动的量向综合表现。中国的旅游客流一般可分为港、澳、台地区和海外入境旅游客流、国内旅游客流和出境旅游客流。

2.2.1 我国港、澳、台地区和海外旅游客流的特征

1）我国港、澳、台地区和海外旅游客流的构成

港、澳、台地区和海外旅游客流主要来自三大方向。东南方向：有港、澳、台同胞和东南亚以及澳大利亚游客；正东与东北方向：有近程的日本、韩国、俄罗斯游客及远程的美国、加拿大游客；西北方向：有俄罗斯、英国、德国和法国等欧洲游客以及中亚等国游客。此外还有来自西南方向的东南亚和南亚游客，以及来自北方的蒙古国游客。

2019年，按入境的旅游人数进行排序，我国主要国际客源市场前20位国家为缅甸、越南、韩国、俄罗斯、日本、美国、蒙古国、马来西亚、菲律宾、新加坡、印度、泰国、加拿大、澳大利亚、印度尼西亚、德国、英国、朝鲜、法国、意大利（其中缅甸、越南、蒙古国、印度、朝鲜含边民旅华人数）。旅客来源按洲别统计，亚洲人数占比75.9%，美洲占7.7%，欧洲占13.2%，大洋洲占1.9%，非洲占1.3%。

从上述地区入境客流的客源人数（见小知识2-1）、2019年数据（2.2.2一节中）与地域结构上分析，有三个明显的特征：

第一，周边国家和地区占绝对优势，这是入境客流最显著的特征。其中，港、澳、台地区游客为入境客流的主体；同时日本、俄罗斯、韩国、蒙古、哈萨克斯坦、东盟五国（新加坡、马来西亚、菲律宾、泰国、印度尼西亚）、朝鲜、印度、越南、缅甸等周边国家来华游客也占多数。由此说明近距离流动的多，远距离流动的少是旅游客源流动的主要规律。

第二，经济发达和较发达的国家、地区占绝对优势。韩国、日本、美国、加拿大、澳大利亚、俄罗斯、新加坡、德国、法国、英国、马来西亚等国都是人均收入较高的国家，2015年他们来华游客约占来华外国游客总数的73%。20世纪90年代以来，我国初步形成了以亚洲周边国家为中心，以欧美等传统客源市场为两翼的格局，形成了相对稳定的15个客源国。其中，日本、韩国为我国最大的客源国，其次是俄罗斯、美国、蒙古国、新加坡、马来西亚、英国、菲律宾、泰国、加拿大、德国、澳大利亚、法国和印度尼西亚等。而美国和英国又分别是我国第一、第二大的中远程客源国。

第三，在传统和历史上联系较多的国家，游客比重相对较大。日本、韩国与我国历史文化渊源较深，东南亚是我国海外华人、华侨最主要的分布地区；美国、加拿大虽距我国遥远，但却是我国海外华人、华侨相对集中的西方发达国家。

小知识2-1

来华旅游外国人的国别构成

表2-1 **来华旅游外国人的国别构成**

国别	2006年		2010年		2015年	
	人数（万人）	所占比例（%）	人数（万人）	所占比例（%）	人数（万人）	所占比例（%）
日本	374.56	17	373.12	14.28	249.77	9.61
韩国	392.40	18	407.64	15.60	444.44	17.10
美国	171.03	8	201.96	7.73	208.58	8.03
俄罗斯	240.51	11	237.03	9.07	158.23	6.09
马来西亚	91.06	4	124.52	4.77	107.55	4.14
新加坡	82.79	4	100.37	3.84	90.53	3.48
蒙古国	63.12	3	79.44	3.04	101.41	3.90
菲律宾	70.42	3	82.83	3.17	100.40	3.86
英国	55.26	2	57.50	2.20	57.96	2.23
泰国	59.20	3	63.55	2.43	64.15	2.47
德国	50.06	2	60.86	2.33	62.34	2.40
加拿大	49.91	2	68.53	2.62	67.98	2.62
印度尼西亚	43.30	2	67.34	2.58	54.48	2.10
澳大利亚	53.81	2	66.13	2.53	63.73	2.45
法国	40.22	2	51.27	2.00	48.69	1.87

资料来源 《中国统计年鉴2016》。

观念应用2-1

我国最大的客源国

从小知识2-1中的表2-1所示的数字可以看出，日本、韩国是我国较大的客源国。为什么？

[分析提示]

可从日本、韩国与我国的相对位置、与我国的历史渊源以及日本、韩国的经济等方面分析回答。

2）港、澳、台地区和海外旅游客流的入境口岸高度集中，入境客流的流程以短程居多

入境口岸主要以广州、深圳、北京、上海四大口岸为主。其中，中、远程的游客主要从北京、上海、广州这三大空港入境；我国陆上入境的最大口岸是深圳。随着我国改革开放的发展，20世纪90年代以来，我国的对外口岸在陆、海、空方面都加大了开放的力度，不仅在沿海和陆上边境城市，而且在中西部内地城市如昆明、西安、重庆等也开辟了直航入境口岸。但是大多数海外游客在我国的游程偏短，仅游览1~3个大陆城市。

3）港、澳、台地区和海外入境客流的主要流向

港、澳、台地区和海外入境客流主要流向东部沿海地区。这里政治、经济、文化发达，交通便利，气候宜人，风景优美，名胜古迹丰富，旅游城市集中，并且是港澳台同胞的原籍地等。我国入境客流量集中的地区有以下四类：

（1）全国性的政治、经济、文化中心城市

北京、上海、广州三大城市是港、澳、台地区和海外客流最集中的地区。其中，广州因邻近港、澳、台地区的客源地，在绝大多数年份均是我国第一大上述地区的客流地。

（2）全国著名的风景名胜城市和地区

据《中国旅游年鉴》统计资料，20世纪90年代以来，中国接待外国旅游者最多的十大城市是北京、上海、广州、西安、桂林、深圳、杭州、苏州、南京和昆明。此外入境客流集中地还有：厦门、大连、无锡、黄山、长江三峡等。

（3）东南沿海经济特区和侨乡

粤、闽两省是港澳台同胞及华侨客流量最稳定最集中的地方。尤其是邻近港澳台地区的深圳、珠海等经济特区和福建泉州、广东中山及汕头等侨乡城市。

（4）我国各大区域的一些中心城市

这些中心城市也是海外客流量比较集中的地方，如天津、武汉、长沙、重庆、成都、沈阳等。

2.2.2 国内旅游客流与出境旅游客流的特征

1）国内旅游客流的特征

（1）国内旅游呈持续快速增长之势

2019年，国内旅游无论在旅游人次和旅游收入方面都保持了高速增长的势头。我国国内旅游人数达到60.06亿人次，同比增长8.4%。中国的国内旅游客源市场已成为世界最大的国内客源市场。我国城镇居民出游率超过90%，富裕了的农村居民也步入了旅游行列，农村居民出游率约50%，但农村出游者消费较低。近几年，中国国内旅游的消费增长远远超过入境旅游，国内旅游收入已占中国旅游业总收入的3/4。中国国内旅游的发展标志着我国旅游业已进入一个崭新的时期，结束了以国际旅游为牵引、为依托的“外需型”阶段，进入了国际国内两个市场有机融合、互相促进的大旅游、大市场、大产业发展阶段。

（2）国内旅游客源地主要集中于沿海经济发达地区以及东部人口稠密的省份

主要包括粤、沪、苏、浙、京、鲁、辽、川、豫、鄂、湘等省份，尤其是这些省份的大中城市。珠江三角洲、长江三角洲和京津地区是我国目前最主要的国内客源地，这些地区的长距离出游人数较多，比较讲究旅游的品位，需求趋向与国际旅游市场靠拢，出游倾向亲近大自然，多倚重于团体旅游方式。

（3）国内旅游的客流地主要是以沿海发达地区为主的中心城市和旅游城市

除此之外，还有内地以大中城市为依托、交通方便的自然风景名胜地和历史文物古迹地。客流地可分为以下四类：

①中心城市和口岸城市，如北京、上海、广州、深圳等。

②风景优美的名胜地，如杭州、苏州、桂林、青岛、厦门、昆明、长江三峡、黄山以及新兴旅游热点的张家界、海南岛、武夷山、九寨沟、丽江等。

③突出的历史文物古迹地，如北京、西安、承德、敦煌、洛阳等。

④大中城市周围的一些休闲度假区。

（4）国内旅游客流主要有三种流向

①由大中城市中心向环城市周围地带流动的周末度假客流。

②中小城市和农村向大都市流动的观光与购物客流。

③以我国南北向旅游为主的中长距离客流。1992年以前主要是由北向南流向旅游热点地区，以后则出现由南向北、由东向西，由“热线”向“温冷线”发展的趋势。

2）出境旅游客流的概况

我国出境旅游发展快速，已成为亚洲最大、全球重要的新兴客源大国。我国正式开展公民出国（境）旅游业务是在1997年，当年出境人数为532万人次，正式开放的出境旅游目的地只有泰国、新加坡、马来西亚、菲律宾4国和中国香港、澳门两个特别行政区。至2015年，我国公民出境规模已达1.17亿人次，比上年同期增长9.0%。目前，我国已批准140多个国家和地区成为中国公民组团出境旅游目的地。中国旅游者的足迹，已经遍及世界上大多数国家，我国已成为世界上最重要的客源输出国之一。

本章小结

地理环境差异性是导致旅游流产生的重要因素。自然条件、人文条件和旅游地理环境质量等方面的差异性，均对旅游者的产生有不同方面的明显影响。自然地理环境的差异是旅游流产生的自然基础和最基本的因素。一般在自然景观或人文景观差异性越大的地区，具有的双向互动的旅游吸引力也越大。社会经济发展水平是旅游流产生的决定性重要因素。经济发达的国家和地区一般既是主要客源地又是主要客流地。旅游者日趋重视旅游地理环境质量的高低，其评判的主要标准侧重于旅游地的生态环境质量和环境污染程度。

中国旅游客流可分为海外入境、国内旅游与出境旅游三种客流。本节着重介绍了这三种客流的来向、流向的主要特征以及可出境旅游的国家。我国有15个稳定的客源国。入境客流主要流向是东部沿海地区。国内客流主要来自沿海发达地区和人口稠密的省份。珠江三角洲、长江三角洲和京津地区是最主要的国内客源地。国内客流主要流向的是中心城市、旅游城市、突出的自然风景区和历史文物古迹地以及城市周围的休闲度假区等。

主要概念与词语

□ 主要概念

旅游流　旅游客源地　旅游目的地

□ 主要词语

海外旅游客流

知识练习

□ 简答题

2.1　目前旅游环境衰退表现出来的主要问题有哪些方面？你认为该如何解决？

2.2　为什么在自然景观和人文景观差异大的两地会产生旅游者？旅游流一般有什么规律？

2.3　什么是旅游流？导致旅游流产生的主要因素是什么？有哪些方面？

2.4　中国接待外国旅游者最多的十大城市是哪些城市？

2.5　简述我国港澳台地区和海外入境客流在客源人数和地域结构上有哪三个明显特征。

□ 填空题

2.1　________是导致旅游行为的重要因素。一般不同类型的自然景观和人文景观之间往往具有________吸引力。从世界来看，自然地理以________、________、________的地区旅游吸引力最大；文化景观地中以________和________旅游吸引力最大。

2.2　我国港澳台地区和海外入境最大的客源地区是________。

2.3　我国港澳台地区和海外旅游客流入境口岸主要以________、________、________和________四大口岸城市为主。________是我国陆上入境的最大口岸。

2.4　________、________和________是我国目前最主要的国内客源地，国内旅游客流也主要是流向以________地区为主的中心城市和旅游城市等。

□ 选择题

2.1　旅游者对旅游地理环境质量的评判普遍侧重于（　　）。

A. 经济水平发达　　B. 生态环境保持好

C. 交通条件便利　　D. 环境污染程度低

2.2　目前，我国最大的中远程客源国是（　　）。

A. 日本　　B. 英国　　C. 美国　　D. 俄罗斯

2.3　我国最大的港澳台地区和海外客流入境口岸城市是（　　）。

A. 广州　　B. 北京　　C. 上海　　D. 深圳

2.4　港澳台同胞及华侨客流量最稳定最集中的省份是（　　）。

A. 广东和广西　　B. 北京和上海　　C. 福建和山东　　D. 广东和福建

技能训练

2.1　你所在城市或县乡的旅游环境质量如何？请简要评价它的优劣，并提出保护或改变的措施。

2.2　你所在的省（市）主要有哪些海外入境客流或国内客流？主要原因有哪些？

观念应用

□ 分析题

2.1　我国港、澳、台地区和海外旅游客流主要来自哪些方向？其中，客源最大的是哪些国家和地区？

2.2　我国港、澳、台地区和海外入境客流主要流向我国的哪些地区？为什么？

□ 实训题

你如果是旅游者的话，希望到什么样的旅游地旅游，为什么？

□ 综合案例

短途游成为2021年春节的主流。都市游、近郊游、自驾游、家庭游、春节主题游等持续升温，自然生态、名城古镇、近郊乡村深受游客青睐。春节假期，广州白云山、成都丹景台、即墨古城、乌江源百里画廊、赣州通天岩等多个景区游客量明显增加。

农历新年后首个小长假，清明节也出现旅游和探亲高峰。经文旅部数据中心测算，2021年清明节假期，国内旅游出游1.02亿人次，按可比口径同比增长144.6%，恢复至疫前同期的94.5%。实现国内旅游收入271.68亿元，同比增长228.9%，恢复至疫前同期的56.7%。

短程旅游替代长线旅游，休闲游取代跟团游的趋势在本次清明假期中得到进一步体现，踏青游、近郊游、乡村游、自驾游成为热点。中国旅游研究院调查显示，清明期间57.0%的游客参与踏青郊游，32.5%的游客体验游园赏花，自驾游客占比60.0%。专家认为，疫情会永久性的改变旅游的模式和态势，其中近程旅游替代远程旅游、休闲旅游替代线路旅游的趋势较为很明显。

根据以上资料和学过的知识分析疫情前后国内旅游客流地的变化，有何特征？

第3章 中国旅游交通与旅游路线

- 学习目标
- **3.1 旅游交通概述**
- **3.2 中国旅游交通网**
- **3.3 中国旅游路线**
- 本章小结
- 主要概念与词语
- 知识练习
- 技能训练
- 观念应用

学习目标

知识目标：认识旅游交通对发展旅游业的重要性，了解旅游交通的特性以及各种旅游交通运输方式的不同特点。

技能目标：掌握旅游交通与旅游线路的概念，掌握中国旅游交通线网——铁路、公路、水路、航空等的布局以及中国主要旅游路线，并能够把铁路主干线填在空白地图上。

能力目标：在学习旅游线路分类及其设计原则的基础上，尝试设计新的旅游线路。

引例：　　　　　　　　“最美高铁”——杭黄高铁、合福高铁

全长265千米的杭黄高铁，一头连西湖、一头连黄山，沿途5A级、4A级风景区几十个。富春江上，“一江烟水照晴岚”；新安江畔，“野旷天低树，江清月近人”。如今，从杭州到黄山最快只需一个半小时。沿线城市通过杭黄高铁与全国70多个主要城市牵手，与华南、西北、华北等地实现联通。

杭黄高铁和合福高铁在黄山交汇后，一路飞驰驶入徽州的白墙黛瓦。合福高铁全长852千米，设计时速350千米，是一条穿越山区的高速铁路。“山绕清溪水绕城，白云碧嶂画难成”，今天的徽州村落古貌犹存，游客在砖瓦间感受古老文化。在江西上饶，全国首座垂直骑跨式高铁枢纽站坐落在群山之间，合福高铁和沪昆高铁在这里相遇。在武夷山，今年国庆假期已接待游客超过15万人，其中近8万人是乘高铁前来。

高铁带来了游客，也更新了旅游模式，从原来的景区游向全域游转变，从单一观景到茶旅、荷花节、稻花鱼节等体验游转变。武夷山所在的南平市，2019年文化旅游产业收入近千亿元。

资料来源　根据央视新闻2019年10月4日相关报道整理。

以上资料显示交通运输在旅游中的重要性和不可替代性。它是旅游业的基础和命脉。本章将与同学们一起来学习探究中国的旅游交通及其旅游路线。

3.1　旅游交通概述

交通运输业是指人类利用各种不同的运输工具，使人或货物沿特定线路实现空间位移的生产部门。旅游交通具体是指为旅游者由客源地到旅游目的地的往返，以及在旅游目的地各处进行各种旅游活动而提供的交通设施及服务。**旅游交通**是国民经济整体交通运输系统中的一个组成部分，也是构成现代旅游业的三大基本要素之一。它作为“旅游媒介”，对于实现与促进旅游客流的空间位移起着非常关键的作用。当今现代旅游业的蓬勃发展，无疑与现代旅游交通的快速、便捷有着紧密的联系。

3.1.1　旅游交通的重要性

第一，旅游交通是联结客源地与旅游地的纽带，是发展旅游业的先决条件之一。只有发达的旅游交通业才能使旅游者顺利、愉快地完成旅游活动，即“旅顺游畅”。因此在旅游的行、住、食、游、购、娱六大要素中，“行”排在首位。反之，不便利的交通状况会使得游客“进不去、散不开、出不来”，使旅游交通出现“瓶颈效应”，从而严重制约旅游业的发展。

第二，旅游交通是旅游业收入的重要来源。尤其对于长距离的旅游者来说，旅游交通费用可能是各项旅游费用中最大的。

第三，旅游交通可以构成富有吸引力的特殊旅游活动内容。由于旅游交通方式的多种多样性，既有各种现代交通方式，如铁路、公路、水路、航空等，又有各具地方特色的传统方式，如骑马、骑骆驼、坐轿子、乘竹筏等，因此旅游交通还可带给旅游者更多的娱乐性、享受性和观赏性等旅游活动内容。

小思考3-1

什么是旅游交通的“瓶颈效应”？为什么会发生“瓶颈效应”？

答：“瓶颈效应”是一种形象的比喻。因为交通的实际用途是客货运送的通道。在交通不发达的旅游景区，进出受交通约束，就好比“瓶颈长、瓶口窄”，容易阻塞，出现旅游者“进不去、散不开、出不来”的现象。

3.1.2 旅游交通的特性与布局要求

旅游交通作为旅游业的重要支柱行业之一，一般具有以下三个特性：

1）公共性

旅游交通是国民经济整体交通运输系统中不可分割的部分，具有交通运输业的基本特征。从宏观上看，很难在旅游交通与一般交通运输之间划定明确的界线。全球旅游者使用最广泛、最频繁的运输形式是铁路、公路、水运和航空等公共交通。旅游专用交通在基本硬件构成上与公共交通无甚区别，特别是运行路线和终始港站上。任何旅游地的管理者与经营者都没有可能在所有客源地与本旅游地之间建设一套专用的旅游交通线网与运具，而只能谋求尽可能与全球性、全国性交通综合运输系统共享交通线网与运输资源。因此，旅游交通具有公共性的特征。

2）特殊性

旅游交通服务的对象是旅游者。由于服务对象不同于一般的乘客，而使旅游交通在功能上与一般公共交通仍存在着很大的差异。旅游是一种享受、娱乐活动，旅游交通是整个旅游活动中的重要一环。因此，旅游交通既要快速、安全、正点，更应便捷、舒适，具有游览性。在路线设计、工具设施以及站（港）点建设等方面不仅要考虑游览、观赏的需要，而且还需满足旅游者娱乐的精神需求。特别是现代旅游特种交通工具，其满足旅游者娱乐、享受、观览需求的功能更是上升到第一位，乘坐或驾驭特种交通工具已成为旅游地的一项极有吸引力的旅游活动。旅游交通工具的这些特殊功能实际上已具有了旅游资源的特性，由此使旅游交通本身也成为一项重要的特殊旅游活动内容。

3）层次性

旅游交通按涉及的空间尺度和旅行过程可以分为三个层次。第一层次是外部交通，是指从旅游客源地到目的地所依托的中心城市的交通，所涉及的是跨国、跨省的大尺度空间，交通方式主要是航空和铁路交通。第二层次是由旅游中心城市到风景地或度假区的交通，它所涉及的一般是中小尺度的空间，其交通方式主要是铁路、公路和水路交通。如昆明到石林的铁路或公路、重庆到三峡的长江水路。第三层次是内部交通，指风景区的交通，风景区内部主要靠步行和特种旅游交通，如滑竿、轿子、游船、电瓶车、索道等。

旅游交通的布局与发展应与旅游业的发展、旅游客运量、客流方向相适应，区域外大交通与区域内小交通有机结合，合理规划布局，形成便捷的交通网络，以保证旅游业持续、稳定地发展。

3.2　中国旅游交通网

新中国成立70多年来，我国把交通运输业作为国民经济发展的优先部门，交通运输业得到大力发展。不仅在交通运输线网的总长度和总运载量上有较大的增长，而且在交通线路的总体布局上有明显改善，特别是广大的西南和西北地区交通面貌发生了巨大的变化。随着2006年西藏拉萨铁路通车，全国各省、市、区及其大、中城市都有铁路相通，全国所有的县都有公路相通，民用航空也已联结了国内170多个大、中城市和重点旅游区，以及国外113个国家和地区的120多个城市，已构成了我国综合交通运输网。

交通促进旅游。全国综合交通运输网是我国旅游交通运输网的基础，对我国旅游业的发展有着极为重要的推动作用。

3.2.1　各种运输方式的旅游评价

旅游交通按其路线和运输工具的不同，可以分为铁路、公路、水路、航空、民间运输与高架索道等。旅游交通的主要运输方式是铁路、公路、水路和航空四种，而民间运输与高架索道，一般主要担负风景区内的运输任务。各种运输方式各有其特点和优势。在具体运作过程中应有机结合，优势互补，协调发展，形成交通网络。在旅游活动中，游客往往利用几种运输方式互相衔接，来完成旅游活动的全过程。

1）铁路运输

铁路运输成本低（分别为公路和航空运输成本的1/20和1/128），运输量大，连续性强，受自然条件（气候）限制小，能保证一年四季、昼夜不停地运输。铁路网是一个互相衔接的整体，便于统一管理和指挥，运输过程安全、准时。但铁路造价高，建设周期长，消耗钢铁多，且短途运输成本高。因此，铁路运输是国内中长途游客选择的主要交通方式，而且，随着高铁、“动车”里程的增长，其优势更加明显。

2）公路运输

公路运输与铁路运输比较，主要缺点是载运量小、耗能大，运输成本高，不宜远距离运输。但公路运输适应自然环境的能力强，有较强的灵活性和机动性，可深入各旅游点，送达速度快。因此，公路多作为铁路、水路、航空运输的辅助线，承担短途游客的运送。但随着高速公路里程的增多，公路将在中距离游客的运送中发挥日益重要的作用。

3）水路运输

水路运输包括内河和海洋运输，是各种交通运输方式中发展历史最悠久的一种。古代人们就懂得充分利用天然水道和人工运河运输物资，并作为古代旅游最主要的交通运输方式。它与铁路、公路运输比较，优点是经济舒适，最宜在旅途中观赏山水风光，但速度慢，且受自然条件和季节限制大，灵活性和连续性较差。它主要承担长江、运河沿岸和沿海各城市、风景区之间的中长途游客的运输。

4）航空运输

航空是一种现代化的先进运输方式。它运行速度快、灵活，开辟航线容易，可以到达其他运输方式不易达到的地方，是长途、远距离旅行的理想运输方式。尤其能满足现代化旅游者惜时如金的心理需求。但飞机造价高，运输耗能大，成本高，运量小。在我国，航空运输主要承担国际和国内各大城市之间的旅客运输以及报刊、邮件、急件、鲜活贵重货物的运输任务。

5）民间运输与高架索道

民间运输包括马、驴、骆驼、牦牛、轿子、竹筏、木帆船等。虽然运量小，速度慢，但具有灵活方便、联系面广等特点，并富有生活情趣，本身就是一大特色旅游项目。如峨眉山的滑竿，北方的马车，西北的沙漠之舟——骆驼，武夷山九曲溪上的竹筏乘游等。许多风景地还备有轿子，以解游人登山的劳苦。

高架索道是现代化登山过海的交通工具。它既减轻了游客的徒步之劳，方便了广大旅游者的观光游览，尤其为老弱病残者登山游览提供了方便，又提高了客运量，加快了游客的集散。索道是节省时间和充分利用有限的山区旅游资源的一条有效途径。目前，在全国主要的风景名山均建有高架索道。但是，索道建设应以不破坏风景区的自然景观为原则。

3.2.2 中国旅游交通线网的布局

1）铁路线网分布

我国铁路网以北京为中心，由多条纵贯南北的干线与横贯东西的干线交叉组成，再通过各条支线、专线，把全国大中小城市、工矿区、农牧林业生产基地联结成一个整体，构成全国铁路运输网络（见图3-1）。截止到2019年年底，我国铁路营业总里程达到13.99万千米，其中高速铁路超过3.5万千米。节假日，坐高铁出游成了人们的新时尚。

(1)“八纵”通道

沿海通道。大连（丹东）起点，途经秦皇岛、天津、东营、潍坊、青岛（烟台）、连云港、盐城、南通、上海、宁波、福州、厦门、深圳、湛江，北海（防城港）为终点的高速铁路（其中青岛至盐城段利用青连、连盐铁路，南通至上海段利用沪通铁路），连接东部沿海地区，贯通京津冀、辽中南、山东半岛、东陇海、长三角、海峡西岸、珠三角、北部湾等城市群。

京沪通道。它是东部沿海地区交通大动脉，全长1 318千米。穿越北京、河北、天津、山东、安徽、江苏、上海7省市，跨越海河、黄河、长江、淮河四大水系，途经10座国家级历史文化名城，是世界上一次建成里程最长、运营速度最快、技术标准最高的高速铁路。它以每小时350千米的运营速度成为领跑世界的高铁标杆，也带动了京津冀、长三角等区域经济高质量发展。

京港（台）通道。京港通道，北京-衡水-菏泽-商丘-阜阳-合肥（黄冈）-安庆-九江-南昌-赣州-深圳-香港（九龙）高速铁路；京台通道，由京港高铁江西段接昌福线即南昌-福州（莆田）铁路，另一支线由京港高铁安徽段接合福线即合肥-福州

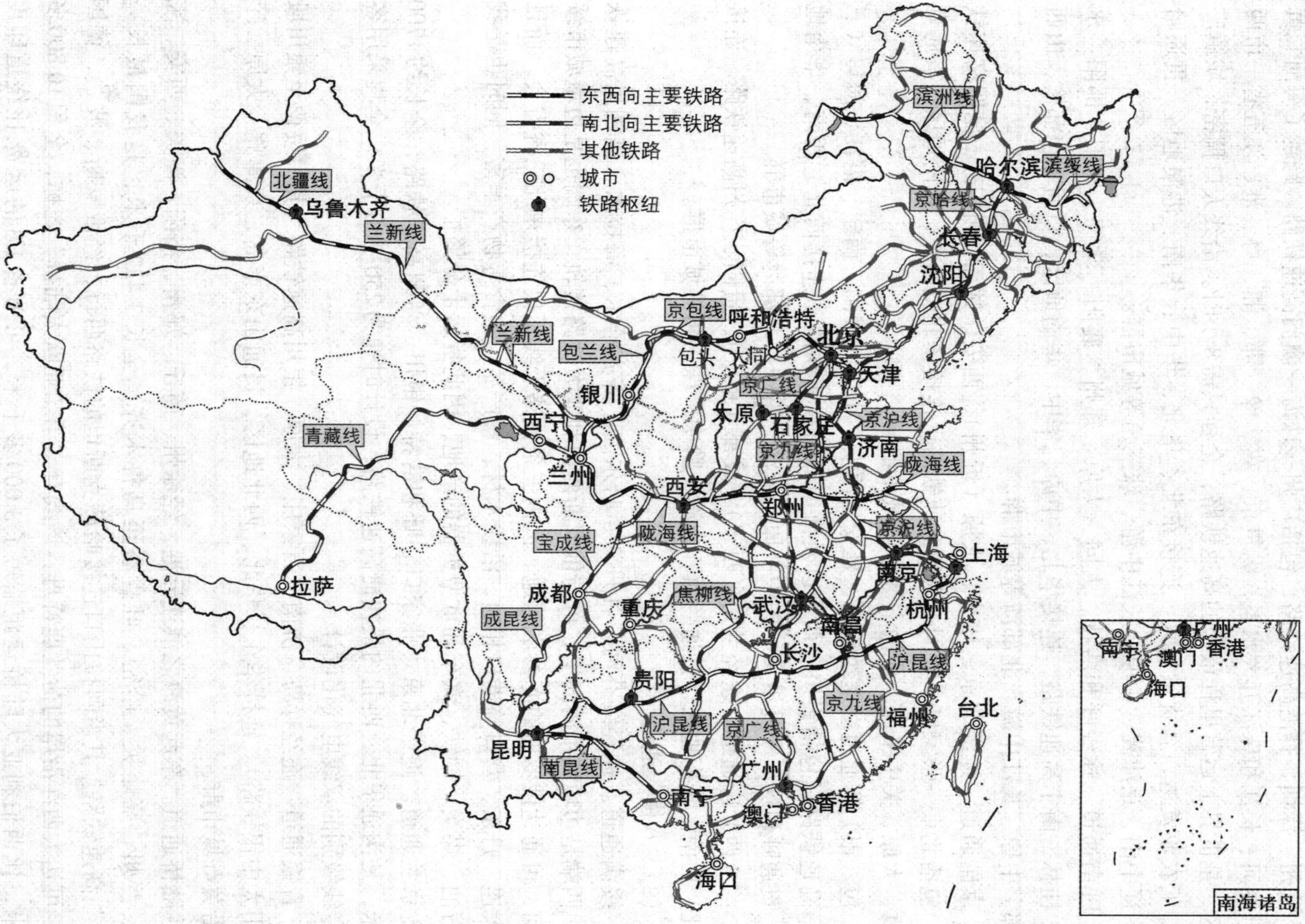

图3-1 我国主要铁路干线分布图

（最终将接台北高速铁路），连接华北、华中、华东、华南地区，贯通京津冀、长江中游、海峡西岸、珠三角等城市群。

京哈-京港澳通道。途经哈尔滨、长春、沈阳、北京、石家庄、郑州、武汉、长沙、广州、深圳、香港高速铁路，包括广州—珠海—澳门高速铁路。跨越了海河、黄河、淮河、长江和珠江五大水系，纵贯京、冀、豫、鄂、湘、粤、港、澳五省一市两特区，是世界上运营里程最长的高速铁路，全程只需8小时。沿线人口稠密，城镇广布，工农业发达，客货量极大。连接东北、华北、华中、华南、港澳地区，贯通哈长、辽中南、京津冀、中原、长江中游、珠三角等城市群。

呼南通道。途经呼和浩特、大同、太原、郑州、襄阳、常德、益阳、邵阳、永州、桂林、南宁高速铁路，连接华北、中原、华中、华南地区，贯通呼包鄂榆、山西中部、中原、长江中游、北部湾等城市群。

京昆通道。途经北京、雄安、太原（忻州）、西安、成都（重庆）、昆明高速铁路，包括北京—张家口—大同—太原高速铁路。连接华北、西北、西南地区，贯通京津冀、太原、关中平原、成渝、滇中等城市群。

包（银）海通道。途经包头、延安、西安、重庆、贵阳、南宁、湛江、海口（三亚）高速铁路，包括银川—西安以及海南环岛高速铁路。连接西北、西南、华南地区，贯通呼包鄂、宁夏沿黄、关中平原、成渝、黔中、北部湾等城市群。

兰（西）广通道。途经兰州（西宁）、成都（重庆）、贵阳、广州高速铁路。连接西北、西南、华南地区，贯通兰西、成渝、黔中、珠三角等城市群。

（2）“八横”通道

绥满通道。途经绥芬河、牡丹江、哈尔滨、齐齐哈尔、海拉尔、满洲里高速铁路。西端是边境城市满洲里，可与俄罗斯西伯利亚大铁路接轨；东端也是边境城市绥芬河，可通达俄罗斯的海参崴等地。区内三条铁路干线不仅连接东北三省省会，而且与大连、丹东、营口等港口相通，沿线木材、畜产品、粮食等物产丰富，同时也是我国石油、煤炭、钢铁、汽车和重型机器的产地，因此货运十分繁忙。

京兰通道。途经北京、张家口、呼和浩特、银川、兰州高速铁路，全长约1700千米，是沟通华北、西北的最快捷高速铁路，设计时速为250~350千米，全程采用客运专线级别的双线电气化设计。

青银通道。途经青岛、济南、石家庄、太原、银川高速铁路（其中绥德至银川段利用太中银铁路）。连接华东、华北、西北地区，贯通山东半岛、京津冀、太原、宁夏沿黄等城市群。

陆桥通道。东起黄海之滨连云港，经徐州、商丘、郑州、洛阳、潼关、西安、宝鸡、兰州、嘉峪关、哈密、吐鲁番至乌鲁木齐，全长3 422千米，是我国最长一“横”高速铁路。其沿阿拉山口连接哈萨克斯坦的铁路西行，经俄罗斯、波兰、德国等，可达大西洋沿岸的荷兰鹿特丹，该线有“第二亚欧大陆桥”之称，全程10 800多千米，比西伯利亚大陆桥运距缩短了3 000多千米，可节省1/3的运费;比绕道印度洋、苏伊士运河节省1/4的运费，运距和时间缩短1/2，且安全可靠。经济学界认为，新大陆桥对于沟通我国东部和西部、开发大西北、巩固国防、发展国际经贸意义重大。沿途文物古迹众多，是开发“一带一路”旅游的重要交通线。

沿江通道。途经上海、南京、合肥、武汉、重庆、成都高速铁路，包括南京–安庆–九江–武汉–宜昌–重庆、万州–达州–遂宁–成都高速铁路（其中成都至遂宁段利用达成铁路）。连接华东、华中、西南地区，贯通长三角、长江中游、成渝等城市群。

沪昆通道。途经上海、杭州、南昌、长沙、贵阳、昆明高速铁路。是我国南方与长江平行的一条东西向铁路干线，全长2590千米。该线与南北向的数条主干线相交，连接华东、华中、西南地区，贯通长三角、长江中游、黔中、滇中等城市群。

厦渝通道。途经厦门、龙岩、赣州、长沙、常德、张家界、黔江、重庆高速铁路（其中厦门至赣州段利用龙厦铁路、赣龙铁路，常德至黔江段利用黔张常铁路）。连接海峡西岸、中南、西南地区，贯通海峡西岸、长江中游、成渝等城市群。

广昆通道。途经广州、南宁、昆明高速铁路。连接华南、西南地区，贯通珠三角、北部湾、滇中等城市群。是我国首条连接大西南和大湾区的高速铁路，它不仅是一条新的交通大动脉，也是一条改善民生、促进民族团结、东西部融合发展的全面小康之路。

小知识3–1

铁路枢纽与铁路口岸

铁路枢纽是铁路与铁路交会处，或铁路与港口工矿企业专用铁道或专用线连接的地点。我国主要铁路枢纽一般都是全国或省（区）政治、经济中心，大工业基地或水陆码头。北京是我国铁路网的总枢纽。此外，华中的郑州和武汉，华东的上海和南昌，东北的沈阳和哈尔滨，西北的西安和兰州，西南的成都、重庆和昆明，华南的柳州和广州，也是国内重要铁路枢纽。我国国际联运列车，有北京至平壤、北京经乌兰巴托至莫斯科、北京至河内、连云港至阿拉山口等线，分别与朝鲜、蒙古国、俄罗斯、越南、哈萨克斯坦等国的铁路接轨，对运送这些地区的游客起着重要作用。除北京外，丹东、图们、集安、满洲里、绥芬河、二连浩特、凭祥、河口、深圳、阿拉山口是我国铁路的十大口岸。

2）公路线网分布

至2019年年底，我国公路运营里程达到501.25万千米，其中高速公路14.96万千米。我国公路以国道为干线骨架，并与省道、跨省公路、高速公路、汽车专用公路等主干线连接，贯通全国重要城市、工业中心、交通枢纽和沿海口岸等，形成全国公路网。现有国道68条，总长10万余千米。从北京出发的国道命名为101线至112线，共12条；南北纵向国道线命名为201线至228线（226线已废），共28条；东西横向国道线命名为301线至330线（313线已废），共30条。至2020年底，高速公路总里程达16万千米，位居世界第一。

我国自1988年开始建设高速公路以来，其发展突飞猛进，东部各省份与其大中城市之间均有高速公路相连，但与我国高速发展的国民经济还不相适应，远远不及发达国家的水平。

当前，我国正加快高速公路的建设步伐，在原有高速公路的基础上延伸，沿原有国道建设快速通道。目前同江至三亚线、北京至福州线、北京至珠海线、二连浩特至河口线、重庆至湛江线、绥芬河至满洲里线、丹东至拉萨线、青岛至银川线、连云港至霍尔果斯线、上海至成都线、上海至瑞丽线、衡阳至昆明线等“五纵七横”国道主干线总长约35 000千米，于2007年年底基本贯通，其中高速公路里程约占公路总里程的76%。“五纵七横”覆盖了全国所有人口在100万以上的特大城市和93%的人口在50万以上的大城市，高速公路也已成为人们外出旅游的重要交通方式。

3）水路线网分布

我国东临海洋，内陆水域广阔，具有得天独厚的发展水运的条件。

至2019年年底，内河航道12.71万千米，其中高等级航道1.21万千米。内河运输网以长江、珠江、京杭大运河、松花江、淮河航道为骨干，以港口为枢纽，联系众多的支流、河渠、水库和湖泊航道，纵横交织而成。长江是我国著名的“黄金水道”，干流自宜宾以下全线通航，沿途经过著名的三峡风景区和众多游览城市或旅游地，旅游航运价值高。京杭大运河北起北京，南至杭州，全长1 794千米。江南运河从扬州经无锡、苏州至杭州段，开发了水上旅游线，乘船可观赏两岸秀丽的江南风光和古运河的风采，古迹名胜多。

海洋运输网由海运航线与港口组成。我国远洋航线以大连、上海、秦皇岛、天津、青岛、广州、宁波、连云港和湛江等港口为起点，与世界五大洲的100多个国家和地区的600多个港口开辟了东、西、南、北四组远洋航线。沿海航线分别以大连、上海、广州为中心，形成北方和南方航线，连通国内各大、中港口。我国重要的海港除以上提及的以外，还有丹东、烟台、温州、厦门、汕头、深圳、北海、海口和三亚等。

4）航空线网分布

我国领土辽阔，沿海和内陆、南方和北方距离遥远，自然和经济条件差异很大。特别是改革开放以来，国民经济飞速发展，国际交往日益频繁，建立一个发达的航空运输网显得尤为重要。至2019年年底，我国定期航班航线948.22万千米，其中国际航线401.47万千米。至2019年年底，全国民航机场237个，其中年旅客吞吐量超过1 000万次以上的达到28个，形成了以北京为中心、辐射全国各省会等170多个城市和边远地区以及通往五大洲113个国家和地区的航空网络。随着人民生活水平的不断提高，人们对旅游的舒适程度的要求也日益提高，因此，航空运输将以它特有的优越性愈来愈被旅游者所青睐。

小思考3-2

我国高速公路集中分布于哪四个地区？其原因是什么？

答：我国高速公路的分布多集中于东部沿海，主要分布在环渤海、长江三角洲、珠江三角洲、台湾这四个地区。其原因是：经济发达地区拥有重要的工业和城市聚集区，人口密集，有相对雄厚的资金作保证。经济实力成为高速公路建设的物质保障。

3.3 中国旅游路线

旅游线路是“旅游产品”的核心组成部分。它一般由旅行社组织设计并向游客推出。从旅行社角度来看，“旅游产品”的销售最终必须落实到具体的旅游线路上。因此，旅游线路销售的成功与否最终决定一个国家或其中某一地区旅游业开发的成败。

我国为促进旅游的开发与推动旅游业的发展，十分重视旅游线路的设计，并逐步推出了若干条中国精品旅游路线。

3.3.1　旅游线路的概念与分类

旅游线路是指在一定地域空间，旅游经营者针对旅游客源市场的需求，凭借交通路线和交通工具，遵循一定原则，将若干旅游地的旅游吸引物、旅游设施和旅游服务等合理地贯穿起来，专为旅游者开展旅游活动而设计的游览路线。旅游线路是将旅游供给和旅游需求相联结的纽带，是实现旅游者旅游期望的重要手段。

旅游线路，在时间上是从旅游者接受旅游经营者提供的服务开始，直至脱离这种服务为止；在内容上包括旅游过程中旅游者利用和享受的一切因素，即行、住、食、游、购、娱等诸要素。从旅游服务贯穿于整个旅游过程这一角度看，旅游线路又是旅游产品销售的实际形式。

根据旅游线路的概念，按各种不同的分类标准，旅游线路的主要类型有：

1）按旅游活动的形式划分

（1）观光周游性旅游线路

该线路游客的目的主要在于观光，线路一般串联多个旅游目的地。中国由于名山胜水和人文古迹丰富，观光景物对世界游人具有强大的吸引力，所以对外推出的线路多为周游性线路。但是，周游性线路的成本相对较高，同一旅游者重复利用同一路线的可能性小。因此，在设计周游性旅游线路时应“从单纯的周游性向线性多样化转移。” 81

（2）度假逗留性旅游线路

该线路主要为度假旅游者设计。度假旅游者的目的主要在于休息或娱乐，不很在乎景观的多样或变化，因此度假逗留性线路所串联的旅游目的地相对较少，有时甚至可以是一两个旅游点。显然，这类线路的设计要比周游性线路简单、经济得多。此类线路以度假、探亲访友等为目的的旅游者为主，与周游性线路的主要区别在于同一旅游者重复利用同一路线的可能性大。

2）按旅游线路的结构划分

（1）环状旅游线路

该线路一般适用于大、中尺度的旅游活动。例如，“中国东线”：北京（入境）—南京—苏州—上海—杭州—广州（或香港，出境）；“中国西线”：北京（入境）—西安—成都—昆明—桂林—广州（或香港，出境）。东、西二线合起来，即成环状线路。这类路线的特点：一是跨度大，主要由航空交通连接，铁路或公路交通也可用于连接站点相对密集的区段。如华东四市：南京、苏州、上海、杭州；二是所选各点均为知名度高的“精华”旅游城市或风景旅游地；三是基本不走“回头路”，对境外游客的出入境地点一般安排在不同口岸。

（2）节点状旅游线路

该线路与环状线路相反，是一种小尺度的旅游线路。旅游者选择一个中心城市或自己的常居地为“节点”，然后以此为中心向四周旅游点作往返性的短途旅游。这类旅游线路在国内游客短途出游中十分常见。原因在于：其一，“节点”多为旅游地或旅游点的依托城市，游客对中心城市有归属感，食、宿、行、购等条件较好；其二，“节点”中心城市交通联系更方便，而周围城市之间却没有方便的交通联系；其三，游览路程短，可以在一日内往返；其四，经济适用。多种因素促使游客宁愿走回头路，而不选环线连接。

3）按旅游活动的内容划分

（1）综合性旅游线路

该线路所串联的各点旅游资源性质各不相同，整条路线表现为综合性特色。例如，上述“中国东线”所包括的各点中，北京、南京、杭州是中国古都，其中南京、杭州又具有江南山水风光特色，苏州是中国园林之城，上海、广州则为现代大都市和出入境口岸。如此丰富的内容，能使游客了解中国城市之大概。西线也类似，昆明、桂林等风景城市与西安、北京等古城相得益彰，配合巧妙，能使游客获得良好的印象和综合性旅游满足。再如，1997中国旅游年推出的16条“精选旅游线路”中，“神州精华游”一线即为综合性线路。此类线路能使旅游者得到更多的体验和经历，它比下述“专题性线路”更具有大众化意义。

（2）专题性旅游线路

该线路是一种以某一主题内容为基本思想串联各点而成的旅游线路。全线各点的旅游景物或活动有比较专一的内容或同属性，因而具有较强的文化性、知识性和趣味性。由于各条线路的主题多种多样，受到不同兴趣爱好的游客欢迎。例如，1997中国旅游年推出16条“精选旅游线路”中，有15条线路属于专题性线路。它们是长城游、黄河风情游、长江三峡游、奇山异水游、丝绸之路游、江南水乡游、西南少数民族风情游、中华民俗游、冰雪风光游、宗教文化游、穆斯林风情游、青少年修学游、女青年之游、中华健身游、海韵湖光度假游。这些线路把我国大部分精华旅游景地用各种“专题”串联，可供不同兴趣与爱好的旅游者选择。此外，各地也曾依据当地的资源特色和主题，组织诸如“三国旅游线”“吴越春秋旅游线”“马可·波罗足迹旅游线”“文成公主进藏线”等专题旅游线路。

此外，科普游，工业、农业观光游，红色旅游，乡村游也蓬勃发展。

4）按旅游组织的形式划分

可分为面向包价旅游的传统旅游线和面向散客旅游的“灵便式”旅游线。其中“灵便式”旅游线又可分为“拼合选择式”旅游线——整个旅程有几种分段组合线路，游客可以自己选择拼合，并可在旅游过程中改变原有选择；“跳跃式”旅游线——旅游部门只提供整个旅程中几小段线路或大段服务，其余皆由散客旅游者自己设计。

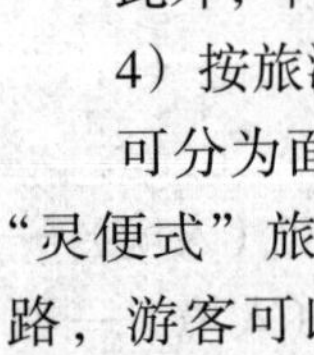

小思考3-3

在各种类型的旅游线路中，哪些线路的旅游活动空间尺度较大？哪些线路的空间尺度较小？

答：旅游活动空间尺度较大的旅游线路有观光周游性旅游线路、环状旅游线路、综合性旅游线路、专题性旅游线路等。旅游活动空间尺度较小的旅游线路有节点状旅游线路、度假旅游线路。

3.3.2　旅游线路的设计原则

旅游线路销售的成败同旅游线路设计水平的高低密切相关。旅游线路的设计是一项技术与经验性很强的工作。在旅游线路设计中必须遵循以下原则。

1）市场性原则

旅游线路的销售对象是旅游者。因此，旅游线路的设计要适应与满足客源市场的需求，必须符合旅游者的意愿和旅游行为规律，最大限度地满足旅游者的需要。旅游者出游的一般规律是“最大效益原则”，即在花费最少的时间和旅游费用的基础上，力争获得最大限度的旅游愿望满足。通常能让旅游者满意的旅游线路是，当旅游费用一定时，整个游程所带来的各种体验水准等于甚至高于某一预定的水平。因此在旅游线路设计上，所安排的观赏时间长短、游览项目多少与途中时间、旅游费用之间的比值大小，都将影响旅游者对线路的选择。

2）特色性原则

从旅游者的心理倾向来说，线路特色性越强，吸引力也就越大。因此，旅游线路设计要根据各地旅游资源的不同属性，从不同旅游动机与旅游活动内容出发，突出线路的特色性。一是要有鲜明并富有特色的线路主题；二是串联尽可能多的、有内在联系（如历史、文化、景观等）的旅游点和丰富的旅游活动内容，才能形成具有整体特色效果的旅游线路。例如，16条中国精品旅游线均体现了各自的特色。

3）效益性原则

旅游线路的设计，既要注重其经济效益，又要注重其整体效应。首先，设计中尽可能做到在途的时间短，游览的时间长，旅游点精华多样，旅游费用较低，重复路线少，避免大的迂回往返等，以满足旅游者“最大效益原则”和达到经济效益最大化。特别应注意不得随意缩减已承诺的景点，而增加某些购物点的不良做法，这种做法极令游客反感，并肯定有损于线路的组织单位或企业的声誉。其次，在整条线路的设计上要注重“整体效应”，对一条线路所串联的若干景点，应该把整条线路的重点放在中间偏后的位置。这样“好戏在后头”会使游客对整个游程留下更加深刻和美好的印象。

4）季节性原则

旅游线路上的各景点有着明显的旺季、淡季之分，不同季节的客流量悬殊较大。因此，旅游线路设计要考虑和依照旅游流的季节性特点。具体做法是：注意季节波动，保持客流平衡，淡季尽量以“热点”为主，旺季适当搭配“温冷点”，但不要硬性搭配。这样不但有利于“热点”的旅游环境保护，而且有助于“温冷点”的旅游发展，是保持客流时空平衡的有效办法。但是，要注意“温冷点”必须也要有较高的质量和一定的知名度，而不是游客非常不愿意去的地方。比如，人们把江苏省的苏州、无锡、常州称为“金三角”，而把南京、镇江、扬州称为“银三角”，后者比前者虽然“温冷”，但是实际的旅游质量并不低。

5）网络化原则

旅游交通网络化不仅是指具有一定密度的交通线路网，还包括不同交通形式的相互组合和配套。这一原则的目的是使旅游线路可有多种路线形式和交通供选择。例如，“华东五市”（南京、无锡、苏州、上海、杭州）旅游线，由于这一经济发达地区的陆、水、空交通已形成网络，游客可自由选用火车（沪宁、沪杭二线）、汽车（五市间相距一般只有百余千米，沪、苏、锡、宁已有高速公路）或水路（江南运河段）等交通方式进行旅游。沪杭、沪宁之间还有航空交通。合理利用这种旅游交通网络化来设计旅游线路，不仅适合不同旅游者的需求与偏好，使线路经济、合理和多样化，避免旅途大的迂回往返，而且使旅游者的游程体验更丰富多彩。

6）安全性原则

出门旅游，安全第一。因此，安全性是旅游者，更应该是旅游线路设计者首先必须考虑到的重要因素。没有安全，就谈不上其他任何效果。所以旅游线路设计中要特别关注游客的安全，一方面要避免线路中游客拥挤、碰撞、阻塞线路，甚至造成事故；另一方面要避免气象、地质、人为等灾害区的影响。可在旅游线路上设置必要的安全保护和救护措施，如旅游车辆安全检修站、江河漂流救护队、山地救护队等。

观念应用3-1

效益性原则与所站立场

导游小王认为：缩短原定旅游景点的游览时间，利用剩下的时间到当地购物点去，可让游客多买些土特产，并对当地的商品经济发展有好处，自己做得对。而游客吴先生却对此做法十分不满意。你认为导游小王做得对吗？吴先生为何不满意？试分析。

[分析提示]

导游是旅行社具体工作人员，代表旅游线路的销售方，而游客吴先生是旅游线路的购买方。旅游者出游的主要目的是游览，并有其“最大效益原则”。旅游线路销售方运用“效益性原则”时所站的立场与销售的“诚信”是很重要的。结论是：导游小王的做法忽视了以上两点，使游客吴先生出游的最大效益受到损害，所以令其不满。

3.3.3 中国主要旅游路线

为促进我国旅游业再上新台阶，加快丰富的旅游资源向旅游产品转化的进程，弥补旅游产品门类的不足，加强其在国际旅游市场上的竞争力，使我国在21世纪实现跻身于世界旅游发达国家行列的目标，国家旅游局以1991中国旅游年为龙头，在逐年推出的1992中国友好观光年、1993中国山水风光游、1994中国文物古迹游、1995中国民俗风情游、1996中国度假休闲游、2001工农业观光游的基础上，推出了一批适应国际旅游市场不同层次需要的旅游“拳头”产品系列。以绝无仅有、奇特罕见、美好憩地、胜名非凡四类命名的旅游王牌景点35个，结合国内其他著名的高品位旅游点或旅游地，向海内外旅游者推出了16条中国精品旅游线。2004年又推出“红色旅游”精品线30条。2016年年底，通过旅游大数据分析，根据过去5年国内游客实际游览线路的活跃度高低，国家旅游局通过各种评选形式，最终推出以下10条中国精品旅游线路：

1）丝绸之路精品旅游线路

丝绸之路精品旅游线路在中国境内跨越了陕、甘、宁、青、新等省、自治区，存在着发掘不尽的文化宝藏。

线路串联城市及主推景点：西安（5A级景区秦始皇陵兵马俑）-兰州-西宁-青海湖-茶卡盐湖-柴达木盆地-敦煌（5A级景区鸣沙山、月牙泉）-嘉峪关（5A级景区嘉峪关）-张掖市（5A级景区七彩丹霞）。

2）京杭运河精品旅游线路

京杭运河精品旅游线路从北京出发，途经天津、沧州、德州、济宁、枣庄、淮安、无锡、苏州、嘉兴、杭州、绍兴、最后到达宁波，横跨京、津、冀、鲁、苏、浙四省两市，其中既有世界驰名的故宫博物院，也有极具艺术魅力的苏州园林，历史文化氛围浓厚。

线路串联城市及主推景点：北京（5A级景区故宫）-天津（5A级景区盘山）-沧州-德州-济宁（5A级景区孔府、孔庙、孔林）-枣庄（5A级景区台儿庄古城）-淮安（5A级景区周恩来故居）-无锡（5A级景区灵山大佛）-苏州（5A级景区周庄）-嘉兴（5A级景区乌镇）-杭州（5A级景区西湖）-绍兴-宁波（5A级景区奉化溪口）。

3）长江精品旅游线路

作为世界第三大河的长江，气势磅礴，大小湖泊与干支流众多，可谓“远似银藤挂果瓜，近如烈马啸天发。雄浑壮阔七千里，通络润泽亿万家”。长江流域幅员辽阔，历史悠久，景观纷呈，旅游资源富甲全国。荆州、岳阳、重庆、南京、扬州、镇江、苏州、宜昌、武汉、上海、杭州、南昌、长沙、无锡等历史文化名城，以及风景名胜峨眉山、九寨沟、三峡、张家界、武当山、九华山、黄山、庐山、太湖、洞庭湖、鄱阳湖等都是全国著名的游览胜地。

线路串联城市及主推景点：南京（5A级景区中山陵园）-合肥-武汉（5A级景区黄鹤楼公园）-宜昌-重庆（5A级景区长江三峡）-宜宾。

4）黄河精品旅游线路

黄河是世界第六大长河，中国第二长河。沿途流经青海龙羊峡水库、甘肃刘家峡、宁夏沙坡头、内蒙古成吉思汗陵、山西壶口瀑布、河南三门峡水库、洛阳龙门石窟、山东济南趵突泉、曲阜孔府孔庙孔林、泰安泰山、黄河大观等著名风景区。

线路串联城市及主推景点：济南（5A级景区趵突泉）-郑州（5A级景区少林寺）-洛阳（5A级景区龙门石窟）-延安（5A级景区黄帝陵）-包头-银川-兰州。

5）珠江精品旅游线路

珠江精品旅游线路从昆明出发，途径曲靖、贵阳、安顺、桂林、广州，广州河段风光旖旎，两岸的名胜古迹和特色建筑物数不胜数，最后经过上游河段韶关市，抵达南昌，完成奇妙之旅。

线路串联城市及主推景点：昆明（5A级景区石林风景区）-曲靖市（5A级景区马雄山）-贵阳-安顺（5A级景区黄果树瀑布）-桂林（喀斯特地貌）-广州（5A级景区白云山景区）-韶关-南昌。

6）北方冰雪精品旅游线路

北方冰雪精品旅游线路从大连出发，终点为鄂尔多斯。途径大连、沈阳、长春、哈尔滨、呼和浩特、赤峰、满洲里、包头、鄂尔多斯，带领游客充分领略最美丽的冰雪风光，融冰雪艺术、冰雪文化、冰雪娱乐、冰雪民俗、冰雪健身于一体，真正把冰雪线路做到极致，为游客提供最难忘、最深刻的冰雪盛宴。

线路串联城市及主推景点：大连（5A级景区老虎滩海洋公园、老虎滩极地馆、金石滩景区）-沈阳-长春（5A级景区伪满皇宫博物院、净月潭景区、长影世纪城景区）-哈尔滨（5A级景区太阳岛）-呼和浩特（大召寺）-赤峰（乌兰布统景区）-满洲里（套娃广场）-包头（石门风景区、五当召）-鄂尔多斯（成吉思汗陵、鄂尔多斯草原）。

7）香格里拉精品旅游线路

香格里拉精品旅游线路是一颗明珠，这里有连绵的雪峰、原始森林还有各种珍稀动物，是人间的天堂。这条西南风景线贯穿了云、藏、川的精品旅游景点。众多山峰冰雪终年不化，山下不时有清脆的歌声传来，还有飞舞的蝴蝶、蜜蜂，美丽的格桑花、寺院的钟声，都给这里增添了诗情画意。

线路串联城市及主推景点：昆明（5A级景区石林风景区）-丽江（5A级景区玉龙雪山景区、丽江古城）-虎跳峡-香格里拉（5A级景区普达措国家公园）-德钦（梅里雪山）-芒康-左贡（帕巴拉神湖）-波密（米堆冰川）-林芝（南迦巴瓦峰、桃花沟）-拉萨（5A级景区布达拉宫）。

8）南海风情精品旅游线路

南海风情精品旅游线路是从三亚出发，途径海口、西沙、东沙、南沙，最终抵达北部湾。让游客在了解佛教文化、福寿文化、民间传说，观摩历代诗文摩崖石刻的同时，还可以在热带雨林中体验“森”呼吸，在槟榔谷体验少数民族文化。

线路串联城市及主推景点：三亚（5A级景区南山文化旅游区、5A级景区南山大小洞天旅游区、5A级景区呀诺达雨林文化旅游区、5A级景区分界洲岛旅游区、5A级景区槟榔谷黎苗文化旅游区）-海口（骑楼老街）-西沙-东沙-南沙-北部湾。

9）“海上丝绸之路”精品旅游线路

“海上丝绸之路”是古代中国与外国交通贸易和文化交往的海上通道，是已知的最为古老的海上航线。此线路贯穿中国沿海主要城市及港澳台地区，可以让游客领略现代海上丝绸之路看不尽的风光、赏不完的历史文化、体验不够的民俗，以及特有的海洋文化与地域风情。

线路串联城市及主推景点：上海（5A级景区东方明珠）-宁波（5A级景区奉化溪口）-福州-泉州-漳州-广州（5A级景区长隆旅游度假区）-湛江-北海-海口-香港-澳门-台湾。

10）长征红色记忆精品旅游线路

长征红色记忆精品旅游线路从福建龙岩、三明出发，终点为延安，途经井冈山、瑞金、遵义、娄山关、泸定、会宁等，横跨闽、赣、陕、贵、甘等省区，经过诸多的革命老区，还有长征路上的著名事件发生地，无论是“飞夺泸定桥”的泸定，还是遵义，都是值得去感受的红色经典景区。

线路串联城市及主推景点：龙岩（长汀-连城-上杭）-三明（宁化-建宁-泰宁）-井冈山（5A级景区井冈山）-瑞金-遵义-娄山关-泸定-会宁-延安。

此外，2020年国家农业农村部又公布了970个功能完备、特色突出的美丽休闲乡村和1 000条美丽乡村休闲旅游精品线路。它们以农耕文化、乡村风俗等主题鲜明的特色景观吸引旅游者。

本章小结

旅游交通是旅游业的基础和命脉。它作为客源地与旅游目的地之间的纽带，是任何地区发展旅游业的先决与必备条件之一。旅游交通一般具有公共性、特殊性与层次性等特性。我国的旅游交通由铁路、公路、水路、航空、高架索道和民间运输等多种形式组成，各种运输方式均有其优点及局限性，它们在布局上已形成了我国综合旅游交通运输网。

旅游线路与旅游交通网的分布有密切联系。旅游线路是“旅游产品”的核心组成部分。旅游线路的销售成败同旅游线路设计的水平高低密切相关。旅游线路设计必须遵循的主要原则有：市场性、特色性、效益性、季节性、网络化和安全性等原则。我国为了加快旅游业的发展，向海内外旅游者推出了16条中国精品旅游线。2005年又推出30条红色旅游精品线。还有2016年底评选出炉的十大旅游精品线路。

主要概念与词语

□ 主要概念

旅游交通　旅游线路

□ 主要词语

民间运输　特色性原则　季节性原则

知识练习

□ 简答题

3.1　旅游交通对于发展旅游业有哪些重要性？

3.2　旅游线路设计中应如何运用季节性原则？

3.3　简述旅游交通的主要特性。

3.4　我国推出了哪些“精选旅游线路”？

□ 填空题

3.1　旅游交通按路线和运输工具的不同，可分为________路、________路、________路、________、________和________等。

3.2　我国南北方向最长的铁路干线是________线，与它平行的南北干线以东是________线，以西是________线，都是我国南北方向铁路运输的大动脉。

3.3　陇海—兰新—北疆线为“亚欧第二大陆桥”的东段，此线经过的古都有________、________和________等，沿途文物古迹众多，是开发________旅游的重要交通线。

3.4　我国高速公路的分布多集中于________、________、________和________四个地区。

3.5　旅游线路按旅游活动的形式可划分为________线路和________线路。其中，对外国游客吸引力很大的是________线路。

3.6　旅游线路设计必须遵循________、________、________、________、________和________等原则。

□ 选择题

3.1　陇海铁路与京广线交会的铁路枢纽是（　　）。

A. 徐州　　B. 洛阳　　C. 石家庄　　D. 郑州

3.2　有“黄金水道”之称的河流是（　　）。

A. 珠江　　B. 长江　　C. 京杭运河　　D. 黄河

3.3　下列为我国南方旅游景区的民间运输形式的是（　　）。

A. 驴、马　　B. 骆驼　　C. 竹筏　　D. 牦牛

3.4　滑竿是（　　）的民间运输形式。

A. 峨眉山　　B. 泰山　　C. 黄山　　D. 武夷山

3.5　旅游线路设计中首要考虑的原则是（　　）。

A. 效益性原则　　B. 特色性原则　　C. 市场性原则　　D. 安全性原则

3.6　效益性原则认为，一条旅游线路从“整体效应”出发，把重要旅游点应放在（　　）。

A. 线路的开头　　B. 线路的中间　　C. 线路中间偏后　　D. 线路中间偏前

3.7　下列铁路线组合中，横贯东西最长的是（　　）。

A. 陆桥通道　　B. 沿江通道　　C. 沪昆通道　　D. 绥满通道

3.8　我国以“2”开头命名的国道线是（　　）。

A. 从北京出发的国道线　　B. 东西横向的国道线

C. 南北纵向的国道线　　D. 其他走向的国道线

技能训练

3.1　在《中国填充图》上，填出南北方向和东西方向的主要铁路干线。

3.2　在《中国地图》上，查阅并指出长江、黄河、珠江、京杭运河、黑龙江、淮河等主要河流。

3.3　在《中国地图》上，查阅并填出主要海港和河港的分布。

观念应用

□ 分析题

3.1　试分析对比各种旅游交通方式的优点与局限性。

3.2　试举例分析，观光周游性旅游线路为什么受到境外游客的欢迎？此类线路与中国国情有什么关系？线路反映哪些设计原则？

□ 实训题

3.1　从你所在地，设计一条旅游线路（线路中应包含串联的旅游城市或景区、游览景点及内容、交通方式等），并指出该旅游线路设计上的优点及其运用哪些设计原则。

3.2　在中国地图上，指出10条中国精品旅游线路。

□ 综合案例

30条中国红色旅游精品线

（1）北京–遵化–乐亭–天津线
（2）北京–保定–西柏坡线
（3）上海–嘉兴–平阳线
（4）南京–镇江–句容–常熟线
（5）泰州–盐城–淮安–徐州线
（6）南昌–吉安–井冈山线
（7）赣州–瑞金–于都–会昌–长汀–上杭–古田线
（8）井冈山–永新–茶陵–株洲线
（9）韶山–宁乡–平江线
（10）南宁–崇左–靖西–百色线
（11）贵阳–凯里–镇远–黎平–通道–桂林线
（12）贵阳–遵义–仁怀–赤水–泸州线
（13）成都–松潘–若尔盖–迭部–宕昌–岷县–临夏–兰州线
（14）成都–雅安–石棉–泸定–康定线
（15）昆明–会理–攀枝花–冕宁–西昌线
（16）兰州–定西–会宁–静宁–六盘山–银川线
（17）西安–洛川–延安–子长–榆林–绥德线
（18）黄山–婺源–上饶–弋阳–武夷山线
（19）黄山–绩溪–旌德–泾县–宣城–芜湖线
（20）济南–济宁–枣庄–临沂–连云港线
（21）武汉–麻城–红安–新县–信阳线
（22）合肥–六安–金寨–霍山–岳西–安庆线
（23）太原–大同–灵丘–涞源–易县–涿州线
（24）石家庄–西柏坡–涉县–长治–晋城线
（25）沈阳–锦州–葫芦岛–秦皇岛线
（26）四平–吉林–敦化–延吉–白山–临江–通化–集安线
（27）哈尔滨–阿城–尚志–海林–牡丹江线
（28）重庆–广安–仪陇–巴东线
（29）海口–文昌–琼海–五指山线
（30）张家界–桑植–永顺–吉首–铜仁线

根据以上所列的资料找出与你所在省份有关的红色旅游精品线，同时和同学们一起寻找出这条旅游线上的红色旅游经典景区。

第4章 旅游信息与旅游地图

学习目标

知识目标：了解旅游信息的作用及主要的传播途径，熟悉旅游信息库的主要形式和旅游地图的应用，掌握旅游地图的特点和分类。

技能目标：掌握旅游地图的主要类别，并能够熟练阅读、使用旅游地图。

能力目标：能够快速查询各类旅游信息，熟练使用旅游地图。

引例：　　国内首家虚拟旅游体验厅落户厦门

2016年6月19日，全国首家虚拟旅游体验厅正式落户厦门，首个开放日吸引万余名游客。走进神秘的虚拟现实体验厅内，首入眼帘的是全息投影虚拟雾幕。展馆的设计，更是让人不禁有一种进入太空舱的错觉。小小的餐桌上，手指般大小的卡通厨师憨态可掬地围绕着餐盘跑来跑去，为宾客准备着牛排，这是全息3D投影技术带来的新体验。另外，戴上头显设备，拿着手柄，就可以漫步云水谣的小桥流水，泛舟九曲溪的丹霞时光，撑着油纸伞穿梭三坊七巷，在东山岛代入《左耳》的电影情境做一回听海的女主角……像是打开了一扇扇“任意门”，许多人沉浸其中舍不得走出来。

“VR+旅游”正在走进我们的生活，成为全新的沉浸式旅游与体验方式，它作为现实旅游的重要补充，全面开创了旅游方式新格局；而作为旅游行业营销的新利器，更是为游客的旅游预体验插上翅膀。在旅游界不断探索旅游新方式的今天，科技将为旅游带来更多的可能性。

旅游信息的提供是旅游企业和旅游主管部门的重要工作之一，其目的是满足旅游者对旅游信息日益增长的需求。本章主要介绍旅游信息和旅游地图的相关知识，阐述旅游信息建设的发展趋势。

旅游产品的特点决定了旅游业是一个高度依赖信息的行业，旅游业的发展和信息业是密不可分的。现代旅游业更是强烈地依赖信息技术。谁掌握了信息，谁就掌握了行业的主动权。现代人的旅游活动过程，尤其是自助旅游，不能没有旅游地图的帮助。随着计算机网络技术的发展，这一领域也在不断地发展变化。

4.1　旅游信息

4.1.1　旅游信息的作用与传播

吃、住、行、游、购、娱是旅游活动的基本环节，也是旅游业管理部门的工作重点，是旅游业为游客提供旅游服务的基本内容。其中每个环节的计划与落实，都与信息息息相关，信息日益成为旅游的重要因素。对旅游企业来说，各个环节的运作过程实际上是根据自身所拥有的资源优势，不断适应内外部信息的变化，提供能满足旅游需求的产品与服务，信息失灵、失真、不及时、不完整将导致企业决策失误，造成资源浪费和经营困难。对旅游者而言，旅游的最终目的就是对旅游过程的体验，特别是对旅游目的地自然景观、文物古迹、民族风情等信息的收集、贮存和分析，只求愉悦性情、陶冶情操。吃、住、行、游、购、娱信息贯穿其中，任何一个环节信息的失真、不及时、不迅速、不完整都会造成旅游行程的中断和困难，因此信息对旅游经济的每一个参与者都至关重要。

旅游信息一旦生成后，便会借助于一定的媒介，沿着一定的渠道向外传播，一般来讲，旅游信息的传播媒介可以分为三类，即文字媒介（包括报纸、杂志、书面宣传材料等）、声像媒介（包括广播、电视、电台等）和信息高速公路（Internet）。

报纸是比较常见的一种旅游信息传播路径。它的优点是覆盖面广、时效性强，灵活性也较强。缺点是报纸的内容繁杂，旅游信息的地位不够突出，读者阅读时一般较仓促，很难留下深刻的印象，而且这种方式也缺乏电视等声像表达手段的直观性。

杂志和书面旅游信息宣传品针对性一般较强，对象明确，读者的阅读和保存时间也较长，容易留下较深刻的印象，便于阅读。这类媒介也较精美，容易引起人们的阅读兴趣。但缺点是缺乏灵活性，传播范围有限，时效性也较差。

电视是广泛使用的一种传播媒体，电视的普及率高，图文信息易懂，使其成为最受欢迎和使用最广泛的传播媒介之一。它的优点是传播性能多样，传播范围广泛，直观、及时、灵活。缺点是由电视传播的费用相对其他方式高，观众印象逝去快、缺乏选择性。

广播是一种主要借助声音传递信息的方式，一般是无线传播，覆盖面大，速度快，方式灵活。缺点是不能持久保存，选择性较差，而且容易产生听觉错误。

信息高速公路是通过各种载体传播信号和数据的一种通道，它传播速度快、容量大、普及面广，使用方便。它起源于美国。1993年克林顿政府提出了建设国家信息高速公路的报告，目标是建设美国的“信息高速公路”。其最主要载体是计算机网络，目前广泛使用的是Internet。它是当今世界最大的广域信息网，代表着全球范围内一组无限增长的信息资源，其丰富的内容是任何语言难以描述的，给各行业都带来了极大的信息便利。中国是第71个加入Internet的国家，现在任何一个Internet用户足不出户，便可共享全世界的信息资源。

小知识4-1

虚拟旅游及体验厅

虚拟旅游所采用的主要技术是3R：VR、AR、MR。VR（Vitual Reality），即虚拟现实，是利用计算设备模拟生成三维、可交互的虚拟世界，给用户提供视觉、听觉等沉浸感觉的技术。AR（Augmented Reality），即增强现实，是通过电脑技术，将虚拟的信息应用到真实世界，使真实环境和虚拟物体实时叠加到了同一个画面或空间的技术。MR（Mixed Reality），即混合现实，同时包括增强现实和增强虚拟，指的是合并现实和虚拟世界而产生的新的可视化环境，在新的可视化环境里物理和数字对象共存，并实时互动的技术。

虚拟旅游体验厅是将3R（AR、VR、MR）以及全息影像等尖端科学技术与旅游内容相结合，并落实到线下的游客体验场所。体验厅可将旅游景观以照片级还原，融入声、光、电，打造全新震撼视觉感官享受，并结合互动体验，给体验者带来更多乐趣，帮助体验者“身临其境般走进”可视、可感、可听的景点中，体验美丽风景，感受特色文化，具有十分逼真的现实感！可实现足不出户，游遍全球的梦想！

目前，随着我国互联网基础设施建设的提速，“互联网+”国家战略计划的推动，我国网络覆盖规模持续扩大，全国行政村通光纤比例和4G比例均超98%，农村城市基本实现“同网同速”。网民规模达9.89亿，互联网普及率达70.4%。在这一背景下，新媒体如数字报纸、数字电视、数字广播、手机短信、互联网、移动电视、可视窗、数字电影、触屏媒体、App等应运而生，与传统媒体相比，新媒体拥有交互性、及时性等方面的特点。从单向接受的传统媒体，再经过与新媒体平台的衔接之后，变为了双向互动，这正是新媒体区别于传统媒体最为重要的一点。当前旅游信息通过新媒体传播主要有以下三种。

第一，旅行社门户网站。通常是旅游企业为消费者提供和旅游目的地相关的一系列信息的网络平台，公众可随时随地登入或访问旅游门户网站获得所要的旅游信息，主要有餐饮、住宿、交通、攻略、指导、景点、路线、门票价格等，是当前旅游信息传播中最为常用的，也是旅游消费者使用最广泛的传播媒体。

第二，微博。这是基于用户关系的一种信息共享、传播及获取平台。通常用户可采用Web等客户端创建个人空间，再通过140个字以内的图文信息进行及时性传播和共享。目前微博的使用量和访问量、传播影响力也很大。

第三，微信。虽然微信作为传播媒介较前两种晚，但其传播覆盖面和影响力越来越大。原因在于微信使用方便、操作简单，且随着智能手机的普及，用户数量不断增加，无论男女老少在城市或农村，只要手指轻点，就可通过移动设备终端即时迅速地单一或群体发送图片、短视频及文字等。微信成为旅游传播的又一个重要媒介。

4.1.2　建立旅游信息库的意义

旅游信息库是以一定的组织方式存储在一定存储介质上的相关旅游信息的集合。形象地说，就是存储信息的“仓库”。现代旅游业的发展表明，信息业与旅游业的战略性合作关系越来越紧密，建立各种形式的、各种类别的旅游信息库具有重大的现实意义：一方面，它能把零散的旅游信息集中分类放置，大大提高了信息的传播速度，使旅游企业或旅游者接受信息越来越便捷，从某种意义上讲，它缩短了信息的传播路径；另一方面，旅游信息库的容量非常大，使得信息接受者能够在同一时间、同一地点接受到的信息量大大增加，提高了吸收信息的便利程度。

总之，旅游信息库通过它为使用者提供的种种便利，使旅游业的效率大大提高，旅游信息的覆盖面拓宽，沟通了不同国家间不同行业间的业务交流，促进了旅游业世界市场融合的步伐。

4.1.3　旅游信息库的形式

旅游信息库的发展经历了一个从低级到高级、从文字信息库到电子信息库的转变过程。

文字信息库是指以旅游报刊为信息载体的信息库，常见的有提供各种旅游信息的报纸、刊物，如《中国旅游报》《西南旅游》《中国旅游地图》等都属于这一类。用这种方式贮存信息保存时间长，信息库一般配刊各种有关的图片，加之一般印刷精美，所以可读性较强，容易吸引阅读者的兴趣，但它时效性差，信息很难发送，容量小。目前虽然仍大范围地使用，但已有被电子信息库替代的趋势。

电子信息库主要包括磁盘、光盘、网络等。磁盘和光盘的容量大，如一张光盘的容量相当于10万本图书的容量。由于电子信息有声有色，图文并茂，因此非常适合旅游信息的传播。生动的图像、逼真的声音，会给人一种身临其境的感觉，令人过目不忘，有助于旅游者更好地了解旅游目的地，更好地组合旅游产品。而且，当旅游者发现自己身处的环境与想象中一样时，他们会产生一种似曾相识的感觉，从而最终会提高他们对旅游需求的满意程度。但是磁盘和光盘的时效性较差，一旦发行，其中的信息就很难更改。我国目前已经发行了大量的关于旅游的光盘。

网络是目前最流行的一种旅游信息库。它容量大，不受时空限制，而且可以资源共享。我国加入Internet以后，旅游线路开发商已经开发了大量的网络旅游资源信息库，向旅游者全面提供食、住、行、游、购、娱的信息资料。旅游者只要轻点鼠标，就会实现信息的传递。目前的旅游信息网站主要有以下几种类型。

政府旅游信息网是旅游主管部门（主要是各级文旅部门）发布旅游公告、旅游企业信息资料、旅游景点资料、旅游交通等信息的网站，例如，中国旅游信息网（www.cnta.gov.cn）、山东旅游信息网（www.sdta.gov.cn）、北京旅游信息网（www.bjta.gov.cn）等。

旅游企业旅游信息网是由旅游企业主办的旅游网站，主要介绍旅游景点知识及旅游路线，例如，中国康辉黄山旅行社旅游信息网（www.tour8000.com）等。

旅游景点旅游信息网是由旅游景点或景区主办的旅游网，主要介绍景区（点）的有关知识以及旅游线路，例如，张家界旅游信息网（www.0744.com）、桂林旅游信息网（www.guilin.com）等。

旅游科研信息网是由旅游院校或旅游科研机构主办的旅游网站，着重追踪旅游科研动向，探讨旅游研究中的理论与实践问题并发布有关的旅游信息。例如灵趣旅游网（www.linktrip.cn）等。

4.2 旅游地图

4.2.1 旅游地图在旅游活动中的作用

人们外出旅游一般都需要旅游地图的帮助。地图的出现据认为早于文字，而作为旅行用的地图，则是其最早、最多的一个图种。旅游地图是为旅游者的旅游活动和专业人员提供主要信息服务的地图，它通过图上表示的旅游要素来传递旅游信息，这些旅游信息要素包括旅游资源（山水名胜、文物古迹、宗教场所、民俗风情等）、媒体要素（那些与旅游行为有关的，如交通、居民地概况、服务设施等信息）等。在旅游活动三要素中，旅游地图属于媒体的范畴。旅游地图的作用可以归纳为以下几点。

1）服务功能

旅游地图能够为旅游者提供旅游行为指导服务，如城市旅游交通图、景区导游图等。另一类是为旅游行业研究、管理人员提供决策信息服务的旅游地图，如风景资源分布图、旅游区划和组织线路图、开发规划图、游赏系统设计图、旅游市场及客流图等，很少公开发行。

2）广告宣传功能

旅游地图具有很强的广告宣传作用。它可以通过游客之间的传播途径，扩大旅游资源（或旅游商品）和服务单位的影响面，提高其社会知名度，加速资源价值转化为经济价值，提高旅游服务部门的经济效益。对于那些新开发的风景区，这种功能显得尤其突出。

3）科学教育作用

地图本身是一种利用图形语言的知识，作为信息载体或传输工具。旅游地图中包含的地图普及知识、风景资源介绍、景观特色和美学评价、风景的成因、地理环境概况、人文景观的历史及社会文化价值、旅行游览常识等，都是丰富的科普知识内容。旅游地图中也直接或间接地宣传爱国主义、英雄人物和祖国建设新貌，进行环境保护意识、文物古迹保护以及社会公德教育，能够充分地发挥科学教育作用，提高游客的知识面，陶冶情操。

4.2.2 旅游地图的特点和分类

1）旅游地图的特点

（1）科学性

在上述所讲的旅游地图的三大功能中，服务功能和科学教育作用决定了科学性是旅游地图的第一特征。旅游地图的主要服务对象是游客，为了更好地为他们提供准确的旅游信息和行为指导，旅游地图必须提供科学的地图基础和可靠的旅游信息，一幅资料不准确或已经过时的地图，不但不能为游客提供帮助，反而会误导游客；在管理和研究用图、登山探险等专业旅游用图、汽车司机或者汽车旅游者用的公路旅游图中，更加强调地图的科学性。随着旅游者文化层次的提高，对旅游地图的精确性提出了更高要求。以往不讲究数学精度的普通导游图，近年来也向科学化、标准化和知识化发展。

（2）实用性

旅游地图首先是作为一种导游工具为游客提供实实在在的帮助。为了使这种实实在在的应用价值得以实现，旅游地图必须兼顾以下几点：地图信息完备准确；地图语言通俗、简明易懂；开本规格便于携带；折叠展合方式顺手等实用的特征。一般来讲，较大范围的旅游交通图，内容较多，不宜用一幅整图表示，往往以图集（册）的形式分幅表示。而城市或景区等范围较小的交通图或导游图，多采用整幅折叠式以便于携带。

（3）通俗性

旅游地图的服务对象绝大多数是普通旅游者，有些可能文化层次不高，有些可能旅游地图知识缺乏，这就要求旅游地图一定要通俗。其通俗性表现在：一是基础图简洁明了；二是旅游交通的服务要素形象醒目；三是符号系统、注记说明清晰易读。目前对旅游要素和服务要素的表示大多采用形象化方法，例如，象形符号或景物特写符号，一般游客均能看懂，在色彩上再加以突出，以形象醒目求通俗。

(4) 艺术性

旅游地图不同于一般专题地图的统一款式，为了取得吸引游客、占领市场和宣传广告的目的，追求美观大方、新颖脱俗。版面布局活泼，地图、照片、文字、插图合理配置，封面装帧设计和折叠形式考究。在色彩处理上，有的着意于清晰明快、鲜艳醒目、富于刺激，有的则追求凝重、沉着、古朴典雅。在我国已经出版的旅游地图中，城市图因结构复杂、内容较多，一般较严肃，不追求艺术性。而风景区旅游图，尤其是山水景观、古园林、古建筑群等导游图大多比较活泼，艺术性强。

2）旅游地图的分类

旅游地图数量大，种类繁多。按照不同的分类标准，可划分为不同的类型。

(1) 按旅游地图的功能分类

按功能，旅游地图可分为导游图、旅游交通图、旅游宣传（广告）图和旅游管理用图4类。

①导游图。导游图即狭义的旅游地图，主要为游客提供指导和帮助。导游图在旅游地图中数量最大，品种最多，形式最活泼，常见的一般有旅游者服务的城市导游图、风景区导游图、区域性导游图、宫殿园林导游图等，如黄山导游图、北京旅游地图、趵突泉公园导游图等都属于这一类型。此外，还有为旅游者专业性旅游活动提供服务的导游图、为购物旅游者提供服务的购物旅游图。属于这类地图的还有体育场馆图、考察探险图、登山图等。导游图主要表现旅游资源的类型、分布、特点及食、住、行、游娱、购的信息指导。导游图必须详细、全面地介绍各种信息。导游图的编制应以大比例地形图或航片作底图，以便详细地表现景观、道路、服务点和基础要素；若在已经简化或加工过的底图上编图，则必须作一定的实地踏勘调绘，以保证对旅游者有用的要素如新景点、小路、服务点等能够充分表现出来。对于游客来讲，具有完备信息的旅游地图会给他们带来更多的方便。

② 旅游交通图。其主要是表示交通要素，为长途旅行人员提供交通指示的旅游地图，如铁路交通图、公路旅行图、航空线路图等。另外，还有表示较大区域的旅行交通图，也有标注主要风景名胜点的旅游交通图。例如，区域旅游交通图、江河沿线旅游图、铁路沿线旅游图等。这类图的对象也是旅游者，但因交通工具和交通线路的限制，只能游赏旅行计划中的一个或几个点，当到达一个目的地之后，这种图对游客在该点的旅游便失去具体意义，而必须换用景点导游图。但随着我国家用汽车的普及和自驾游的兴起，这类地图的使用越来越广泛，尤其是沿某条旅游交通线的旅游图，如京沪高速公路旅游交通图，将会受到汽车旅游者的欢迎。

③ 旅游宣传（广告）图。它是以旅游资源或服务项目为主的旅游地图。同时附以线路示意图、风景资源介绍等，这种图的导游价值较小，其主要功能是宣传广告，一般设计新颖、形式活泼、装帧考究、印制精美，艺术性较强。例如，照片导游图、风光摄影图集（册）、导游画册等。这种图因为印制成本和售价较高，一般不大投放市场，主要是通过旅行社、机场等单位发送给入境旅行社、旅行团或旅游者，以提高旅游资源和服务部门的知名度。

④旅游管理用图。其主要是为旅游决策研究和管理部门提供信息服务的旅游地

图。如旅游资源分布图、服务设施分布图、旅游区或风景区规划图、旅游市场结构图、客流结构图等。这类图的特点是专业性、学术性强，专题要素表示规范、详细。可作为不同层次的管理部门制定旅游发展战略、规划和决策的依据。不同专题的管理图对客体、媒体和主体的表示各有侧重。如旅游资源分布图重点表示旅游资源的主体要素；旅游设施分布图则突出表示接待服务、游乐、购物、购票、交通站点等要素。

(2）按照旅游地图的表示范围分类

按照旅游地图的表示范围，可分为全国旅游地图、区域性旅游地图、省（区）旅游地图、城市旅游地图和风景区（点）旅游地图等类型。

①全国旅游地图。它是表现一个国家主要旅游资源及交通干线的旅游地图，主要为国家旅游管理部门或各地旅游组织制订宏观管理方案、开发规划和组织旅游提供参考，也可以用作旅游地理教学用图和帮助旅游者制订远途旅游计划。这种图区域范围大，比例尺小，因此旅游资源只能选取具有国家级水平或有大区意义的风景名胜、交通干道予以表示。例如，旅游教育出版社出版的中国旅行游览图，采用全开张图幅（1∶550万），以分层设色的中国地形图为底图，收编景区（点）3 000多个，并附7个主要景区和城市图，是一幅较好的中国旅游全图。

②区域性旅游地图。它是一种表示大旅游区的旅游图，这种大旅游区一般根据旅游区划，由几个省（区）组成。这种图是为适应游客跨省旅游的需要而编制。大多采用中、小比例尺全图表示，插附城市、景区导游图，以增加其导游功能。例如，东北旅游地图、华南旅游地图、西藏旅游地图等。

③省（区）旅游地图。它是以省级行政区为单位的旅游地图。这类图多是省级旅游管理部门为宣传和促进省（区）内旅游资源开发而编制。目前国内旅游资源丰富的省（区）大都编制了旅游地图，大多是中、小比例尺的分布图。

④城市旅游地图。它是主要表示城市街区分布、旅游交通和公共服务设施的旅游地图。在旅游业发达的城市，它的发行量很大，如北京、上海、西安、成都等大城市。城市是国家和区域性经济、文化、交通、商贸、科技中心，许多城市是历史文化名城，名胜古迹等旅游资源集中，会议、商贸、文体、过路中转和专门旅游的人员很多，具有稳定的客源市场；同时城市人口集中，工作闲暇时也需要导游图作为家庭假日游憩的向导。所以，城市旅游地图一直是旅游地图的热点，在出版发行方面占据统治地位。

⑤风景区（点）旅游地图。它是表示风景区景点分布与交通服务要素的旅游地图。如以自然风景为特色的山地风景名胜区图，一般都详细地表示江河、湖海、山地、林木等自然要素，其中人文景观和服务设施多为分散状态，所占面积较小。这类图的比例尺一般较大。景点旅游地图仅是表示一个风景点或风景小区的旅游图，如一个公园、一处园林、一座寺庙等。这类图的比例尺大，往往可以详细地表示每一个小区、每一座建筑、每一条小巷，甚至一棵大树、一块景石。这对旅游者在该小区内旅游具有更加实际的导游价值。

(3）按照旅游地图的表现方式分类

旅游地图按照表现方式可以分为平面图、立体图、遥感影像图等。平面图的优点是位置准确，数学精度高，信息量大，编图方便（可根据普通地图和地形图编制），印制简单（采用分色描图制版）。但其图面形式欠活泼，直观性、通俗性、艺术性不足。目前，我们见到的旅游地图大多是平面图。立体图又称透视图、写景图、鸟瞰图，即对全图幅内的景物采用统一视觉构图，进行三维写景，使之具有透视投影的统一立体视觉效果。而采用散点透视法处理局部景物形象的一种旅游地图，常见于风景名胜导游图。遥感影像地图是以航片或卫星影像为底图经加工制作而成的一种旅游地图，一般用作专业用图，不直接为旅游者提供导游服务。

小思考4-1

你能收集到多少幅旅游地图？它们分别有什么特点？

答案提示：根据自己收集到的旅游地图，对照所学的知识进行比较。

4.2.3 旅游地图的应用

旅游地图的应用十分广泛，熟练准确地阅读旅游地图是一名旅游工作者必须掌握的技能。

1）利用比例尺计算实际距离

比例尺是图上直线长度和地面上相应距离之比，一般标注在地图的右下角或左下角。如地图上注有比例尺1∶50 000，这就是说，图上地物的长度相当于对应地面地物长度的1/50 000。利用比例尺，我们可以计算出实地距离。

计算公式：实际距离=图上距离÷比例尺

如地图上A、B两地，我们用直尺量的距离为4厘米，比例尺为1∶50 000，那么A、B之间的实际距离为4÷1/50 000=200 000（厘米）=2 000（米）。这样，我们就可以计算或估算两地之间的距离了。

2）利用图例正确快速阅读图上事物

图例是显示地图内容的各种符号的说明。旅游地图所包含要素种类数量大，不可能一一把它们画到地图上去，但我们可以用一些特定的符号来表示诸要素的位置、类别、大小及其数量和质量特征，这些符号就构成了旅游地图的符号系统，我们称之为图例。图例能帮助我们正确地阅读旅游地图。

按一般的分类方法，旅游地图的符号可分为面状符号、点状符号和线状符号。面状符号是一种能按比例尺表达面积的说明地物性质与数量的符号。在旅游地图上，一般海洋、较大的湖泊、风景名胜区都用这类符号表示。点状符号是一种表达不能依地图比例尺表示的小面积地物和点状地物所采用的符号，一般这些符号的几何中心与地物实际位置一致。在实际旅游地图上，政府驻地、车站、机场、名胜古迹、山峰等均用这类符号表示。线状符号是一种表达线状地物的符号，如河流、道路、索道、城墙、运河。

正确解读图例符号，才能够准确、快速地阅读旅游地图。还需要指出的是，随着计算机网络技术的广泛应用，近几年出现了一种新的区别于传统地图的旅游地图形式——电子旅游地图。你只要坐在电脑旁或打开手机，在电子地图中，键入寻找目标，启动搜索，目的地的具体地点就会显示在电脑或手机屏幕上；你再键入自己所处的位置，电脑或手机上就会显示出几条可供选择的路线来。这样，你就可以很快寻找到目的地。电子地图最早出现于美国，在我国起步较晚，但发展速度很快。

你认为旅游地图的发展方向是什么？

答：一般来说，有两个发展趋势：一是旅游地图的多样化；二是电子地图的普及化。

小思考4-2

观念应用4-1

以自己熟悉的旅游点为资料，尝试做一幅景点导游图。

[分析提示]

确定比例尺、方向标，选择适当图例、颜色以及文字说明。

本章小结

信息是旅游业的生命线。旅游信息的传播一般有文字、声像、网络等传播渠道，各种渠道都有其优缺点。网络是目前旅游信息传播中最重要的通道。相应地，旅游信息库的建立十分重要，传播的文字信息正逐渐地被电子信息库所代替。网络是目前最流行的信息载体。

旅游地图就是能够提供旅游信息的地图。根据不同的分类方式，它可以被分为很多类型。按照旅游地图的功能，可分为导游图、旅游交通图、旅游宣传图和旅游管理图等；按旅游地图的表示范围，可分为全国旅游地图、区域性旅游地图、省（区）旅游地图、城市旅游地图和旅游景区（点）旅游地图；按照表现方式可以分为平面图、立体图、遥感影像图。绘制旅游地图的目的是应用，利用比例尺及图例等地图工具，我们就能够在旅游活动中正确、快速地运用它，使旅游地图发挥应有的作用。

主要概念与词语

□ 主要概念

旅游信息库　信息高速公路

□ 主要词语

网络　比例尺　Internet　旅游地图　电子地图　图例

知识练习

□ 简答题

4.1　旅游信息的传播途径有哪些？各有哪些特点？

4.2　简述旅游地图的特点。

□ 填空题

4.1　旅游信息一旦生成后，便会借助于一定的________，沿着一定的________向外传播。

4.2　信息高速公路的主要载体是________。目前，广泛使用的是________。

4.3　地图上直线长度与地面上相应长度之比我们叫作地图的________。

□ 选择题

4.1　一般讲，地图比例尺越大，图上距离和实际距离的比值就（　　）。

A. 越大　　B. 越小

C. 不变　　D. 无法确定

4.2　旅游地图必须提供准确、可靠的旅游信息，这说明旅游地图具有（　　）。

A. 实用性　　B. 通俗性

C. 科学性　　D. 合理性

4.3　目前，最广泛使用的旅游信息传播渠道是（　　）。

A. 报纸　　B. 旅游刊物

C. 电视　　D. 网络

技能训练

4.1　旅游信息库有哪些类型？你认为旅游信息库的发展方向是什么？

4.2　找一个你最熟悉的旅游区（点），绘制一份导游示意图。

观念应用

□ 分析题

4.1　试分析旅游信息传播方式的优缺点。

4.2　试分析旅游地图对旅游者的作用。

□ 实训题

4.1　请用一把直尺，在地图上估算出你所在地与北京之间的距离。

4.2　你最了解的旅游网站是什么？请从该网站上查找一条与旅游开发相关的信息。

□ 综合案例

“十三五”期间，数字化、网络化、智能化助力旅游业发展，涌现出一大批智慧旅游示范城市和景区，旅游管理方式和运营模式不断变革。

5年来，2.26万个贫困村通过发展乡村旅游、红色旅游实现了脱贫致富。2018年开始，山东枣庄冯卯镇将辣椒小院儿、染布蓝坊等特色元素植入土生土长的非遗业态中，依托沿水库生态优势和大量非遗文化留存将22个老百姓的闲置小院进行复活，传统手艺也在这里焕发了新生机。在浙江良渚古城遗址公园，“智慧大脑”旅游管理系统确保了假期旅游安全有序。在数字大屏上，每日车流、客流量等数据的实时显示让管理人员通过手机就可以对园区内情况了如指掌。预约、错峰、限流等措施让景区更加安全有序。

2021年春节，各地借助5G、AR、VR、AI、无人机等技术，推动线上活动从图文、短视频发展到直播、全景等多种形式呈现，使云演艺、云娱乐、云旅游以多维度、多视角方式传递给更多观众，开启“沉浸式”过年新体验。微信小程序“云游敦煌”邀请游客在线以全景的方式遨游洞窟；国家京剧院首次将京剧经典剧目《龙凤呈祥》以5G+4K的形式在网上推出，为观众带来别开生面的京剧演出；上海“云上年俗风情展”、安徽合肥云上逛庙会、福建邵武傩舞三角戏云展演等线上活动广受欢迎。

根据以上资料回答：

（1）旅游信息在旅游发展中的重要作用。

（2）与同学们分享你通过何种信息传播寻找以上景点。

（3）在中国地图上标出山东枣庄、福建邵武的地理位置。

第5章
东北旅游区

学习目标

知识目标：了解东北旅游区地理环境特点以及对旅游业的影响，熟悉区内重点旅游城市及主要旅游线路。掌握本区旅游资源的特征。

技能目标：掌握本区主要旅游胜地的地理分布和特点，并能够把主要旅游胜地填在空白地图上。

能力目标：根据本区特有的地理环境和旅游资源特征，学会初步设计旅游路线。

引例：　林海雪原

东北是我国三大林区之一。莽莽林海主要分布在大兴安岭、小兴安岭和长白山脉。树种丰富，最著名的是兴安落叶松林和红松阔叶混交林。高大茂密的兴安落叶松挺拔俊秀，枝繁叶茂，沿大兴安岭绵延分布。四季景色各异，尤以春夏最美。春天新枝嫩叶在兴安杜鹃紫色花朵的映衬下分外妖娆；夏季，林中云雾飘荡，百木争荣，苍翠欲滴。在漫长的历史长河中，这里还是许多民族的肇兴之所。在大兴安岭的深处，至今还生活着鄂温克、鄂伦春等古老的森林狩猎民族。大兴安岭的原始风貌，其磅礴的气势和汪洋般的碧绿，使它成为我国北部边疆的一块翡翠珍宝。红松阔叶混交林展现的是一种立体之美、组合之美，随着季节的变化，它给长白山披上了迷人盛装。冬季，莽莽林海银装素裹，与千里冰封、万里雪飘构成一幅林海雪原的庄严、肃穆、旷野的天然美景。

这一天然美景的形成，与东北旅游区特定的地理环境密不可分。下面我们一起到东北旅游区探究其成因。

东北旅游区位于我国东北部，包括黑、吉、辽三省和内蒙古自治区东部，面积约14.7万平方千米。本区旅游资源以雄奇的自然风光为主，还有高知名度的明清时期古迹。松花江流域是以一系列自然保护区为主的旅游区，辽河流域则偏重古迹旅游。

5.1　概述

5.1.1　旅游地理环境概况

1）山环水绕，平原广阔

东北地区地貌类型多，但分布很有规律。外围均为江河湖海所环绕，只有西部连陆。内侧的西、北、东三面分别由大、小兴安岭和长白山地环绕，呈马蹄状，包围着东北大平原，构成山环水绕、平原南开的地表形势。山地丘陵与平原的面积大体相等，大部分山地海拔在1 000~1 500米之间。

西部大兴安岭北起黑龙江畔，南止西拉木伦河上游谷地，全长1 200千米，宽200~300千米，为本区地形最完整的一段。大兴安岭向东南延伸的小兴安岭，地壳活动性较强，山体西南侧有五大连池等火山群。东部长白山地由平行的中低山、丘陵和山间盆地、谷地相间排列，有大规模的火山熔岩活动。长白山主峰白头山系由多次火山喷发形成。长白山地向南延伸称千山山脉，插入黄、渤海之间，构成辽东半岛之脊柱。在这些山地之间是广阔的东北大平原，它由三江平原、松嫩平原和辽河平原组成，是我国面积最大的平原。三江平原地势低洼，分布着许多湿地、沼泽；松嫩平原是一盆地式的冲积、湖积平原，地势低平，湿地面积广，成为水禽的良好栖息繁殖之地，如扎龙自然保护区就位于这一带；辽河平原由辽河冲积而成，地势低平。

本区河流受山地构造的限制，紧紧围绕山地流动。兴安岭山地北部是黑龙江，长白山地东有乌苏里江、图们江、鸭绿江等，平原南部有辽河水系。这些河流冬季均有封冻现象，属季节性河流。

2）温带、寒温带季风气候

本区属温带季风气候类型，北部进入寒温带。气候特征为冬季寒冷漫长，夏季温湿短促。冬季直接受蒙古冷高压控制，1月平均最低气温在零下20℃以下，是世界同纬度陆地气温最低的地区。漠河曾记录了零下52.3℃的全国最低值，称为“中国寒极”。冬季一般长达6个月左右，降水多固态，雪层深厚。7月平均气温平原南部为24℃，大兴安岭北部低于18℃。但大部分地区绝对最高温也可达到35℃以上。全年气温之差属同纬度地区之冠。春秋二季甚短，春季多大风，秋季天高气爽。

3）稠密的交通运输网

铁路是本区交通运输的骨干。东北地区拥有全国最发达的铁路网，共有铁路线70余条，总长约1.4万千米，总长度和密度在各旅游区中均占首位。铁路网以“丁”字形的滨洲—滨绥、哈大线为骨干，以沈阳、四平、长春、哈尔滨为枢纽，联系各干支线，沟通了区内的诸多城市。另外目前本区有哈尔滨、沈阳、大连等三个国际机场，另有长春、佳木斯、齐齐哈尔、牡丹江等四个特定机场。在水运方面主要有黑龙江、松花江的内河航运，大连和营口为重要海港，其中大连是我国东北地区条件最好最重要的对外贸易大港，便利的交通为本区旅游业的发展提供了良好的条件。

4）边境观光位置优越

东北东部边境地区拥有沿海、沿江、沿边的地缘优势，其4条界江（黑龙江、乌苏里江、图们江、鸭绿江）与俄罗斯、朝鲜等国山水相依，有着得天独厚的边境贸易和边境旅游优势，为边境跨国旅游开展提供了极大的近距地缘优势和广泛的联系接触面。

5.1.2 旅游资源特征

1）林海雪原、动物乐园

森林景观是本区自然景观的主要特色。这里是我国最大的林区，有大面积的原始天然林。莽莽森林与冬季千里冰封、万里雪飘的景色，构成了北国林海雪原的独特景观。东北的植被就植物种属来说，并不十分丰富，特有物种也不显著，但以面积大著称。大兴安岭是以兴安落叶松为主的明亮针叶林，小兴安岭和长白山是以红松、冷杉为主的针叶与落叶阔叶混交林，山地内侧形成大片温带森林和草原。林相古老而覆盖率又高的茫茫林海，夏季郁郁葱葱，冬季银装素裹，形成林海雪原，是开展森林度假和山地冰雪旅游的极佳场所。茂密的植被，为多种动物提供了生长和繁殖的条件，因此，东北成为我国目前最重要的野生动物产地和狩猎区。珍贵的大型动物有东北虎、貂、熊、猞猁、梅花鹿、狐等，禽类有丹顶鹤、柳雷鸡等。一般野生动物可作为狩猎对象，狩猎活动在东北得天独厚。黑龙江省铁力市的桃山狩猎场是我国第一个国家级动物狩猎场。本区冰雪期长，雪质好，有雾凇，冰雪资源十分丰富，是我国重要的冰雪旅游基地。

2）火山熔岩、火山奇观

本区是我国火山分布较多的地区之一，共有火山锥600多座，组成约30多个火山群，占全国火山群总数的30%，从长白山、大小兴安岭到平原地带均有分布。不仅火山锥、火山湖数量多、分布广，而且熔岩台地范围广阔，有各种形如蟒蛇、海龟、波浪、隧洞、石塔等的熔岩景物，堪称“火山博物馆”。火山景观中具有科研价值和观赏价值的主要是五大连池火山群、长白山火山群、龙岗火山群、伊通火山群以及镜泊湖等。镜泊湖区的地下熔岩隧道和地下森林是罕见的世界奇观。火山活动区地热资源丰富，温泉相伴分布。五大连池地热洞、长白山温泉、鞍山汤岗子温泉、本溪温泉、兴城温泉等，都是全国著名的温泉。

3）海滨风光、避暑胜地

本区南部有漫长的海岸线，其山、海、岛、礁和沙滩浑然一体，形成了多种特色的海滨景观。这里有大连海滨——旅顺风景名胜区，兴城古城及海滨风景名胜区，盘锦鹤乡“红海滩”国家级自然保护区，庄河冰峪沟风景区，以及蛇岛、长海等诸多岛屿。海岛旅游资源独特，海滩、海蚀地貌、渔港、渔村等自然和人文景观相融合，风光旖旎。

4）关东文化、满族遗风

春秋至清代的历史古迹皆有，以清代的遗迹保存最完整，而且数量众多，历史价值和旅游价值比较高。本区以汉族为主体，包含满、蒙古、朝鲜、回、达斡尔、鄂伦春、鄂温克、赫哲族等多个少数民族，民族风情较有特色，使人们争相体验不同民族的生活情趣。在城市建筑上受多种文化影响，以哈尔滨城市建筑最具特色。如有满、汉建筑风格的沈阳故宫；哈尔滨市道里区欧式的圣·索菲亚教堂；黑龙江省广播电视塔——龙塔，是目前世界第二、亚洲第一高钢塔，被评定为A级旅游风景区。

小思考5-1

东北旅游区的气候特征是什么？

答：寒冷漫长的冬季使东北拥有丰富的冰雪旅游资源。

代表景色：雾凇、冰雕、“白夜”。夏季东北是避暑的好去处，特别是在漠河的“北极村”，不但凉爽，还可欣赏“白夜”奇景。

运动：滑冰、冰球、冰帆、冰橇、冰螺、狗拉爬犁等。

5.2 重点旅游城市

5.2.1 哈尔滨市

哈尔滨市位于黑龙江省南部，松花江由西向东流经市区，是一座以城市风光、远郊山水与特种旅游相结合的旅游城市。哈尔滨历史上深受俄罗斯和西方文化的影响，有许多欧式、俄式风格建筑，素有“东方莫斯科”“东方小巴黎”之称。旅游名胜颇多，以冰雪节最负盛名。

1）冰雪节

哈尔滨一年一度开展冰灯、冰雕游园活动。冰灯艺术是哈尔滨人民的一大创造，长期以来，经过不断改进和创新，已发展成为一门集绘画、雕塑、建筑、园林、光学、电学和独有刀工技法于一体的冰雕文化艺术。哈尔滨市将每年1月5日至2月5日定为**冰雪节**，节日期间举行盛大的冰雕游园活动，利用天然的冰雪资源，制作各种各样的冰灯作品，有冰花、冰建筑、冰盆景、冰雕小品、冰雪风光、冰雪广告等。这一活动一年胜过一年，规模逐渐扩大，花样不断翻新，内容愈加充实，艺术和制作水平不断提高，多次在国际大赛中获奖。目前，哈尔滨已成为国际冰雪雕活动的中心之一。

2）太阳岛

太阳岛位于松花江北侧，是松花江中一大沙洲，面积380万平方米。全岛碧水环抱，花木繁茂，具有质朴、粗犷的北方原野风光特色。江漫滩湿地属于草原型风景名胜区，是全国著名的旅游避暑胜地，也是国家5A级旅游景点。

3）圣·索菲亚教堂

圣·索菲亚教堂位于哈尔滨市道里区，是远东地区最大的东正教堂，是拜占庭式建筑的典型代表。1996年11月，被列为全国重点文物保护单位；1997年6月，圣·索菲亚教堂修复并更名为哈尔滨市建筑艺术馆。圣·索菲亚教堂气势恢弘，精美绝伦。

5.2.2 长春市

长春市位于松辽平原中部，街道整齐，绿地覆盖率高，是一座公园城市，也是我国著名的“汽车城”和“电影城”。

1）“八大部”–净月潭

1932年，清朝末代皇帝爱新觉罗·溥仪将长春市立为伪满洲国国都——新京市，并在这里兴建了伪满洲国国务院及所属八个部的建筑，统称“八大部”。这群建筑位于长春市中心，1936年基本建成，只有溥仪的“皇宫”仅完成地下部分。八大部形成独特的建筑景区，风格各异，各具特色，各院落掩映在绿荫之中。这群错落有致的高大建筑，庭院典雅，反映中国、西欧、日本建筑特征和风格，有较高的艺术价值和观赏价值。

净月潭风景区位于长春市东南8千米处，湖面宽广，群山环抱，景致迷人。这里是长白山的余脉，山势起伏，林木参天，净月潭似一颗宝石，镶嵌在万木丛中。每当夜幕降临，皎洁的月色映入潭中，幽静淡雅，含情脉脉，净月潭由此得名。景区分潭北山色、潭南林海、月潭风光、潭东村舍四个游览区，区内湖光山色，村舍田园，风光明媚秀丽，与八大部共同组成国家级重点风景名胜区。

2）伊通火山群

伊通火山群位于长春市以南伊通县境内，由分布在方圆数10千米内的16座火山锥组成。这群火山锥，仿佛是这片原野上的烽火台在遥遥相望。每座火山锥都是孤峰突兀，却不见火山弹、熔岩流等其他火山喷发物，这种火山景观实属罕见。国际地质学界将这种类型的火山命名为“伊通型火山”，其在科学研究和旅游方面都有很高的价值。

5.2.3 沈阳市

沈阳是东北旅游区最大的城市。其历史悠久，汉代建候城，辽金时称沈州。1625年清太祖努尔哈赤迁都沈阳，称盛京，为清军入关前的政治中心，因此有许多历史文物和名胜古迹。

1）沈阳故宫

沈阳故宫位于沈阳市旧城区中心，为清代初期皇宫，名为盛京宫阙，与北京故宫齐名。沈阳故宫占地6万多平方米，全部建筑90余所，宫室300多间，由东路、中路和西路三部分组成。东路以大政殿为中心，两侧有10座方亭，是王公大臣议政之所。西路以文溯阁为中心，前后有戏台、仰熙斋等，是供皇帝读书和娱乐的地方。中路是整个皇宫的主体建筑，院落三进。前院以崇政殿为中心，为故宫正殿，是皇太极日常朝会之所。中为凤凰楼，是当年盛京最高建筑。后为清宁宫。两侧分别有不少建筑。沈阳故宫建筑富丽堂皇，巧妙地将汉、满、蒙古三族建筑艺术风格融为一体，具有浓厚的地方建筑风格和较高的工艺水平，是我国现存仅次于北京故宫的最完整的皇宫建筑群。

2）盛京三陵

清代在关外有三大陵墓，分别是永陵、福陵和昭陵。

永陵是清代最早的皇陵，始建于1598年，葬有清太祖努尔哈赤的远祖、曾祖、祖父和父亲等清皇室祖先。它是盛京三陵中唯一不在沈阳附近而位于辽东新宾县境内的皇陵。此陵规模虽不及福陵和昭陵，但整个建筑金碧辉煌、光彩夺目。

福陵在沈阳市东约10千米处，又称东陵，1629年建成，是清太祖努尔哈赤和皇后叶赫那拉氏的陵寝。整个建筑位于天柱山上，从陵门而入穿过甬道和两旁的苍松翠柏，登上宽大的阶梯才能进入陵寝，此阶梯称为“一百零八磴”。主要建筑包括石俑、望柱、碑亭、方城和宝顶等。

昭陵位于沈阳市城北，始建于1643年，也称北陵，是清太宗皇太极和皇后的陵墓。它是清关外三陵中最大和最完整的一座，从南到北可分三部分。第一部分主要包括下马碑、牌楼和正红门。第二部分主要包括甬道两侧的六对石兽和一对望柱以及甬道中央的碑亭。第三部分主要是方城和宝顶。宝顶在半月形的宝城内，呈圆形，其下是坟墓。整个布局别具匠心，每个单体建筑都是红墙，黄琉璃瓦，飞檐斗拱，色彩缤纷。

沈阳故宫和盛京三陵于2004年被列入《世界遗产名录》。

5.2.4 大连市

大连位于辽东半岛最南端，东濒黄海，西临渤海，沙软水清，环境幽雅，气候宜人，景色秀丽，是我国北方著名的海滨避暑胜地。大连的市政建设成效卓著，是一座美丽的花园城市。大连是我国14个沿海开放城市之一，经济发达，文化品位高，依次创出了国际服装节、赏槐节、国际马拉松赛和出口商品交易会等特种旅游专项产品。大连旅游胜地主要由大连海滨、金石滩和旅顺口等三处国家级重点风景名胜区组成。此外，还有冰峪沟和长山群岛风景区等众多游览景点。

1）大连海滨

大连海滨风景名胜区位于大连市区南部，东起老尖沟，西至凌水河口，南濒黄海，北依群山，陆海各半。全长30多千米的滨海路把区内的棒槌岛、石槽村、虎滩乐园、燕窝岭、秀月峰、傅家庄、白云山、星海湾等风景各异的8大景区、48个景点、12个海水浴场连成一线，如一串璀璨的珍珠镶嵌在大海之滨。青山、碧海、岛屿、礁石、沙滩构成本区丰富多彩的自然景观。同时各景区又融入各具特色的人文景观，如虎滩乐园中有中国内地第一座永久性海洋动物表演馆，有全国规模最大的海洋动物展览馆和国内最大的动物雕塑——“群虎”（高7.5米、长36米，由498块花岗岩组成，总重量达2 000余吨）。

2）金石滩

金石滩位于大连市东北部的金州新区，距市中心50千米，三面环海，由东西半岛及两个半岛之间的开阔腹地和海水浴场组成。30千米长的曲折岸线交错分布着沙滩和奇礁异石，使金石滩拥有海滨浴场和海上石林的双绝景色。海滨浴场主要集中在金石滩中部，这里海水碧绿，清澈透明，海水水质和大气均达到国家一级标准，是我国北方最好的天然海水浴场之一。金石滩是国务院首批批准的国家级旅游度假区。“海上石林”的四大景区50多个景点各具特色，“龙宫”是最大的景区，有“恐龙吞海”“龙王床”“龙宫钟楼”等景观。其中“恐龙吞海”气势宏大，与陆崖悬空相接的嶙峋巨石像只巨大龙首探入水中。“鳌滩”是最独特的景区，这里有许多黄绿色的砂岩、泥灰岩，上面刻着鲜红的龟形图案，称为“龟裂石”，世界罕见，曾吸引了国内外许多专家学者前来考察。在金石滩的“玫瑰园”，遍地有玫瑰色、乳黄色、黑色的礁石，而“南秀园”有“海龟探路”“大鹏展翅”等大自然的力塑群雕。这些地质景观被称为“中国独一无二的、世界罕见的、地球不能再生的神力雕塑公园”、“天然的地质博物馆”和“科学与艺术的长廊”。

小知识5-1

黑龙江兴凯湖

兴凯湖是中俄大界湖，属我国部分约占3/10，至今保持着完好的原始生态环境。兴凯湖是远古时期火山爆发后地壳陷落，积水而形成的，有大、小两个湖之分，两湖之间隔着一道不宽的湖岗，湖岗上绿树成荫，鸟语花香。

5.3 旅游线路与旅游活动

5.3.1 黑龙江省旅游线路与旅游活动

黑龙江省有丰富的冰雪和森林旅游资源以及得天独厚的边境旅游资源，有不少特殊自然生态环境，如火山地貌、堰塞湖、漠河北极村、沼泽湿地等，构成了特色旅游资源的丰富内容。哈尔滨市是黑龙江旅游的中心城市，东到牡丹江市，西至齐齐哈尔市，是最具特色的地区，有镜泊湖和五大连池两个国家级重点风景名胜区，以及扎龙、三江等自然保护区。

1）镜泊湖

镜泊湖位于黑龙江省宁安市西南约50千米处，系火山喷发、熔岩阻塞河道而形成的我国最大火山熔岩堰塞湖。镜泊湖、火山口森林、熔岩隧道，人称“镜泊三绝”。镜泊湖山青水碧，以其秀丽朴实的自然景观闻名。湖上诸多岛屿和四周的群山，复杂奇幻，构成吊水楼瀑布等“镜泊八景”。火山口森林在镜泊湖西北50千米处，是形成于晚更新世初期（距今12 000年前）的火山口。数个大小不等的火山口，分布在长约20千米的范围内，最大一个直径500米，深达145米。火山口内壁陡峭，几乎直立，底部的岩石经多年风化侵蚀，形成肥沃的火山土。天长日久，火山口底部长出茂密高大的森林，有落叶松、鱼鳞松、楸、椴、榆、杨、桦、柞等100多个树种。上层乔木高达40多米，树龄有400~500年，林下有杜鹃灌木丛以及人参、五味子等药用植物和木耳、榛子、蘑菇等山珍。林中还栖息着各种野生动物。森林生长在火山口内，林冠却冒出火山口之上，站在火山口外观看，森林确似从地下冒出来的。这一奇特的地下森林景观实属罕见，其形成与火山活动和特定的地理环境有着重要联系。熔岩隧道，亦称地下熔岩洞，距火山口森林13千米。隧道深邃奇幻，千姿百态。洞壁下部堆积多层熔岩床，似“须弥座”一般。熔岩流层次不一，如入迷宫。转弯道或分支复合，或四面放射延伸。

2）扎龙自然保护区

扎龙在齐齐哈尔市东南30千米处，拥有10余万公顷的沼泽地，多珍贵水禽，是一个以保护珍贵飞禽丹顶鹤为主的自然保护区。这里地势低洼，河床宽浅，水流缓慢，排水不畅，形成广阔的沼泽。沼泽上芦苇丛生，湖泡遍布，人迹罕至，环境安宁，成为鱼类、蛙类、昆虫类、鸟类和水禽类理想的栖息、繁殖、隐蔽的场所。鹤科的种类和数量不多，世界现存只有15种，我国有9种，扎龙就有6种，其中以丹顶鹤最为珍贵，被列为国家一类保护物种。丹顶鹤在我国又叫仙鹤，与松树一并象征着“长寿”，它飘逸的姿态与蓬松的芦花构成了一幅优雅的图画。目前，全世界有丹顶鹤2 000多只，扎龙就有300多只，并有人工驯养基地，故扎龙有“丹顶鹤故乡”之称，2005年被评为“中国最美的六大沼泽湿地”之一。

3）三江平原湿地

三江平原是我国沼泽分布最集中、最广泛的地区，一望无际，面积约104万公顷，处于黑龙江东部的最低处，海拔只有35~70米。雄健浩荡的黑龙江、松花江、乌苏里江赋予了这片净土水丰草茂、雁飞鹤舞的景象。这里各种类型的湿地依地形的微起伏形式交错分布，构成丰富多彩的湿地景观。江河的自由摆荡，在河滩上留下众多的古河道，或曲或直，星罗棋布，以其独特的魅力展示自然的和谐。这里生物的种类也极为丰富，共有脊椎动物291种、高等植物近500种。它以“中国黑土湿地之王”“高寒湿地之乡”等美誉位居“中国最美的六大沼泽湿地”第二。

小知识5-2

漠河北极村

北极村是我国大陆最北端的临江小镇，与俄罗斯穆尔州的伊格娜思依诺村隔江相望，总面积16平方千米，人口2 806人，距漠河县城西林吉镇83千米。地理坐标为：东经122°21′05″至122°21′30″，北纬53°27′00″至53°33′30″。如果你站在北纬53度半的边境线上，面南背北，呈现在你眼前的，便是整个中国！北极村风景区先后被评为“国家4A级旅游风景区”“中国最令人向往的20大金牌旅游胜地”“中国品牌百强景区”“全国最有魅力的小城镇之一”“中国首批特色景观旅游名镇”“全国特色景观旅游名镇（村）”。

5.3.2　吉林省旅游线路与旅游活动

长春市以及东部的吉林市、延边朝鲜族自治州、长白山自然保护区、集安市等地区，分布有吉林省最重要的自然和人文景观，其中包括两座历史文化名城吉林市和集安市，以及八大部——净月潭和松花湖两个国家重点风景名胜区。长白山是我国最重要的自然保护区之一。

1）吉林市

吉林市是一座风景优美的江城，松花江宛如玉带流贯市区。吉林树挂为中国四大自然奇观之一。吉林市附近的滑雪场，是我国著名的冬季冰雪旅游胜地。松花湖则更是一处不可多得的旅游胜地。

树挂，气象学叫雾凇，是北方寒冷地区冬季的一种自然现象。吉林市是全国著名的树挂景区。流经吉林市的松花江水，上游经过水电站升温变暖，数九寒冬江水载着巨大热能，缓缓流过市区而不封冻，江水蒸腾的雾气遇寒冷的空气凝结成细小的冰晶，附着在沿江两岸的树干和树枝上，形成罕见的冰雪树挂景观。每年隆冬时节，吉林市全城银装素裹，冰花盛放，一年一度的“中国吉林雾凇冰雪节”就在此举行。

松花湖位于吉林市东南20余千米的松花江上游，为丰满水电站截流大坝拦截江水形成的人工湖。湖区内水面辽阔，面积480多平方千米，是兼有发电、灌溉、旅游等多功能的风景名胜区。松花湖自然河道流畅，在幽静的峡谷和陡崖中曲折多变。湖水清澈，两岸奇峰林立，松树苍翠，风光绚丽。在松花湖畔，建有滑雪场、滑冰场和速滑场，是全国性的冰雪训练基地。

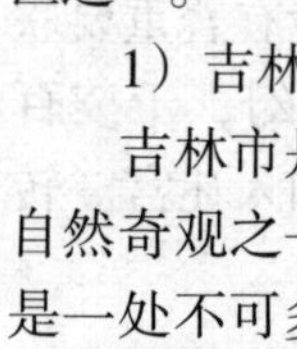

小思考5-2

雾凇是怎样形成的？吉林雾凇在我国具有什么地位？

答：在气温很低、湿度很大的气象条件下，水汽与树枝、电线等物接触后冷却冻结，产生白色结晶体，形成雾凇。吉林雾凇花色众多，分布密集，出现日数多，是我国雾凇最著名的地区。

2）长白山自然保护区

长白山自然保护区位于安图、抚松、长白三县交界处，是长白山脉的心脏地区。保护区面积19万公顷，已加入联合国教科文组织国际“人与生物圈”保护区网，主要保护温带森林生态系统、自然历史遗迹和珍稀动植物。区内原始森林茂密，有动植物3 000多种，山地自然景观垂直分布比较明显，以食物链为纽带的生物之间的依存关系自然统一，生态平衡良好，尤以红松阔叶混交林最著名，是我国乃至远东地区最具代表性的森林类型。它以丰富的物种、多样的森林类型、复杂的群落结构以及季相变化绚丽的景观位居“中国最美的十大森林”第二。

长白山天池是长白山最引人注目的风景，是“中国最美的五大湖之一”。天池位于长白山主峰长白山山顶。据记载，历史上这里发生过数次火山喷发，天池是火山喷发的火山口，后来积水成湖，周围有16座山峰都是火山体。最高峰将军峰海拔2 749米，位于朝鲜境内。我国境内的最高峰白云峰海拔2 691米。天池湖面海拔2 150米，总面积约9.8平方千米，最高水深373米，是我国最深的湖泊和最大的火山湖。高耸入云的山峰环绕着一泓碧水，景色迷人。天池北侧有一个缺口，湖水从缺口外流，到海拔1 250米处，突然在一断崖上跌水下注，形成高达68米的长白瀑布，宛如银河倒挂，蔚为奇观。天池也是松花江、图们江、鸭绿江三江之源。

长白山多温泉，分布在火山锥体的周围，有长白温泉群、梯云温泉群等。著名的长白温泉群距长白瀑布不远，是高热温泉，最低温度在60℃以上，最高达82℃，含有硫化氢等微量元素，有很高的医疗价值。此外，长白山还有低温矿泉，其水可供饮用。

3）延边风情

位于长白山下的延边朝鲜族自治州，是朝鲜族人民的主要聚居地。朝鲜族是一个勤劳、勇敢、智慧的民族，也是能歌善舞、热情好客的民族。朝鲜族有自己独特的风俗习惯，讲究礼节、注重程序、饮食以素食为主，形成独特的风味；节日隆重，各种民间活动意境深远，服饰净朴。朝鲜族的歌舞、习俗和风味对旅游者极富吸引力。

4）集安市

集安市位于鸭绿江边，是2 000多年前中国古代少数民族高句丽的国都，保存有大量高句丽文物。内城呈长方形，周长2 700余米，巨大的花岗岩石条奠基墙垣，墙面用石材垒筑，厚约10米，城壕沟宽达10米，显示了古城森严的防御体系。洞沟古墓群有高句丽古墓近万座，大小不一，排列有序。其中将军坟为高句丽王陵，高12.4米，共7级，边长30余米，用经过细致琢磨的巨型花岗岩条石垒筑，呈截尖方锥体，有“东方金字塔”之誉。好大王碑高约7米，宽1.35~2米，碑文环刻，记述高句丽建国的神话和各代国王的事迹等，有“东方第一碑”之称。高句丽王城王陵及贵族墓葬在2004年列入“世界文化遗产”。此外，集安市北的玉女峰集中了26座高峰，森林覆盖率达95%，已辟为国家森林公园。

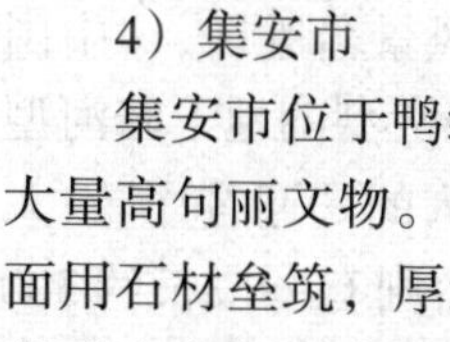

小知识5-3

北大湖滑雪场

北大湖滑雪场位于吉林市永吉县五里河镇松花湖自然保护区内，是集竞赛、训练、旅游、滑雪于一体的体育旅游中心，是我国规模最大、设备最先进、自然资源最好的滑雪场之一，为我国首批4A级风景区。滑雪场三面环山，冬季风力小，气温适宜，积雪深、雪质好。现有高山雪道13条，总长度2万多米，面积70余公顷，滑雪索道6条与之相配套。10千米环形越野外道一条，K90米、K50米跳台和自由滑雪台各1座。总山坡距离合计为6 300米，山坡平均坡度为27度，架空索道直通山顶且与滑雪道配套。

北大湖滑雪场特别设计了国际标准的单板公园，为单板滑雪爱好者量身定做了一个属于自己的单板天地。在区域内专门设有不同难度级别的铁杆、跳台、单板墙、U型槽等，便于滑雪爱好者自由发挥。

5.3.3 辽宁省旅游线路与旅游活动

以沈阳为中心，向南经辽阳、鞍山、营口至大连；向东经本溪、凤城至丹东；向西有锦州、兴城。线上旅游资源集中，有辽宁唯一的历史文化名城沈阳和大连海滨—旅顺口、金石滩、千山、本溪水洞、凤凰山、鸭绿江、兴城海滨等7个国家级风景名胜区。

1）千山

千山位于鞍山市东南17千米，古称千华山、千顶山、千朵莲花山。千山是长白山的一条支脉，范围很大，有山峰近千座，由此得名。千山历史悠久，早在隋唐时，山上即有寺庙建筑，辽金时有所增建，现划分4个游览区，12个景区，共有名胜古迹200多处。千山南临渤海，北接长白，以峰秀、石俏、谷幽、庙古、佛高、松奇、花盛而著称，具有景点密集、步移景异的特色，古往今来一直为辽东一胜。主要景区有大佛景区、御览山游览区、中南部景区和西海景区。大佛景区的弥勒大佛，系经数百万年冰川地质运动形成，五官清晰，四肢俱全，其形态、体量、气质堪与乐山大佛媲美。

2）本溪水洞

本溪水洞位于本溪市东郊，距市中心28千米，是4A级国家风景名胜区，“中国最美的六大旅游洞穴”之一，享有“北国一宝”的美誉。它是一个大型的地下暗河型岩溶洞穴，由水洞、旱洞、泻水洞三部分组成。洞口是可容纳千人的“迎客厅”，大厅正面，是通往水洞的码头，宛若幽静别致的“港湾”。大厅向右则有一段长约300米的旱洞，正可谓洞中有洞，曲折迷离。但本溪水洞还是以水见长，暗河全长3 000多米，是国内乘船游程最长的旅游洞穴。暗河水流终年不竭，清澈见底，河道曲折蜿蜒，有“三峡”“九湾”，故名“九曲银河”。其两岸石笋林立，千姿百态，洞顶穹隆，钟乳高悬。灯光所及之处，水中游船和沉积景观交相辉映，使人如入仙境。

3）凤凰山

凤凰山为辽宁名山之一，位于凤城市东南，最高峰海拔836米，是千山山脉的一部分。山势延绵，回环如抱。景色以峦石见胜，可谓“无峰不奇，无树不怪，无石不灵”。远望青峰迭起，洞石奇特；入山则路转峰回，曲径通幽。山间流泉淙淙，古松如盖；高处多玉兰，花开时馨香袭人。凤凰山历史悠久，历代僧人道士在山中修建的寺院道观在山林中星罗棋布。清代起，每逢农历四月二十八，举办传统的药王庙会，游人如梭。

4）盘锦红海滩

盘锦红海滩位于渤海湾东北部，地处辽河三角洲湿地内，在辽河三角洲的盘锦市，是一处著名的国家级自然保护区。红海滩风景区是国家4A级景区，位于辽宁省盘锦市大洼县赵圈河乡境内，属于湿地生态旅游景区。它以全球保存最完好、规模最大的湿地资源为背景，以举世罕见的红海滩、世界最大的芦苇荡为依托，是自然环境与人文景观的完美结合，是集游览、观光、休闲、度假于一体的综合型绿色生态旅游景区。

5）兴城海滨

兴城海滨风景名胜区位于辽西走廊中段的兴城市，依山面海，集山、海、温泉、古城于一体，分成五个景区，共50多个景点。海滨浴场绵延14千米，沙滩平缓，海水洁净，深度适宜，可容纳20万人海浴。而且其他景观配套良好，有“第二北戴河”之誉。兴城古城，始建于明，保存完好，城郭方整，以鼓楼为中心，分东西南北十字大街，四面有门，四角设台，为典型正方形古代城镇布局形式，是我国现存最完整的古城之一。城东南2千米处有温泉疗养区，辽金时期已享盛名，温泉含多种矿物质和微量元素，有较高的医疗价值。城东2.5千米的首山主峰上筑有烽火台，登临远眺，海滨、古城、渤海风貌尽收眼底。城东8千米渤海中有菊花岛，是辽金时期的辽西佛教中心，岛上有诸多古迹。

观念应用5-1

利用学过的知识，分析辽东地区旅游资源的特色与分布特点。

[分析提示]

辽东地区旅游资源以温带海滨风光、名山、古迹为特色，呈环状分布。在东北旅游区独树一帜。

本区主要风景名胜见图5-1。

图5-1 我国东北旅游区主要风景名胜简图

本章小结

东北旅游区是我国纬度最高的旅游大区，地貌类型多样，但以山地、平原为主。东北平原是我国最大的平原，外围山地、河流呈马蹄铁状环抱，形成山环水绕的地貌格局。本区冬季寒冷漫长，具有千里冰封、万里雪飘的景色。全年蒸发微弱，湿度较高，气候具有冷湿的特点。铁路网稠密，是全国铁路密度最大的地区，旅游交通便利。

森林和冰雪是本区最重要的两项自然旅游资源，各项旅游活动也都围绕这两者开展。东北林区是全国最大的原始天然林区，冬季形成林海雪原的壮丽景观，是开展滑雪、溜冰、狩猎的大好季节，乃至形成东北隆冬的旅游旺季。南部地区有旖旎的温带海滨风光，加之全区夏季凉爽，不少地方成为避暑胜地，又形成本区夏季的旅游旺季。本区是我国火山活动剧烈的地区之一，形成了蔚为壮观的火山地貌。众多的火山锥、火山湖、熔岩和地热景观，成为本区不可多得的又一重要自然旅游资源。

哈尔滨、长春、沈阳和大连等地区的旅游资源丰富，并各具特色，是本区重要的旅游城市，也是各旅游线路的中心旅游城市。黑龙江省旅游线以著名的冰雪旅游、湿地野生动物观赏和火山湖泊温泉观光为特色。巍巍长白山，滔滔松花江，浓郁朝鲜族乡土情，赋予吉林省旅游线以独特魅力。辽宁省旅游线自然景观与人文景观兼备，山海风光和清代遗存文物为其资源优势。

主要概念与词语

□ 主要概念

哈尔滨冰雪节　“八大部”　吉林雾凇

□ 主要词语

沈阳故宫　金石滩　集安　本溪水洞　盘锦红海滩　兴城海滨

知识练习

□ 简答题

5.1　东北旅游区旅游资源有哪些特点？

5.2　哈尔滨、长春、沈阳、大连各有何旅游特色？

5.3　东北旅游区有哪些重要旅游线路？各旅游线路的资源优势是什么？

□ 填空题

5.1　________、网球、台球和________被称为“四大绅士运动”。

5.2　盛京三陵是指________、________和________。其中，位于沈阳附近的是________和________。

5.3　鸭绿江发源于________，是________两国界河。

5.4　________、________和________称为东北三宝；东北新三宝是________、________和________。

□ 选择题

5.1　冰灯、冰雕等冰雪活动，主要在东北旅游区的（　　）。

A. 长春　　B. 大连　　C. 哈尔滨　　D. 沈阳

5.2　“八大部”–净月潭旅游景点是在（　　）。

A. 长春　　B. 大连　　C. 哈尔滨　　D. 沈阳

5.3　长白山天池属于（　　）。

A. 构造湖　　B. 火山湖　　C. 淡水湖　　D. 断陷湖

5.4　兴城风景区素有“第二北戴河”之称，是因为（　　）。

A. 古城严整完好　　B. 沙滩平缓、海水洁净、温度适宜

C. 温泉多　　D. 地理位置好

技能训练

5.1　在旅游地图上找出本区的国家级重点风景名胜。

5.2　试写出哈尔滨冰雪节、大连金石滩、沈阳故宫的导游词。

观念应用

□ 分析题

5.1　地理环境对旅游资源的重要影响表现在哪里？

5.2　分析地下森林、熔岩隧道和堰塞湖的成因。

5.3　睡火炕、冬天吃冰棍和冻水果、冬钓、冬泳是本区独具特色的风俗习惯，试分析原因。

□ 实训题

冰雪旅游的游乐项目主要有哪些？组织冰雪旅游时，应提醒游客注意哪些事项？

□ 综合案例

如表5-1所示，根据各城市的平均气温和本区旅游资源特点，分别设计一条夏季旅游路线和冬季旅游路线。

表5-1　**主要城市月平均气温（℃）**

地址＼月份	1月	2月	3月	4月	5月	6月	7月	8月	9月	10月	11月	12月
哈尔滨	−20	−14	−7	7	14	21	22	21	14	6	−8	−14
长　春	−16	−13	−4	7	15	20	23	21	15	7	−4	−13
沈　阳	−14	−10	−1	9	18	23	25	22	17	9	−2	−10
大　连	−5	−4	2	12	20	25	26	24	20	15	0	−6

第6章 黄河中下游旅游区

学习目标

知识目标：了解黄河中下游旅游区地理环境特点，熟悉区内重点旅游城市及主要旅游线路，掌握本区旅游资源的特征。

技能目标：掌握本区主要旅游胜地的地理分布和特点，并能够把主要旅游胜地填在空白地图上。

能力目标：根据本区特有的地理环境和旅游资源特征，学会初步设计旅游路线。

引例：　　　　　　　　　　黄河——中华民族的母亲

说黄河是中华民族的母亲，不仅是说在黄河流域有我们中华民族的早期文明：半坡、蓝田、仰韶……也不仅是说夏、商、周、秦、汉、唐诞生于此，而且是说没有黄河就没有华北大平原。黄河通过一次次改道，将它从黄土高原上携来的泥沙在原来是浅海的华北平原上铺撒开来，一层层、一年年，由北向南，从西到东，终于把我们中华民族活动的大舞台——华北平原塑造出来了。

那么，在历史长河中，华北平原——中华民族的大舞台是如何创造出让世界震惊的灿烂辉煌的文明史呢？请同学们随着本章的学习来了解。

黄河中下游旅游区包括京、津、冀、豫、鲁、晋和内蒙古中部四省一区二市，面积187.9万平方千米。本区是我国历史文化的主要发祥地，是全国政治、经济、文化、交通中心。本区旅游资源的丰富性和旅游区位的优越性，是全国其他地区难以比拟的，是全国最发达的旅游区。

6.1　概述

6.1.1　旅游地理环境概况

1）地貌类型齐全，海陆兼备

本区位于我国中北部，跨地势的第二、三级阶梯，东部濒临渤海与黄海，拥有山地、高原、平原、丘陵和盆地等各种地形，地貌类型齐全，自然景观多样，可划分为六个基本地理单元。

内蒙古高原是我国高原面貌表现最明显、保存最完整的高原，地面开阔坦荡，起伏和缓，多宽广的浅盆地，蒙古语称为“塔拉”。高原上的草原辽阔丰美，是我国优良的天然牧场。其中，呼伦贝尔高原、锡林郭勒高原和乌兰察布高原为内蒙古高原的主体部分，温带草原景观特色明显，旅游环境理想。

黄土高原是世界上黄土分布最广、发育最典型的地区。高原地面破碎，沟壑纵横。由于黄土本身的性质和黄土分布区特殊的地理条件，形成特有的黄土地貌景观，大到塬、梁、峁、坪，小如柱、桥、穴、沟，景色均不相同。黄土窑洞是黄土高原最具自然地理特色的人文景观，顺山依坡掘地凿洞，冬暖夏凉，其建筑优点和经验对现代地下建筑也颇有参考价值。

华北平原地势广阔平坦，土壤肥沃，寒暖适宜，物产丰富，是我国重要的农耕区，也是我国人口稠密、交通便利、经济发达的地区。这里坐落着众多的历史文化名城和成为重要旅游依托基地的大中城市，文物古迹繁多，城乡风貌各异。

太行山脉耸峙在黄土高原和华北平原之间，受河流切割，多横谷，为东西交通孔道。在太行深处或隘口，经过长期风化侵蚀，形成许多形态奇特的天然景观，奇峰林立，怪石峥嵘，植被繁茂，四季有景，颇有旅游价值。

冀北山地是内蒙古高原和华北平原的过渡地区，燕山山脉位于冀北山地的南部边缘，山峰高度多在海拔1 000米以上。山间有不少盆地，著名的避暑山庄就坐落在承德盆地中。河流切割山地形成险要的关隘，如居庸关、古北口等，成为长城内外的交通要冲。本区东北角的山海关，地形险要，有“天下第一关”的称号。

山东丘陵和低山分布在鲁东和鲁中地区，系古老地块经长期侵蚀而成。中部的泰山为断块山，雄居于平原丘陵之上，有拔地通天之势，为我国五岳之首。东部的低山丘陵是山东半岛的主体，突出于渤海、黄海之间，海岸曲折，多港湾，盛产水果，水产品丰富。崂山突出于青岛海滨，为著名的旅游景点。

2）典型的温带大陆性气候

本区大致以长城为界，南部为暖温带半湿润区，北部为中温带半干旱区，向西北过渡到干旱区。除内蒙古的北部和西部外，均为温带大陆性季风气候，其特点是夏季炎热多雨，冬季寒冷干燥，春秋短促。受东亚季风环流的影响，本区夏季普遍高温，多数地方7月平均气温在24℃以上，最高气温在37℃以上，夏季炎热且较长。冬季气温较低，1月平均气温多在0℃以下，北部地区更为寒冷，内蒙古1月平均气温在零下10℃以下，且多暴风雪。春季气温回升很快，蒸发旺盛，干燥多风。秋季天高云淡，金风送爽，日照充足，是本区最佳旅游季节。

本区降水集中，以7、8月为多，占全年降水量的70%。降水量分布从东南及南部向西北递减，从800毫米减少到西北的200毫米甚至50毫米，因此内蒙古西部戈壁广布，沙丘连绵，呈现荒漠景观。总的来看，在气候条件影响下，本区生物旅游资源不甚丰富，自然风光景象不够活跃和生动，但是一些寺庙周围仍保存有较好的风水林。

3）黄河横贯，库湖散布

黄河中下游旅游区的河流，分属于黄河、海河、淮河和长江四大水系，但以黄河水系为主。区内湖泊较少，分布较分散。本区河流水量不稳定，季节变化大，含沙量高。冬季大部分河流有一定的封冻期，不利于航运，但局部河段的特殊景观和特色旅游形成旅游热点。

黄河自西向东流经河套平原后急转南下，穿行于陕、晋两省之间的黄土高原，沿途多断层峡谷，在昕水河以南切穿吕梁山脉西南端，形成著名的壶口瀑布和龙门急流奇观。壶口瀑布激流澎湃，山鸣谷应，为黄河中游胜景。黄河自潼关折向东流入豫，穿过最后一座峡谷三门峡，这里石壁陡峭，形势险要，大坝巍峨壮观，是黄河漂流的最佳河段。黄河出峡经小浪底东流入黄淮平原，流速骤减，泥沙沉积，两岸堤防高筑，形成世界闻名的“地上河”。在入海口处，发育了广阔的黄河三角洲，形成独特奇美的旅游景观。

海河由五大支流汇合而成。支流多源于高原山地，坡陡流急，含沙量高。为拦洪蓄水、调节水量，已在上游修建了大量水库，库区环境优美，成为旅游胜地。河流的中下游地区，多浅盆式的洼淀，以白洋淀为最大，素有中国“北方天然水乡”之美誉。

4）旅游商品丰富多彩

本区土地辽阔，历史悠久，物产丰饶，工农业生产发达，旅游商品十分丰富，有众多闻名中外的土特产品和手工艺品。如北京的景泰蓝、牙雕、玉雕、五大名菜和各式蜜饯果脯；天津的“四艺”和风味小吃“三绝”；河北鸭梨、石门核桃、唐山陶瓷；山西汾酒、老陈醋、刀削面；内蒙古皮毛产品、烤全羊、奶酪；河南唐三彩、小磨油、大枣、西瓜、汴绣；山东鲁菜、烟台苹果、烟台葡萄酒、青岛啤酒、乐陵小枣、潍坊风筝等，都深得游人的青睐。

5）海陆空交通运输便利

本区是我国交通运输业比较发达的地区之一，铁路、公路网密度居各旅游区前列，航线通往全国各大中城市和重要旅游区，辟有通往五大洲的几十条国际航线，2019年9月正式通航的北京大兴国际机场是世界级航空枢纽，本区旅游交通极为便利。京哈-京港澳、京昆、京沪、京兰、呼南、青银、陆桥、沿海等高铁干线不但连接区内各主要旅游城市，而且沟通其他各旅游区。2019年通车的京张高铁，全长174千米，是我国智能化水平最高的一条高铁线。时速350千米，应用了北斗导航、5G、刷脸进站等一批“黑科技”。京张高铁带动和开发了沿线的冰雪等旅游产业。天津、秦皇岛、烟台、青岛、日照是本区重要海港，联系着区内外沿海景区。本区主要景点大多处在全国旅游热线上，旅游交通便捷度和舒适度高。

小思考6-1

本区发展旅游业有哪些有利条件？又有哪些不利因素？

答：本区地貌类型多，工农业生产发达，旅游商品丰富，交通便利，为发展旅游业提供了有利条件。但气候较干燥，春秋两季短，多风，生物资源较贫乏。

6.1.2　旅游资源特征

1）民族摇篮，胜迹荟萃，人文旅游资源博大精深

黄河中下游地区是华夏祖先最早生存繁衍的地区之一。中国早期的奴隶社会从这里发展起来，中国早期封建王朝也多在此建都，在相当长的历史时期内，黄河中下游地区是我国政治、经济、文化中心。悠久的历史，灿烂的文化，给本区留下了无数的历史名胜和文物古迹。人文旅游资源极其丰富，成为本区最突出的旅游资源特征。

黄河中下游旅游区是我国古文化发源地，以灿烂的华夏古文明驰誉世界。旧、新石器时代及夏、商、周、汉、唐、宋等文化遗址甚多，如周口店北京猿人遗址、山顶洞人遗址、丁村遗址、仰韶文化遗址、大汶口文化遗址、龙山文化遗址、殷墟、大河村遗址等，它们充分展现了人类进化和发展的线索，提供了丰富的历史资料，是开展寻根求源历史文化旅游的集中场所，具有极大的考古科研价值。

皇陵是本区重要的人文旅游资源，区内皇陵规模宏大，造型考究。尤其是明、清两代陵寝，布局形成定式，环境封闭，陵区集中，排列有序，神道贯通，建筑艺术可谓登峰造极。区内著名陵墓有明十三陵、清东陵、清西陵、北宋皇陵、成吉思汗陵以及孔林、昭君墓等，这些古墓葬地面建筑宏伟壮观，地下宫殿富丽堂皇，或依山傍水景色秀丽，或庄严肃穆、气势非凡，素为游人所敬慕。

本区宗教遗存极为丰富。佛教传入中土，首先在黄河流域扎根，佛教建筑分布很广，著名的有中土第一座佛寺白马寺，以武术名扬四海的少林寺，镶嵌在万仞峭壁之间的悬空寺，层层殿堂依山叠建的碧云寺等。全国有著名的宗教石窟四处，本区即有

云冈和龙门二处，各具艺术特色。古塔保留较多，类型各异，如应县木塔、嵩岳寺塔、开封铁塔、济南四门塔、定州开元寺塔等，均属全国重点文物保护单位。

古代伟大工程保存较为完好是本区的又一特色。长城在本区保存最为完好，墙身高大，体系完整。赵州桥、卢沟桥等是我国古代桥梁工程的典范。区内还有我国最古老的天文观测台，即登封测景台、登封观星台和北京观象台。这些伟大工程，充分体现了中华民族的智慧和贡献，具有很高的旅游价值。

本区古建筑绝世超群。中国三大古建筑群都分布在本区，即北京故宫、曲阜孔庙和泰山岱庙。北京颐和园和承德避暑山庄是中国最大的皇家园林，保存完好，布局精辟，引人入胜。古代坛庙是我国极其珍贵的历史文化遗址，北京是我国唯一保留有祭坛的地方，如天坛、地坛、社稷坛等，这些祭坛设计别致，寓意各异。

本区古都名城众多。中国七大古都中本区占有四个，即北京、洛阳、开封和安阳，并且建都历史早、产生影响大。此外，还有众多的国家历史文化名城都不同程度地保存着较多的历史风貌和相应的文物古迹，是中华民族发祥地的历史缩影，构成重要的旅游城市。

2）海滨优美，名山众多

本区东部的渤海、黄海之滨，是我国著名的海滨旅游胜地，海岸漫长曲折，滩面平缓宽阔，沙滩柔和洁净，海水碧蓝清澈。这些地方一年四季都承受着海洋的恩惠，夏无酷暑，冬无严寒，风景秀丽，气候宜人，是消夏避暑和海水沐浴的良好场所。其中，北戴河、南戴河、烟台、青岛等地是理想的阳光海滩旅游胜地。特别是从滦河口到北戴河之间的海岸线，具有滩宽、坡缓、沙细、水清、景幽等特点，是我国旅游的黄金海岸。

本区山地风景资源独树一帜，既不同于秀美的桂林山水，也有别于青翠的江南山峦，以雄伟壮丽、气势磅礴、历史悠久闻名于世。由于自然与历史的原因，本区名山众多，可进入性大，多成为我国旅游热点。著名的五岳，本区占有泰山、嵩山、恒山三岳；还有佛教名山五台山、道教名山崂山以及云中公园鸡公山、京东第一山盘山等；山西北武当山和五老峰等，都是我国名胜，各有千秋。

观念应用6-1

太行山大峡谷——中国最美的十大峡谷之一

太行山大峡谷山高谷深，形成大起大落、大空间大节奏的雄伟景观。大峡谷将山的静态美与水的动态美鬼斧神工地融为一体，衍生出美学价值极高的地质地貌景观。它的不同凡响不在于某段峡谷，而在于以拒马河、滹沱河、漳河、沁河以及太行八陉为脉络，构成了一个在南北长600千米、东西宽250千米的范围内，气势恢弘、博大精深的太行山峡谷系、峡谷群。其中，王屋山地处太行南麓，“愚公移山”的故事就发生在这里，断崖、飞瀑、幽谷、清泉为其主要特色，点缀以古老的道教文化，有“天下第一洞天”之誉。与之东邻的云台山，瀑布壮观、盆景峡谷独特，“尺寸之中”荟萃山川精粹。太行东麓的苍岩山危崖绝壁，丛林苍郁，殿阁楼台横跨峭壁。嶂石岩地处太行山东麓，具有宏壮、险峻的整体美和嶂、石、套、栈等个性美。野三坡位于太行与燕山交接处，雄、险、奇景观为华北地区罕见，极富原始野趣。

根据以上资料，试分析太行山大峡谷凭什么入选“中国最美的十大峡谷”？同时找出太行山中的风景名胜。

［分析提示］

（1）在地貌形态上表现出惊人的一致性，是一个整体；在中国东部地区具有美学价值如此之高的峡谷群是极其罕见的；中国文化和众多的历史事件在这里留下了痕迹。

（2）主要风景名胜：王屋山、云台山、苍岩山、嶂石岩、野三坡等。

3）塞外风光和民族风情

蓝天白云下的内蒙古大草原，是国内外游客理想的旅游观光游览胜地，有着特殊的魅力。高原的东部地区，为典型的温带草原区，草原辽阔、景色迷人。在蓝天和草原相接的地方，白云悠悠，青山隐隐，空气清新无染，到处掺和着浓郁的草香，令人心旷神怡。夏季是一年中最美的时光，整个内蒙古草原气候温和，水草丰美，五颜六色的野花遍布，把大草原装饰得像一块彩色艳丽的绒毯。辽阔坦荡的草原上，偶尔有一些蒙古包出现，继而便会有大群的牛羊在草原上漫游，牧歌此起彼伏。“天苍苍，野茫茫，风吹草低见牛羊”，是对草原风光的生动写照。

在一望无际的内蒙古大草原上，穿上蒙古袍，骑上蒙古马，体验牧民生活，领略草原风情，参加赛马、马术、骑射等牧民的娱乐活动，是草原旅游的主要内容。到蒙古包作客，品尝奶茶、美酒、手抓羊肉，别有一番情趣。在700多年前，蒙古族部落就有了“那达慕”的活动，大致在每年8月份举行。现在每年7月15日—8月15日为“草原旅游节”，主要旅游项目有沙漠旅游、成吉思汗祭奠、鄂尔多斯歌舞、草原那达慕、民族美食、民族服装表演、民俗旅游、垂钓、庙会和祭敖包等，这些活动无不妙趣横生。

小思考6-2

本区自然景观和人文景观各有什么特色？

答：本区自然景观以优美海滨和名山为特色，且有全国最典型的大草原。本区名胜古迹类型丰富，历史文化资源冠于全国。

6.2　重点旅游城市

6.2.1　北京市

北京是中华人民共和国的首都，是全国政治、经济、文化、交通和对外交往的中心。地势西北高东南低，为华北平原北缘的山麓地带，山区和平原面积各占62%和38%。主要河流有永定河和潮白河。气候属温带大陆性季风气候，春秋两季是旅游的最佳季节。

北京是举世闻名的历史文化名城，我国七大古都之一，古称蓟。蓟城是北京最早的雏形，春秋战国时为燕国都城。10世纪初，发迹于北方的辽国将蓟城作为陪都，改称南京，又名燕京。金继辽之后，将燕京正式定为金朝都城，称中都。到了元朝，又在中都郊外创建新城，改中都为大都。元朝统一了中国，从此北京成为全国唯一的政治中心。以后明朝改建大都，始称北京，并迁都北京；清朝继续建都北京。1928年，“国民党政府”时期改名北平，1949年10月1日中华人民共和国成立，定此为首都，更名为北京。

北京历经千年发展，其古迹之多、园林之美、山水之胜在世界上久负盛名。中华人民共和国成立后，经过70多年的发展，北京现代化建设成就斐然，已成为世界著名的大都市。现在北京对外开放的旅游景点有200多处，其中国家级重点文物保护单位40多处。北京拥有众多的古代宫殿建筑群、皇家园林、坛庙寺观、帝王陵墓、古塔石刻、名人故居，以及宏伟的古代、现代建筑和各类博物馆、纪念馆、展览馆及特色公园，有著名的街市和郊外风景胜地。北京是中国第一大旅游城市，也是举世瞩目的国际性大都市。

1）故宫

故宫位于北京城的中心，旧称紫禁城，是明清两代的皇宫，是我国现存最大最完整的宫殿建筑。故宫始建于明永乐四年至十八年（1406—1420年），后几经重修改建，先后有明朝的14位和清朝的10位共24位皇帝在这里统治长达5个世纪之久。故宫占地72万余平方米，宫室8 700间，南北长960米，东西宽750米，四周有宫墙长3 420米，宫墙四角各有9梁18柱角楼。墙外环有宽52米的护城河，俗称筒子河。故宫的主体建筑在中轴线上的中路，宫室在东西两路匀称排列。中路的主要建筑有午门、三大殿（太和殿、中和殿和保和殿）、乾清门、内三宫（乾清宫、交泰殿和坤宁宫）、御花园和神武门。午门是故宫的正门。在整个宫城中，三大殿是中心。其中太和殿也称“金銮殿”，是故宫最大的建筑，也是皇帝举行大典的地方。中和殿和保和殿是皇帝休息和宴会的地方。

宫殿分为外朝和内廷两大部分。外朝是皇帝举行大典、召见群臣和行使权力的主要场所，包括三大殿、文华殿和武英殿。内廷是皇帝处理日常政务和帝后嫔妃、皇子公主们居住、游玩和奉神的地方，包括内三宫和东西两路各院，这也就是人们常说的三宫六院。宫内整个建筑多为木结构，红墙、黄琉璃瓦顶，青白石底座，豪华壮观，金碧辉煌。故宫内藏有大量的珍贵文物，布置专馆陈列，它们是研究明清两代历史和历代艺术的重要资料。

2）天安门广场

天安门广场位于北京城区中心，南北长880米，东西宽500米，总面积44万平方米，是当今世界最大的城市中心广场。天安门原为明清皇城正门，总高34.7米，红柱黄瓦，壮丽巍峨。广场中央耸立着人民英雄纪念碑和毛主席纪念堂，人民大会堂和中国国家博物馆分列于广场两侧。这些建筑凝聚了灿烂的中国文化，展现着现代中国建筑的风格。2006年9月，在广场正阳门地面新增“四方神”吉祥图形——中国公路“零千米”标志，它向世人宣告，纵横通衢的中国公路网首次有了起点标志，当游客站在零千米处，则有“千里之行，始于足下”的感慨。

3）中山公园

中山公园位于天安门西侧，原是辽、金时代的兴国寺，元改称万寿兴国寺，明建社稷坛，祭祀土地五谷神，1914年辟为中央公园。孙中山先生灵柩曾在园内停放，1928年改为中山公园。全园面积为22万余平方米，有“保卫和平”牌坊、社稷坛、中山堂、音乐堂、习礼亭、兰亭碑亭、水榭、唐花坞等建筑。社稷坛是园内的主体建筑，为汉白玉砌成的三层方台，上铺五色土，表示“普天之下，莫非王土”。中山堂原为社稷坛的拜殿，是皇帝祭祖时休息或遇雨时行祭礼的地方，为一木结构大殿，端庄精巧。兰亭碑原为圆明园四十景之一，亭中八根石柱上分别刻着历代书法家临摹的王羲之的《兰亭集序》及柳公权所作的兰亭诗。

4）劳动人民文化宫

劳动人民文化宫在天安门东侧，旧称太庙，是明、清两代帝王祭祀祖先的地方，始建于明永乐十八年（1420年），明清多次重修，总面积13.9万平方米。太庙布局严整对称，三重围墙，主体建筑是三座雄伟大殿。前殿规模最大，红墙黄琉璃瓦，飞檐崇脊，为皇帝祭祖时的祭场。中殿又名“寝宫”。后殿又名“祧庙”。庙内古柏茂密，环境清幽，气氛肃穆。1924年曾改名为和平公园，1928年划为故宫博物院分院，1950年改名为北京市劳动人民文化宫。

5）北海公园

北海位于故宫的西北方向，是我国现存最古老的帝王宫苑。北海有山有水，可分为琼岛、东岸、北岸以及团城四部分。琼岛是全园的中心，岛上建筑精美，高低错落有致，依山势分布，掩映于苍松翠柏之中。白塔位于琼岛之巅，是北海公园最突出的建筑，高35.9米，是一座喇嘛塔。东岸的画舫斋、濠濮涧幽静别致，廊榭亭桥变化于咫尺之间，布置精巧，自成体系。北岸有著名的九龙壁等建筑，是我国三大九龙壁之一。在北海南门外的团城，是一座高5米、面积约4 500平方米的圆形城台，台上建有殿宇、廊庑，是一处秀丽别致的庭院，玉佛、玉瓮、古松为团城三珍。

6）天坛

位于正阳门南的天坛，是世界最大的祭天古建筑群，占地面积约273万平方米，始建于明永乐十八年（1420年），初名天地坛，后改称天坛，为明、清两朝帝王祭天祈古的场所。天坛的魅力在于其独特而神化的建筑艺术。整个建筑群布局严谨，造型精巧，结构奇特，将建筑学、几何学、美学、神学、声学以及园艺学等交融于一体，造就了一派浓重的祭祖意境，其主要部分为祈年殿和圜丘所组成的两组建筑。祈年殿是一座三重檐蓝琉璃瓦的圆形大殿，坐落在三层汉白玉石砌成的高台上，殿高38米，直径30余米，全木结构，无大梁长檩，由内外三层共28根巨柱支撑，体现了极为高超的建筑水平。中央四根龙井柱代表一年四季，中层12根象征一年12月，外层12根表示一日12个时辰，内外檐柱共24根象征一年二十四节气，三层28根象征全天星宿。圜丘坛是一座三层汉白玉砌成的圆形石坛，栏板、望柱、台阶和坛面石的数目都是奇数。回音壁、三音石、对话石和太极石产生了圜丘坛的四大奇妙声学现象。

7）雍和宫

雍和宫位于北京东城区雍和宫大街，占地约6.6万平方米，是北京地区规模最大、保存最好的藏传佛教格鲁派寺院，始建于清康熙三十三年（1694年），原为清雍正皇帝即位前的府邸。雍正三年（1725年）改名雍和宫，成为清帝供祀祖先的影堂。乾隆九年（1744年）改建为喇嘛庙，为当时清政府管理全国藏传佛教事务的中心。宫内规模壮观，建筑宏丽，有影壁、牌坊、山门和五进大殿。法轮殿是宫内最大的殿宇，“上藏下汉”，前后出抱厦，平面呈十字形，殿顶设有五座小阁，阁内有小型喇嘛塔一座。殿正中供宗喀巴大师铜座像，像后有用檀香木精雕的五百罗汉山。法轮殿后的万福阁为宫内最雄伟的建筑，共三层，东西各有一座两层楼阁以悬空廊道相连，三位一体，气势非凡。阁内有著名的檀香木弥勒佛立像，高26米，为一根整白檀香木雕成，为世界罕见的室内巨像，被载入“吉尼斯世界大全”。它与五百罗汉山、金丝楠木佛龛并称为雍和宫“三绝”。雍和宫整个建筑群前半部疏朗开阔，后半部密集错落、辉煌庄严，是北京最华丽的寺庙，也是我国著名寺庙之一。

小知识6-1

北京什刹海地区——中国最美的五大城区之一

什刹海体现北京古朴的文化，地处北京北海后门，是北京胡同最为集中的地区。这里不仅有躲在胡同里的中国最传统的民间文化，还有沿河而建弥漫着红尘和喧嚣的都市酒吧；这里不仅有普通百姓破旧的小院，也有达官贵人们辉煌耸立的红墙丽宫。什刹海就在这样一种不同文化、不同地位、不同肤色的相互撞击中展现着它独特的魅力，它告诉我们多样性是城市活力与和谐的基础。它的美丽在于其平实、质朴和平民气质，过去如此，现在也如此。从古至今，在很长一段时间内，它一直是生活于这个千年帝都中的普通百姓人家在皇城中所拥有的唯一公共开放空间。专家誉称为“紧临中南海的时尚”。

8）颐和园

颐和园位于北京西北郊，是我国现存最完整、规模第二大的皇家园林。原为元、明皇室的行宫花园，清乾隆时改建为清漪园。1860年英法联军烧毁了园内的大部分建筑。光绪十四年（1888年）慈禧太后动用海军军费重建，建成后取“颐养冲和”之意改名颐和园。全园占地约290万平方米，水面约占3/4，主要由万寿山和昆明湖组成，北侧依山，南面临水。园内建筑规模宏大，有不同形式的宫殿园林建筑3 000余间。全园布局大体上分为勤政、居住、游览三个区域，布局得宜，浑然一体。佛香阁是全园建筑布局的中心，高41米，登临阁上，可以把园外数十里的西山群峰和玉泉山的宝塔都组织到院内画面中来。园中山清水秀，阁耸廊回，既有自然湖山之胜，又有园林艺术之美，“虽由人造，宛若天成”。万寿山前的长廊，是我国古建筑和庭园中最长的廊，共273间，全长728米。廊内每根枋梁上绘有精美绘画，共有8 000余幅。长廊以绘画丰富多彩、建筑独具特色而被世界吉尼斯总部列为当代世界之最。

9）香山公园

香山为西山山岭之一，在颐和园西侧，距北京市中心约20千米，是一处富有自然景色的山林公园。主峰香炉峰海拔557米，俗称“鬼见愁”，高处含云吐雾，远望似香烟缭绕。峰顶有两块巨石形如香炉，故称香炉山，简称香山。全园山高林密，幽静清雅，四季风景宜人，春季山花烂漫，夏季荫郁凉爽，秋季黄栌换装、满山红叶，冬季雪后放晴、一片银装。香山自然景色优美，金后历代在这里修建了寺庙和行宫，形成山清水秀、规模壮观的名园。1860年和1900年该地分别遭到英法联军和八国联军的破坏。中华人民共和国成立后经全面修整，成为香山公园，是人们喜爱的郊游胜地。

10）八达岭长城

八达岭位于北京西北延庆县内，是燕山余脉军都山的一座山峰，海拔逾千米，居高临下，形势险要。八达岭长城依山而筑，气势磅礴，是明长城中现今保存最好的一段。其城墙高大坚固，以巨型花岗岩条石为基，用巨大城砖砌筑。上筑马道，宽可容五马并驰，十人列队并行。城墙内侧有矮墙，外侧有雉堞。城墙每隔三五百米设敌台或敌楼一座，在山脊高地、城墙转角或地势险要处加筑有堡垒式城台，附近小山岗上有烽火台，防御体系十分完整。

11）慕田峪长城

慕田峪长城位于怀柔区境内，全长2 250米，是长城保存最好的地段之一，1986年开始接待游人。这里山势起伏，关隘险要，敌楼林立，素以雄险壮观著称。可游览的一段，敌台22座，建于要冲之处，气势壮观。有三道长城汇于一楼的“秃尾巴边”，长城突伏突升突转的“牛犄角边”，连在悬崖上的“箭扣”，城墙凌空飞过的“鹰飞倒仰”等，无不使人惊叹。这里地处偏僻之境，自然环境保持完好，草木茂盛，流水潺潺，空气清新，富有高山园林情趣，这是其他长城段少有的。

观念应用6-2

北京——中国第一大旅游城市

北京和上海都是我国大都市。上海是我国最大的城市，但在旅游方面，北京在全国独占鳌头，是第一大旅游城市。为什么？

[分析提示]

主要从三方面说明：①北京是中国的首都；②城市发展的历史；③北京旅游资源类型较齐全，尤其是人文旅游资源。

6.2.2　天津市

天津是北方最大的工商业港口城市和历史文化名城，处在渤海区域的中心位置，距北京120千米。天津市农业特产繁多，工业门类齐全，现代交通发达，成为北京旅游最直接的延伸区。天津旅游资源具有融近代人文景观和山河湖海自然景观为一体的特点，古长城、古刹、名人旧址等名胜众多，市内商业街、金融街、食品街、古文化街等独具特色，水上公园、海河风景线、海滨浴场、盘山以及近年来新崛起的滨海新区等极具旅游价值。

1）市区内主要景点

水上公园。其位于天津市区西南，面积150多公顷，是天津最大的综合性公园。全园以水取胜，水面占3/5，故名“水上公园”。公园南、北部为大片陆地，中间是广阔的水域。湖中有大小13个岛屿，岛间有拱桥、曲桥、长廊、柳堤相连，并把水面分成了东湖、西湖、南湖三大水域。沿湖和大小岛上点缀着亭、台、楼、阁，波光闪闪，花红柳绿，颇具江南水乡风光。

海河风景线。它是指从三岔口到光明桥一带，横穿繁华的天津市区。海河公园、望海楼教堂、“老龙头火车站”、天津站等构成一幅长长的风景画卷，把天津装扮得楚楚动人。但它最让游人眷恋的还是夜幕下海河流水闪烁的波光灯影和流动不息的美。两岸若明若暗的各色灯光，倒映在河中，浮如绚丽的彩霞，缓缓的流水，又把一道道彩霞送向远方，使人们产生无限的遐思。

古文化街。古文化街与天后宫为“津门故里”，位于南开区，是天津的发祥地。全街长580米，为仿清建筑，整体风格与北京的琉璃厂相似。在这里，古韵、天津味和文化气息一览无遗。街内有近百家店铺，主营古旧书籍、古玩玉器、传统手工艺制品、民俗用品等，天津民间艺术的杨柳青年画、泥人张彩塑、魏记风筝等都在这里设有专卖店。天后宫俗称娘娘宫，坐落于古文化街中心，始建于元代（1326年），最初为船工祭祀海神天潜、举行酬神演出及聚会娱乐的场所，现辟为天津民俗博物馆。

2）独乐寺

独乐寺在天津市蓟县城内，始建于唐，扩建于辽，距今已逾千年，是我国现存最古老的木结构高层楼阁建筑。山门和观音阁为独乐寺主体建筑。山门庑殿顶四坡五脊，出檐深远曲缓，檐角如飞翼，正脊两端装有一对我国现存建筑中年代最早的鸱吻。观音阁通高23米，外观二层实为三层，共用24种不同的斗拱连接而成，美观挺拔、稳定牢固、抗震力强、建筑手法高超。阁内供奉的观音菩萨塑像高16.08米，是我国现存最高大的彩色泥塑站像，头顶上有十尊小佛头，又称之为“十一面观音”。阁下层四壁布满彩色壁画，为古代绘画珍品。

3）盘山

盘山坐落于蓟县城西北12千米处，距北京市区80千米。山势雄伟、峰奇林茂、古迹众多、风景秀丽，被称为京东第一山，是历代帝王和名人竞游之地。盘山属燕山余脉，但岩性不同，燕山大部分是石灰岩，而盘山是花岗岩。盘山风景按照山势高低和景物特点，分为上、中、下三盘，称为“三盘之胜”。上盘松胜，中盘石胜，下盘水胜。盘山的主要胜景有五峰八石。五峰以主峰桂月峰为中心，前有紫盖峰，后有自来峰，左有舞剑峰，右有九华峰，回旋百里，步步有景，逢景有典。盘山怪石众多，天设地造、自然成形、任人遐想。盘山过去还有七十三寺、十三宝塔等名胜古迹，可惜多毁于战火。现存名胜古迹有天成寺、古佛舍利塔、万松寺、石塔林和摩崖石刻等。

6.2.3 洛阳市

洛阳位居豫西伊洛盆地，为我国七大古都之一，兴建于公元前11世纪。从公元前770年开始，先后有东周、东汉、曹魏、西晋、北魏、隋、唐、后梁、后唐九个朝代在此建都，历时900多年，素有“九朝古都”称誉。洛阳名胜古迹甚多，著名的有龙门石窟、白马寺、关林、汉魏洛阳古城、齐云塔、西汉壁画墓、白居易墓等，近年来又兴建了古墓博物馆和民俗博物馆。

1）龙门石窟

龙门石窟位于洛阳市南13千米的伊河西岸，“两山对峙，望之若阙，伊水历其北流”，故又称“伊阙石窟”，始凿于北魏太和十八年（494年）孝文帝迁都洛阳前后，其后历代王朝经过400多年大规模营造，形成今日南北长一千余米的峭壁石雕群体。现存窟龛2 345个，遗像70尊，碑刻题记2 480余块，佛塔60余座，是中国历史上繁荣时代雕刻艺术的典范之作。龙门石窟不仅是佛教文化的艺术表现，同时折射出了不同历史时期政治、经济以及文化的时尚。石窟中保留着大量的宗教、美术、建筑、书法、音乐、服饰、医药等实物史料。举世闻名的卢舍那大佛，法相庄严、精美绝伦，那俯视的目光和不可思议的微笑，仿佛有无穷的魔力，被誉为“东方的蒙娜丽莎”。

2）关林

关林位于洛阳市南7千米处，北临洛水，南对龙门，景色秀丽。相传三国蜀将关羽首级埋葬于此。汉建安二十四年（219年），吴蜀交兵，关羽失利，败走麦城，被吴将所害。孙权为转移责任，将关羽的头颅送到洛阳献给魏国。曹操识其计，将头颅配以木雕身躯，隆礼厚葬于南郊。为祀奉关羽，后人在此修建了关帝庙。现今关林占地百亩，是一处布局严谨、殿宇崇丽的古建筑群。中轴线上大殿层层，殿内雕梁画栋，五彩缤纷。关冢高大，犹如土丘，周围翠柏葱郁。洛阳关林与山西解州关帝庙、湖北当阳关陵，并称我国“三大关帝建筑”。

3）古墓博物馆

洛阳古墓博物馆建于洛阳城北邙山之巅的冢头村，北魏宣武帝陵墓的下方，于1988年开放，是黄河之旅的重要景区。有千年建都史的洛阳，出过许多帝王公侯、卿相贵族及叱咤风云、显赫一时的历史人物，而自古素有“生在苏杭，死于北邙”之说，所以这些人物死后都长眠于“风水宝地”邙山。洛阳古墓博物馆是从邙山发掘的数千座陵墓中精选出22座，予以搬迁、复原，按西汉、东汉、魏、晋、唐、宋朝代顺序排列集中建成的。这是我国最大的古墓博物馆。

4）洛阳牡丹

牡丹的人工栽培在中国有2 400多年的历史。洛阳牡丹隋唐时已盛名远扬。洛阳牡丹历史悠久、品种繁多，为洛阳市市花，现已增至500余品种。市里开辟了大面积的观赏园，每年4月5日前后至5月5日前后举行盛大的“洛阳牡丹花会”，吸引了众多的海内外宾客，花会期间各类经贸合作项目达成的合同成交额不断增长。赏牡丹不仅成为洛阳重要的旅游项目，也促进了洛阳全方位对外开放。

6.2.4　青岛市

青岛位于山东半岛南部的胶州湾，是一座美丽的海滨城市。青岛三面临海，一面着陆，市区坐落在起伏的丘岗上，各式红楼别墅参差错落，掩映在万绿丛中。碧海、蓝天、红瓦、绿树被称为青岛“四大景观”。这里气候温和宜人，夏无酷暑、冬无严寒，海滨广阔、海滩优良，是全国著名的观光避暑胜地。青岛风景名胜众多，著名的有栈桥、鲁迅公园、海滨浴场、八大关、崂山等。青岛市每年夏天举办青岛国际啤酒节。

1）栈桥

栈桥是青岛的象征，与繁华的中山路成南北一线，由岸边直伸入海，据说是清朝李鸿章为当时海军运输卸用物品而建。栈桥长440米，宽10米，两侧用铁链护卫，配以莲花灯。尽头有一座黄琉璃瓦顶双层飞檐八角亭，名回澜阁。内有旋转型楼梯，直通顶层。登上回澜阁远眺，澄碧空明，海天一方，尽览青岛的海滨风光。在栈桥东南海湾中有小青岛，岛上山岩俊秀，林木常绿，有长堤与陆地相连。

2）鲁迅公园

鲁迅公园是一座沿海公园，西临小青岛，东接第一海水浴场，沿狭长基岩海岸东西延伸，长约1 000米。这里怪石突兀，风景天成。园内有石牌坊，茂密的黑松林，红色嶙峋的礁石以及著名的海产博物馆等，景致与自然景观浑然一体，成为游人观潮、听涛、垂钓、休闲的理想境地。海产博物馆是一座以养殖、陈列海洋生物为主的博物馆，建于1950年，现拥有水族馆、南极馆、陈列馆、淡水鱼馆、珍稀保护动物陈列馆等展馆。水族馆展出海洋鱼、虾、贝几百种，这些生物常年在这里生活自如，游人进入这里如入海洋之中。陈列馆里有海洋动植物标本4 000余种。南极馆有南极捕获的海豹、企鹅和南极各种海产动植物。这里是了解海洋及海洋动物的极佳场所。

3）海滨浴场

青岛海滩优良，全市共有6个海水浴场，其中规模最大的为汇泉海水浴场，又称第一海水浴场。它建在汇泉湾的半月形沙滩上，海滩长达600米，宽40多米。海滩到防鲨网约有380米宽的水面，可容纳几万游泳者。浴场内沙细浪平，坡缓水清，既无暗礁，也无狂涛，岸边设有百余座造型各异、色彩斑斓的更衣室，有完善的海上救护设备。盛夏高峰期间，每天能容纳25万~30万人入浴。

4）八大关

八大关是因八条道路以长城的重要关隘而命名，位于市南区中部汇泉角的海滨，是青岛近代建筑遗产集聚地。八大关占地面积近66.7公顷，当年是按19世纪末欧洲最先进的城市规划理念设计的别墅区。近百幢西式别墅庭院造型迥异，流连其中，花木扶疏，海风轻柔，充满了异国风情，被人们称为“万国建筑博物馆”，现在这里是著名的疗养和避暑胜地。它因整体的和谐、有序，宜人的山地滨水城市风貌和有效的生活组织及完善的基础设施系统，被评为“中国最美的五大城区”之一。

6.3 旅游线路与旅游活动

6.3.1 中原旅游线路与旅游活动

河南省大部分地区在黄河以南，故名河南。古时，中国分为九州，河南属豫州，简称豫。豫州地当九州之中，故又有中州、中原之称。河南是中国历史文化的重要发祥地，从公元前21世纪中国奴隶制社会第一个王朝夏的建立到封建社会鼎盛时期的北宋王朝共3 000多年里，河南一直是中国古代政治、经济、文化的中心和军事战略要地，先后有20多个朝代、200多位帝王建都或迁都于此。拥有中国七大古都中的洛阳、开封、安阳等。古、河、拳、根、花为中原旅游的主要特色。以沿黄河三个重点旅游城市郑州、开封、洛阳为核心，延伸至三门峡的“三点一线”，是中原的王牌旅游线。

1）郑州

郑州坐落在黄河之滨，早在3 500年前这里就是商王朝的重要都邑。这里人文景观和自然景观十分丰富，主要游览胜地有商城遗址、嵩山、少林寺、中岳庙、嵩岳寺塔、嵩阳书院、宋陵、黄河游览区、打虎亭汉墓和二七广场等。

（1）郑州黄河游览区

黄河游览区是黄河上兴建的第一座较为完整的旅游区，位于郑州市西北30千米处的黄河南岸，设有五龙峰、岳山寺、骆驼岭、桃花峪、汉霸二王城等5个景区共40处景观。开通有低空索道、环山滑道以及黄河气垫船、高速快艇等现代游乐设施。五龙峰是中心景区，五座山错落有致地排列在黄河边，形似五龙吸水。在五龙峰的山麓，耸立着汉白玉“哺育”塑像，象征着黄河哺育了中华民族。

（2）二七广场

二七广场位于郑州市中心，为全市最大的购物广场。广场中央有二七纪念塔，周围集中了一批大型、豪华的现代化商场。广场南为郑州市第一条步行街，北为繁华店铺林立的北二七路。环二七广场的商业、服务设施群，集中呈现了郑州商贸城建设的成就，是观光、游览、购物的好去处。

（3）嵩阳书院

嵩阳书院位于嵩山南麓、太室山脚下，创建于北魏，历史悠久，规模宏大，是历代名人讲授经典的教育场所，也是我国古代四大书院之一。嵩阳书院的建制古朴雅致、大方不俗，现有房舍百余间，面积一万多平方米。中轴线上有五进院落，书院西侧，有两株高大的古柏，西汉元封元年（前110年）汉武帝游嵩岳时，见古柏高大茂密，封之为“大将军”“二将军”。大将军柏周长8米，二将军柏周长近15米，树龄在4 000年以上，实属罕见。

2）开封

开封是一座历史古城，位于河南东部黄河以南的豫东平原上。古时开封称为大梁，又名汴梁，建都距今已有2 000多年历史。历史上有七个朝代在此建都，即战国时期的魏、五代时期的后梁、后晋、后汉、后周以及后来的北宋和金。此外，西汉时期梁孝王曾把开封作为梁国都城，元末农民起义军红巾军首领曾在此建都，明朝朱元璋也曾把开封定为都城，故至今有“开封古城，十朝都会”之说。著名胜迹有铁塔、相国寺、龙亭、禹王台、繁塔、包公祠、延庆观、山陕甘会馆等。

（1）开封铁塔

开封铁塔是古汴梁的标志，是我国国宝，在开封城内东北角。铁塔又称祐国寺塔，建于北宋皇祐元年（1049年），为八角13层仿木结构琉璃砖塔，高54.6米，内为砖砌，外包褐色琉璃砖，酷似铁色，俗称铁塔。塔身用不同形制的琉璃砖筑成各种仿木结构，构件上雕有各式各样的装饰花纹，雕工精细，神态生动。塔内有旋梯，登至塔顶可远望黄河。

（2）相国寺

相国寺位于开封市中心，为我国著名佛教寺院之一，建筑宏伟，颇具特色。现存建筑为清代重建，主要建筑有大雄宝殿、八角琉璃殿、藏经楼等。八角琉璃殿中有一尊高6.6米、用一完整银杏木雕成的四面千手千眼观音像，全身贴金，构思巧妙，雕工精美。寺东钟亭内悬有巨钟一口，重约5吨，每逢霜天叩击，该钟发声浑厚洪亮，此“相国霜钟”为汴京八景之一。

（3）龙亭

龙亭在开封市西北隅，曾经是宋、金两代故宫和明朝周王府遗址。大殿凌空雄踞在高阔的台基上，正面有72级石阶直通台上，气势峥嵘，远望如天上宫阙。殿顶覆盖琉璃瓦，重檐歇山式。殿内放置的雕龙大石墩，传为宋太祖的御座。殿四周有精美的雕栏围绕。龙亭前为碧澈的潘、杨二湖，亭台楼阁，倒影相映，柳丝拂岸，波光粼粼。

（4）鼓楼夜市

开封夜市最早出现于东汉，到了宋代已具规模，后日益繁荣。据专家考证，如今风靡夜市的一些美味佳肴，是千年之前宋都市场上食品的演变。在开封诸夜市中，以鼓楼夜市规模最大。它位于开封市中心的鼓楼广场，以广场为主，两侧分别向南北各延伸一条街为百货区和家具区。夜市无论春秋寒暑从不间断，每日夜聚昼散，规模之大、营业时间之长在全国实为少见。

3）安阳

安阳是中国七大古都之一、中国优秀旅游城市，同时也是甲骨文的故乡、《周易》的发源地（中国第一座国家监狱羑里城遗址）、红旗渠精神诞生地、抗金英雄岳飞故里。它位于河南省最北部，西依太行山，东靠华北平原，自古乃中原通往赵、燕的门户，战略地位十分重要。公元前14—公元前11世纪曾为殷之都城，经历了八代十二王，成为商代后期政治、经济、文化中心。

（1）殷墟

举世闻名的殷墟位于安阳市西北郊约2千米的小屯村一带，这一带在我国商代后期叫作北蒙，亦称“殷”，为商代的国都。周灭殷后，殷渐趋荒芜，故称**殷墟**。殷是我国历史上可以肯定确切位置的最早一个都城，距今3 300多年，占地24平方千米。近百年来，在殷墟发现了许多居住遗址和墓地，出土了10余万片甲骨文和大量青铜器，以及玉器、陶器、石器等生产工具和生活用品。殷墟文物对研究我国奴隶制社会历史提供了极为珍贵的资料。

（2）文峰塔

文峰塔耸立在安阳市内，因建筑风格独特而驰名。塔高38米多，五层楼阁式砖塔，塔身呈八角形，底小顶大，状如撑开的大伞。塔顶的平台上，又建有一座高10米的喇嘛塔作为全塔的刹顶，这种特殊的形制较为罕见。

4）鸡公山

鸡公山位于河南省最南部，豫鄂两省交界处，因主峰报晓峰宛如一只雄鸡而得名。鸡公山地处亚热带向暖温带过渡的地带，雨量充沛，气候湿润，夏季气候凉爽宜人，是我国著名的游览避暑胜地。自然带的过渡，使这里成为南北植物过渡地带，已查明的植物约150科、500多属、1 700余种，堪称中原天然植物园。鸡公山被开发始于明朝，先后有20多个国家的牧师、传教士、富商巨贾和中国官僚军阀蜂拥而至，建造了大量的洋楼别墅，这些别墅特色各异，有古罗马式、哥特式、德国式、中西糅合式等，分布在万绿丛中的秀峰之间。这些建筑现已成为疗养院，每年接待大量的中外人士。

小知识6-2

中原“三点一线”四日游

从郑州经高速公路至开封（1小时），重点游览铁塔、龙亭、相国寺、清明上河园、宋都御街、鼓楼夜市等，返郑州。从郑州乘汽车至登封，游览少林寺、中岳庙、塔林等胜迹。由登封乘汽车抵洛阳，游览龙门石窟、白马寺、关林。若适逢牡丹节，可欣赏满城牡丹。由洛阳返回郑州，游览黄河游览区、二七广场商业区。

6.3.2　山西盆地旅游线路与旅游活动

山西在黄土高原的东部，习惯上叫山西高原。由于深受断层作用影响及流水切割，整个高原岭谷交错，地形基本上分为三个区域：东部是以太行山为主的山地，西部是以吕梁山为主的高原，中部是盆地区。晋中盆地纵贯全省，从北到南依次分布着大同、忻州、太原、临汾、运城五大盆地，这些盆地均由断层陷落而成。这一带是全省人文发达之区，多种宗教文化交融，名胜古迹众多，有中国古代建筑艺术宝库之称。山西盆地旅游线以“一窟（云冈石窟）两山（恒山、五台山）”为重点，同时包括大同、太原、应县等市县，沿线佛山、古寺、石窟、木塔蔚为壮观，三晋胜景大部览尽。

1）大同

大同地处山西北部，介于内外长城之间，是晋北高原的古城。1 500多年以前，北魏王朝在此建都，辽金复置陪都，古称西京。现在是新兴工业城市，煤炭储量十分丰富，素有北方“煤海”之称。大同古迹甚多，云冈石窟是我国古代艺术的杰作，市内还有华严寺、九龙壁等名胜。

（1）云冈石窟

云冈石窟位于大同市西16千米的武周山南麓。依山开凿，东西绵延1千米左右，现存主要洞窟53个、造像5.1万尊，是我国最大的石窟群之一。据考证，云冈石窟始凿于北魏和平元年（460年），大部完成于太和十八年（494年）迁都洛阳之前，而造像工程一直延续到正光年间。云冈石窟造像气魄雄伟，内容丰富多彩。其技艺继承并发展了秦汉时代的艺术传统，吸收融合了外来文化精华，创造出独特的风格，对以后隋唐艺术的发展起到承上启下的作用，在我国艺术史上占有重要的地位，有强烈的艺术魅力。1961年被首批列入全国重点文物保护单位，2001年被列入《世界文化遗产名录》。

（2）华严寺

华严寺在大同市内，始建于辽，金重修，是辽金时期华严宗的重要寺庙。寺内主要保存有大雄宝殿和薄伽教藏殿，两殿均坐西朝东。大雄宝殿结构坚固，气势雄伟，为我国现存最大的木构佛殿之一。殿内壁画色彩艳丽，纹样变化生动。薄伽教藏殿为存放藏经的殿堂，殿内完整地保存着31尊辽代塑像，面貌丰满、流畅自然，为辽代彩塑艺术珍品。殿内四壁的双层檐楼阁式藏经阁，为国内仅有。

（3）九龙壁

九龙壁在大同市东大街，始建于明洪武年间，比北京故宫和北海公园的九龙壁还要早，是我国三大琉璃九龙壁中最大的一座。九龙壁长45.5米，高8米，厚2.02米，体积高大，构图生动。九条龙姿态不同，参差变化，色彩艳丽，生机盎然，以深厚凝重、风格古拙、硕大有力而著称。

2）太原

太原地处山西省中部，晋中盆地北端，汾河自北向南流贯其间。太原是我国历史文化名城，古称“晋阳”，迄今已有2 400多年历史，曾作为几代王朝别都，聚集着众多的名胜古迹，其中以晋祠、双塔寺称胜。

（1）晋祠

晋祠号称晋中第一名胜，位于太原市西南25千米的悬瓮山下晋水发源处，系后人为纪念周成王之弟唐叔虞而建，也称唐叔虞祠，是一处古代园林。晋祠景观布局分为三部分，中部主要有献殿、鱼沼飞梁、圣母殿等，为晋祠的主体，建筑雄伟壮丽，肃穆严谨，以艺术价值高见长。北部有东岳祠、关帝庙、唐叔虞祠等，建筑依自然地形错综排列，起伏有致，以崇楼高阁取胜。南部有三圣祠、难老泉、水母楼等，亭台点缀，泉水环绕，有江南园林之秀雅。晋祠的圣母殿、鱼沼飞梁被称为国宝建筑，难老泉、古柏、侍女像为晋祠“三绝”。

（2）双塔寺

双塔寺坐落在太原市东南郊。寺坐南向北依山而建，由前院、后院、塔院三部分组成。塔院现存双塔、过殿和后殿。后院现存大雄宝殿、三圣阁、神堂、方丈等建筑。前院新辟有牡丹园和书法长廊。该寺布局合理、景观幽雅。塔院双塔为太原市的标志，建于公元1608年，两塔南北对峙，统一匀称，各显特色。北塔为素砖砌筑，雕饰清丽；南塔琉璃剪边，色彩绚丽。两塔高54.7米，八角13级，外壁和内壁都设有旋式阶梯直达顶层。

3）平遥古城

平遥，地处晋中地区汾河中游，距太原50千米。建于西周宣王时期（前827—前782年），明洪武三年（1370年）扩建成现在的规模。平遥城呈方形，城高12米，周长6.4千米，顶部每隔5米筑有敌台一个，四角各有角楼一座，城外有护城河，城门设有吊桥。共有城门六道，南北各一，东西各二，六道城门似龟形布局，故平遥古城又称“乌龟城”。600多年来，由古城内严格的封建社会等级制度的城市格局、明代城墙和典型的明清民居宅院、传统的商业街铺面、寺庙道观、市楼、县衙署、桥梁等组成的古建筑群风貌犹存。公元16世纪以来，平遥是中国北方商业重镇，到19世纪中后期极盛，一度成为中国近代金融业的控制中心。在中国历史中，像平遥古城这类城市建筑群曾多达数千座，但保存最完整的城市形态当数平遥。其拥有的文化遗存数量多、密度大、跨越时间长，真实反映了这座城市在社会、经济、文化艺术、科学技术和产业方面的发展状况。该城于1997年被联合国教科文组织列入《世界遗产名录》。

小知识6-3

山西特产

山西盛产美酒，汾阳汾酒、竹叶青酒闻名全国。物产以山西陈醋、原平梨、清徐葡萄、大同黄花为著名。手工业名产有太原剪刀、阳泉铁锅等。风味名点有黄米油糕、刀削面、清真全羊大菜等。

6.3.3　齐鲁旅游线路与旅游活动

山东省地处黄河下游，是中国古老的龙山、齐鲁文化发祥地，历史悠久、人杰地灵。在漫长的文明历史发展过程中，积淀了深沉厚重的文化，孕育了包括孔子、孟子在内的一大批历史名人，名胜古迹众多，人文景观独特。山东还有着壮美的山、泉、湖、海风光，自然景观绚丽多彩。沿着这条旅游线，可以览赏有五岳独尊之称的泰山之巍峨，泉城济南的湖光山色，曲阜圣乡的浩繁，胶东半岛的“黄金海岸”。这是一条览岳观泉、访古朝圣、消夏避暑的理想旅游线。

1）济南

济南是座有2 600多年历史的古城，处于鲁中南丘陵和华北平原的接触带上，城南地下为断层石灰岩结构，溶洞很多，储水丰富。潜在水源随地势北流，受岩浆岩阻挡而沿岩体裂缝喷出成天然涌泉，因此济南自古即有“泉城”之誉。过去“家家泉水，户户垂杨”，近年来泉水渐少，但主要泉景仍在。趵突泉、大明湖、千佛山为济南三大名胜，此外还有龙山文化遗址、四门塔、灵岩寺等景点。

（1）趵突泉

趵突泉位于济南市中心趵突泉公园内，为济南四大泉群之首。因“跳跃唐突，如有激之者”而名趵突。趵突泉水质优良，清醇甘洌，被誉为“天下第一泉”。泉东的望鹤亭，是赏泉品茗之佳处。北岸有三大殿和历代碑刻。碑中有明代王阳明等人的手书石刻，还有清康熙、乾隆的题字和碑文。园中还有金线泉、漱玉泉、马跑泉、柳絮泉等。漱玉泉畔有宋代女词人李清照纪念堂。

（2）大明湖

大明湖在济南市中心偏北，系由多处泉水汇集而成，水面46公顷。清人咏湖“四面荷花三面柳，一城山色半城湖”。湖区内外，亭台楼阁、寺堂庙宇布局有致。纪念唐代著名诗人杜甫的历下亭，八角重檐，中悬乾隆手书“历下亭”木匾，亭前回廊临水建阁，亭周碧波荡漾，是大明湖景色最佳处。湖南遐院建于清末，仿宁波天一阁建造，被誉为济南第一庭院。湖外还有南丰寺、北极庙、铁公祠、稼轩祠等古迹。

(3) 千佛山

千佛山位于济南市南部，因城区扩大，山下高楼迭起，城与山已连在一起。千佛山古称历山，隋朝时，佛教盛行，信徒凿石镌佛，遍布山崖，并建千佛寺，遂称千佛山。千佛山海拔285米，层峦叠嶂，秀峰连绵，构成本市的天然屏障，有“济南第一名山”之称。千佛山间的兴国寺，建于悬崖下，是济南最大的佛教寺庙。寺后千佛崖上依山雕造佛像60多尊，大者高3米，小者不足20厘米，造型生动，神态各异，千佛崖下岩洞内也多石佛造像。山坡上有明代修建的一览亭，临登远眺，黄河闪光如带，大明湖烟波潋滟，可一览泉城景色。

2）曲阜

曲阜市位于济南以南120千米，西距兖州站15千米。曲阜是周代鲁国的国都，是我国古代著名的思想家、教育家、儒家学派创始人孔子的故乡。这里文物古迹荟萃，尤以孔庙、孔府和孔林闻名海内外。“三孔”具有极高史学价值和建筑艺术价值，于1994年列入《世界文化遗产》。

(1) 孔庙

孔庙是国内规模最大的文庙，位于曲阜市城内，初建于公元前478年，以孔子故居为庙，按皇宫规格而建，西汉以来历经重修扩建。孔庙占地300余亩，有以南北为中轴的九进院落，分左、中、右三路。孔庙的主要建筑都集中在中轴线上，大成殿居全庙中央，为孔庙之主殿，面积1 800余平方米，重檐九脊，黄瓦朱棂，大殿四廊精雕大理石柱龙姿飞扬。奎文阁为三层木结构阁楼，阁内收藏有历代帝王御赐书籍和墨迹等。圣迹殿存放有孔子“圣迹图”碑120幅，汉魏以来的碑刻800多块，连同庙内原有的碑刻共2 100多块，形成我国又一碑林。

(2) 孔府

孔府与孔庙东西毗邻，为孔子嫡长孙的府邸。宋仁宗曾赠孔子四十六代孙孔宗愿为衍圣公，故孔府又称衍圣公府。孔府占地240多亩，布局分东、中、西三路。中路为主体部分，前为官衙，后为内宅，最后是孔府花园。西路为客厅院，东路为家庙。府内陈设华丽，保存有珍贵的传世文物。孔府经历代帝王的扩建，已成为我国最大最豪华的古代贵族府第，是研究东方儒学以及历史文化的最佳场所。

(3) 孔林

孔林是孔子及其家族的墓地，位于曲阜城北门外。孔林是我国规模最大、保存最完整的氏族专用墓地，也是我国唯一一处木石合一的大型陵园。孔林占地约3 000亩，青砖砌墙，周长7 000多米。陵墓区内古木参天、肃穆森严。相传孔子的弟子各以其故乡的树木移植于孔林，故种类甚多，有古树3万多株。密林深处墓冢累累，60多座楼亭殿堂坊隐现于密林，2 000余尊精美的石人石兽点缀墓地，上千块碑碣林立。孔子、孔鲤、孔伋三代墓围绕以红墙，呈“携子抱孙格”布局，另有楷亭、驻跸亭，是皇帝来此祭孔时休息的地方。

3）烟台

烟台位于山东半岛东北部，是座美丽的海滨港城。市区依山傍水，气候宜人，物产丰富，风光优美。漫长的海岸线上散布着众多的岛屿和迷人的沙滩，与威海、青岛构成山东省的“黄金海岸”。烟台历史悠久，秦称芝罘，名胜古迹丰富多彩。

（1）芝罘岛

芝罘岛位于烟台市北部，四面环海，以宽500~600米的沙坝与陆地相连，全岛面积约10平方千米，主峰老爷山海拔360米。岛上峰峦起伏，海蚀崖、海蚀礁姿态奇特。芝罘岛是优良的天然海水浴场，且盛产海参、扇贝、鲍鱼、对虾及各种鱼类。

（2）蓬莱

蓬莱古称登州，位于烟台市西北，地处山东半岛最北部，与辽东半岛的老铁山隔海相望，构成渤海湾的天然门户。但蓬莱的驰名中外，主要不在于其地理位置的重要，而在于它和“仙境”紧紧地连在一起，传说它与方丈、瀛洲同为神仙所居的仙山。蓬莱阁位于城西北丹崖山巅，这是一组面积达19 000平方米的古建筑群，蓬莱阁为主体建筑，阁系双层木构建筑，高15米，重檐飞甍，雕梁画栋，上悬的“蓬莱阁”金字匾额，为清代书法家铁保所书。阁南有三清殿、吕祖殿、天后宫等，高低错落，各成系统。蓬莱阁自古为文人学士雅集之地，阁内各亭、殿、廊、墙之间，楹联、碑文、石表、断碣琳琅满目、翰墨流芳，为仙阁锦上添花。此外，蓬莱阁前常出现“海市蜃楼”奇观。

4）成山头

成山头又名“天尽头”，位于山东半岛最东端荣成市的成山镇，是中国腹地伸向大海最远的地方，是传说中天地的尽头。秦皇、汉武曾巡游到此寻找长生不老的仙丹，秦丞相李斯曾在此亲书“秦东门，天尽头”，因此，这里被誉为北方的天涯海角、中国的好望角。成山头直插入海，临海山体崖壁如削，崖下海涛翻腾、水流湍急，常年经受大风、大浪和风暴潮的冲击，海域最大浪高有7米以上。在保护区内还具有典型的沙嘴、海蚀柱、海蚀洞等海蚀地貌以及受到国内外地质学家高度重视的柳夼红层等自然遗迹。同时，这里海洋食物充足，每年冬季有众多的大天鹅等珍稀鸟类来此越冬栖息，形成世界四大天鹅栖息地之一，被誉为“东方天鹅王国”。2005年被评为“中国最美的八大海岸”之一。附近有放养式野生动物园，占地3 800多亩，园内虎啸狮吼、鸟飞猴戏，游览其间，如返自然。

小知识6–4

齐鲁旅游线路交通与日程安排

“山东的路，广东的桥”。山东省交通四通八达，尤其是公路建设发展迅速、便捷、通畅、实惠。省内重要旅游城市依次旅游，乘汽车多为1小时左右。在日程安排上，可以选择曲阜、泰山、烟台、威海、青岛七日游，多为旅行社组织的旅行团；也可以选择曲阜、泰山、济南、淄博、潍坊、烟台、威海、青岛10日游，适合自助旅游；还可以选择泰山、曲阜2日游，或选择青岛、烟台、威海、成山头“黄金海岸”4日游。

6.3.4　冀北旅游线路与旅游活动

河北省因地处黄河以北而得名。散落于燕赵大地的京周地区胜迹颇丰，冀中南有国家重点风景名胜苍岩山、嶂石岩、野三坡等；易县清西陵和遵化清东陵为世界文化遗产；冀北承德避暑山庄、北戴河和山海关驰名中外，这一切构成了河北省黄金旅游线。

1）承德

承德市在河北省东北部，连绵起伏的群山环绕市区，是一座美丽的山城。滦河横贯于南，武烈河蜿蜒流绕其东。武烈河古有热河之称，故承德曾名为热河。承德有著名的皇家宫苑，有匠心独具的寺庙群，又有多姿的峰峦和丹霞地貌景观。

（1）承德避暑山庄

承德避暑山庄坐落在承德市北半部，又称承德离宫或热河行宫。这里由于位置适中，气候凉爽，景色优美，山水林泉造园条件甚好，因而被清王朝选中并营造了规模宏大的“避暑山庄”。山庄始建于1703年，前后经80余年经营，成为清代最具代表性的园林之一。其建筑与北京园林迥然不同，营造过程中尽量保持了大自然原有风貌，天造地设，自然成趣，追求清丽淡雅、回归自然的基调。同时，该山庄吸取南北造园艺术精华，建成和谐一体的120多组古建筑，成为南北园林意境的荟萃地。山庄总面积564公顷，占承德市区面积一半以上，山庄内分宫殿区和苑景区两部分，山庄周围筑有长10千米的宫墙。园中林木茂密，草原茵茵，山峦起伏，碧波粼粼，美不胜收，仅康熙、乾隆二帝题名的就有72景。

（2）外八庙

外八庙在避暑山庄外的东部和北部山麓，原有八座清代寺庙建筑群，现存七座。清廷派喇嘛驻于庙中，故称外八庙。清代，朝廷为了团结蒙古、新疆、西藏等地区的少数民族，实行“因其教，不易其俗”的政策。排列在承德避暑山庄周围的寺庙，都是当时清代帝王政治活动的产物，每座寺庙都有一定的历史背景，记录了一些重大政治事件。外八庙在建筑艺术上吸收了汉、满、蒙古、藏等民族宗教建筑艺术之长，建筑风格各异，具有浓厚的民族色彩，同时与园林艺术和谐地结合，形成了与各地梵宇建筑迥然不同的鲜明特点。这组寺庙群的金碧辉煌与避暑山庄的朴素淡雅，形成了鲜明对照。它们如众星捧月，从四周烘托着避暑山庄。

（3）木兰围场

从承德市北行150千米，就是著名的木兰围场，原属清朝皇家猎场。这里气候独特，林海浩瀚，草原广袤，湖泊清澈，并保存较多清代历史遗迹，形成了特殊的自然景观和人文景观。满、蒙古、汉三族人民在这里长期聚居生活，民族文化相互交融，孕育了浓郁的民俗风情；温带大陆性季风特点表现突出，四季皆有佳景。

2）秦皇岛-北戴河

秦皇岛-北戴河是国家级重点风景名胜区，详见第1章。

小思考6-3

承德市风景名胜有哪些特色？

答：承德有著名的皇家宫苑，有匠心独具的寺庙群，又有多姿的峰峦和丹霞地貌景观。

6.3.5　内蒙古旅游线路与旅游活动

内蒙古位于中国北部边疆，地域辽阔、草原丰美，居住着以蒙古族为主体的众多少数民族，民族风情浓郁。本区属于温带大陆性气候，草原面积达11.38亿亩，居全国各省区市之首。呼伦贝尔东部草原和锡林郭勒草原分别以“和谐之美”“博大之美”位居“中国最美的六大草原”的榜首和第三名。辽阔的草原为发展牧区旅游提供了宝贵的资源，草原民俗也是本区旅游的主题和特色。同时，本区也不乏著名的人文旅游资源。

1）呼和浩特

呼和浩特是蒙古语“青色的城”的意思，古代曾是草原，如今代之而起的是现代化城市。呼和浩特的兴起是与寺庙结合在一起的，城内外召庙林立，这些寺庙既是城市发展的历史见证，更是颇具特色的旅游名胜。在市北翻越大青山，可游览乌兰图格等草原观光点。

（1）大召

大召在呼和浩特旧城，蒙古语“伊克召”，意为“大庙”，是呼和浩特最大的寺庙之一，系蒙古土默特部阿勒坦汗修建，因供奉银佛像，俗称银佛寺。清康熙年间扩建，大殿改覆黄琉璃瓦，将大召充作“帝庙”。除大殿外，殿宇皆为汉式，大殿为藏汉式喇嘛庙形式。

（2）万部华严经塔

万部华严经塔俗称白塔，位于市东郊。始建于辽代末期，金代又重新修建。塔高约50米，八角七层，密檐式砖木结构。塔基、塔门刻有佛像、蟠龙、花鸟浮雕，线条流畅、造型优美，是珍贵的古代雕塑艺术品。塔内现存有金代以后各种文字题记。

（3）昭君墓

昭君墓在呼和浩特城南10千米的大黑河之滨。这一带地势平坦，墓身巍然耸立，远望墓表，黛色青青，因此昭君墓又有“青冢”一名。墓高33米，系夯筑而成，顶部很平，呈台体状。墓前石碑上铭刻着董必武题词：“昭君自有千秋在，胡汉和亲见识高”，高度评价了王昭君的历史功绩。墓的两侧建有陈列馆，介绍昭君历史文献和出土文物。

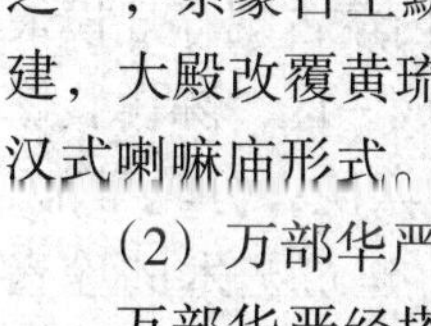

小知识6-5

中国第30项世界文化遗产——元上都遗址

元上都位于今内蒙古自治区正蓝旗上都镇东25千米，滦河上游的闪电河北岸，是中国北方游牧民族规模最大的草原都城遗址。遗址包括城址、关厢、铁幡竿渠、砧子山墓群、一棵树墓群等，城墙、瓮城、城门及大型建筑基址基本保存完好，地表街道、房址及宫城遗迹清晰可见。元上都遗址于2012年6月列入《世界文化遗产》。

该城初名开平府，为公元1256年忽必烈所建。它是中国元代都城系列中创建最早、历史最久、格局独特、保存最完整的都城遗址。以其位处中原农区与亚洲北方牧区交接地带的地理特性，在13—14世纪游牧民族从军事征战转向王朝治理的过程中，见证了北亚地区游牧文明和农耕文明之间的碰撞及相互交融。其游牧与农耕文化兼容并蓄的城市模式，在世界文明史和城市规划设计史上拥有独特的地位。

（4）草原旅游

内蒙古的天然草场主要在鄂尔多斯高原以东，各族人民努力开发利用这一宝贵资源，推出了丰富多彩的草原民俗风情旅游路线和项目。在呼和浩特市北郊，有国内最大、标准最高的综合性赛马场。在呼和浩特以北，辟有乌兰图格、白音忽少、辉腾锡勒、希拉穆仁等草原观光点，设有干净整洁的蒙古包和相应的旅游服务设施，备有调教有素的骏马，游人可以骑马或坐骆驼车漫游草原，尽情享受草原风情、体验牧人生活、观摩民族风俗、品尝蒙古风味佳肴。

2）包头

包头是蒙古语“包克图”，即“有鹿的地方”。今建有包钢，号称“草原钢城”。主要旅游点有五当召、响沙湾、成吉思汗陵等。

（1）五当召

五当召位于包头市东北的五当沟，是清初修建的藏式寺庙群，内蒙古现存规模最大的喇嘛庙，拥有大殿6座、活佛府3座、屋宇2 500余间。各殿自成一区，陈设装修富丽堂皇，塑像俱全，壁画绚丽，宗教文物极为丰富。召内设有神学院，分轮学部、哲学部、医学部、教义学部四大部分。五当召是研究宗教神学、建筑艺术的珍贵场所。

（2）响沙湾

因沙子会唱歌而得名的响沙湾，坐落在包头市以南25千米的库布齐沙漠中，居中国沙漠的东端，可谓大漠龙头。沙丘连绵分布，呈东西长500米的潮状沙湾，沙丘高度110米，坡度为40度。游客登软梯爬上沙丘，再乘滑沙板滑下，便会听到犹如飞机掠过的轰鸣声，十分刺激有趣，形成著名的“响沙”奇观。它与甘肃鸣沙山、宁夏沙坡头并称为中国“三大响沙”。这里还有沙漠探险、骑骆驼、跳伞、沙漠冲浪、沙雕艺术等新鲜刺激的娱乐活动。此外，鄂尔多斯歌舞、鄂尔多斯婚礼习俗等把游人带入“歌海舞乡”。

（3）成吉思汗陵

从包头市南过黄河，到鄂尔多斯市的伊金霍洛旗，这里就坐落着驰名中外的成吉思汗陵。成吉思汗在1227年征西夏时病逝，按遗嘱，遗体送回蒙古草原安葬，现无人知葬地位置。后人为了祭祀，把他生前所用宫帐安放在阿尔泰山与肯特山之间的高原上，每年行祭祀礼。清顺治年间移驻伊金霍洛旗，定农历三月二十一为祭日，举行公祭，成为远近各族民众的盛会。现汗陵为1954年新建，是一座具有蒙古传统建筑艺术的宫殿式陵园。主体中央纪念堂高20多米，下部为八角形，上出重檐，蒙古包式穹庐顶。左右两翼做不等边的八角形，单檐蒙古包式穹庐顶。顶外部用蓝色琉璃瓦砌出云头，镶嵌黄色琉璃砖，上置金黄色琉璃宝顶。纪念堂正中塑成吉思汗坐像，戴盔披甲、神态威严。两廊彩绘成吉思汗生平事迹壁画，堂后寝宫供奉成吉思汗夫妇的“灵柩”。

成吉思汗陵所在的鄂尔多斯地区的鄂尔多斯民间舞蹈和羊绒制品非常著名。

本区主要风景名胜区见图6-1。

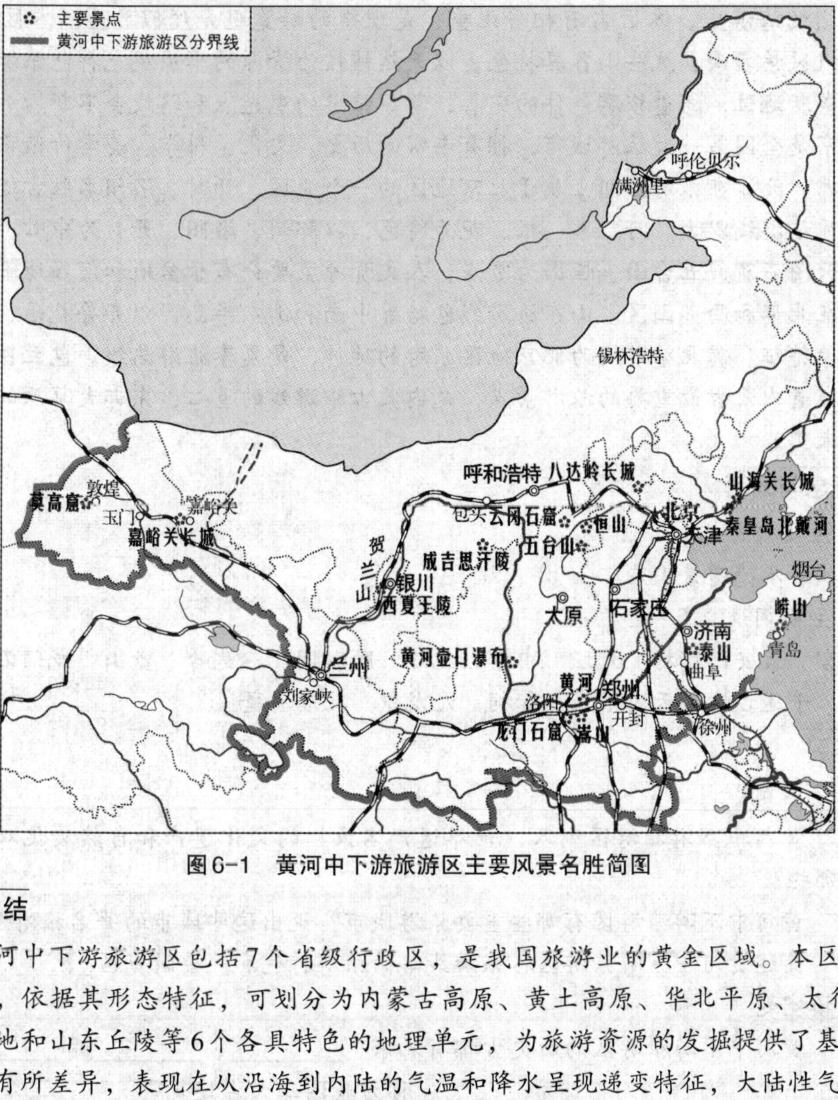

图6-1　黄河中下游旅游区主要风景名胜简图

本章小结

黄河中下游旅游区包括7个省级行政区，是我国旅游业的黄金区域。本区地貌类型多样，依据其形态特征，可划分为内蒙古高原、黄土高原、华北平原、太行山脉、冀北山地和山东丘陵等6个各具特色的地理单元，为旅游资源的发掘提供了基础。区内气候有所差异，表现在从沿海到内陆的气温和降水呈现递变特征，大陆性气候逐渐加强。本区植被覆盖率较低，生物资源较为贫乏。本区是我国工农业最发达地区之一，物产丰富，以手工艺品和土特产为主的旅游商品种类繁多。区内旅游交通较发达，拥有铁路、公路、航空、海运相结合的现代化交通运输网。北京是我国运输网的中枢。

本区以璀璨的华夏古文明驰誉世界，以丰富的文化遗产构成旅游资源的突出特点。北京地上文物存量居全国各省之首；河南地下文物数量为全国第一，地上文物数量仅次于北京，为全国第二；山西现存辽金以前的地面古建筑占全国总数的70%；山东齐鲁文物古迹居全国之首。长城、北京故宫、周口店北京猿人遗址、承德避暑山庄、颐和园、天坛、平遥古城、殷墟、泰山、曲阜三孔、明十三陵、清东陵、清西陵、龙门石窟、云冈石窟、五台山等已被列入《世界遗产名录》。国家级风景名胜区也大多含有丰富的文化内涵。

由于地貌类型多，本区自然风景齐全，尤以名山、海滨和草原风光最为突出。在全国著名的海滨中，本区占有相当比重，是理想的游览观光度假胜地。本区拥有13处国家级风景名山，这些山各具特色。以天然植被为资源的草原观光特色旅游，在全国占有垄断地位，随着旅游条件的完善，草原旅游的观光点和路线会不断增加。

北京是全国第一大旅游城市，拥有丰富的历史、文化、科学、美学价值都很高的旅游资源。天津在旅游区划上属于北京地区的一个亚区。开封、洛阳名胜古迹众多。

中原旅游线以古、河、拳、根、花为特色，以郑州、洛阳、开封为中心。山西旅游线以云冈石窟、五台山、恒山为重点，人文资源主要分布于盆地和河谷地带，自然风景多在北部和西部山区。山东旅游线包括鲁中南和山东半岛，以齐鲁礼乐、临海观光为主要特征。冀北旅游线为北京地区旅游的延伸，是夏季旅游热线。包兰铁路两侧地区分布着内蒙古最重要的旅游景点，是内蒙古旅游线的重心，东部大草原的特色旅游方兴未艾。

主要概念与词语

☐ 主要概念

殷墟　承德避暑山庄

☐ 主要词语

故宫　天安门广场　天坛　中华世纪坛　颐和园　八达岭　盘山　龙门石窟　开封铁塔　平遥古城　云冈石窟　晋祠　九龙壁　孔庙　蓬莱

知识练习

☐ 简答题

6.1　黄河中下游旅游区列入《世界遗产名录》的文化遗产和自然文化双重遗产分别有哪些？

6.2　黄河中下游旅游区有哪些重要旅游城市？说出这些城市的著名旅游景点。

6.3　简述黄河中下游旅游区各旅游线路的旅游特色和主要游览区。

☐ 填空题

6.1　黄河中下游旅游区的历史古都有北京、________、________和________。

6.2　________、________和________称为我国三大古建筑群。

6.3　盘山三胜是指上盘________，中盘________，下盘________。

6.4　河南省的________拳术和________拳术名扬海内外。

6.5　河北省的“黄金海岸”是指________；山东省的“黄金海岸”是指________。

6.6　黄河中下游旅游区景点在2005年被评为中国最美的草原的是________和________；被评为最美的峡谷的是________。

☐ 选择题

6.1　对青岛旅游资源的正确叙述是（　　）。

A.栈桥是青岛著名的桥梁　　　　　　B.鲁迅公园建在海边山岗上，怪石兀立

C.海产博物馆主要陈列海洋生物标本　　D.崂山地处青岛市区东部，为道教名山

6.2　龙门石窟和云冈石窟的主要特点是（　　）。

A.均为我国著名的石窟群

B.龙门石窟的开凿历史早于云冈石窟

C.云冈石窟以石雕造像雄伟、内容丰富居全国石窟之冠

D.龙门石窟窟龛、造像、题记碑碣丰富多彩

6.3　平遥古城、大同九龙壁和晋祠是位于（　　）。

A.山西盆地旅游线　　　　　　B.中原旅游线

C.齐鲁旅游线　　　　　　　　D.太原市旅游区

技能训练

6.1　绘制天安门广场、故宫及附近景点分布图。

6.2　在填充图中填出本区的国家重点风景名胜。

观念应用

□ 分析题

6.1　黄河中下游旅游区最突出的旅游资源特征是什么？从哪些方面可以说明？

6.2　为什么说天坛在建筑上具有高度的艺术性和科学性？

6.3　颐和园和承德避暑山庄在地理位置、造园条件和布局风格上有什么不同？

□ 实训题

6.1　拟从学校所在地对黄河中下游旅游区进行5～10日游，试选择景点，设计路线，模拟旅游。

6.2　草原风情旅游的主要项目有哪些？

□ 综合案例

黄河三角洲——沧海桑田进行时

近现代黄河三角洲，大致包括山东省滨州地区的一部分和差不多东营市的全部。黄河每年携带着12多亿立方米的泥沙一路滚滚而来，左冲右突，一头扎进渤海，从而造就了这片世界上最新的土地，以及最年轻的新生湿地生态系统。目前已发现将近300种鸟类在此栖息，被国际湿地组织官员戏称为“鸟类的国际机场”。若从空中俯瞰，黄河三角洲还有不断发散、不断向渤海淤长的趋势。水下淤积的泥沙纹路犹如人体全身的血脉，一旦你看清楚了，就不得不震撼惊叹，黄河三角洲给人的视觉美就在这里。

根据以上资料和学过的知识回答：

（1）塑造黄河三角洲的泥沙来自哪里？

（2）为什么这里被称为“鸟类的国际机场”？

（3）黄河三角洲给人的美感、旅游价值在哪里？

（4）举例说明黄河中下游有哪些著名的自然和人文旅游资源。

第7章 长江流域旅游区

■ 学习目标

7.1 概述

7.2 重点旅游城市

7.3 旅游线路与旅游活动

■ 本章小结

■ 主要概念与词语

■ 知识练习

■ 技能训练

■ 观念应用

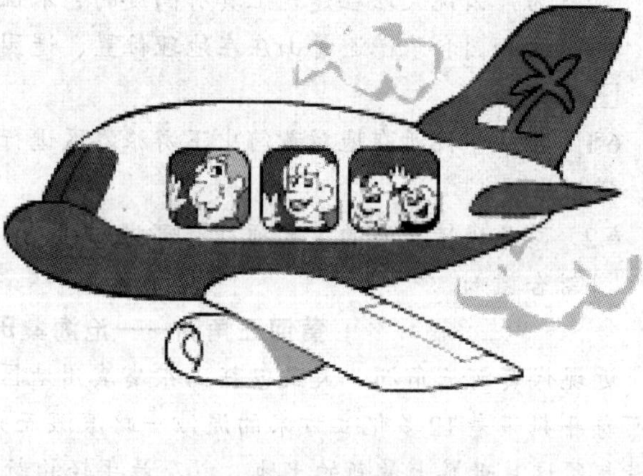

学习目标

知识目标：了解长江流域旅游区地理环境特点，熟悉区内重点旅游城市及主要旅游线路，掌握本区旅游资源的特征。

技能目标：掌握本区主要旅游胜地的地理分布和特点，并能够把主要旅游胜地填在空白地图上。

能力目标：根据本区特有的地理环境和旅游资源特征，学会初步设计旅游路线。

引例： **中国人的景观大道**

从上海到西藏樟木的长达5 476千米的318国道，是中国乃至世界的一条美景高度集中的景观长廊，自然景观类型之齐全多样、异彩纷呈乃世所罕见：从海平面的长江口到地球之巅的珠穆朗玛；从中国地势的第三阶梯到第一阶梯；从平原到盆地、高原；从丘陵到低山、中山、高山、极高山；从淡水湖到咸水湖；从雨林到灌木、草原、荒漠……优美壮丽同在、幽景旷景并存。这条路还是人文的巡礼和历史的隧道：从浙江河姆渡7 000年前的水稻到昌都卡诺遗址的小米；从良渚文化的玉到三星堆的铜；从周庄的老屋到巴丹的碉楼；从唐蕃古道到藏彝大走廊……东西汉藏、南北羌彝，无分尊卑、多元一体。这条景观大道钟自然之大美，显人文之深奥。

本章介绍的长江流域旅游区涵盖这条景观大道的2/3。

长江流域旅游区包括川、渝、鄂、湘、赣、皖、苏、浙、沪七省二市，是我国自然条件最优越、经济最发达和人口最稠密地区之一。全区旅游资源丰富、基础条件优越、组合优势显著，在全国旅游业中占有重要地位，也是景观大道的重要组成部分。

7.1 概述

7.1.1 旅游地理环境概况

1）地表结构复杂，地貌类型多样

本区横跨我国地貌上的三大阶梯，地表结构复杂。从西至东分布的主要地貌单元有川西高原、四川盆地、湘鄂西、皖浙赣低山丘陵和长江中下游平原等。其地表结构的基本格局是高原山地环绕盆地，低山丘陵环绕平原，地势起伏变化明显。其中川西高原是青藏高原的组成部分，属我国地貌上第一级阶梯；四川盆地及川东湘鄂西山地属第二级阶梯；其余属第三级阶梯。

川西高原在岷山–邛崃山–大凉山一线以西，是青藏高原的一部分。该高原平均海拔3 000米以上，地势由北向南逐渐降低，地形十分复杂，是众多大河的故乡。由于海拔高，气候寒冷，这里的生态系统十分脆弱，对环境变化十分敏感。川西南的横断山地呈高山深谷、岭谷相间、南北纵列的形势。

四川盆地在四川东部，面积约16.5万平方千米。盆地四周山地环绕。盆地东部是由十多条低山与丘陵宽谷组成的平行岭谷区；中部是广阔的方山丘陵，丘陵南部边缘，石灰岩分布较广，岩溶地貌发育，兴文县境内的岩溶地貌十分典型；西部是著名的成都平原，由岷江、青衣江、大渡河等冲积而成，面积6 000平方千米，是我国西南地区最大的平原，土壤肥沃，物产丰富，有“天府之国”的美誉。

湘西山地为湖南省地势最高的地区，山峰海拔多在千米以上。湘西北的武陵山脉主要由砂岩构成，峰峦挺拔，是享誉海内外的旅游胜地。鄂西山地包括巫山、武当山、神农架、荆山等中低山。巫山以其形势险峻雄伟的峡谷地貌闻名于世。神农架和武当山亦为著名的风景区。皖浙赣低山丘陵地形破碎，多奇峰峭壁，自然风光秀丽，遍布驰名中外的山地旅游资源，如黄山、九华山、井冈山、天台山、雁荡山和四明山等，其中天台、四明山脉向东北延伸入海，形成舟山群岛。

长江中下游平原地势低平，河湖密布，土地肥沃，是我国重要的农业生产基地。由西向东依次分布着两湖平原、鄱阳湖平原、苏皖沿江平原和长江三角洲。两湖平原以长江为界，分为江汉平原和洞庭湖平原，其中洞庭湖和武汉东湖为著名的游览胜地。鄱阳湖平原主要由赣、信、修、抚等河流冲积而成，苏皖沿江平原是指从湖口到镇江之间沿长江两岸的冲积平原。由于两岸丘陵夹峙，常有山崖伸入江中，俗称为“矶”，以马鞍山市的采石矶和南京的燕子矶最著名。镇江以东为长江三角洲，这里依山连海，空旷辽阔，气候温和，人口稠密，历史上就是富甲全国的“鱼米之乡”。

除常态地貌外，本区还有冰川地貌、岩溶地貌、砂岩峰林地貌、丹霞地貌、花岗岩地貌等，都是极具魅力、旅游价值很高的景观。

2）典型的亚热带季风气候

本区除川西高原属高寒气候外，其余均为亚热带季风气候，具有冬温夏热、四季分明、降水丰沛的特点，但受地形影响，水热差异明显。四川盆地北有山地屏障，冬季较同纬度平原地区温暖湿润，秋季降水仅低于夏季，有“秋雨绵绵”之说。川西山地为独特的青藏高原气候，但因位置偏东，西南季风可溯河谷而上，水热条件较高原其他地区为佳，垂直变化明显，植被生长繁茂，以常绿阔叶林为主，故有“峨眉天下秀”“青城天下幽”等景观。其余地区冬季虽受干冷的偏北风控制，但严寒时间不长，多晴朗天气。春季正是冬夏季风的交替季节，冷暖空气交汇、天气阴晴不定，时而风和日丽，时而春雨绵绵；初夏由于冷暖气流相遇，造成连绵不断的梅雨季节；盛夏在副热带高压控制下，天气以晴热少雨为特征，常出现气温高于35°C的酷热天气；秋季天高气爽，温和宜人。

春秋两季为本区的旅游旺季，尤其秋季是黄金季节。春季虽降水稍多，但正值春暖花开、万物峥嵘，又无北方风沙之患，也是良好的旅游季节。山区和滨海地区夏季凉爽，是避暑休闲胜地。冬季与北方相比，并无严寒，因此一些景点也不乏游人。本区降水较多，特别是春季，一定程度上影响了旺季旅游活动的开展。

温暖湿润的气候使本区植被茂盛，种类繁多，森林覆盖率高，形成山清水秀、丰富多彩的景色。同时在复杂的地形与气候的背景下，一些山区受人类干扰相对较少，自然生态环境良好，为某些野生动植物的生存创造了条件，使得本区拥有一批珍稀动植物资源，如大熊猫、金丝猴、梅花鹿、牛羚、黑颈鹤、大鲵、水杉、银杉、珙桐、桫椤等。为了保护这些珍稀动植物及其纯自然的生态环境，本区陆续建起了各种自然保护区，较好地保护了自然原貌，成为人们认识、欣赏和享受大自然，并养成保护大自然习惯的极好去处。

3）河湖密布，地表水丰富

本区河网密布，湖泊众多，河流水量大，汛期长，泥沙少，无冰期，水流稳定，为开展水上旅游活动创造了十分有利的条件。主要河流有长江及其支流、淮河、钱塘江、京杭大运河等，这些河流在流经地区及沿江河岸雕塑出丰富多彩的自然旅游资源，并孕育了各具特色的人文旅游资源。本区湖泊众多，集中分布在长江两岸，如洞庭湖、鄱阳湖、太湖、巢湖等。

本区东部濒临海洋，具有发展海洋旅游业的良好条件。

4）丰富的土特名产

本区物产丰富，多土特名产，尤以茶叶、名酒和丝绸最负盛名。太湖流域和四川盆地是我国著名的丝绸产地，其产品享誉国内外，杭州的都锦生织锦、丝绸被面、双绉，上海的真丝印花绸，苏州的塔夫绸、宋锦，南京的云锦，四川的蜀锦和蜀绣及湖南的湘绣等均为丝绸上品。杭州的龙井、绍兴的珠茶、苏州的碧螺春、六安的瓜片、祁门的红茶等均是驰名中外的名茶。四川的五粮液、剑南春、泸州老窖等都是全国名酒。

本区工艺美术品技艺精湛，历史悠久，具有浓厚的地方风格和民族特征。著名的有四川的刻花玻璃、竹器、陶器、皮影艺术、树雕；湖南的彩瓷、陶瓷、竹刻；湖北的缘松雕、绢花、剪纸等；此外，还有景德镇的陶瓷、宜兴的紫砂陶器、常熟的花边、无锡惠山的泥人、扬州的漆器和玉雕、嘉定的草编、黄山市的徽墨、泾县的宣纸、芜湖的铁画、湖州的湖笔、青田的石雕、东阳的木雕和嵊州的竹编等。

5）便捷的旅游综合交通网

本区交通便利。长江水运大动脉横贯全区，京杭大运河纵贯南北，形成我国最大的内河航运网络。京港澳、京沪、京昆等高铁与长江相交，沪昆高铁与长江平行，这些高铁贯通本区绝大多数的旅游城市和风景名胜区。航空运输以上海和各省会为中心，联系区内主要大中城市，并通达首都北京和全国主要城市，上海还有通往世界各地的国际航线。本区公路密度大，已建成通达各县市的全天候公路，大城市之间大多有省际公路或高速公路相连。便捷的交通，为中外游客进出本区提供了便利，也为旅游业的发展提供了有利的条件。

小思考7-1

长江流域旅游区发展旅游业有哪些优越条件？

答：本区地表结构复杂，地貌类型多样，塑造出险、奇、峻等景观；温暖湿润的亚热带季风气候，使植被繁茂，动植物资源多；本区历史悠久，土特名产多。便捷的综合交通运输网为中外旅游者进出本区提供了便利，也为旅游业的发展提供了有利的条件。

7.1.2　旅游资源特征

1）名山荟萃，自然保护区众多

本区风景名山数量为全国之冠，其中不乏世界遗产级旅游资源。如列入世界文化遗产（或文化景观遗产）名录的山体景观包括：四川青城山、峨眉山，湖北武当山，江西庐山等；而列入世界自然遗产名录的就更多了，包括："中国丹霞"中的湖南崀山、江西龙虎山、浙江江郎山；"中国南方卡斯特"中的重庆武隆；此外还有三清山、武陵源、九寨沟、黄龙（岷山）、卧龙（邛崃山）等。这些风景名山融丰富的自然景观和文物古迹于一体，加之宜人的气候和便捷的交通，历来是著名的避暑和游览胜地，对本区的旅游业发展具有十分重要的意义。在受人类干扰极小、景观异常奇美的山峰谷地，存在纯天然的生态环境以及种类繁多的野生动植物。我国在这些地区建有多处自然保护区，其中属于国家级的自然保护区有：湖北的后河、神农架、石首麋鹿自然保护区；湖南的八大公山、东洞庭湖、都庞岭、壶瓶山、莽山、张家界大鲵自然保护区；四川的蜂桶寨、贡嘎山、九寨沟、龙溪-虹口、马边大风顶、美姑大风顶、攀枝花苏铁、四姑娘山、唐家河、卧龙自然保护区；重庆的缙云山等自然保护区。这些自然保护区对旅游者有很大的吸引力，迎合了现代人返璞归真、向往大自然的心态。

2）水景多姿多彩

本区水景多姿多彩，既有波浪壮阔、变幻无常的海滨风光，又有清逸秀丽的江河风光；既有气势磅礴的峡谷激流风光和宁静绮丽的湖泊风光，又有众多的泉水和瀑布。嵊泗列岛、普陀山、朱家尖是本区著名的滨海旅游区。长江、京杭大运河、富春江-新安江、楠溪江是我国重要的江河旅游线，其中京杭大运河旅游线已名扬海内外。

长江三峡、大宁河小三峡、嘉陵江、岷江等著名峡谷都雄伟壮观。近年来，在河流的上中游还开发了探险漂流，如湘西猛洞河漂流、鄂西神农溪漂流、清江漂流等。

本区湖泊风景秀丽，且多与沿岸山景有机结合，湖光山色相得益彰，如洞庭湖与君山、鄱阳湖与鞋山、西湖与周围群山、太湖与沿岸山峰、稻城亚丁的高原湖泊与三神山等。此外，武汉的东湖、嘉兴的南湖、宁波的东钱湖、淳安的千岛湖、绍兴的东湖、扬州瘦西湖等均为著名的风景名胜区。

本区还有众多的泉水和瀑布，为风景名胜区锦上添花，并成为这些风景区中主要景点之一。著名的有黄山温泉、庐山三叠瀑、雁荡山大龙湫、杭州虎跑泉、镇江金山中泠泉、南京汤山温泉、无锡惠山泉等。

3）古典园林众多

本区气候温和、河流湖泊众多，有各种各样的地貌，加之常绿阔叶树种和花卉的种类多，为造园提供了优越的自然条件。六朝、五代、宋、元、明、清时期，江南经济发达，是官僚、地主、士大夫和巨富豪强的消遣享乐之地，各官僚、地主和巨富纷纷兴建园林，从而使本区成为江南园林的荟萃之地。园林大多集中于苏州、南京、无锡、扬州、杭州、绍兴、嘉兴等地，据《苏州府志》记载，仅苏州一地，明代园林有271个、清代园林有130个，由此可见苏州园林之盛况。至今仍有不少园林精品被保存下来，苏州的沧浪亭、狮子林、拙政园、留园，无锡的寄畅园等为南方园林的代表，这些园林艺术造诣极高，成为中外旅游者观览的重要内容。

4）遍布三国古迹和近代革命圣地

历史上，以曹操、刘备、孙权为霸主的魏、蜀、吴三国鼎立，相互攻伐。这一时期许多政治、军事人物的生涯与长江流域各省份有密切关系，遗留众多的文物古迹，其中川、鄂两省的三国遗迹最多。在四川有武侯祠（汉昭烈庙）、剑门关、庞统祠墓等。湖北的三国遗址更多，据不完全统计约有120多处，著名的有黄陵庙、麦城古战场、古隆中、赤壁古战场、荆州古城、芦花荡、长坂坡等，此外重庆还有著名的白帝城。

本区曾是近、现代中国革命的早期活动中心，也是许多革命先驱者工作和生活过的地方，其大量的革命胜迹，丰富了区内的人文旅游资源，是红色旅游线路的主要景点。其中著名的有武汉中央农民运动讲习所旧址、向警予墓、武昌起义纪念馆，湖南韶山冲、刘少奇故居、长沙橘子洲，井冈山革命根据地，八一南昌起义总指挥部旧址，上海孙中山故居、中共一大会址等。

5）旅游城市密集

优越的地理位置、悠久的开发历史和发达的社会经济文化，使本区很早就出现了具有一定规模和特征的城市，它们主要分布在水陆交通要冲和人口稠密地区，既具山水之美，又有园林之胜，再辅以众多的文物古迹、深厚的文化底蕴，遂成为当代著名的旅游城市。其数量之多、分布之密集居全国之冠，形成旅游城市群。著名的有水巷小桥的苏州、天下无双的杭州、名人辈出的绍兴、龙蟠虎踞的古城南京、古老“瓷都”景德镇、英雄城南昌、山城重庆、天府之国成都，还有我国最大的工商业城市、最大的海港和旅游购物中心上海等。

小思考7-2

本区最富特色的自然和人文旅游资源有哪些？试分析其形成的原因。

答：名山荟萃，自然保护区众多；水景多姿多彩；遍布三国古迹和近代革命圣地等。原因可从地形、气候、水体、植被、历史等因素入手分析。

7.2　重点旅游城市

7.2.1　成都市

成都市是四川省省会，位于成都平原中心，环境优美、气候宜人，已有2 300余年的历史，是我国著名的历史文化名城。这里四季常绿，古城内外，风光绮丽，名胜古迹众多，主要有武侯祠、杜甫草堂、望江楼公园、青羊宫、文殊院等。

1）武侯祠

武侯祠位于成都市南郊，面积37 000平方米，是西晋末年十六国李雄为纪念三国蜀丞相武乡侯诸葛亮而建，原在成都老城内，后迁至南郊，与蜀先主刘备昭烈庙相邻。明初武侯祠并入昭烈庙，故大门横额书“汉昭烈庙”。现存殿宇系清康熙十一年（1672）重建，主体建筑有大门、二门、刘备殿、过厅、诸葛亮殿等五座，匀称地排列在南北向的中轴线上。祠内古柏葱郁，环境幽静，青瓦红墙，殿宇宏伟。内存有著名唐碑，为唐宰相裴度撰文，大书法家柳公绰书，鲁建刻字，被誉为“文绝”“书绝”“工绝”的三绝碑。此外，还有《隆中对》《出师表》木刻及三国人物塑像，均具有较高的历史价值。

2）杜甫草堂

杜甫草堂位于成都市西郊花溪畔，是我国唐代伟大诗人杜甫流离成都时的故宅。安史之乱后，杜甫于公元759年从同谷县（今甘肃成县）颠沛流离到了成都，靠友人的帮助在城西花溪畔营建了草堂。他在这里居住了近4年，写下了《春夜喜雨》《茅屋为秋风所破歌》等240多首诗篇。为了纪念这位伟大的诗人，北宋以来，陆续有人在诗人故居建园立祠，供人瞻仰，后经元、明、清三代数次维修和扩建，而有了现今的规模。其间檐廊结构布局紧凑，古朴典雅，主要建筑自前至后有大廨、诗史堂、柴门、工部祠、"少陵草堂"碑亭等。位于诗史堂中的铜色杜甫像，恢弘古朴；工部祠堂内的杜甫泥塑像，栩栩如生，让人顿生敬慕之情。草堂内，翠竹溪流交错，梅园楠林极富诗情画意。宅内收藏有宋、元及其后各种版本的杜甫著作及英、日、法、德、意等15种语言译本共10 900多册，为研究中国文学史提供了宝贵资料。

3）宽窄巷子

宽窄巷子位于四川省成都市青羊区长顺街附近，由宽巷子、窄巷子、井巷子平行排列组成，全为青黛砖瓦的仿古四合院落，这里也是成都遗留下来的较成规模的清朝古街道，与大慈寺、文殊院一起并称为成都三大历史文化名城保护街区。

康熙五十七年（1718年），在平定了准噶尔之乱后，选留千余兵丁驻守成都，在当年少城基础上修筑了满城。民国初年，当时的城市管理者下文，将"胡同"改为"巷子"。20世纪80年代，宽窄巷子列入《成都历史文化名城保护规划》。2003年，宽窄巷子街区正式出现在世人的词典中。

4）青羊宫

青羊宫位于成都市通惠门外，是成都最古最大的道教宫观。现存的宫殿为清代所建，主要建筑有灵祖楼、三清殿、八卦亭、斗姥殿等。八卦亭周围八根盘龙玉柱雕刻精致，是青羊宫内的一座标志性建筑物。摸青羊求吉祥的活动是这里每年的旅游热点。每年农历二月十五日既是青羊宫传统的庙会日，又是青羊宫历史悠久的"花会"日，宫内香烟缭绕，磬声悠悠，人如潮涌，宫外各种名花异卉争奇斗妍，流香溢彩，人来人往，车水马龙，热闹非凡。

5）成都金沙遗址

金沙遗址位于成都市城西苏坡乡金沙村，方圆约5平方千米，是公元前12世纪至公元前7世纪长江上游古代文明中心——古蜀王国的都邑。2006年5月被国务院公布为全国重点文物保护单位。其主体文化遗存的时代约商代晚期至西周时期，重要遗迹有大型建筑基址、祭祀区、一般居住址、大型墓地等。出土金器、铜器、玉器、石器、象牙器、漆器等珍贵文物5 000余件，其中金器30余件，最有名的是"太阳神鸟"金饰。"太阳神鸟"金饰重20克，呈圆形，器身极薄，图案采用镂空方式表现，分内外两层，内层为一圆圈，周围等距分布有十二条旋转的齿状光芒，外层图案围绕在内层图案周围，由四只相同的逆时针飞行的鸟组成。四只鸟，首足前后相接，朝同一方向飞行，与内层漩涡旋转方向相反。该器再现了远古人类"金乌负日"的神话传说故事，体现了远古人类对太阳及鸟的强烈崇拜。此器构图凝练，是古蜀国黄金工艺辉煌成就的代表。2005年8月"太阳神鸟"金饰正式成为中国文化遗产标志。

小知识7-1

广汉三星堆遗址

广汉三星堆遗址在成都以北的德阳广汉市境内，总面积约12平方千米，是四川迄今为止发现范围最大、延续时间最长，出土文物最为精美、文化内涵最为丰富的古文化遗址。1998年1月，三星堆遗址被国务院公布为“全国重点文物保护单位”，现已被列入世界文化遗产重点保护名单。作为中华文物的精华，三星堆文物以其深厚的文化内涵和特有的艺术魅力，使海内外无数观众赞叹不已。三星堆遗址最早发现于1929年春天。当时，广汉中兴场（今南兴镇）月亮湾的一燕氏农民挖水沟时，不经意间触动了一块色彩斑斓的玉石，殊不知一扇古蜀历史的大门因之悄然洞开，沉睡了数千年的远古王国初露端倪，共挖出石璧、玉环、玉瑗、玉璋等珍贵文物400余件。“广汉玉器”声名鹊起，引起了文博界的极大关注。1934年春，华西大学（今四川大学）博物馆副馆长林名均和美籍教授葛维汉率考古队进驻月亮湾进行考察、发掘，自此引发了半个世纪的三星堆遗址考古。经几代考古学家在这块土地上不懈地耕耘探索，三星堆考古取得了丰硕的成果。大量的考古材料说明：三星堆古蜀国作为“高于氏族部落的、稳定的、独立的政治实体”，是中国古代的中原周边地区具有典型意义的“古国”之一，延续时间长达2 000年左右。它是长江上游地区中华古代文明杰出的代表，再次证明了中华文明的起源是多元一体的，填补了中华文化演进序列中一些重要文物缺环，在人类文明发展史上亦占有一席重要地位。

7.2.2　重庆市

重庆市简称渝，位于长江和嘉陵江汇合处，是长江上游最大的港口，也是我国历史文化名城。1997年，升格为中央直辖市。城区依山而建、三面环水，有“山城”之称。冬、春季温暖多雾，又有“雾都”之称，夏季特别炎热，是长江沿岸“五大火炉”之一。重庆物产丰富，人杰地灵，自然和人文旅游资源颇为丰富，是重要的红色旅游区。

1）红岩革命纪念馆

红岩革命纪念馆位于重庆市西北郊，包括红岩村、曾家岩50号周公馆、新华日报社营业部旧址和桂园等四处革命遗址。红岩村位于重庆市化龙桥，抗日战争时期是中共中央南方局和八路军办事处驻地，是一座竹木夹壁的三层楼房。1945年8月28日至10月11日毛泽东同志来重庆进行国共和平谈判期间曾在此居住。

2）武隆

武隆，地处重庆市东南边缘、乌江下游，东邻彭水，南接贵州省道真县，西靠南川、涪陵，北与丰都相连，自古有"渝黔门屏"之称。武隆喀斯特旅游区为国家5A级景区，全区包括天下第一洞芙蓉洞、亚洲最大的天生桥群、全世界罕见而稀有喀斯特系统形成的后坪天坑。2007年6月，武隆与云南石林、贵州荔波喀斯特共同组成中国南方喀斯特一期，入选《世界自然遗产名录》。

3）洪崖洞

洪崖洞拥有2 300多年历史，是2005年重庆市政府"八大民心工程"之一，总面积4.6万平方米。位于重庆市核心商圈解放碑沧白路，长江、嘉陵江两江交汇的滨江地带，以最具巴渝传统建筑特色的吊脚楼为主体，依山就势，沿江而建。洪崖洞以“一态、三绝、四街、八景”的经营形态体现了巴渝文化的休闲业态。“一态”指的是文化休闲业态；“三绝”指的是吊脚楼、集镇老街、巴文化；“四街”指洪崖洞的四条街：娱乐无极限的“纸盐河动感酒吧街”，重庆大观园的“天成巷巴渝风情街”，老城墙岩石崖体边古时的石板道是“洪崖洞盛宴美食街”，沧白路上是“城市阳台异域风情街”，街上有重庆首家法兰西风情的滨江时尚酒店；“八景”指的是洪崖洞滴翠、两江汇流、吊脚楼群、洪崖群雕、城市阳台、巴文化柱、滨江好吃街、嘉陵夕照等。

4）大足石刻

大足石刻位于重庆市的大足区境内，这里素有“石刻之乡”的美誉。大足石刻最初开凿于初唐永徽年间（650—655年），历经晚唐、五代（907—959年），盛于两宋（960—1279年），明清时期（14—19世纪）亦有所增刻，最终形成了一处规模庞大、集中国石刻艺术精华之大成的石刻群。大足石刻堪称中国晚期石窟艺术的代表，与云冈石窟、龙门石窟和莫高窟相齐名。人们徜徉其间，只觉“凡佛典所载，无不备列”，可见该石刻在艺术上已达到“神的人化与人的神化”的高度统一。大足石刻纵贯千余载，横融佛、道、儒，造像精美，完好率高，此外，伴随造像出现的各种经文、傍题、颂词、记事等石刻铭文有15万余字，且多为金石史中的佳品。世界遗产委员会评价：大足地区的险峻山崖上保存的绝无仅有的系列石刻，以其艺术品质高、题材丰富多变、时间跨度大而闻名遐迩，从世俗到宗教，鲜明地反映了中国这一时期的日常社会生活，并充分证明了这一时期佛教、道教和儒家思想的和谐相处局面，是一座独具特色的世界文化遗产宝库。

大足石刻群共包括石刻造像70多处，总计10万余尊，其中以北山、宝顶山、南山、石篆山、石门山五处最为著名和集中，这五处摩崖造像于1999年列入《世界遗产名录》。

7.2.3 武汉市

武汉市是湖北省的省会，位于长江和汉水交汇处，由武昌、汉口、汉阳三部分组成。京广铁路纵贯南北，长江航线沟通东西，素有“九省通衢”之称，是我国重要的水陆交通枢纽。武汉市山水兼有，自然风光优美，名胜古迹众多，主要的游览景点有以下几处。

1）黄鹤楼

黄鹤楼位于武昌蛇山之巅，相传始建于三国吴黄武二年（223年），是千古名楼。它本是出于军事需要而建的瞭望楼，后成为文人宴客送友的胜地，因诗人崔颢题《黄鹤楼》一诗而名扬千古。此楼屡毁屡建，现楼是1985年武汉市有关部门根据清代黄鹤楼蓝本在距原址蛇山西端黄鹤矶1千米处重建的新楼。楼分五层，攒尖顶，层层飞檐，四望如一，金碧辉煌。规模之大、设计之巧、造型之美、施工之精，均为历代无法比拟。

2）归元寺

归元寺位于汉阳翠微街西端。殿宫巍峨、树木葱郁、布局严谨、设计巧妙，虽为佛寺，却具江南园林特色。藏经阁内除藏有《大藏经》外，还有佛像、法物、石雕、木刻、书画、碑帖等。罗汉堂中500尊罗汉起伏坐卧，神态、形体、姿态、衣着各不相同，富有浓厚的生活气息。

3）东湖

东湖位于武汉市东郊，面积33平方千米，是市区内最大的湖泊，也是武汉市最大的综合风景区。东湖水清如镜，湖岸曲折，苍松翠柏，风景宜人。湖中心耸立着一座结构壮丽的湖光阁，登阁远眺，可一览两岸的行吟阁、听涛轩、水云乡、濒湖画廊、展览馆、长天楼等建筑，是东湖风景区的游览中心。湖的东南岸山峦重叠，著名的磨山植物园就坐落在这里。湖的西北岸有九女墩。南岸秀丽的珞珈山上，武汉大学校舍林立，每到夜晚，楼宇灯火层层点点，景色迷人。这些景点环湖而缀，相互映衬，娇姿丰态，各富情趣，山容水貌，树形屋影，分外相宜。

7.2.4 长沙市

长沙市是湖南省省会，位于湘江下游，有2 000多年的悠久历史。湘江自南向北穿过市区，东有浏阳河汇入，西有岳麓山屹立，五岭峙其南，洞庭汇于北，京广铁路纵贯其中。古城长沙山清水秀，名胜古迹众多，主要游览点有以下几处。

1）岳麓书院

岳麓书院在岳麓山东麓，是我国第一所官办的高等学府，南宋理学大师朱熹曾来此讲学。它与江西庐山白鹿洞书院、湖南衡阳石鼓书院、河南睢阳书院并称为宋代四大书院。书院内众多的建筑及文物为研究中国教育史提供了宝贵资料。如今这里经常有各种讲学或文化活动。

2）爱晚亭

爱晚亭位于岳麓书院后面的青枫峡内，是一座两重飞檐的亭子，始建于清乾隆五十六年（1791年）。亭子四周长满枫树，相连成林，春时青翠，夏日荫凉，深秋红叶艳丽，别有情趣。亭子原名红叶亭，又称清枫亭，后来人们根据唐代诗人杜牧“停车坐爱枫林晚，霜叶红于二月花”的诗句，将其改名为爱晚亭。1952年加以重修，内部支撑着四根朱红色圆柱，外面挺立着四根花岗石方柱，正前方屋檐下衬着一块红匾，上有毛泽东题“爱晚亭”三个大字。

3）橘子洲

橘子洲位于长沙城西湘江中，湘江缥缈，景趣悠然，“潇湘夜雨”更有不尽之意。橘子洲原名水陆洲，系一列狭长沙洲，由牛头洲、水陆洲等组成，长达4.75千米。因洲上广植橘树，故名“橘子洲”。南朝鲍照诗有“橘生湘水倒”，唐代杜甫诗有“橘洲田土仍膏腴”之句，可见橘洲之名由来已久。它的形成乃湘江中游泥沙长年淤积所致。毛泽东青年时常和许多进步同学在这里从事革命活动和游泳。现已辟为公园，修建了具有民族特色的橘洲亭廊，还有毛泽东所填写的《沁园春》词碑。

4）马王堆汉墓

马王堆汉墓是20世纪70年代中国乃至世界最重要的考古发现之一。遗址位于长沙市东郊五里牌，其出土文物有薄如蝉翼的素纱单衣、完好无损的印花敷彩的丝锦袍和各种精巧绚烂的刺绣、光亮如新的彩绘漆器和神奇浪漫的彩绘帛画、字体秀劲的遣册和帛书、雕刻精致的各种木俑和乐器、兵器及彩绘漆棺等，而最令人惊叹的是一具沉埋地下2 000余年而保存完好、全身润泽、皮下脂肪丰富、软组织尚有弹性的西汉女尸。这是西汉初期文明的一个缩影，游客在浏览中可领略中国2 000多年前的政治、哲学、经济、军事、科技情况，可欣赏到汉初文化艺术的华美和神奇瑰丽，从而感受中华民族历史文化的灿烂辉煌。

5）火宫殿

火宫殿是湖南长沙集传统民俗文化、火庙文化、饮食文化于一体的具有代表性的大众场所，位于长沙市坡子街，是长沙市的著名特色景点，也是一家驰名中外的“中华老字号”企业。明朝时，此地初建小庙，供奉火神祝融，当时称火神庙，经常举行祭祀，后来也请戏班子唱戏，长沙、善化（即现长沙市城区）两县民众必来赶庙会看湘戏。各地小吃摊担也乘机来火神庙会售卖风味小吃，现在火宫殿的湘风小吃即源于火神庙会小吃。火宫殿的风味小吃享誉三湘。

小思考7-3

成都、重庆的旅游特色是什么？

答：成都环境优美，气候宜人，四季常绿。古城内外，风光绮丽，名胜古迹众多。重庆以山城旅游和红色旅游为特色。

7.2.5 南京市

南京市是江苏省省会，简称宁。它北临长江，南依宁镇丘陵，秦淮河沿西南城郭注入长江。古人曾以“钟山龙蟠，石城虎踞”形容其地势之雄伟险要。南京是我国七大古都之一，早在2 400余年前的春秋时代即已建城，现是国家历史文化名城。公元3世纪至公元6世纪，曾先后有东吴、东晋、宋、齐、梁、陈在此建都，故称为“六朝古都”。10世纪之后的南唐、明初、太平天国、“中华民国”也定都于此。南京既有自然山水之胜，又有历史文物之雅，是江南重要的旅游名城，游览胜地遍布城内外。

1）钟山

钟山古称金陵山，因山顶常有紫云萦绕，东晋时始称紫金山。钟山气势磅礴、壮丽雄浑、蜿蜒如蟠龙，方圆31平方千米，最高峰海拔448米，是古都南京名胜荟萃之地。庄严肃穆的中山陵、雄伟壮观的明孝陵、栩栩如生的神道石雕、香雪似海的梅花山、古朴幽美的灵谷寺，山间如镜的紫霞湖以及新落成的白马石刻公园，使这里既有自然天成的山林野趣，又多人工匠心的建筑杰作，是驰名中外的陵园风景游览胜地。山上还设有我国规模宏大的紫金山天文台。

中山陵是我国伟大的革命先驱孙中山先生的陵墓，陵墓面积约8万平方米，主要建筑有祭堂、墓室、墓道和碑亭等。从陵墓入口处上达祭堂共有392级台阶，祭台正中有孙中山先生的全身坐像。墓室内陈放着孙中山先生的大理石卧像，下面安葬着孙中山先生的遗体。中山陵布局严谨、规模宏大，整体建筑轮廓像一只巨大的"自由钟"。在中山陵的东西两侧，还有廖仲恺、何香凝夫妇的合葬墓和邓演达的墓，他们都是辛亥革命的先驱者。

明孝陵东毗中山陵，南临梅花山，位于钟山风景名胜区内，始建于明洪武十四年（1381年），建成于明永乐三年（1405年），先后调用军工10万，历时25年，是明太祖朱元璋与其皇后的合葬陵寝。因皇后马氏谥号"孝慈高皇后"，又因奉行孝治天下，故名"孝陵"。其占地达170余万平方米，是中国规模最大的帝王陵寝之一，承唐宋帝陵"依山为陵"旧制，又创方坟为圜丘新制，将人文与自然和谐统一，达到天人合一的完美高度，成为中国传统建筑艺术文化与环境美学相结合的优秀典范。

明孝陵作为中国明清皇陵之首，代表了明初建筑和石刻艺术的最高成就，直接影响明清两代五百余年20多座帝王陵寝的形制，依历史进程分布于北京、湖北、辽宁、河北等地的明清皇家陵寝，均按南京明孝陵的规制和模式营建，在中国帝陵发展史上有着特殊的地位，故而有"明清皇家第一陵"的美誉。

1961年，明孝陵被国务院公布为首批全国重点文物保护单位；1982年被列为国家重点风景名胜区；2003年，明孝陵及明功臣墓被列为世界文化遗产；2007年被列为首批国家5A级旅游景区。

2）雨花台

雨花台在市南郊中华门外，是一个高百余米的山冈。三国东吴时因山冈盛产色彩鲜艳、花纹美丽的石子，又称石子岗。相传六朝时云光法师在此设坛说法，感动天神，落花如雨，从此便称雨花台。1927年至新中国成立前夕，无数革命先烈在此英勇就义。新中国成立后兴建了雨花台革命烈士陵园，陵园的正门为一对高达11.7米花岗石柱，象征"十月革命"的道路，大门内耸立着花岗石雕刻的革命烈士群像。雨花台岗顶有革命烈士纪念碑，碑的正面是毛泽东"死难烈士万岁"的题词，岗下设有革命烈士史迹陈列馆。

3）秦淮河、夫子庙

作为中国著名的人文景观，秦淮河是历史上南京最繁华的地区，所谓"十里秦淮十里烟云"。舟行河上，品美酒佳肴、歌女抚琴，两岸散布着茶楼、酒楼、赌场、青楼，喧嚣嘈杂，歌舞升平，一片盛世繁荣景象。如今，秦淮河两岸酒楼、茶楼依旧，大红灯笼笑迎着四方的来客。而南京夫子庙位于南京市秦淮区秦淮河北岸贡院街，为供奉祭祀孔子之地，是中国第一所国家最高学府，也是中国四大文庙之一，不仅是明清时期南京的文教中心，同时也是居东南各省之冠的文教建筑群，现为夫子庙秦淮风光带的重要组成部分。

4）总统府

南京总统府是中国近代建筑遗存中规模最大、保存最完整的建筑群，也是南京民国建筑的主要代表之一，是中国近代历史的重要遗址，现已辟为中国近代史遗址博物馆。其中既有中国古代传统的江南园林，也有近代西风东渐时期的建筑遗存，至今已有600多年的历史。其历史可追溯到明初的归德侯府和汉王府，清代被辟为江宁织造署、两江总督署等，清康熙乾隆南巡均以此为行宫。太平天国定都天京（今南京）后，在此基础上扩建为天王府。1912年1月1日，孙中山在此宣誓就职中华民国临时大总统，辟为大总统府，后来又为南京国民政府总统府。南京总统府自近代以来，多次成为中国政治军事的中枢、重大事件的策源地，中国一系列重大事件或在这里发生，或与这里密切相关，一些重要人物都在此活动过，现已列为全国重点文物保护单位，国家4A级旅游景区。

此外，南京较为有名的游览胜地还有玄武湖、莫愁湖、栖霞山、燕子矶、鸡鸣寺、清凉山、汤山温泉、梅园新村等。

7.2.6 上海市

上海简称沪，别称申。它位于东海之滨、长江入海口，是我国四个中央直辖市之一，也是我国最大的综合性城市和海港、世界著名的大都市之一。

上海开发历史相对较晚，北宋熙宁年间设镇，元世祖于元二十九年（1292年）设上海县。上海是我国最大的海港和长江中下游航运中心，又是国际和国内的航空中心，并有多条铁路、四通八达的公路网和密如蛛网的河渠，便利的交通条件使上海成为我国最重要的国内外游客的集散地。上海作为我国的经济中心城市和国际大都会，自然景观有限，主要以人文景观（历史名胜和现代都市风貌）吸引旅游者。

上海是我国历史文化名城之一，有许多名胜古迹。市内有豫园、玉佛寺、龙华寺、龙华塔、静安寺、城隍庙等，郊区有嘉定的秋霞圃、孔庙、古猗园，青浦的曲水园，松江的醉白池、松江方塔等。

近代上海曾是中国人民反帝反封建斗争最激烈的城市之一，有众多的革命胜迹，如中共一大会址、团中央旧址、周公馆、孙中山故居、宋庆龄故居及陵园、鲁迅故居及纪念馆和鲁迅墓、邹韬奋故居、蔡元培故居、张闻天故居、邹容墓、宋教仁墓等。

上海还有300多幢世界各国不同风格的特色建筑，坐落在外滩的20多幢风格迥异的欧洲古典建筑群，被称为“万国建筑博览”，是中国近代百年历史的缩影，是上海人文景观的一大标志。另外，上海拥有一些城市标志性建筑，如目前上海第二高建筑——东方明珠广播电视塔，高度居世界前列；横跨黄浦江的过江枢纽——南浦大桥和杨浦大桥，均是世界著名的斜拉桥；地下巨龙——过江隧道与地铁；还有总投资为5.7亿元、建筑面积达3.8万平方米的上海新博物馆；藏书达1 300多万册，规模居全国第二，并进入世界十大图书馆之列的上海新图书馆；此外还有金茂大厦、“APEC”会址等。这些新建筑塑造了上海全新的现代国际大都市的风貌，同时也是上海市民和外地游客的游览地之一。此外，上海还有数量可观的主题公园、游乐场等娱乐场所和动物园、植物园等，2010年举办了举世瞩目的世博会。

总之，上海丰富的人文资源、迷人的城市风貌、繁华的商业街市和各种现代化的建筑形成了独特的都市景观。游览上海，不仅能体验到大都市中西合璧、商儒交融、八面来风的海派文化氛围，而且能感受到这座城市蓬勃发展的活力。

1）豫园

豫园位于南汇区豫园路，为江南名园之一。它建于明嘉靖年间（1522—1566年），占地约5公顷。原园主潘允端任四川布政使时，为“愉悦双亲，颐养天年”而建此园。园内假山奇石、亭台楼阁、荷池曲径、小桥流水布置得曲折有致。主要建筑之一的点春堂，为清末小刀会起义时的指挥处，现陈列着相关历史文物。玉华堂前的太湖石“玉玲珑”，相传为北宋“花石纲”遗物，为江南园林三大奇石之一，与苏州的冠云峰和杭州的绉云峰齐名。现在，豫园的周围已成为上海一处规模较大的特色商品市场（也称豫园商城）。

2）玉佛寺

玉佛寺位于普陀区安远路，它不仅是江南有名的寺庙，而且在国际上久负盛名。该寺建筑宏伟，有弥勒殿、大雄宝殿和玉佛楼等。玉佛楼中供奉着释迦牟尼玉佛坐像一尊。寺内西厢有卧佛堂，内供玉卧佛一尊，是释迦牟尼涅槃雕像。东厢是上海佛教协会主办的上海佛学院所在地。寺内还藏有经书佛典7 000余卷，是国内较完整的藏经处之一。

3）外滩

外滩是一条南北走向的临江大道，北起外白渡桥，南抵金陵东路，全长约1.5千米。外滩东临黄浦江，西面矗立着一排高楼，有海关大楼、上海市人民政府办公大楼（原汇丰银行大楼）、外贸大楼、上海大厦（原百老汇大厦）、银行大楼等，是上海市的政治和经济中心。外滩许多大楼始建于19世纪末至20世纪初，体现了当时西方复古主义的建筑风格。其数目之多、位置之集中、形式之丰富为当今所罕见，外滩也因此成为上海近代历史的一个缩影。站在外滩东眺，黄浦江上巨轮如梭，夜晚的灯光把外滩建筑物照射得巍峨壮观，若乘坐游船在黄浦江上观望，更是美不胜收。现在的外滩已被视为上海的象征，成为海内外游客必到之处。

4）淀山湖

淀山湖位于上海市郊青浦区境内，是上海市最大的淡水湖。淀山湖边建有大观园游览区，内有梅花园、百花园、桂花园以及根据《红楼梦》小说建造的仿古建筑“大观园”。园门口有座大型照壁，上面是以《红楼梦》主要人物为题材的巨型浮雕。园内亭台楼阁、假山池塘、小桥流水、曲径通幽，构成“怡红院”“潇湘馆”等10余组景点。近年来在大观园游览区旁兴建了现代化的水上运动场和国际高尔夫球场，使这里成为上海最大的风景游览区之一。

5）松江

松江位于上海市南郊，是一座具有2 500年历史的古城。松江历来是上海地区的一个游览胜地，保存着许多文物古迹。方塔园内有一座900余年历史的宋代兴圣教寺塔（俗称“方塔”），塔高48.5米，端庄挺拔，造型优美。塔旁的照壁为公元1370年所造，壁面有大型砖雕，寓意深刻、形象生动。醉白池公园是松江城内又一座著名的江南古典园林，景色秀丽、别具一格。松江城内还留有唐代陀罗尼经石幢、元代清真寺、明代大包桥等建筑。松江城外的佘山也是旅游胜地。东佘山茂林修竹、风景秀丽，相传清代乾隆皇帝下江南时曾到过此地，著名的兰笋也出产于此。西佘山峰顶建有远东首屈一指的圣母大堂，楼顶十字架耸入云霄。

6）上海迪士尼乐园

上海迪士尼乐园于2016年6月16日正式开园，它是中国大陆第一个、亚洲第三个、世界第六个迪士尼主题公园。乐园拥有七大主题园区：米奇大街、奇想花园、探险岛、宝藏湾、明日世界、梦幻世界、玩具总动员；两座主题酒店：上海迪士尼乐园酒店、玩具总动员酒店；一座地铁站：迪士尼站；还有许多全球首发游乐项目。上海迪士尼乐园致力于为任何年龄段的游客提供值得珍藏一生的回忆。

小知识7-2

上海世博会（Shanghai World Expo）

中国2010年上海世博会是历史上首次在发展中国家举办的综合性世博会。其主题是：城市，让生活更美好。举办期为2010年5月1日至10月31日，历时6个月，共有242个国家参展，吸引了7 000多万人参观。其举办场地在上海市中心，主要位于南浦大桥和卢浦大桥之间的滨江区域，并沿黄浦江两岸布局。世博园区划分为A、B、C、D、E五个功能区，分别布置了242个国家和国际组织的场馆和主题馆。其中以中国馆、城市未来馆和沙特阿拉伯馆最具特色，每天参观者摩肩接踵、络绎不绝。

现在中国馆与城市未来馆已华美转身，成为上海文化新地标，拉开“后世博”时代上海国际文化大都市建设的大幕——“后世博”，上海文化“重新发电”。中国馆改建成中华艺术宫，多媒体版《清明上河图》是永久展项；41米层的小火车轨道改成了展厅；49米层中央影视大厅改造成了阳光展厅，另辟出多功能厅、报告厅、图书馆等空间。城市未来馆改为当代艺术博物馆。这座建于1900年的建筑，曾是南市发电厂，记录着中国民族工业文明的最早印记，2010年改建成城市未来馆，今天，又变身为一个集收藏、研究、展览、教育于一体的公益性当代艺术平台，城市的工业力量之源已转化为文化力量之源。

7.2.7 杭州市

杭州市位于钱塘江北岸、京杭大运河南端，是浙江省省会。自秦朝始设县制（钱塘县）以来，已有2 200余年的建城历史，是一座闻名古今中外的风景旅游城市，其精华是西湖山水风光。作为中国七大古都之一、中国历史文化名城的杭州，古老的城市焕发了新的魅力。其多年来致力于天堂硅谷形象的塑造，进行智慧城市建设，至2016年，成功跻身“中国新型智慧城市”排行榜第一位。2016年是杭州的转型之年，G20峰会期间，杭州向全球展示了现代智慧新城的风貌。以阿里巴巴为代表的高新企业聚集形成完整的产业生态链，按照“普惠+”“信用+”“生活+”“智能+”“生态+”“安全+”六维模型的发展要求，“互联网+”正为杭州城市服务提升、旅游发展打开巨大空间。

1）西湖

西湖位于杭州市西面，是我国首批国家重点风景名胜区和中国十大风景名胜之一、首批5A级旅游景区之一，它是我国主要的观赏性淡水湖泊之一，也是现今《世界遗产名录》中的少数几个和中国唯一的湖泊类文化景观遗产。西湖三面环山，面积约为6.39平方千米，东西宽约2.8千米，南北长约3.2千米，绕湖一周近15千米。湖中被孤山、白堤、苏堤、杨公堤等分隔为五片水面，苏堤、白堤越过湖面，小瀛洲、湖心亭、阮公墩三个小岛鼎立于外西湖湖心，夕照山的雷峰塔与宝石山的保俶塔隔湖相映，由此形成了“一山、二塔、三岛、三堤、五湖”的基本格局。而“西湖十景”是指苏堤春晓、平湖秋月、曲苑风荷、断桥残雪、三潭印月、双峰插云、花港观鱼、柳浪闻莺、雷峰夕照和南屏晚钟。“西湖新十景”于1985年评出，它们是云栖竹径、满陇桂雨、虎跑梦泉、龙井问茶、玉皇飞云、九溪烟树、吴山天风、阮墩环碧、黄龙吐翠和宝石流霞。

2）岳庙

岳庙位于栖霞岭南麓，东临苏堤北端，是南宋抗金英雄岳飞的祠墓所在地。岳庙大殿正门檐间高悬“心昭天日”巨匾，大殿墙上有“精忠报国”四个大字和八幅描绘岳飞气壮山河的一生的大型彩绘壁画，大殿正中为高4.54米的岳飞坐像，头戴帅盔，身披战袍。座像顶端巨匾上“还我河山”四字为岳飞手书，在岳庙照壁前有南北两碑廊，陈列着125块碑石。

岳墓在岳庙内右侧，墓道两旁列石人、石兽。岳飞墓在正中古柏下。

3）灵隐寺

灵隐寺位于西湖西北灵隐山麓，面对飞来峰，是我国佛教禅宗十刹之一，建于东晋咸和元年（326年），距今1 600多年。当时天竺（今印度）僧人慧理见飞来峰叹道：“此乃天竺国灵鹫山之小岭，不知从何处飞来？佛在世日多为仙灵所隐？”由此在这里建寺，取名“灵隐”，清康熙帝南巡时赐名“云林禅寺”。寺内主要建筑有高达33.6米的大雄宝殿等，大殿内有用24块樟木雕成的释迦牟尼像，寺内的殿宇亭阁、经幢、石塔、佛像等建筑和雕塑艺术，对于研究我国佛教史、建筑史都有很高的价值，是珍贵的文物。对面的飞来峰，高168米，山上古木参天，岩石突兀，崖壁和洞壁布满五代至元代时期的大小石窟造像328尊。峰前溪涧，水质清澈甘甜。

4）六和塔

六和塔位于城南钱塘江边月轮山上，是北宋开宝三年（970年）吴越王钱弘俶为镇江潮而建。六和塔是中国古代砖木结构中的奇珍，从外部看有13层，实际上塔内仅7层砖石结构，高59.89米，每层中有小室，外通檐廊。塔内所有须弥座上，有砖雕神人、飞天、花卉、鸟兽等图案。现塔后新建小园，有“典故壁”，塑有栩栩如生的民间传说中的“六和镇江”、“钱王射潮”和在此终老归山的《水浒传》人物鲁智深、武松等。登上六和塔顶，凭窗远眺，钱塘江两岸的旖旎风光尽收眼底。

5）西溪国家湿地公园

西溪国家湿地公园位于杭州市区西部，距西湖不到5千米，是罕见的城中次生湿地。西溪，古称河渚，“曲水弯环，群山四绕，名园古刹，前后踵接，又多芦汀沙溆”。历史上的西溪占地约60平方千米，现实施保护的西溪国家湿地公园规划总面积约11.5平方千米，湿地内河流总长100多千米，约70%的面积为河港、池塘、湖漾、沼泽等水域。分为东部湿地生态保护培育区、中部湿地生态旅游休闲区和西部湿地生态景观封育区。园内生态资源丰富、自然景观幽雅、文化积淀深厚，与西湖、西泠并称杭州“三西”，是中国第一个集城市湿地、农耕湿地、文化湿地于一体的国家级湿地公园。

6）杭州国际博览中心

杭州国际博览中心位于杭州市萧山区钱江世纪城，是二十国集团领导人第十一次峰会的主场馆，其作为浙江省重点项目规划建筑面积为84万平方米，设有展览中心、会议中心、综合物业、屋顶花园（城市客厅）、地下商业及车库等五大功能区。展览中心设计国际标准展位7 500个（其中1 000个为室外展位）；会议中心能满足举办APEC、达沃斯等高规格的国际会议；规模6万平方米的屋顶花园结合城市客厅既能满足高规格接见、高标准宴会、高档次精品展的需要，又与钱塘江对岸的“城市阳台”遥相呼应，形成一个新的城市亮点。

7）良渚遗址

良渚遗址位于杭州市余杭区瓶窑镇内，总占地3平方千米。1936年，浙江省立西湖博物馆的施昕更先生首先在良渚镇一带发现并发掘了多处史前遗址；1959年，以良渚遗址命名地的良渚文化被确认；2007年，良渚古城的发现，将散落的珍珠串成了项链，一座消逝了4 000多年的史前古城初露端倪。随后，针对古城的考古发掘和研究不断深入，它的空间格局、功能分区以及各类遗存的内涵日渐清晰。2010年，古城的外城得到初步确认；2015年，发现和确认古城外围大型水利系统；2019年成功入选《世界文化遗产名录》。良渚文化在生业支撑、物质生活、聚落形态、组织结构、等级分化、精神信仰、礼仪制度和文明化进程等方面的内容极大丰富，从而使其成为公元前3 300—2 300间中国境内最重要的史前考古学文化之一。城址是良渚古城遗址的核心，北、西、南三面被天目山余脉围合，位居三山之中。长命港、钟家港等古河道逶迤穿过这片城址，与城址内外星罗棋布、纵横交错的河流湖泊共同形成了山环水抱的城址特征，并将城址划分出若干不同的功能区块。现遗址公园使用“智慧大脑”管理，确保旅游安全有序。

小思考7-4

上海、南京、杭州的旅游特色各是什么？

答：上海为国际大都市的风貌；南京既有自然山水之胜，又有历史文物之雅；杭州是一座闻名古今中外的风景旅游城市，其精华在于西湖山水风光。

7.3 旅游线路与旅游活动

7.3.1 川西旅游线路与旅游活动

四川西部是旅游资源比较集中的地区。川西旅游线以成都为中心，向南到峨眉山、乐山，往北到都江堰、青城山、黄龙、九寨沟。这里有名山大川、古代工程、宗教石刻以及至今仍保留原始风貌的九寨沟、王朗、卧龙自然保护区等，是一条集自然景观、人文景观和宗教活动为一体的综合旅游线。

1）黄龙-九寨沟

黄龙-九寨沟位于川北九寨沟县和松潘两县境内。这里山高谷深，林木苍翠，湖泊参差，瀑布飞悬，被誉为“童话世界”“人间仙境”，1992年被列入《世界遗产名录》，成为蜚声中外的旅游胜地。

九寨沟是岷山山脉中一条纵深50余千米的山谷，谷内因有9个藏族村寨而得名。从沟口到沟顶，阶梯般地分布着100多个湖水清澈如镜、湖底色彩斑斓、绚丽夺目的湖泊，其间有17组瀑布群，11段急流和5处钙华滩流，它们相串相连，组成以翠海、叠瀑、雪峰、彩林和藏情为特色的“九寨五绝”，极具原始美、自然美和野趣美。叠瀑中的诺日朗瀑布垂挂在河谷断崖处，崖壁上长满繁茂的树木，瀑水从林间穿流下泻，形成罕见的“森林瀑布”奇观，树和瀑布既各自独立又融为一体，就像一台绿色织布机永不停息地纺织着白色丝绸。该瀑布以“树丛中的织锦”入选“中国最美的六大瀑布”。水是九寨沟的灵魂，有“九寨归来不看水”之说。九寨沟是大自然赐予人类最美丽的礼物，是人类回归自然的精神家园，是游客心驰神往之地。

黄龙海拔3 000米以上，区内雪峰林立，遍布第四纪冰川遗迹。但让游客最激动、最神往的是巨型地表钙华景观，它不仅规模宏大、结构奇巧、色彩丰艳、环境原始，且类型繁多齐全。钙华洞穴、钙华盆景、钙华瀑布等一应俱全，是一座世所罕见的天然钙华博物馆。巨型地表钙华坡谷如一条条金色巨龙，蜿蜒于原始林海和石山冰峰之间，其中点缀珍珠般的“五彩池”，计有3 400多个。每个池子从底到埂，由乳黄或乳白色的石灰石构成，如璞玉、似牙雕、像玉盘，其状千姿百态。池水澄清无尘，水色则因沉积物不同、人站的位置不同而呈现出不同的颜色，远深近浅，浓淡分层。池与池之间，虽堤岸连接，活水同源，但泾渭分明，水色各异。最著名的有迎宾彩池、盆景池、明镜倒影、杜鹃映彩、彩池争艳、琪树流芳、石塔镇海和转花池等彩池。此地有“人间瑶池、世界奇观”之誉。

2）乐山大佛

乐山大佛在乐山市东凌云山西壁。“山是一尊佛，佛是一座山，”气魄雄伟，雍容大度。大佛的头与山齐，脚踏大江边，高71米，头高14.7米，宽10米，肩宽24米，眼长3.3米，身长7米、脚背宽8.5米，比例匀称，体态庄严，外观雄伟，而且在造像的工艺上还有独到之处，设计和雕造者在大佛身后构筑排水系统，科学而巧妙地保护了大佛表层不致被山间流水冲蚀破坏，充分反映了我国古代劳动人民的聪明才智及精湛的艺术造诣。乐山大佛是当今世界上最大的石佛。

3）剑门蜀道

蜀道是从陕西汉中、宁强入川至广元、剑阁、梓潼的古栈道，绵亘数百里。沿线地势险要，风光俊丽，唐代李白有“蜀道之难，难于上青天”的描述。蜀道中分布着众多的名胜古迹，有石栈道、三国古战场遗迹、武则天庙、皇泽寺、唐宋石刻千佛岩、剑门关、古驿道、翠云廊、七曲山大庙、李白故居等。近年来已成为旅游热点。

4）卧龙自然保护区

卧龙自然保护区位于四川省汶川县西南部邛崃山脉东麓，面积20万公顷。主要保护对象是自然生态系统及大熊猫等珍稀动物。保护区层峦叠嶂，森林茂密，水碧山青，溪流湍急，景色秀丽，引人入胜。区内植被垂直带谱完整，珍贵树木多，深山密林为动物生存提供了良好的环境条件，因此这里几乎集中了全国受保护的各级珍贵动物种类的一半左右。区内的自然生态系统具有典型性和代表性，是世界上难得的生物基因宝库。

5）稻城亚丁

稻城亚丁风景区位于甘孜藏族自治州稻城县香格里拉镇境内，为国家级自然保护区，是中国香格里拉生态旅游区的核心，集雪山、冰川、海子、草甸、森林等高原风光于一身，被称为“香格里拉之魂”、“最后的香巴拉”等，因景区内有小村亚丁而得名。该景区海拔2 900米（贡嘎河口）至6 032米（仙乃日峰），面积5.6万公顷，以仙乃日（藏语观世间菩萨）、降边央（藏语文殊菩萨）、夏纳多吉（藏语金刚手菩萨）三座雪峰为核心区，北南向分布。三座雪山峰峰各异，但都洁白无瑕，一尘不染。山腰茫茫林海，飞泉瀑布于其间，山脚宽谷曲流，镶嵌着明镜般的湖泊。整个景区，雪峰、冰川、森林、溪流、瀑布、草甸、湖泊有机地组合，野生动物出没于其中，托出了一方静谧的净土，形成了独特的地貌和自然景观，是中国保存最完整的一处自然生态系统。

7.3.2 三峡旅游线路与旅游活动

长江自西向东，横贯中国腹部，素有“黄金水道”之称。其上游汇集诸水以后，水势浩大，以奔腾之势从四川盆地向东流去，在川东与巫山山脉正面相遇，江流劈山凿石，横切而过，形成了举世闻名的长江三峡。三峡西起重庆奉节白帝城，东迄湖北宜昌南津关，全长约193千米，由瞿塘峡、巫峡、西陵峡三个大峡谷和其间的两个宽谷组成。宽谷地段江面开阔，峡谷交错，江水蜿蜒逶迤，穿峡而出，一泻千里。三峡以幽深壮丽的峡谷景观为主，配以众多的溶洞和名胜古迹，成为我国著名的风景游览区。三峡工程竣工后，则以“新三峡”的景观展现在世人面前。

1）瞿塘峡

瞿塘峡又名夔峡，西起奉节白帝城，东迄大宁河口，全长8千米左右，以雄奇险峻著称，两岸崇山峻岭，高耸入云，临江一侧峭壁千仞，宛如刀削。山高谷窄，湍急的江流在峡谷中奔腾咆哮，船驶峡中，真有“峰与天相接，舟从地窟行”之感。全峡包括风箱峡和错开峡两段。两岸有铁锁关、粉壁石刻、孟良梯、圣姥家、犀牛望月、大溪古文化遗址等名胜古迹。在风箱峡陡峭的山崖中，有2000多年前巴人的悬棺，有巨大的考古价值，为后人研究长江中上游人类发展史提供了珍贵资料。

2）巫峡

巫峡西起大宁河口，东至巴东官渡口，全长约44千米。“巫山七百里，巴水三回曲”，其山奇水秀，风光绮丽，为三峡之首。它包括金盔银甲峡和铁棺峡。著名的巫山十二峰屹立于南北两岸，神态各异，幽美秀丽，并且一峰一传说，峰峰皆迷人。其中以神女峰最为高峻绮丽，每日迎送朝霞、晚霞，因此又名望霞峰。

3）西陵峡

西陵峡西起秭归香溪口，东至宜昌南津关，全长约76千米。峡区礁石林立，滩多水急，峰回水转，充满诗情画意，令人心旷神怡。峡为石灰岩地形，滩为花岗岩地形。有三峡中最著名的青滩、泄滩、崆岭滩等险滩，有以石灰岩天然雕刻而得名的兵书宝剑峡、牛肝马肺峡、黄牛峡和灯影峡。还有重要名胜黄陵庙和三游洞。

4）小三峡

小三峡在巫峡西的大宁河上，全长50千米，自北而南由龙门峡、巴雾峡、滴翠峡组成。龙门峡西岸绝壁上的古栈道遗迹至今犹存；巴雾峡幽奇深邃，处处有景，马钻山一带的石钟乳，百态千姿，比比皆是；滴翠峡两岸赤壁摩天，水色黛碧，峡中有峡，充满诗情画意。它兼得长江三峡之胜，却又别有天地。它比三峡的峡谷更窄、山势更陡、奇岩怪石更多。小三峡山青、水绿、峰奇、石怪、瀑美，是一条“不是三峡，胜似三峡”的美丽画廊。龙门峡有小夔峡之称，巴雾峡有2 000多年前的悬棺，滴翠峡幽深秀丽，为小三峡之首。

此外，三峡沿线还有许多景点，如被誉为“三峡小桂林”的巴东格子河石林、巴蜀古都涪陵、武隆芙蓉洞、“鬼城”丰都、忠县石宝寨、云阳张飞庙、刘备托孤的白帝城，以及2007年成为着批国家5A级旅游景区的三峡大坝等，都有很高的旅游价值。

7.3.3 三国旅游线路与旅游活动

这是一条串联三国时期历史古迹的仿古旅游线，主要线路是襄阳—当阳—荆州，武汉—荆州—宜昌。

1）襄阳

襄阳位于鄂西北的汉水南岸。春秋时期为楚国之北津戍，东汉末为荆州牧治所，是历代兵家必争之地，是一座历史文化名城。有古隆中、夫人城等胜迹。

古隆中在襄阳城西15千米隆中山东，是诸葛亮青年时隐居之地，亦即刘备“三顾茅庐”之地。四周群山环抱，松柏参天，溪流萦绕，景色绮丽，现存古迹多为清代建筑。主体建筑是“汉诸葛丞相武侯祠”，内陈列着诸葛亮生平简介，殿内有明万历年间雕刻的“汉武侯像”。名胜古迹还有古隆中的三顾堂、三义殿、草庐、抱膝亭、躬耕田、梁父岩，以及石刻和名人题诗题记。

夫人城是指襄阳城西北角上的大城堡，古称战台。它是为纪念东晋梁州刺史朱序之母韩夫人而建，故名夫人城。

2）当阳

当阳在宜昌以东，是一个三国古迹荟萃之地。其中著名的有“三楚名山”玉泉山和“荆楚丛林之冠”的玉泉寺，当年张飞、赵云等力拒曹兵的长坂坡、虢亭、麋城等古战场，关羽兵败被擒之处——麦城，还有关羽的葬身之地——关陵。当年关羽首级被孙权送往洛阳献给曹操，故洛阳也有一处“关林”，因此关羽陵墓有“头在洛阳，身在当阳”之说。

3）荆州

荆州位于湖北中南部长江南岸，是我国南方著名的古城之一。现在的古迹有荆州古城、纪南城、八宝山、元妙观等。

荆州古城最早建于春秋时期，现存的砖城为清顺治三年（1646年）依旧基重建。三国时期，荆州有着极重要的战略地位，为兵家必争之地，著名的三国故事“借荆州”就发生在这里。

纪南城位于荆州古城以北，是春秋战国时期楚国的都城郢的旧址。有20代国王在此建都，历时400余年，是楚国的政治、经济、文化中心，也是当时南方第一大都会。当年的土筑城墙，至今仍存，城内城外，地上地下，都留下了丰富的文化遗产。

4）“三峡集锦”微缩景观

“三峡集锦”是国家旅游局配套三峡工程的一个重要旅游开发项目。其布局是以长江三峡沿岸山水为框架，以三峡大坝为中心，集三峡地区自然风光和人文景观、民俗民情为一体，展示“三峡工程”的雄姿和三峡地区丰富的旅游资源和民族文化内涵。景区按比例微缩三峡各景点，新建人文传说景观和民族建筑，游客置身其中既能重新目睹三峡风光，又可领略比淹没前的三峡更丰富的文化内涵。

观念应用7-1

利用学过的知识设计重庆、长江三峡、武汉四日游。

[分析提示]

第一天抵重庆，游白公馆、大礼堂。第二天游丰都“鬼城”、石宝寨、张飞庙。第三天观瞿塘峡、游大宁河小三峡，观巫峡、西陵峡，游葛洲坝。第四天游黄鹤楼、归元寺。

该线路能让游客亲身感受到长江三峡的雄伟险峻、巴蜀文化的灿烂精湛，它集观光游览、民俗研究、怀古访幽和探险科考为一体。

7.3.4 湘西武陵源旅游线路与旅游活动

武陵源位于湖南省西北部武陵山区，区内山石景观举世无双，野生动植物资源丰富，且受人类破坏较小，仍保存着原始山林风貌，是中国第一个国家森林公园，已列入《世界遗产名录》，是一个世界级旅游胜地。它主要包括张家界国家森林公园、索溪峪和天子山自然保护区三大风景区。

1）张家界国家森林公园

它是武陵源中最大、最美的风景区，占地近万公顷，有2 000余座拔地而起且风格迥异的山峰，构成国内外罕见的砂岩峰林地貌景观，并具有原始生态系统。园内主要游览区有四个：一是黄石（狮）寨，海拔1 200米，占地约17公顷，这里三步一个景、五步一层天，为张家界最大、最集中的观景台，主要景点有20余处，因此有“不上黄石寨，枉到张家界”之说；二是金鞭溪，从锣鼓塔出发，沿溪往西，石峰时而狭窄、时而开阔，移步易景、应接不暇，有著名景点金鞭岩、神鹰护鞭、醉罗汉等；三是砂刀洞和腰子寨景区，有猴儿洞、流泉飞瀑、五女拜帅和天生桥等景点；四是珍贵动植物和原始次生林景区，其中珍贵植物数目比欧洲的还多，珍稀动物有数十种。

2）索溪峪自然保护区

索溪峪与张家界毗连，位于慈利县西。这里山、水、洞景观类型俱全，是武陵源风景区的核心组成部分。游览区有西海、黄龙洞、宝峰湖、百仗峡、十里画廊等景点200多处。境内军地坪为武陵源区政府所在地。

黄龙洞在军地坪东7千米，现已探明的洞底面积约10万平方米，全长7 640米，洞分上下四层，水旱各半。从最低阴河至最高穹顶，垂直高差100多米。洞内有1个水库、2条阴河、3个水潭、4条地下瀑布、13个大厅、98条游廊以及上千个白玉池。分龙宫、水晶宫、石琴山、天仙水、仙人掌、响水河、迷宫等游览线。游人置身其中，洞中有洞、山重水复、峰回路转、钟乳浮悬、石柱林立，石幔、石花、石瀑琳琅满目、异彩纷呈，无怪乎有人说：黄龙洞是诗的结晶、哲学的凝聚、美学的雕像。洞中最高的一根石笋有19.2米，直径40厘米，中间最细处的直径仅10厘米，被命名为“定海神针”，它发育至今已有20万年的历史，现仍在继续生长，专家估计它再长6万年、再长6米，即可直抵穹顶而“顶天立地”。有意思的是，景区管理部门特意为它买了1亿元巨额保险。黄龙洞以它高阔的洞天、幽深的暗河、悬空的瀑布、密集的石笋赢得了“溶洞景观全能冠军”和“中华最佳洞府”的美誉，并被列入“中国最美的六大旅游洞穴”。

十里画廊长5千米，峡谷两岸林木葱茏，野花飘香；奇峰异石，千姿百态，像一幅幅巨大的山水画卷，并排悬挂在千仞绝壁之上，使秀美绝伦的自然奇观融进仙师画工的水墨丹青之中。进入十里画廊，沿途有转阁楼、寿星迎宾、采药老人、两面神等十余个主景点。

3）天子山自然保护区

天子山自然保护区位于武陵源西北处，为台地地貌类型。在天子山观景，视野开阔、气势雄浑、层次丰富。天子山有云涛、月辉、霞日、冬雪四大奇观。云雾变幻无穷、仪态万方，时而涌涛逐浪，时而飘如轻烟；日出晕丽长空，日落霞天无垠；月影青山，素裹万簌，像一首抒情诗，像一幅奇妙画；天子冬雪，银装素裹，分外妖娆。天子山主要游览区有黄龙泉、将军岩、风栖山、茶盘塌、老屋场、石家檐等。

黄龙泉位于泗南峪西头半山腰石林里，泉水呈黄色，无论春夏秋冬，水涨水消，从不变色，堪称武陵千川万水独出一溪。据考查，泉床下为硫磺矿，故每当武陵雨期，黄龙泉犹如一条咆哮的黄龙在布满奇峰异石的幽谷间横冲直撞，时隐时现。

将军岩位处黄龙泉游览线西，是天子山绝景之一。一石极似人形，高20余米，耸立于数百米巨峰之巅，但见身披金甲，肚腹微凸，背手而立，那神采，那风韵，俨然一位指挥千军万马，又似面壁凝视山川绘成的军事地图正在运筹帷幄的元帅，相传此将军岩为古代的向王天子所化。

观念应用7-2

根据学过的知识设计出长沙、张家界、韶山五日游的最佳旅游路线并概括其旅游特色。

[分析提示]

第一天抵长沙，参观马王堆汉墓、岳麓书院。第二天赴张家界，游张家界国家森林公园，参观黄石寨、金鞭溪、腰子寨。第三天游天子山自然保护区，参观十里画廊、贺龙公园、御笔峰。第四天游索溪峪自然风景区内的黄龙洞。第五天赴韶山，参观毛泽东、刘少奇故居，游滴水洞。

该线以名山、名水、名人、名城为特点，向旅游者展现了自然景观的奇、秀、险、幽，湘江文化的悠久灿烂，名人故里的豪情壮志和多姿多彩的芙蓉国。

7.3.5 苏南旅游线路与旅游活动

苏南旅游线包括南京、无锡、苏州、扬州、镇江、常州、宜兴等旅游城市，是一条以江南秀丽的山水风光和古典园林为特色的旅游线。

1）苏州

苏州北枕长江，西临太湖，京杭大运河和吴淞江（苏州河）交汇于此。城内河流纵横，郊外湖泊密布，是著名的“水乡”。此外，苏州以古典园林胜景扬名中外，享有“东方威尼斯”“人间天堂”的盛誉。苏州以它“现代化包围的古老”位居“中国最美的五大城区”第二名。苏州现有69座古典园林，其造诣之高，世无伦比，幽曲、明净、精巧、秀丽、自然，给人以不出城郭而获山水之怡，身居闹市而享林泉之幽的意境，体现人的“诗意的栖居”。代表我国宋、元、明、清四代的名园沧浪亭、狮子林、拙政园、留园、网师园、怡园等又各具风格，各显千秋，苏州的虎丘、北塔、寒山寺、天平山、灵岩山、洞庭东山、洞庭西山等也是引人入胜的旅游区。

沧浪亭位于苏州城南三元坊，是苏州历史最悠久的一座名园，与狮子林、拙政园、留园并称为苏州四大名园。北宋文人苏舜钦建此园，并作了一篇《沧浪亭记》描写园景，从此该园名声大振。全园以假山为中心，沧浪亭屹然山顶，山中老树古藤，林木参天，古林幽静，到此仿佛已入深山幽谷之中，沧浪亭外临河，凭借一泓清水与园内景物融为一体。

狮子林位于娄门内园林路，是元代著名的园林。它是元代至正年间（1341—1368年）天如禅师和园林艺人倪赞根据画家的设计用湖石堆垒建成。园东南多假山，西北多池沼，长廊将把园林四周包围，曲径通幽四面可通。狮子林以假山巧妙著称，因很多石峰之形像狮子而得名，假山内外上下盘旋曲折，穿洞越谷宛如迷宫，咫尺之间都可望而不可即，在苏州园林中别具一格。

拙政园位于苏州市东北街178号，占地5.2万平方米，始建于明正德四年（1509年），为明代弘治进士、御史王献臣弃官回乡后，在唐代陆龟蒙宅地和元代大弘寺旧址处拓建而成。全园分东、中、西、住宅四部分。住宅是典型的苏州民居，现布置为园林博物馆展厅；东部明快开朗，以平冈远山、松林草坪、竹坞曲水为主；中部为拙政园精华所在，池水面积占1/3，以水为主、池广树茂、景色自然，临水布置了形体不一、高低错落的建筑，主次分明；西部主体建筑为靠近住宅一侧的卅六鸳鸯馆，水池呈曲尺形，其特点为台馆分峙、回廊起伏、水波倒影，别有情趣，装饰华丽精美。

留园位于苏州阊门外留园路。始建于明嘉靖年间，初名“海碧山庄”。清光绪年间重建后更名留园。它以建筑结构独特见长，其厅堂在苏州诸园中最为宏丽，是清代园林建筑的代表。留园分中、东、西、北四个景区。中部以山水为主，多粉墙、花窗、长廊；东部以厅、堂、轩、斋建筑为主；西部和北部呈现山林野趣和田园风貌，景色安静优雅。其中，留园的冠云峰为江南最大的太湖石。

虎丘位于苏州市西北，距今已有2 500多年的历史，素有“吴中第一名胜”称誉。虎丘的游览点主要有断梁殿、憨憨泉、试剑石、剑池、虎丘塔等。虎丘塔是虎丘最有名的古迹，始建于五代末年，完成于北宋初年。塔高47米，全为砖砌，不用寸木，建筑艺术别具一格。

寒山寺在苏州城西5千米的枫桥街道，旁有古老的江村桥。相传唐代高僧寒山和拾得二人曾居于此，故名寒山寺。目前寺中有寒山、拾得像。“月落乌啼霜满天，江枫渔火对愁眠，姑苏城外寒山寺，夜半钟声到客船。”唐代诗人张继的这首《枫桥夜泊》诗，更使寒山寺扬名中外。诗中提到的那口钟早已失传，明嘉靖年间所铸的钟已流入日本，清光绪年间寒山寺重修时，仿照旧钟式样新铸一口大铁钟，现存放在八角钟楼上。

2）无锡

无锡位于长江下游江苏省南部的京沪铁路上，江南运河纵贯全境。无锡西枕惠山，南临太湖，山清水秀，风景如画，物产丰富，有“鱼米之乡”之誉，也是江南著名的旅游名城。无锡的游览胜地众多，有风光明媚、晴红烟绿的蠡园；有雄伟壮丽、湖光山色尽收眼帘的鼋头渚；有四面临水、古称人间蓬莱仙岛的三山公园；有广植千株梅树、盛开时犹如红霞升腾的梅园。还有青峰触天、宛如湖中一青螺的马山胜景以及山色葱茏、古迹集中的锡惠公园等。

鼋头渚位于无锡市西南充山半岛前端，半岛徐徐向太湖伸展，三面环水，因状若鼋头而得名。它背山临湖，以天然山水景色为主、人工点缀修饰为辅。景区中错落点缀着亭、台、楼、阁。鼋头渚是赏游太湖的理想之地，登高眺望，太湖浩瀚，风帆点点，三山宛如翡翠，马迹山形如骏马驰骋，很是壮阔。

蠡园位于无锡市南五里湖畔。相传春秋时越国大夫范蠡偕美女西施泛舟于此而得名。蠡园三面临湖，以水饰景，亭、廊、堤均伴水而筑，精致纤巧、色彩和谐。全园大体分为四大部分，中部为假山群、东南部为湖心亭和凝春塔、东部是千步长廊和春秋园、西南部为环湖长堤和四季亭。四季亭周围分别植有春梅、夹竹桃、桂花和腊梅，象征一年四季。

锡惠公园位于锡山和惠山山麓。惠山蜿蜒若龙，享有“江南第一山”之誉。锡惠公园名胜古迹云集，著名的有寄畅园、惠山泉（即天下第二泉）、惠山寺、龙光塔、映山湖等。寄畅园是利用借景之法之典范，它使有限的空间无限扩大，仿佛锡山、惠山就在园中。

"三国城"位于葱茏苍翠的辉嶂山麓、烟波浩渺的太湖之滨。它是中央电视台为拍摄84集电视剧《三国演义》而兴建的大型影视文化景区，是中央电视台无锡"太湖影视城"继"唐城""欧洲城"之后对社会开放的又一影视旅游景观。它场景壮阔，气势磅礴，将1 700多年前诸雄争霸、纵横捭阖的恢弘场面真实地再现在现代人的眼前。"三国城"占地35公顷，城内建造了具有汉代风格的建筑，面积达8万多平方米的"吴王宫""甘露寺""曹营""吴营水寨""七星坛""烽火台""辕门""古战船"等几十个大型景点以其独特魅力迎接中外游人。

此外，还有1996年9月正式开放的"水浒城"，对游客也具有很大的吸引力。

3）扬州

扬州位于长江下游北岸，已有2 500年的建城史，是我国历史文化名城之一。历史上的扬州是中国繁华的名城，兴盛于汉、繁盛于唐、鼎盛于明清，被誉为"淮左名都"。它既是江淮地区的经济文化中心，也是对外贸易和国际交往的港埠。扬州山川秀丽，风物佳丽，多有名园，是风光绮丽的风景园林城市。扬州的主要旅游点有瘦西湖、蜀岗、个园、何园等。

瘦西湖位于扬州市西部，又名长春湖。湖身狭长（湖全长约4.3千米），清瘦秀丽，故名。瘦西湖湖水碧如玉带、逶迤曲折，花木扶疏，亭阁别致，呈现出"两堤花柳全依水，一路楼台直到山"的盛况。矗立在湖心的小金山，四周环水，景色佳丽，是瘦西湖的中心地带。湖的西侧在伸入湖心的短堤上建有方亭，称"吹台"，传说乾隆皇帝曾在此钓鱼，又称"钓鱼台"。该亭临湖的三面各有一个圆形洞门，各嵌一景：西洞直对横卧波心的五亭桥，南洞尽收耸立湖畔的白塔，北洞可见北岸天香岭上的方厅和桂花厅。五亭桥在湖中莲花埂上，又名莲花桥。桥上建有五亭，造型典雅，每当晴夜月满之时，15个桥洞各含一月，金色荡漾，可与杭州"三潭印月"相媲美。

蜀岗位于扬州市北郊，岗上有平山堂、大明寺、西园等。平山堂是北宋著名文学家欧阳修任扬州太守时所建，登堂远眺，江山景色，历历在目。西园紧靠大明寺和平山堂，园内布置开阔粗犷，富有山林野趣，兼采南北园林之长，风格自成一派。大明寺因唐代高僧鉴真曾居住于此而闻名中外。大明寺东侧的鉴真纪念堂是1963年为纪念鉴真逝世1 200周年而建，它的形制参照了鉴真在日本奈良建造的著名的唐招提寺。

4）镇江

镇江位于长江与京杭大运河交汇处，地处宁镇丘陵的北麓，临江背山，素有"天下第一江山"之称，尤以镇江"三山"——金山、焦山、北固山驰名中外。

金山在镇江市区西北，高60米。山上有金山寺依山而建，殿宇厅堂，幢幢相接，楼台亭阁，层层相衔，山寺浑然一体，所以有"金山寺裹山"之说。金山寺与附近的法海、白龙诸洞都与神话"水漫金山"紧密相关，令人神往。金山西南的"中泠泉"有"天下第一泉"之誉。

焦山位于市区东北，屹立长江江心。山上宝慧寺掩映在古柏中，若隐若现，因而有"焦山山裹寺"的说法。山顶吸江楼是观赏江景的好地方。焦山还藏有历代碑刻，形成"焦山碑林"。

北固山位于市区东侧江边，北临长江，地势险固。北固山有著名的甘露寺及近旁的试剑石、走马涧等名胜，均与当地流传的三国时刘备在东吴招亲的故事有关。多景楼为甘露寺风景佳丽之处，被誉为“天下江山第一楼”。

5）宜兴

宜兴地处太湖西岸，为我国著名的“陶都”。宜兴不仅盛产驰名中外的紫砂壶等陶瓷器，而且山川明媚、风景秀丽，尤以善卷洞和张公洞最为著名。二者均为石灰岩溶洞，前者以洞形卷曲而得名。洞身深邃，回廊盘旋，瀑布轰鸣，石笋挺拔，钟乳悬垂，水洞泛舟，令人神往，来到这里，宛如进入一个童话世界。后者为因相传唐代张果老在此隐居而得名。其特点是洞中有洞，洞内套洞，大洞包小洞，一洞复一洞，大小洞穴多达27个，千姿百态，景观奇异，深邃幽奥。

7.3.6　皖赣旅游线路与旅游活动

皖赣旅游线指皖南的黄山、九华山、合肥、天柱山等风景区和赣北的南昌、庐山、井冈山、石钟山、三清山、龙虎山、景德镇等组成的游览线，是一条以名山古迹为特色的旅游线路。

1）合肥

合肥为安徽省省会，位于巢湖北岸，是全省政治、经济、文化中心。市内的主要旅游点有包公祠、古逍遥津和教弩台等。包公祠是纪念北宋忠臣包拯的祠宇，始建于明代，重建于清代。祠内有包拯塑像和石刻像，陈列包拯墓出土的文物和有关资料。该祠亭竹相映、松杉夹道、四周环水、广植莲藕，为游憩佳境。

古逍遥津，又名“窦池”、“斗鸭池”，古为淝水上的津渡，位于合肥市旧城东北角，与教弩台相邻。三国时期，魏将张辽率八百勇士击破吴国的十万大军，被载入典籍。逍遥津公园占地31.3公顷，其中水面11.2公顷。公园呈扇形铺开，由水系自然分割为东西两部分，其中东园水域辽阔，草坪如毡，主要由青少年活动区、文化活动区、动物展区组成。

2）南昌

南昌西临赣江，北濒鄱阳湖，为江西省省会。该市风景秀丽，历代名人学者多驻足于此。南昌也是一座具有光荣革命传统的城市，多人文胜迹。南昌主要游览点有八一南昌起义纪念馆、革命历史展览馆、滕王阁等。滕王阁位于南昌市赣江边，以“瑰丽”为江南三大名楼之一，因唐代诗人王勃的《滕王阁序》而扬名中外，阁规模宏大，高27米、长26米、宽14米。

3）景德镇

景德镇是国务院首批公布的历史文化名城之一，位于赣东北，依山傍水，美丽的昌江蜿蜒穿流而过。千年窑火铸就了景德镇深厚的文化底蕴，这种底蕴弥漫在老城的每个角落：老街里弄、坯房窑房、民居会馆、瓷行柴房白土行、水陆码头……这些底蕴加上在生产实践中因袭成风的瓷业习俗构成了“瓷都”独特、珍贵而完整的文化遗产体系。人们用“白如玉、薄如纸、明如镜、声如磬”来称誉景德镇的瓷器，现建有中国陶瓷博物馆。旅游参观项目以“陶瓷和陶瓷文化”为特色。

4）石钟山

石钟山位于江西湖口县，在鄱阳湖与长江的交汇处。山分上石钟山和下石钟山，两山对峙，相距约1 500米。石钟山形上锐下宽，如钟覆地，水击山石，声若洪钟，故得此名。石钟山上有紫云廊、绀园、江天一览亭等景点。登山近看长江汹涌东流，远眺鄱阳湖烟波浩渺，遥望庐山五老峰如拱如揖。石钟山自古为游览胜地。

5）庐山

庐山位于赣北，北临长江，南伴鄱阳湖，是一座由断裂作用而抬升的地垒式断块山，有90多座山峰，以大汉阳峰最高，海拔1 473.4米。庐山气势雄伟、景色秀丽，尤以瀑布、奇峰、云海和植被四大景观为最。

李白"日照香炉生紫烟，遥看瀑布挂前川；飞流直下三千尺，疑是银河落九天"的著名诗篇，即是庐山众多瀑布的写照。其中最著名的瀑布数"三叠泉"，泉分三级，上级如飘雪拖练、中级如碧玉催冰、下级如玉龙走潭，高差数百米，气势雄伟壮观。庐山多断崖、陡壁、洞穴峡谷，十分奇险，如龙首崖、含鄱口、仙人洞等自古有名。庐山常云雾弥漫，故有"不识庐山真面目"之说，从山上往下看，脚下云海茫茫，而从山下看庐山，山体虚无缥缈、时隐时现，宛若仙境。庐山植物生长茂盛，且垂直分布明显，是研究山地植物的理想地区，植物园历史悠久，栽培品种多达3 000余种。植物的多样性给庐山披上了一层秀色，向有"匡庐奇秀甲天下"之赞誉。庐山夏季凉爽宜人，比山脚的九江气温低10℃以上，是著名的避暑胜地。

长期以来，人们在这里创造了内涵丰富、影响深远的庐山文化。公元4世纪，高僧惠远在庐山东林寺首创观像念佛的净土法门，代表了佛教中国化的大趋势。此外，庐山有藏传佛教、道教的寺庙和道观多所，有伊斯兰教、基督教、天主教等宗教及教派的教堂多座，是一座集六教于一身的宗教名山。中国古代四大书院之首的白鹿洞书院也落户于此。

20世纪30年代，地质学家李四光在庐山首先发现了冰川遗迹，从而创立了中国第四纪冰川学说。19世纪末20世纪初，庐山出现了美、英、俄、法、日等20多个国家风格的别墅近千幢。20世纪30年代庐山成为南京国民政府的"夏都"。中华人民共和国成立后，毛泽东同志三次登上庐山，主持召开了三次重要会议。

联合国世界文化遗产专家评价：庐山的历史遗迹以其独特的方式融汇在具有突出价值的自然美之中，形成了具有极高美学价值的、与中华民族精神和文化生活紧密相连的文化景观。庐山1996年被列入《世界遗产名录》，2004年被列入全球首批地质公园。

6）井冈山

井冈山海拔1 597.6米，位于江西省井冈山市，群峰耸峙，山势雄伟险要。著名的黄洋界居高临下，扼居山口，一条羊肠小道蜿蜒在悬崖之上，有"一夫当关，万夫莫开"之气势。井冈山的奇峰异洞、飞瀑流泉、茂密森林、浮云薄雾、高山田园与名贵珍稀植物，交织成一幅风光秀丽旖旎的画卷。井冈山又是我国著名的革命圣地之一，1927年10月，毛泽东同志率领秋收起义部队到井冈山，在这里创建了全国第一个农村革命根据地。在长期革命斗争中，井冈山地区发生过许多惊天地、泣鬼神、动人心弦的革命英雄事迹。革命英雄的光辉业绩和壮美秀丽的自然风光相互辉映，光照千秋。

7）天柱山

天柱山位于安徽省潜山县。汉武帝南巡时，登祭天柱山，封“南岳”。天柱山是霍山山脉的主峰，海拔1 489.8米。这里群峰兀立，危崖罗列，怪石嵯峨，奇松秀竹，兼备雄、奇、灵、秀之风格，为道教第十四洞天。

观念应用7-3

利用学过的知识试设计三清山、龙虎山、南昌、庐山五日游。

[分析提示]

第一天抵达三清山，游三清宫、九天应元府、龙虎殿、演教殿，观看三清雄峰、奇松、云海。第二天游龙虎山、上清宫、天师府、仙水岩。第三天抵南昌，游八一南昌起义纪念馆、八一南昌起义塔、滕王阁。第四天游庐山、小天池、花径、仙人洞、含鄱口。第五天游五老峰、三叠泉、植物园。

该线名山有的是道教圣地，有的是避暑游览佳处，景色迷人，人文荟萃。

7.3.7 浙江旅游线路与旅游活动

浙江旅游资源极为丰富，旅游线包括杭州、绍兴、宁波、富春江-新安江-千岛湖、莫干山、天目山、普陀山、嵊泗列岛、天台山、雁荡山、楠溪江等风景名胜，是一条旅游城市集中、名山秀水与历史古迹融于一体的旅游线路。

1）绍兴

绍兴地处长江三角洲南翼，东接宁波，西邻杭州，素有“江南明珠”“丝绸之府”“文化之邦”“名士之乡”之美誉。它也是一座典型的水乡城市，城内河道纵横交叉，并有百余座古色古香的石拱桥跨越其上。绍兴是我国首批历史文化名城之一，名胜古迹遍布城乡各地，其主要游览点有禹陵、兰亭、东湖、沈园、鲁迅纪念馆、府山、塔山、茂山等。

东湖位于绍兴城东，原为一青石山，汉代开始采石，终将这座青石山的一部分凿成湖泊。湖边峭壁、悬崖、山岩千奇百态，并有陶公、仙桃两洞。清末，人们在湖外筑堤围墙，堤外为河，堤内为湖，并添建了亭、台、桥，种植桃柳，将东湖变成绍兴郊外的风景胜地。

禹陵和禹庙位于绍兴东南6千米处的会稽山麓，庙为五进殿宇，顺山势逐步升高，气象庄严。庙内现存石刻碑文多处，均为称颂大禹治水的功绩，其中“岣嵝碑”最为珍贵，相传为大禹治水时所刻。

兰亭是绍兴南部的一个重要名胜，自然景色十分动人，崇山峻岭之间，茂林修竹之中，台亭数处，流水一曲。晋代著名书法家王羲之在这里写下了流芳百世的《兰亭集序》，兰亭也因此成了我国书法圣地。

鲁迅故里位于绍兴市越城区，是鲁迅诞生和青少年时期生活过的地方，故里修缮、保护于1953年，占地50公顷。有鲁迅故居、百草园、三味书屋、鲁迅祖居、土谷祠、长庆寺、鲁迅笔下风情园、鲁迅纪念馆等一大批与鲁迅有关的人文景观。它保护和延续了绍兴古城的传统风貌，成为生态型的“文物森林”，体现了绍兴古城保护的完整性，被誉为中国名人故居保护的范例。1988年，鲁迅故居被国务院公布为第三批全国重点文物保护单位。

此外，绍兴市还推出了周恩来纪念馆、府山烈士纪念碑、绍兴县革命烈士纪念陵园、俞秀松故居、诸暨革命烈士纪念馆、新四军北撤会议旧址、叶天底故居、嵊州党史陈列室、梁柏台故居等景点，成为第一批红色旅游品牌。

2）宁波

宁波地处浙江北部沿海甬江、奉化江、余姚江三江汇合处，是我国著名的港口城市和工业基地，也是我国历史文化名城。宁波主要游览胜地有天一阁、天封塔、七塔寺、月湖、保国寺、天童寺、阿育王寺和东钱湖等。

天一阁是我国现存最早的古代藏书楼之一，建于明嘉靖年间，是明兵部右侍郎范钦的藏书处。天一阁系木结构六开间二层楼房，为防火，在阁前凿有水池。阁建筑古朴，园林精巧，环境幽静。

天童寺在宁波市东部太白山麓，始建于晋永康年间，寺内有天王殿、大雄宝殿、钟楼、罗汉堂、藏经阁等20多幢大建筑，共700余间，规模宏大，被誉为天下禅宗五山之第二。天童寺也是禅宗“天童宗”的发源地和祖庭。

东钱湖位于宁波东郊鄞州境内，面积22平方千米，有陶公钓矶、百步耸翠、霞屿锁岚、双虹落彩、二灵夕照、殷湾渔火等10余景。

3）雁荡山

雁荡山位于浙江省乐清市东北，指北雁荡山，简称雁荡。主峰雁湖岗海拔1 046米，山顶有湖，芦苇丛生成荡，秋雁常来栖宿，由此得名。雁荡的奇峰怪石、古洞石崖、飞瀑流泉比比皆是，蔚为壮观，素以山水奇秀而扬名中外。山体由流纹岩组成，节理发育，经长期风化作用和流水侵蚀，形成了奇特的造型地貌。山中的岩峰、石柱、石墩、嶂谷等造型独特，酷似人物形象，更为奇妙的是这些象形石头大都会随视角或时间的不同而改变形象。雁荡山风景区有300余个景点，划分为灵峰、灵岩、大龙湫、显胜门和雁湖五大风景区，其中以灵峰、灵岩和大龙湫景色最佳，被誉为雁荡“三绝”。

灵峰是雁荡风景荟萃之地，由左右二峰组成。两峰相依，白天望去如两手合掌，故名合掌峰；夜晚观峰，又如一对伴侣相依，亦称夫妻峰。周围奇峰环绕，怪石林立。峰内观音洞又名“第一洞天”，洞深40余米，高百米。洞口有天王殿，洞内依岩建有十层高楼，顶层为观音殿，其余九层为僧舍。洞口至顶层377级石蹬。内石隙间泉水从洞顶泻下如珠帘。

灵岩又称屏霞峰。高数百丈，壁立耸云，状若屏风。前有灵岩寺，初建于北宋太平兴国四年（979年），为十八古刹之一。群峰环列，环境清幽。寺前有高260米的天柱、展旗两峰相对而立，中宽百米，称南天门，卧龙溪穿门而出。此处常举行悬空索道飞渡表演，惊险无比。

大龙湫是雁荡大小瀑布中最为著名的瀑布。该瀑从190米高的连云峰凌空而下，白练飞泻至潭面呈“龙形状”。

4）莫干山

莫干山在杭州西北60千米处，相传春秋末期吴王的铸剑师干将、莫邪夫妻二人于此铸剑而得名。莫干山具有“凉、绿、清、静”的特色，它与北戴河、庐山、鸡公山合称为全国四大避暑胜地，素有“清凉世界”之誉。同时，山上也不乏文物古迹。

5）天台山

天台山位于天台县城北，是我国佛教天台宗的发源地。山中有隋代古刹国清寺，是一个拥有约600间殿宇的大型建筑群，是我国保存比较完好的著名寺院之一。天台山群峰争秀，飞瀑流泉，洁白如练。有“华顶秀色”“石梁飞瀑”“铜壶滴漏”“赤城栖霞”“琼台夜月”“桃源春晓”等主要景点和隋塔、隋梅、智者塔院、唐一行禅师塔等古迹。

6）楠溪江

永嘉县的楠溪江两岸山环水绕，沿岸古老村落，青瓦白墙，木柱石基，间巷相连，阡陌交错，很有特色。江中水色凝碧，清澈见底，卵石光洁，色彩斑斓，深潭浅涧相间，滩急而汹涌，潭平静而不滞流，可筏游江上赏景。

长江流域旅游区主要风景名胜见图7-1。

图7-1 长江流域旅游区主要风景名胜简图

本章小结

长江流域旅游区包括9个省级行政区，地势上跨越了我国三级阶梯，地形复杂，气候殊异，河网稠密，湖泊众多，形成了本区各具特色、丰富多彩的旅游资源，其中很多旅游景观在全国旅游资源体系中占有重要地位。本区依托长江黄金水道，旅游资源具有地域关联性强的特点，区域特征突出。自然旅游资源以壮丽的山川雄姿、雄伟的峡谷风光和原始的自然保护区为特色；人文旅游资源以三国遗迹、革命圣地、古典园林和名城等引人入胜。

本区重点旅游城市之多，为其他旅游区所不及，且形成了旅游城市群，主要有成都、重庆、武汉、长沙、上海、南京、杭州、苏州、无锡等。它们带动了各地旅游业的共同发展。

本区旅游线路多，主要有集自然、人文景观和宗教活动为一体的川西旅游线，串联三国时期历史古迹的仿古旅游线，以江南秀丽的山水风光和古典园林为特色的苏南旅游线，以及皖赣浙名山荟萃、阡陌纵横的旅游线。

主要概念与词语

□ 主要概念

九寨沟　乐山大佛　杭州国际博览中心　石钟山　庐山　雁荡山

□ 主要词语

黄鹤楼　岳麓书院　爱晚亭　古隆中　荆州　中山陵　雨花台　豫园　鼋头渚

知识练习

□ 简答题

7.1　长江流域旅游区有哪些国家级风景名山？

7.2　长江流域旅游区有哪些著名的自然保护区？主要特色是什么？

7.3　长江流域旅游区有哪些风景旅游城市？

7.4　简述川西旅游线路的旅游特色和主要游览区。

7.5　长江流域旅游区有哪些著名的"红色旅游景点"？

7.6　简述苏南旅游线路的旅游特色和主要游览区。

□ 填空题

7.1　长江流域旅游区行政区划上包括川、________、湘、________、________、________、________七省，________、沪二市。

7.2　武汉市位于________和________交汇处，由________、________、________三部分组成。

7.3　本区除常态地貌外，高原山地的________地貌，川东、湘鄂西的________地貌，湘南的________地貌，皖南的________地貌都有不少吸引人的旅游景观。

7.4　雁荡山风景秀丽，以________、________和________风景最佳，被誉为雁荡"三绝"。

7.5　本区物产丰富，多土特名产，尤以________、________、________最负盛名。________流域是我国著名的丝绸生产基地。

7.6　南京既有________之胜，又有________之雅，为江南重要的旅游名城。

□ 选择题

7.1　有"山城和雾都"之称的城市是（　　）。

A. 重庆　　B. 武汉　　C. 成都　　D. 长沙

7.2　被称为"山是一尊佛，佛是一座山"的名山是（　　）。

A. 乐山　　B. 峨眉山　　C. 武当山　　D. 青城山

7.3　有"千湖之省"美称的省是（　　）。

A. 湖南　　B. 湖北　　C. 四川　　D. 青海

7.4　湘西武陵源景区包括（　　）风景区。

A.张家界　　B.索溪峪　　C.天子山　　D.大洪山

7.5　以下景点属丹霞地貌的有（　　）。

A.龙虎山　　B.三清山　　C.天台山　　D.钟山

7.6　“钟山龙蟠，石城虎踞”形容（　　）地势之雄伟险要。

A.苏州　　B.南京　　C.杭州　　D.宁波

7.7　号称“金陵第一名湖”的是（　　）。

A.西湖　　B.太湖　　C.莫愁湖　　D.东湖

7.8　游览（　　）能体验到大都市中西合壁、商儒交融、八方来风的海派文化氛围。

A.宁波　　B.南京　　C.杭州　　D.上海

7.9　有“瓷都”之称的是（　　），有“陶都”之称的是（　　）。

A.南京　　B.宜兴　　C.景德镇　　D.绍兴

7.10　长江三峡西起重庆奉节（　　），东迄湖北省宜昌（　　），全长约193千米。

A.南津关　　B.白帝城　　C.黄陵庙　　D.石宝寨

技能训练

7.1　请在地图上找出浙江旅游线路所经过的城市及著名景点。

7.2　把长江流域旅游区的国家级风景名胜区填入中国填充图。

观念应用

□ 分析题

7.1　与其他旅游区比较，长江流域旅游区旅游资源有何特征?

7.2　苏州和杭州西湖为什么被评为中国最美的地方?

7.3　试分析上海市发展旅游业的条件。

7.4　庐山为什么被列入《世界遗产名录》?

□ 实训题

7.1　您来长江流域旅游区旅游，最喜欢哪些旅游项目？为什么？

7.2　根据长江流域旅游区的旅游资源，试设计一条生态旅游路线。

□ 综合案例

川西草原位于四川甘孜藏族自治州中部，以理塘、甘孜、新龙、白玉和巴塘草原为核心，面积达7万平方千米。草地海拔3 800~4 500米，平坦宽阔。夏季受印度洋暖湿气流影响，水热条件好。它虽然没有内蒙古草原的辽阔坦荡，但其高山草甸景观却别具一格。植物种类丰富，生长茂盛，尤其是杂草类，花色鲜艳。川西草原是我国传统的草原牧区，每年初夏是这里最好的季节，埋头啃食的羊群像天上飘动的白云；缓慢移动的牛群，像绿绒毯包裹着的黑色珍珠；远处的雪山之水，好似母亲充沛的乳汁，滋养着广袤的大地。这里的牦牛体形大，产奶多，草地上还盛产冬虫夏草、贝母等珍贵药材和人参果。每年夏末秋初，草原上都会举行赛马等活动，节日期间，草原上帐篷林立，成为一道难得的胜景。那享誉世界的康定情歌、艳丽跳跃的锅庄舞、藏民悠扬高亢的歌声让人流连忘返。从空中鸟瞰川西草原，如绿色海洋，看不见裸露的黄土，它是防止长江上游水土流失的绿色卫士。

根据以上资料回答以下问题：

（1）川西草原的地理位置在哪儿？在中国填充图上把它标出来。

（2）川西草原有哪些土特产？

（3）川西草原自然和人文旅游资源的特色在哪里？

第8章 华南旅游区

- 学习目标
- **8.1 概述**
- **8.2 重点旅游城市**
- **8.3 旅游线路与旅游活动**
- 本章小结
- 主要概念与词语
- 知识练习
- 技能训练
- 观念应用

学习目标

知识目标：了解华南旅游区地理环境特点以及对旅游业的影响，熟悉区内重点旅游城市及主要旅游线路，掌握本区旅游资源的特征。

技能目标：掌握本区主要旅游胜地的地理分布和特点，并能够把主要旅游胜地填在空白地图上。

能力目标：根据本区特有的地理环境和旅游资源特征，学会初步设计旅游路线。

引例： **跌落在地上的天空**

“跌落在地上的天空”高度概括了华南旅游区自然旅游资源的精华。由大海造就的星罗棋布的海岛、绵延的沙滩和雄伟瑰丽的岬角，让世人惊叹！在2005年“中国选美”中，本区的西沙群岛、南沙群岛、大嵛山（福建福鼎）、海陵岛（广东阳江）、澎湖列岛、林进岛南碇岛（福建漳州）等被评为中国最美的十大岛屿；亚龙湾、野柳、东寨港红树林、维多利亚海湾（香港）、崇武海岸、大鹏半岛海滩（深圳）等被评为中国最美的八大海岸；太鲁阁大峡谷被列入中国最美的十大峡谷之一。

以上这些景观的形成与本区自然环境和特定的地理位置密切相关，让我们随着本章的学习，了解其成因，一起来欣赏美景吧！

本区位于我国最南部，含闽、粤、琼、台四省和港澳特区，总面积约37.3万平方千米。本区经济发展迅速，是我国最早对外开放的省区，囊括了全国仅有的五个经济特区。自然旅游资源以热带、南亚热带景观和丹霞、海岸、花岗岩地貌取胜，人文旅游资源有著名的海上丝路遗迹和众多的人造景观等。

8.1 概述

8.1.1 旅游地理环境概况

本区地近东南亚。南海诸岛位于亚洲至欧洲、非洲和大洋洲的航道要冲，地理位置优越。本区是华侨、华人归国回乡的必经之地，有利于中外合资开发旅游资源，是我国发展对外旅游条件最优越的地区。

1）工、农、贸经济发达，旅游交通便利

本区台、港、澳经济发达，台、港曾被称为“亚洲四小龙”之一。闽、粤两省开放已久，经济发展速度快，尤其广东省经济发展更快。海南于1988年4月始建省，现作为全国最大的经济特区和自贸港，其经济、交通等发展迅速。该区雄厚的经济基础对旅游业具有极大促进作用。

华南旅游区气候湿热，农业发达，物产富饶。平原盆地以种植水稻为主，兼种多种经济作物，甘蔗是本区最重要的经济作物。海南岛是我国热带经济作物生产基地。本区还以盛产热带、亚热带水果而闻名全国。荔枝、香蕉、龙眼、菠萝号称南国四大名果。宋代苏轼曾诗赞荔枝：“日啖荔枝三百颗，不辞长作岭南人。”

华南也是我国重要海产捕捞与养殖基地。福建同安产有稀有鱼类文昌鱼，广东沿海养殖有蚝类、鲍鱼、珍珠、海马，海南则有海龟、玳瑁、龙虾、海参等。台湾四面临海，海产特别丰富。

闽、粤菜均为我国八大菜系之一。两大菜系不仅烹调技术高超，且用料来源之广令人难以想象，诸如猫、狗、鼠、虫、猴、蛇等均可上席，而且吃法奇特。

本区的旅游交通相当便捷。香港是世界自由港，不仅海运发达且有频繁的航班连接世界各地。台湾交通也很便利，铁路、公路环绕全岛。闽、粤航空以广州、深圳、厦门和长乐国际机场为枢纽连接国内外主要城市；铁路运输以沿海、京港澳、合福等高铁为主干，游客出行既方便又可以游览更多的景点。海上运输有广州、中国香港、高雄、福州、厦门等大港口。珠江三角洲内河航运也占相当重要的地位。

2）典型的热带、亚热带季风气候

华南旅游区位于我国纬度最低的地区，约有2/5的陆地处于太阳的直射范围内，东临太平洋，形成典型的热带、南亚热带季风气候。长夏无冬，秋去春来，季节交替不明显，是华南气候的一大特点，该区大部分地区年平均气温在20°C以上，居全国之冠。

本区濒热带海洋，水汽来源丰富，同时受地形的影响，具备各种降水的条件，是全国雨量最充沛的地区，年均降雨量为1 000~2 000毫米。台北火烧寮最多年份降水量可达8 408毫米，创全国降水量最高纪录。本区降水季节分配除台湾东北部为冷季多雨外，大部分地区70%~80%的降水量集中在5—10月。降水的空间分布是沿海及岛屿少于内陆，平原少于山地，背风坡少于迎风坡。

台风影响是华南气候的重要特色。袭击我国的台风，80%在华南沿海登陆，其中在广东、海南登陆的近1/2，在台湾登陆的占1/4。台风活动较频繁的时间在5—11月，给本区带来一定损失，但在一定程度上缓解了夏季旱情。台风雨占华南降水10%~20%，强度大，是导致华南水灾、风灾的重要原因。

总之，华南气候长夏无冬，春秋相连，夏季酷热不及江南，因此旅游季节长。沿海城市冬季温暖，是全国的避寒康养和旅游中心，但降水多和台风频繁给旅游活动带来不便。

3）破碎的地形和稠密的水网

本区地形以丘陵、山地为主，有南岭山脉、武夷山脉、台湾山脉和五指山等。南岭山脉分布在湘、桂、粤、赣边界，是珠江、长江水系的分水岭，对南北气流起一定阻滞作用；武夷山脉绵亘于闽赣边境，海拔1 000~1 500米，是福建的天然屏障；台湾山脉是由一系列近南北走向的山脉组成，最高峰玉山3 952米；五指山分布在海南省的中部，呈穹隆状，海拔约1 000米。其余地区多为海拔500米以下的丘陵。其中不少山地丘陵受岩性的影响，在外力侵蚀下，塑造出各种奇异的地貌形态并成为旅游景点，如武夷山、鼎湖山、西樵山等。

本区平原多分布在河流下游和沿河两岸。面积较大的平原有广东珠江三角洲和台湾西部平原。珠江三角洲面积1.1万平方千米，河道密布，一派水乡泽国风光。

华南海岸线漫长曲折，有许多优良的港湾。岛屿众多且类型多样，有大陆岛、海洋岛、火山岛和珊瑚岛。大陆岛较大的有台湾岛、海南岛、东海岛、海坛岛、东山岛。南海诸岛由东沙、西沙、中沙和南沙等四组群岛组成，多属珊瑚礁岛类型。蓝天、大海、椰子树和礁岛组成南海独特的热带海洋风光。

华南水网密度大、汛期长、含沙量小、流量大，水力资源丰富。珠江和闽江是华南最大的两条河流。珠江是西江、东江、北江三条河流的总称，是我国第五大河，流量仅次于长江，约为黄河的7倍，全年均可通航。闽江是闽浙丘陵地区最大的河流，上游三源均出自武夷山脉，沿岸景色秀丽，流域内崇山峻岭，森林茂密。台湾有浊水溪，其上游有著名的旅游胜地日月潭。由于受岩浆活动和构造运动的影响，本区有四条断裂带，有利于温泉的形成。广东境内有温泉230多处，福建有150多处，台湾地区有100多处，温泉出露处宜发展温泉旅游康乐区。

小思考8-1

想一想华南区发展旅游业有哪些优越条件？

答：华南区发展旅游业的优越条件主要有坚实的经济基础，丰富的热带、亚热带气候资源和多姿多彩的地貌类型。

8.1.2 旅游资源特征

1）热带、亚热带自然景观

华南旅游区的自然植被为终年常绿热带雨林——季雨林和亚热带常绿阔叶林，它和华南地带性土壤——砖红壤和赤红壤构成了华南自然景观的基本特征。其植被终年青绿，种类多，成分复杂。森林中林冠参差不齐，林中常散生着巨树，特别是棕榈科植物，巨叶聚集于不分枝的顶，高高耸立在滨海、村落等地构成特殊外貌，成为华南热带景观的标志。茎花、茎果现象在热带雨林中很普遍，菠萝蜜、木奶果、青果榕等都是常见的茎花植物。

本区自古生代起就一直处在比较稳定的热带性气候环境中，第四纪冰期对本区影响不大，所以保存了大量较古老种属，如苏铁、银杏、紫杉、水松、金钱松、台湾松、罗汉松、鹅掌楸、钟萼木、黄山木兰等孑遗植物。

本区热带和亚热带水果种类繁多，名花、名茶不胜枚举，如乌龙茶中的极品——“铁观音”，名花如漳州水仙——“凌波仙子”等。广州则四季名花异草不绝，每年春节举行花会与灯展相结合，不仅倾城往观，而且有不少华侨来此聚会。

华南旅游区还有不少的野生动植物保护区，如福建武夷山、梅花山、三明莘口、建瓯万木林，广东和海南的火田、新港、五指山、青溪洞、鼎湖山等自然保护区。它们除了保护热带森林生态系统外，还重点保护海南坡鹿、水鹿、长臂猿、猕猴、孔雀雉、黄腹角雉等珍稀动物。

武夷山自然保护区位于福建的建阳、武夷山、光泽三县市交界处。这里被国内外学者称为研究亚洲两栖和爬行动物的钥匙。原始森林中保存有南方铁杉、银杏、竹柏、建柏、红豆杉、三尖杉、柳杉、黄山花楸、天女花、黄杨木等珍贵树种以及猪毛鼠、马鹿、蜂鸟、金钱豹、云豹、黑鹿、黑鹳、黄腹角雉、金斑缘凤蝶、短尾猴、猕猴、苏门羚、大灵猫、黑熊等国家一、二级保护动物。

广东肇庆鼎湖山保护区被称为“北回归线沙漠带上的明珠”，有高等植物2 400多种，是我国南亚热带常绿阔叶林典型地区。这里的森林已有400余年的历史，对于探索和认识自然界生态平衡规律和物种基因的研究有重要价值，现已被列入世界生物圈保护区网。福建南靖的天斗山，也是同类型的保护区。广东新会天马河中一株覆盖面积达1公顷的古榕树已俨然成为一个小小的保护区，以“小鸟的天堂”而名声远扬。福建屏南县鸳鸯溪是我国唯一的鸳鸯保护区。

热带、亚热带自然景观是本区重要的有特色的自然旅游资源。滔滔海浪，金黄色沙滩，椰林婆娑，独榕成林，木棉花开如火，蕉叶承雨，藤攀葛附，茎上开花结果，草木常青，四季花开，参天的热带林木和明媚的海景构成典型的南国风光。这一切对非亚热带、热带的旅游者来讲是极具魅力的。

2）丹霞等地貌旅游资源丰富

本区地貌旅游资源丰富，既有“丹山碧水”的丹霞地貌，又有以奇岩怪石为特色的花岗岩地貌。岩溶地貌和海岸地貌旅游价值亦很高。

（1）丹霞地貌

本区丹霞地貌发育十分典型，除前面介绍过的武夷山和广东仁化丹霞山外，还有国务院1994年公布的第三批国家级风景名胜区中的桃源洞、冠豸山等著名景点。

桃源洞位于福建永安市北10千米的燕溪两岸，方圆36.5平方千米。风景区包括桃源洞、百丈岩、葛里、修竹湾、槟榈潭五个部分共78处景点。区内岩石嶙峋，林木葱郁，碧水丹崖融为一体，具有奇、绝、秀、幽、险等特色。暮春时，燕溪从深山幽谷中流出，桃花夹岸，落花缤纷，飘香流红。洞口绝壁上有明万历年间两郡司马陈源湛所书“桃源洞口”四个大字。周围的鲤鱼石、龟蛇镇洞桥、观音大士殿、通天亭、一线天、风洞环玉、飞来石、仙人棋盘、跨虹桥、古井寒泉、望象台、象鼻岩、佛庙、叠彩石、凉风台、奇云关寨门、不尘馆等胜景令人流连忘返。最著名的是“一线天”，只见悬崖断壁上一隙通明，全长120米，拾级而上，最窄处仅容侧肩而过，徐霞客称“余所见一线天数处，武夷、黄山、浮盖，曾未见若此大而逼，远而整者”。

（2）花岗岩地貌

本区花岗岩分布很广，在长期湿热的气候下花岗岩球状风化突出，尤以闽东沿海和闽南山地为最。风化壳被剥蚀后地表露出许多球状石块，形态古朴淳厚，似人似物，景观别具一格，这类石景旅游价值大，吸引力强，如厦门的日光岩和万石岩、泉州的清源山等。

还有一些地区的花岗岩节理发达，由于地体不断抬升，流水沿节理强烈下蚀，常形成危崖峭壁形态，如福建福鼎的太姥山，异峰高耸，突兀险峻，气势磅礴，怪岩石比比皆是，有“十八罗汉上山”“仙人锯板”“金猫扑鼠”“九鲤朝天”“和尚讲经”等景点，故有“太姥无俗石，个个是神工”之谚。此外，单块的花岗岩体形成独立且悬而不倒的风动石，如东山岛的风动石。

（3）海岸地貌

华南大陆海岸多属于岩岸，山地直逼海岸，岸线曲折。有些岸段有海积地貌发育，有些岸段台地或山地受蚀为海崖，崖前为沙堤和海滩。海南五指山南坡流出的河流携带的大量颗粒较粗的泥沙在东南风浪、西南风浪作用下，在三亚—莺歌海—昌化港一带西南海岸堆积成较宽的沙堤，是良好的海滩资源。在三亚，海滨已开辟有亚龙湾、大东海等休闲度假浴场，它们被认为是世界上最佳浴场之一。台湾西海岸是我国最为典型的平原砂质海岸，这里已开发了数以百计的海滨浴场。

海蚀地貌在本区分布甚广，如三亚市的“鹿回头”，台湾北部淡水港至三貂角一带的山地海蚀岬湾海岸，基隆向西北约15千米处的野柳岬等。福建海蚀地貌发育十分良好，特别是海坛岛，有海蚀崖、海蚀平台、海蚀洞、海蚀柱、海蚀牌、海蚀天桥等许多类型，形态万千，因此福建已被列为国家级以海蚀地貌为主的风景名胜区。

断层海岸分布在台湾东海岸，是世界罕见的典型断层海岸。北起三貂角，南至鹅銮鼻，直线距离约360千米，除少数岸段有小片平原外，其余均属陡崖临海的基岩海岸，离岸30海里，海深即达4 500米左右，有的岩壁高达1 800米，是世界最高海岸断崖。仰望崖顶，烟雾缭绕，俯瞰崖底，波涛汹涌，景色极为壮观。

生物海岸也是本区海岸地貌一大特色。由于本区特殊的气候、水文等自然条件，从福建的福鼎直到海南岛断续分布着红树林。红树林是热带、亚热带特有的盐生木本植物，生长在海岸潮间细粒物质组成的滩涂上。高潮时树冠漂荡在水面，葱郁浓绿、景色独特。分布在较北的红树林矮小，高仅1米，种类也少；而海南岛一带的红树林高可达10米，种类也较多。红树林有护岸促淤的功能。在海南琼山建有东寨港红树林自然保护区。珊瑚礁海岸主要发育在台湾南部、海南岛、澎湖列岛和南海诸岛，这些珊瑚礁白沙耀目，鸥鸟翔集，是热带、亚热带特有的海岸景观。

(4) 岩溶地貌

本区的粤北、粤西、闽西都有岩溶地貌分布。它们大都发育在古生代石灰岩中，地质构造的演化及间歇性抬升，流水溶蚀、冲蚀和刻蚀作用，以及重力崩塌造就了洞群套叠，仪态万千的独特的以溶洞为主的岩溶地貌景观，较著名的有广东肇庆的星湖、福建永安的鳞隐石林、将乐的玉华洞、宁化的天鹅洞等。

3) 海上丝绸之路

我国同邻邦友好商路古已有之。中国是丝绸的故乡，汉代生产丝绸，花色质量均达上乘，公元前138—前115年，张骞出使西域开辟了横穿亚洲内陆的东西交通要道——丝绸之路。由于政治、经济形势的影响，我国西部丝路贸易时盛时衰，公元8世纪以后逐渐让位于交通工具较为先进的海上商道。

观念应用8-1

“海上丝绸之路”

“海上丝绸之路”始于泉州，也称“瓷器之路”，经过东南亚、印度、波斯湾，最后到达非洲的埃及、肯尼亚。早在汉代时我国远洋航运已能抵达日本、东南亚地区，唐代海上贸易更为活跃，向西直达阿拉伯地区。宋代指南针广泛应用于航海，又因北方战火不断，陆上丝路中断，国家政治、经济中心南移，因此与国外联系的海上丝路有了更快发展，泉州港逐渐成为大港。当时从泉州港南航可达菲律宾，西航经东南亚、阿拉伯海，直达波斯湾和非洲东海岸各国，向北至朝鲜半岛和日本，可与世界上70多个国家和地区通航，这大大促进了泉州经济和海外贸易繁荣，许多国家商人、旅行家和传教士纷至沓来。当时侨寓泉州的外国人达数万，有的长期居住，例如阿拉伯商人蒲寿庚家族数代侨居中国。伊斯兰教、印度教、摩尼教、古基督教等相继传入泉州，使之成为“宗教博物馆”。明、清以来，由于战乱、海禁，加之晋江泥沙的淤积等自然原因，泉州港逐渐衰落，变成区域性的小港，但民间商贾的海外贸易仍未间断。

现在泉州城内还保留着大量“海上丝路”的文物。“海上交通博物馆”中的文物是中外人民友好往来的见证。其中，“古船陈列馆”陈列一艘沉没泉州湾后渚港西南海滩的古船，是一艘尖底型的多桅杆，船身长24.2米、宽19.5米，平面近椭圆形，船身三重木板，13个隔舱，是可载2 000吨以上的宋代大船“福船”的前身。馆内“泉州外销瓷陈列馆”陈列着新石器时代至新中国成立后的300多件展品，说明五代时泉州陶瓷器开始外销，宋代时已远销亚、非50多个国家和地区，明清销路遍及亚、非、欧三洲。“海外交通史石刻馆”陈列的三百多件宋、元时期侨居泉州的外国人所遗留下的宗教石刻，如墓碑、墓盖、雕像、寺庙建筑的石构残件等，是伊斯兰教、摩尼教、婆罗门教、基督教等的石刻碑记。此外，城内海上丝路的古迹还有后渚港、聚宝街、市舶司等遗址。后渚港自宋以来就成为泉州湾内的大港，元代时大船常泊百余艘，小船不可胜数，当时摩洛哥旅行家伊本·巴图泰称之为世界最大海港。聚宝街在泉州东南角，临晋江，长400米，宋元以来泉州海外交通鼎盛，外国人把船驶进泉州湾内沿晋江溯源而上，至此处装卸货物、交易，据说当时街上从早到晚摆满珍珠、玛瑙、钻石、琥珀等奇珍异宝，故名聚宝街。

从某种意义说，海上丝路持续时间更长、通达范围更广、贸易规模更大。

以上哪些方面的资料能说明泉州与“海上丝路”的密切关系？

[分析提示]

现在泉州城内保留的大量“海上丝路”的文物，如“海上交通博物馆”、“古船陈列馆”、“泉州外销瓷陈列馆”和沿线各国保存着的历史文物，都可证明泉州是“海上丝路”的起点。

4）著名侨乡

我国现有华侨、华裔、旅外华人4 000多万，其中90%以上分布在东南亚各国，其祖籍和籍贯以粤、闽为最多。广东省占全国的一半以上，福建次之，海南和台湾也是我国著名的侨乡。华侨热爱祖国，热爱家乡，常回祖籍地追根寻源，寻亲访友，并提供资金、技术和先进的管理经验支援祖国建设。这对我国旅游业及其他事业的发展都有促进作用。同时，他们也是华南区入境旅游者的客源之一，他们在国内停留时间长，购物支出大，对本区的旅游业产生很大的影响。此外，台、港、澳三地的同胞与内地有广泛的亲属联系，来往甚为亲密，尤其港、澳回归祖国后，返回内地省亲和旅游的人数倍增，这也促进了本区旅游业的发展。同时特殊的地理位置使香港、澳门成为东南亚的旅游者进入内地的必经之路，可见港澳是内地旅游的巨大客源地。

总之，拥有众多侨胞是华南旅游区乃至全国旅游事业的有利条件。

5）现代化建筑鳞次栉比

华南旅游区是我国经济高速发展的地区，随着城市化进程的不断加速，城市建设日新月异，高楼建筑悄然崛起，成为城市风景的重要组成部分。本区的广州、深圳、香港、澳门、台北、福州、厦门等都是现代化国际性大都市，市内耸立着各种风格的高楼大厦，繁华街道上车水马龙，人流如潮。每当夜幕降临，各种广告霓虹灯不知疲倦地闪烁着，整个城市沉浸在灯海光雾之中，登高远眺城市夜景不仅使人心旷神怡，而且能让人感到城市的生机。这些高楼大厦绝大部分为现代商业综合体，充分满足游客吃、住、游、购、娱等需求与愿望。

8.2 重点旅游城市

8.2.1 厦门市

厦门市是福建省第二大城市，寓祖国“大厦之门”的意思，相传古时有白鹭栖息，故有“鹭岛”之称。1980年厦门设立经济特区。厦门地处亚热带，属海洋性气候，这里四季如春，繁花锦簇，万木葱茏，古迹众多，市容整洁，素有“海上花园”之称，是我国东南沿海著名的旅游城市。

1）鼓浪屿

鼓浪屿是国家级重点风景区，是厦门西南隅的一个小岛，面积1.78平方千米，因岛上有一岩洞，涨潮时浪涛撞击发出如鼓的声音而得名。鼓浪屿素有“海上花园”的美称，在2005年“选美中国”中名列中国最美五大城区榜首。大自然用绿树、红花、碧草把全岛串成一个美丽的大花环，一座座19世纪欧美式建筑物镶嵌其中，错落有致。这里的空气清新，环境幽静，无车马喧嚣，却时闻琴声悠扬。岛上居民普遍喜欢钢琴和小提琴，这里出过不少音乐家，素有“钢琴之岛”的美称，现在岛上建有钢琴博物馆。日光岩、菽庄花园、皓月园、郑成功纪念馆和环岛路是岛上主要游览点。日光岩位于岛中央，山中岩峰怪异，登高远眺，蓝天大海美不胜收。山中还有莲花庵、郑成功古寨门和水操台遗址以及历代名人的多处题刻。菽庄花园在岛的南端，分“补山”和“藏海”两部分，以园饰海、以海拓园，动静结合。整座花园设计精巧，有《红楼梦》里怡红院建筑的风格。花园边是天然浴场。岛北巨岩之巅，塑有腰佩宝剑的郑成功立像。鼓浪屿于2017年列入《世界文化遗产名录》。

2）南普陀寺

南普陀寺位于市区东南五老峰下，为闽南著名古刹，奉祀观音为主。寺院殿宇宏伟，占地面积3万多平方米，主要建筑有天王殿、大雄宝殿、大悲殿和藏经阁。藏经阁有大量佛经，著名的有《明大藏经》《日本大藏经》。藏经阁后有一块大石，镌刻着一个特大的“佛”字，高丈四，宽一丈，粗犷豪放，为国内罕见，寺内的闽南佛学院在国内及东南亚地区有着广泛的影响。寺内“素斋馆”的素菜，烹调考究，颇负盛名。

3）厦门大学

厦门大学由陈嘉庚先生于1921年创办，是全国著名的重点大学。设有文、理、财经、外语、科技和艺术教育等学科，校园内有人类博物馆、鲁迅纪念馆、陈嘉庚纪念堂。厦门大学依山傍海，风景优美，是一座海滨花园式的学府。

4）万石山

万石山是国家级重点风景区。因岩石姿态万千而得名，有“万石朝天”“中岩玉笏”“太平石笑”“天界醉仙”“紫云得路”“高读琴洞”“虎溪夜月”“长寿峡”等自然景点及唐代古建筑万石禅寺。由谢新烈先生捐资倡建的“新碑林”展示约100多幅书法作品，大大丰富了旅游内涵。万石湖附近还有全国著名的厦门园林植物园，培育着4 000多种花卉，并设有植物标本楼。园内分类设置了松杉园、棕榈岛、水生植物园、百花厅、兰花圃等专类园。

5）集美学村

集美系福建省“十佳”风景区之一。“集美学村”是集美各类学校和各种文化机构的总称，由陈嘉庚先生于1913年创办，誉满东南亚。学村建筑总面积十几万平方米，设施齐全，在校师生上万，其中多个高校、中专已在20世纪90年代合并为“集美大学”。由于学村建筑融中西风格于一体，又濒临风景秀丽的海滨，鳞次栉比的亭台楼阁交相辉映，已成为一处具有浓郁文化特色的海滨游览区。著名的鳌园有陈嘉庚先生的陵墓和集美解放纪念碑。集美的后尾角是陈嘉庚先生的故居，故居内保持先生当年生活的模样，简朴的生活用品令人肃然起敬，纪念馆内实物和照片生动地介绍了先生爱国的一生。

此外，近年来，厦门新建的园博苑、金砖国家领导人厦门会晤会址、世茂海峡大厦、国际会展中心等都是游客的好去处。

8.2.2 广州市

广州简称穗，也称羊城，位于广东省的中南部，珠江三角洲北部，是广东省政治、经济、文化、交通中心，也是华南最大的城市。这里冬无严寒，夏无酷暑，四季鲜花常开，享有“花城”之誉。广州是我国对外贸易的重要口岸，春秋两季常在此举行中国出口商品交易会。邻近港、澳，亦是国际旅游者进入我国内地的重要口岸，因此广州口岸地位的重要性同京、沪相比有过之而无不及。

1）越秀公园

越秀公园在广州市区北部越秀山，相传南越王赵佗的朝汉台就建在越秀山上，因而得名。山上有座11米高的大型五羊花岗石雕像，造型含蓄，富有诗意，是广州的市徽。传说在周夷工时，有五位仙人骑五只羊携带谷穗降临广州，祝福这里五谷丰登、六畜兴旺、永无饥荒，后来五位仙人腾空而去，留下五只仙羊在此，这就是羊城、穗城的由来。镇海楼原名“望海楼”，雄踞越秀山之巅，建于明洪武十三年(1380)，楼高28米，5层，呈长方形，似楼似塔，宏伟壮观，是广州著名的古建筑。登楼远眺，广州景色历历在目，一览无遗。该楼现已辟为广州博物馆，陈列着许多史料和文物。越秀山顶有孙中山纪念碑，南麓是中山纪念堂，此地原为清代抚司标箭道、督练公所，1911年辛亥革命后为督军衙署，1921年孙中山在此就任非常大总统。1932年爱国华侨为纪念孙中山先生而募资修建，建筑面积3 700平方米，高49米，是钢架和钢筋混凝土结构的宫殿式建筑，上部呈八角形，红柱黄墙宝蓝色琉璃瓦覆盖，庄严肃穆，堂内设有5 000多个座位，周围饰有民族风格的彩绘图案，金碧辉煌，大厅不见一柱，是建筑的杰作。堂外是孙中山先生铜像，花岗石基座，高达5米多，令人肃然起敬。

2）白云山

白云山在广州市北部。主峰摩星岭高380米，每当秋霁常为白云所掩，故名白云山。白云山有云霞朝雾、岩洞溪泉之风光。白云山之美在于白云起处，绿树丛中云霞千姿百态，缥缈而神奇，春夏秋冬，云景各异，加之薄纱般朝雾，在山间溪旁轻拂漫卷，给白云山增添了无限风光。黄花岗在白云山麓，1911年4月27日孙中山领导的同盟会发动了武装起义，失败后，死难烈士埋葬在这里，通称“黄花岗七十二烈士墓”。红花岗烈士陵园在黄花岗西南的中山三路红花岗上，是为纪念1927年中共领导的广州起义壮烈牺牲的烈士所建的陵园。叶剑英元帅的骨灰也安葬在这里。

3）广州农民运动讲习所旧址

该旧址在广州市中山四路，1924年中国共产党在此创办了农民运动讲习所，1926年毛泽东、周恩来、彭湃、恽代英等同志曾在此工作。第一至第五期由彭湃任主任，第六期改主任为所长，由毛泽东担任。现旧址开辟为革命纪念地，是全国重点文物保护单位之一。

4）荔枝湾

荔枝湾在广州市西，素被誉为广州明珠。它本是一条连通珠江的小河流，因两岸遍植荔枝而得名。过去荔枝湾是仕宦文人宴酒、题诗的风景区，唐时在此建别墅式的“荔园”，南汉时南汉王刘𬬮在这里建筑了规模宏大的“昌华苑”，元朝被开辟为“御果园”，清代荔枝湾更负盛名。现在荔枝湾被建成一个风光明媚的水乡公园。

5）三元里

在广州市北的三元里庙，是1841年广州人民抗英斗争平英团旧址。村口建有三元里抗英斗争烈士纪念碑。1841年鸦片战争中，英侵略军窜到广州城外无恶不作，激起群愤，三元里及北郊103乡的人民自动组织起来，于1841年5月30日大败英军于牛栏冈。为纪念在这次斗争中牺牲的烈士，广州市人民政府在三元里村口建造了这座纪念碑。

8.2.3 深圳市

深圳市东临大亚湾，西连珠江口，南与香港新界接壤，是人们进出香港最便捷的经济特区。对外开放以来，深圳市经济发展迅速，目前特区年人均收入达10 000美元以上。深圳市经济腾飞的同时，旅游业发展迅速，多年接待入境过夜游客人数保持全国大中城市第一，国际旅游收入稳居全国第四。深圳依山傍水，风光旖旎，气候宜人，既有平阔的沙滩、沙细松软的海滨，又有湖峰相映、莺飞鸟语的自然景色，还有玩之不尽、乐趣无穷的娱乐场所。

1）大鹏半岛海滩

大鹏半岛三面环海，包括葵涌、大鹏、南澳三街道，海岸线长达133.2千米。半岛为花岗岩山地，山势陡峭，山谷幽深，奇峰怪石众多，山地直临大海，沿岸金黄的沙滩与蔚蓝的大海融为一体，是水上运动（如游泳、冲浪、帆板）和休闲度假的极佳地。其被评为“中国最美的八大海岸”之一，专家评语：大鹏半岛是临近闹市的一块荒野。

2）深圳水库

深圳水库距市区3千米，面积4平方千米，水面开阔，波平如镜。湖周岗峦起伏，绿树葱茏，亭楼廊榭点缀其间，风景美丽如画。市中心以北30千米处的西沥水库，也以它的自然美景吸引了无数的游人，许多游客来此搭帐篷度假，参与划艇、垂钓、游泳等各种活动。

3）“五湖四海一中心”

深圳市的“五湖四海一中心”也是中外游客青睐的地方。“五湖”指的是西丽湖、香密湖度假村，以及银湖、岩湖和东湖。“四海”指的是蛇口深圳湾、大小梅沙和西冲等，均为风景秀丽的疗养、度假旅游佳境。“一个中心”指的是市政府所在地的购物中心。内地前往观光的旅游者对边镇沙头角的中兴街（中英街）尤感兴趣，“一条小街两制度”甚为奇特。

4）“锦绣中华”“世界之窗”实物微缩景区

“锦绣中华”在深圳华侨城，占地450亩，是一处实物微缩景区，近500处景点大致按中国的区域版图分布，加以微缩而成。它包括北京八达岭长城、故宫和天坛，山东的孔庙和泰山，杭州西湖，苏州园林，桂林山水，江南三大著名楼阁，乐山大佛，龙门石窟和西藏布达拉宫等。

“世界之窗”是继“锦绣中华”之后建造的又一微缩景区。其实物比例大于“锦绣中华”，因此更为逼真。占地48万平方米，共有世界五大洲的118个景点，如人类未解之谜的金字塔、柬埔寨吴哥窟、巴黎凯旋门、梵蒂冈圣彼得天主大教堂、意大利比萨斜塔、美国科罗拉多大峡谷和尼亚加拉大瀑布等。游客在此可尽览五大洲风光。

8.2.4 香港、澳门特别行政区

港澳两地旅游业都很发达，它们善于利用本地优势，充分开发旅游资源，使其内容广泛而丰富多彩。

1）香港

香港位于珠江口东侧，三面环海，北连深圳，是个天然良港，距广州130千米，地理位置十分优越。香港之名始于明朝，因转运东莞生产的香木而得名。由香港岛、九龙半岛、新界和离岛（港岛以外岛屿）四部分组成。100多年前香港还是人烟稀少的渔村，而现在它不仅是国际贸易、航运中心，而且是国际金融、信息、旅游、购物中心，也是世界最大的钻石进口及转口市场，还是世界最大股票市场和期货市场之一，同时也是世界最大的成衣、玩具、电子制品、家电、摄影器材和手表的出口地。香港主要游览点有维多利亚港湾、太平山、海洋公园、宋城（九龙荔园游乐场）、浅水湾、荃湾寺庙群、迪士尼乐园等。

（1）维多利亚港湾

1万多年前，这里是大陆山脉的延伸部分，后来由于山体断裂下沉与海水入侵才形成现在的港湾，使香港岛与大陆分离。维多利亚港宽1.3千米，东西长约10千米，水域总面积59平方千米，其拥有得天独厚的自然条件，经过170年的开发与建设，已

成为世界著名的金融、交通与旅游购物中心，成为进入香港的门户。当年英军占领这个海港时，正是维多利亚女王在位，因此得名。在“中国最美的八大海岸”中，它是唯一的一个完全是人工海景的港湾，无论在白天或是夜晚，这里都是摩天大楼与海的完美结合。它是人类海岸开发的超巨型现代艺术品：这里有熙来攘往的船只，升降频密的航班，鼓浪屿泊在港湾的国际邮轮，瑰丽壮观形如飞翼的会展场所；到了晚上，港湾四周的万家灯火像一颗颗璀璨的明珠，映衬着这个港湾，真可谓“万丈红尘映碧海”！

（2）太平山

太平山位于香港岛西部，古称香炉峰、扯旗山。海拔552米，是香港岛最高峰，自古以来就是香港的标志。山上空气清新、风景优美，有柯士甸道公园和山顶公园。山顶缆车总站有一处瞭望台，是鸟瞰港岛全景、九龙半岛，尤其是欣赏香港夜景的最佳地点，来港的人必上山游览。

（3）海洋公园

海洋公园位于南朗山上，有海洋动物表演馆、海涛馆和海洋馆三大场馆。海洋动物表演馆设有容量150万公升的巨型水池，池周围有3 500个座位的看台，经过专门训练的海狮、海豚、杀人鲸等海洋动物，在导演的指挥下表演各种节目。海涛馆设有假山和水池，海水在电动机操纵下波涛起伏，浪高达1米以上，游客可透过水底玻璃欣赏各种海洋动物。海洋馆内有300多种海洋鱼类，如重达百斤的大鲨鱼、魔鬼鱼、大石斑鱼等，共3万余条。各种鱼在海草和珊瑚礁中游弋，色彩缤纷，犹如海底世界。

2）澳门

澳门包括澳门半岛、氹仔和路环岛，面积29.5平方千米，人口55万，其中96%是华人。东隔伶仃洋与香港相望，北与珠海毗连，与港、穗之间水路联系便利。澳门也是一个自由港，外汇不受管制，商品种类繁多，是个购物天堂，而且进出手续极为简便。澳门旅游业发达，旅游博彩业、出口加工业、金融业和建筑地产业是澳门现阶段经济的四大支柱。近年来，澳门政府财政收入的三成、税收的五成来自旅游博彩业。博彩业内容丰富，主要有幸运博彩、赛狗、回力球、赛马会及彩票等。每年4月份开始的汽车大赛是澳门最盛大的活动之一。澳门与蒙特卡洛、拉斯维加斯并称为世界三大赌城。澳门自然旅游资源少，人文旅游资源既带有深厚的东方文化色彩，又兼有西方文明的烙印。体现东西方文化交融的历史建筑群是澳门最突出的旅游资源之一，在2005年被列入《世界遗产名录》，成为我国第三十一处世界遗产。“澳门历史城区”以澳门旧城区为核心，通过相邻的广场和街道连为一体，包括20多个古建筑，是中国境内现存最完整和最集中的中西建筑互相辉映的历史城区。

澳门的旅游景点主要有东望洋山（灯塔松涛）、卢氏花园（卢园探胜）、妈阁庙（妈阁紫烟）、普济祥陀（普济寻幽）、三巴圣迹、龙环葡韵、黑沙踏浪等。

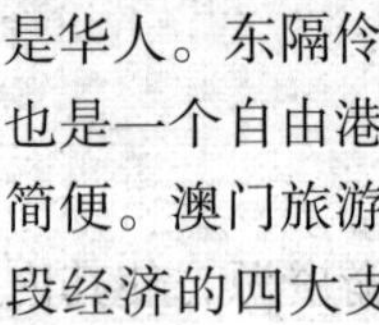

小思考8-2

你认为深圳、港、澳的旅游特色是什么？

答：深圳、港、澳的自然旅游资源较少，其旅游特色主要是人造景观等人文旅游资源。

8.3　旅游线路与旅游活动

8.3.1　福州-武夷山旅游线路与旅游活动

1）福州旅游区

福州是福建省省会，山水兼胜。其东有鼓山，西北有福山，西有西湖，南绕闽江。北宋时，全城遍植榕树，故有“榕城”美称。福州开发历史悠久，已有2 000年的历史，自古以来就是东南沿海的一个重要港口。近几年，福州城建成绩斐然，到处花团锦簇，草木葱茏，成为市民和游客休闲的好去处。

（1）三山鼎立

“三山”是福州的别称，“三山”分别是指于山、乌山和屏山。三山鼎峙而立，为福州增添无限秀色。于山位于市中心，海拔58.6米，状如巨鳌，原是“于越族”居住地。原有揽鳌亭、倚鳌轩等二十四景，现仅存戚公祠、大士殿、九仙观以及宋代以来的100多处摩崖题刻。乌山位于市区西南，海拔84米，怪石嶙峋，山间亭榭交错，浓荫覆盖，曲折幽深，富有诗情画意。屏山在福州旧城正北，海拔45米，因其形如屏而得名。明代驸马王恭在山顶建“样楼”，又名“镇海楼”，当时为全城最高建筑物。目前三山均建成公园。三山之中分布着双塔，白塔位于于山西麓，高41米，是闽王王审知为了向死去的父母报恩而建的，因其外表涂白灰，故称白塔。乌塔位于乌山东麓，系石构建筑，外表略带黑色，高35米，和白塔遥相呼应，构成“榕城双塔”的胜景。

（2）鼓山

鼓山耸立于福州东郊，闽江北岸，相传因山顶一巨石，其形如鼓，逢风雨大作时发出鼓声而得名。它不仅是福州著名风景点，还是佛教一个大丛林，驰名南洋各地。山上岩石节理发育，风化后千姿百态，处处摩崖，以五代建的“涌泉寺”为中心，共有景物160多处。寺东有灵源洞、喝水岩、国师岩、水云亭等20多景；寺南有回龙阁、放生池、兰花圃、罗汉台等50余景；寺西有著名十八景（俗称十八洞），即达摩面壁、仙猿守峡等；寺北有绝顶峰、石鼓海音洞等40余景。有题刻400多处，楷、草、隶、篆诸体兼备，宛如一座书法宝库，素有“碑林”之称。涌泉寺前两侧的千佛陶塔，国内罕见。

（3）福州西湖和左海公园

福州西湖位于福州西北部的卧龙山下，为晋代郡守严高所凿，陆地和湖面面积各20余公顷，“潴西北诸山之水”汇于此遂成湖泊，经过历代修建已成为福州一个重要风景区，有“未嫁西施”之美称。西湖由三个小岛组成，又分别由柳堤、飞虹桥、步云桥、玉带桥衔接而成。飞虹桥，俗称五门墩，桥东接开化屿，是西湖核心区，屿上建有开化寺，现辟为园林花卉和工艺品展览所。玉带桥连接窑角屿，这里是全省展览中心，省博物馆拥有展品达10万件。馆前草坪上矗立着林则徐的铜像。西湖的北面是左海公园，占地51公顷，其中水域18公顷，1990年由洪山乡农民集资兴建。公园以“五洲风光”为主题，分大门区、欧洲区、美洲区、大洋洲区、别墅区等9个区，突出表现五大洲历史、风土人情，融知识性、娱乐性为一体。

（4）三坊七巷

三坊七巷是指福州老城区南后街两旁从北到南依次排列的十条坊巷的简称。“三坊”是：衣锦坊、文儒坊、光禄坊；“七巷”是：杨桥巷、郎官巷、塔巷、黄巷、安民巷、宫巷、吉庇巷，是福州古城的缩影。这里巷陌纵横、白墙瓦屋、石板铺地，配以古河道、古桥梁、古榕树，集中体现了闽越古城的民居特色，是我国唯一坊巷格局的古民居建筑群，被誉为“明清古建筑博物馆”“城市里坊制度活化石”。它不同于徽州、平遥这两座古城。徽州、平遥是商人荣归故里、广侈华丽、以名得志而建起的一幢幢别致的建筑，而三坊七巷蕴涵更多的是文化力量，它是个人杰地灵、出将入相的高尚社区。从这里走出了许多有大建树于家国的人物：唐末农民起义军领袖黄巢，宋代宰相郑清之，明代抗倭名将张经，清代禁毒先驱林则徐，船政缔造者沈葆桢，近代启蒙思想家严复，著名文人陈衍、林纾，黄花岗烈士林觉民，现代文坛三女杰冰心、庐隐、林徽因等。漫步三坊七巷，旅客能够时刻感受到历史名人文化的气息。每天这里游人如织。

此外，环福州市区温泉旅游资源丰富，经地质勘探，市区和周边县市地下热水资源可采量为5万多吨/天，有近百处天然温泉出露。永泰、连江分别获得“中国温泉之乡”称号。2010年年底，福州也获得“中国温泉之都”的称号。连江的贵安温泉高尔夫度假村、新天地温泉水世界等，永泰的青云山御温泉、赤壁温泉、樱花温泉等，闽清的大明谷、黄楮林温泉等，市区中极具闽式建筑风格的源脉温泉园，环境优美，散落着30多个大小不一形状各异的特色泡池及汤院、汤屋，其中有结合福州温泉历史仿建的八角池等汤池，它们吸引着越来越多的健身、度假、休闲者。温泉旅游成为福州近年来增长最快的旅游产业。福州还拥有全国最长的城市空中森林步道——“福道”，全线总长19千米，荣获2017年“国际建筑大奖”。

2）武夷山风景区

（1）武夷山

武夷山脉位于闽赣两省交界沿线，全长500余千米，最高峰黄岗山海拔2 160.8米，是我国大陆东南部最高峰。2016年，武夷山入列全国首批10个国家公园体制试点，成为全国唯一一个既加入世界人与生物圈组织，又是地处“双世遗”的国家公园体制试点区。

武夷山风景名胜区位于武夷山脉东南麓、武夷山市西南15千米处，是一发育最佳的丹霞地貌。其名胜古迹主要集中于九曲溪和北山一带，一条九曲溪水配合三十六峰峦，奇妙地构成一幅“碧水丹山”的秀美奇景。九曲溪源于桐木关，经星村入武夷山景区。从星村乘竹筏顺流而下，犹如漫步在画廊里。一曲胜景有幔亭峰、大王峰，大王峰拔地擎天，上丰下敛，悬崖陡壁，气势磅礴。二曲之西有玉女峰，秀丽挺拔，如一亭亭玉立少女，是武夷山的象征。峰右有梳妆台。玉女峰对面是铁板峰，夹在大王峰和玉女峰之间。传说大王和玉女原是一对情人，玉帝派铁板怪监视他们，使他们终生分离。三曲有小藏峰，这里几千米高的岩洞中安放着悬棺，重达上千斤，至今对于古代架壑船安放还是个谜。四曲右有仙钓台，左有大藏峰，下有卧龙潭，深现苍壁，山花倒影，清晰如画。五曲地形空阔，有隐屏峰、接笋峰、云窝、茶洞等。隐屏峰下有朱熹讲学处紫阳书院。六曲北有仙掌峰，东有天游峰，号称“武夷第一胜山”，登高眺望武夷全貌尽收眼底。七曲有三仰峰，由三峰组成。八曲溪滩陡险，水流迅疾，有骆驼峰、象鼻岩等。九曲以星村镇为终点，这里青山环抱，碧水中流。古人游九曲是从武夷宫按曲序逆流而上，现在游人则乘竹筏从九曲到一曲顺流而下。武夷山也是一座历史悠久的文化名山，自秦汉以来，历代许多文人学者如范仲淹、李纲、辛弃疾、朱熹、陆游、刘伯温、戚继光等都曾到此游览讲学，武夷山修建的寺庙、祠、宫、院、庄、室等187处，亭、台、楼、阁117所。武夷山自然保护区是“天然植物园”“世界生物模式的标本产地”，有高等植物1 800种，野生动物400多种，多珍稀动、植物。此外，武夷山茶叶“大红袍”“武夷岩茶”饮誉中外。

小知识8-1

武夷山三日游

从福州乘火车或飞机至武夷山，主要旅游活动有坐竹筏游九曲溪、十里画廊、玉女峰、大王峰、一线天；登天游峰、游云窝、茶洞、天车架、武夷宫、古街、朱熹纪念馆；观水帘洞、攀鹰嘴岩；返回福州。

（2）冠豸山

冠豸山位于福建连城县东郊1.5千米处，因其主峰似巨冠而得名。此山平地兀立，不连岗自高，不托势自远，景区方圆123平方千米。冠豸山属丹霞地貌，开发始于宋代。主要景点有石门湖、雄峙天半、半云亭、龟山、五老峰等。山上留有许多摩崖石刻和楼台亭阁及书院等人文景观，最为珍贵的是林则徐登临冠豸山题书横匾“江左风流”和纪晓岚题写的“追步东山”的墨宝。

（3）大金湖

大金湖位于福建西北的泰宁县，是修建水电站而形成的人工湖。湖岸群山是千姿百态的丹霞地貌，与浩瀚的十里平湖相拥相依，造就了独具特色的水上丹霞大金湖。2005年被评为“世界地质公园”和“中国十佳魅力名镇”。主要旅游点有上清溪漂流、双乳峰、大赤壁、情侣峰、鸳鸯湖、甘露寺、尚书第等，泛舟金湖美不胜收。县城内有一条长215米的“红军街”，街墙上保留着当年红军留下的大字标语。2021年泰宁县位列全国最美乡村百家县榜首。

（4）鳞隐石林

鳞隐石林位于永安市西北10千米的大湖乡，早在200多年前就被当地人辟为景区。它包括鳞隐石林、石洞寒泉、十八洞、洪云洞、翠云洞和寿春岩6个景点，总面积1.21平方千米。这里发育着形态各异的石芽、石柱、石峰、石笋和钟乳石等，属于典型的岩溶地貌。专家认为它的规模仅次于云南石林，且具有三个特点：地上有石林、地下有溶洞；矿泉水丰富；植被良好。比云南石林略胜一筹。

此外，将乐县的玉华洞也是一典型的石灰岩溶洞。全洞总长5千米，主洞长2.5千米。它与武夷山、大金湖构成绿三角旅游区，吸引了大批国内外游客。

上述冠豸山、大金湖、鳞隐石林均为国务院1994年公布的第三批国家级风景名胜区。

（5）福建土楼

福建土楼主要分布在闽西闽南的永定、南靖、华安等县，土楼的建筑历史悠久，远在西晋之后，中原南迁的客家人，世代相袭逐渐形成具有“客家”独特形式的山村住宅。现存的圆楼、方楼、八角楼、纱帐楼、吊脚楼等各式土楼30多种，3 000多座，形成一个个依山偎翠、错落有致、布局合理、与大自然和谐统一的土楼群。这种用生土垒筑的土楼，造型宏伟壮观、结实坚固，经数百年风雨而不倒，具有冬暖夏凉、防震、防风、防盗的多种功能，经济耐用，充分显示出我国古代高超的建筑科学和艺术水平。方楼高二至三层，也有五六层不等。而圆楼一般为一圈三层，大型住宅多达二三圈，内有住房，还有天井、厅堂、浴室、水井、谷仓等附属建筑。其中年代最古老的永定高头村的承启楼，始建于清初康熙年间。楼分三圈，外高内低。全楼共有房400间，总面积5 376平方米。现存外圈为主楼，四层楼房每层72间；中圈是二层楼，每层40间；内圈单层，建房32间。园中心为宽敞的中央大厅。楼内各圈设有巷门6个，水井2口，共住80多户600多人。在旧社会战祸连绵的年代，这种土楼可以称得上是一座固若金汤的自卫门寨。2008年，福建土楼以“世界独一无二的民居瑰宝”被列入《世界遗产名录》。

8.3.2 闽南旅游线路与旅游活动

福建的厦门、漳州、泉州和莆田等地区经济发达，又是本省主要的对外开放地区和著名侨乡，在福建经济中起着举足轻重的作用。其中厦、漳、泉地区被誉为“闽南金三角”。

1）漳州旅游区

漳州市位于福建省南部，九龙江下游。漳州地处南亚热带，气候暖热，四季花果不断，素有“花果之乡”之美誉，史称为“四时有不谢之花，八节尽长春之果”。这里物产富饶，是开展花果欣赏、品尝的旅游胜地。

（1）东山岛

东山岛位于福建南端，风景优美，一派南国海岛风光，主要景点有铜山古城、风动石等。铜山古城位于铜陵镇海滨，濒临台湾海峡，周围有许多小岛，海域辽阔，富有大自然朴素美。古城建于明洪武年间，长1 903米，高7米，并设有水寨。明中后期戚继光率兵入闽，于东山宫一带，全剿入闽倭寇。后来郑成功也曾在此训练水师，如今古城雄风依存。风动石在岣嵝山东麓，巨石临海，高4.37米，重200吨，状若玉兔蹲伏地上，底部圆弧贴石磐处，尖端仅数寸，悬空斜立，狂风吹来摇动不停，蔚为状观。《地貌学》教材中以此作为球状风化的典型。

（2）漳州滨海火山国家地质公园

该地质公园位于漳浦、龙海一带，是典型的第三纪火山地质公园，也是目前世界上少数完整的椭圆形海底古火山口，潮涨即隐，潮退再现，面积约100平方千米。火山口呈圆锥状，直径数十米，从火山口喷出的岩浆，久经海浪侵蚀，已变成一堆堆千姿百态、犬牙交错的黑色礁石，140多万个柱状节理组成的玄武岩地貌展现在游人面前。在此你可捡到各种奇形怪状的鹅卵石或玄武岩石，以纪念千万年前那场惊心动魄的火山喷发。公园具有地质构造、火山、地理、地震、海啸等多学科的科研价值，是集地质遗迹保护、科研与观光度假于一体的旅游胜地。

（3）漳州其他风景点

芝山在漳州市西北，为漳州主峰，因曾生紫芝而得名，山峰挺拔高峻，宜登高观日。云洞岩位于市东鹤鸣山，怪石奇岩，如聚如攒，尤其当风动云涌、雨霁日出时，山岚云岫绕石穿洞最为奇妙。百花村花圃四时鲜花不断，以蔡坂乡水仙花最为驰名。漳州还有天宝蕉林、凤凰山荔林、白礁慈济宫南山寺等多处风景点。

2）泉州旅游区

泉州位于福建东南沿海，因城北有一处甘美的石乳泉而得名。泉州是我国历史上著名的对外贸易港口，唐代就有对外贸易往来。宋、元时期海外通商达到鼎盛时期，与100多个国家来往。区内有大量佛教、伊斯兰教、基督教、天主教、印度教、摩尼教、道教等原教遗址。

（1）开元寺

开元寺位于泉州市西街，建于唐垂拱二年（686年），寺院占地约8公顷，是福建最大的佛教建筑之一。构筑布局为中央轴线建筑，讲究对称整齐。中轴线上有天王殿、拜庭、大雄宝殿、甘露戒坛、藏经阁。大雄宝殿是主体，殿内有近百根各式各样的石柱，俗称“百柱殿”。殿内斗拱重叠，24个“飞天伎乐”，人身鸟脚，体态轻盈，头上花冠恰好承托建筑物梁架和斗拱。殿前露台基石上有青石人面兽身浮雕72幅。殿后“甘露戒坛”是全国佛门三大戒坛之一。寺内两廊外草坪上有两座石塔。两塔东西对峙相距2千米，东塔名“镇国塔”，西塔名“仁寿塔”，分别建于唐末和五代，高48.24米和44米，两塔是典型的宋代风格。现东西塔的雄美形象已成为泉州古城的独特标志。

（2）清净寺

清净寺位于泉州市涂门街，始建于北宋大中祥符二年（1009年，回历400年），为我国现存最早的清净寺之一。它是仿照大马士革伊斯兰教礼拜堂建筑形式，用纯净的青石和白色花岗石构筑而成的。寺门高20米，全部用青石砌成。寺内有明成祖圣旨“永乐上谕”石刻，教徒望月起斋的“望月台”，还有《古兰经》的石刻等。旅游者游览清净寺，缅怀我国人民同阿拉伯人民的友谊，面对古代文物肃然起敬。

（3）清源山

素有“闽海蓬莱第一山”之称，位于泉州城北3千米处，它与九日山、灵山伊斯兰教圣墓等组成国家级风景名胜区，方圆62平方千米。景区内林幽壑奇、含烟凝翠，文物荟萃，古迹众多，以36洞天、18胜景闻名于世。如左峰的瑞像岩，由整块天然岩石雕凿而成，释迦瑞像高4米、宽1.5米；右峰老君岩，太上老君巨型雕坐像高5.1米，厚7.2米，宽7.3米，神态和蔼，脸部各器官雕刻细致，衣褶分明，线条刀法柔而有力，堪称宋代石像雕刻艺术瑰宝，是全国最大的道教石雕，也是全国重点文物保护单位。

（4）安平桥和洛阳桥

安平桥俗称五里桥，位于晋江安海镇和南安水头镇交界的海湾上，是我国现存最长海港大石桥，全长2 255米，宽3~3.8米，当时被誉为“天下无桥长此桥”。始建于南宋，桥面用每块重达4~20吨大长条石铺成，桥上筑有亭楼和各种护栏、雕刻，为全国重点文物保护单位。洛阳桥在市区北郊洛阳江入海处，原长1 200米，宽7米，桥墩46

座，全用巨石堆砌而成。系用筏型基础和种蛎固基，为我国乃至世界造桥史上的创举。

（5）崇武古城海岸

崇武古城海岸坐落在惠安县东南24千米的崇武半岛南端，是一处集海滨风光、历史遗迹、地方风情于一体的特色海岸。古城是国家文物保护单位，是我国现存最完整的明代丁字形石砌古城池，其建筑工艺之独特合理被称为“古代系统工程的案例”；在古城的最高处可一览金沙碧水的“半月沉湾”和“西沙银蛇”天然海滨浴场；最具地方风情、给游客留下深刻印象的是闻名中外的惠安女：黄斗笠、花头巾、银腰带、短上衣、宽裤筒，配上精巧艳丽的头饰，与蓝天白云下的大海构成独有的人与自然和谐的风景。正是这惠安女眺望大海的地方，被评为“中国最美的八大海岸”之一。

（6）闽台缘博物馆

闽台缘博物馆位于泉州西湖北侧，占地154.2亩，建筑面积23 332平方米，展厅总面积7 355平方米。2006年落成并对外开放。目前馆内文物文献1.5万件，其中国家级文物129件，来自台湾的赠品3 000多件，全面展示了海峡两岸在地域、血缘、文化、建制沿革、商贸往来、宗教信仰和民俗风情等方面的历史关系。

3）莆田旅游区

莆田旅游区包括仙游县和城厢、涵江、荔城、秀屿四区。本区地处福建沿海中部，依山面海。地势由西北向东南倾斜，木兰溪源于境内，又在境内注入大海，两岸荔树成林，盛夏季节万绿丛中点点红，构成天然的南国风光所独有的一幅“水乡荔枝图”，是游人前来品赏荔枝旅游的好去处。本区主要景点有以下几处。

（1）湄洲岛妈祖庙

妈祖庙位于莆田市湄洲岛上。妈祖原名林默（960—987年），因生前出海救助过不少渔民和商船，死后遂被尊为海神。历代朝廷还敕封她“天妃”“天后”“天上圣母”等尊号。湄洲岛是妈祖的故乡，这里的妈祖庙被尊称为“天后宫湄洲祖庙”。此庙创建于宋雍熙四年（987年），即林默逝世的同年，初仅数椽，后经历代扩建，日臻雄伟。明代著名航海家郑和七下西洋，回来奏称：“神显圣海上”，于第七次下西洋之前奉旨来到湄洲岛主持御祭，扩建庙宇。清康熙统一台湾，将军施琅奏称：“海上获神助”，又奏旨大加扩建。如今的妈祖庙已修葺一新，雕梁画栋、金碧辉煌，成为全世界华人海员顶礼膜拜和海内外同胞神往的圣地，并且在全世界华侨聚居地均有妈祖庙。每逢农历三月二十三妈祖生日，庙宇内外人山人海，香火鼎盛。台胞每年上岛朝拜的就有10万人次，这充分说明了台湾与大陆根之所系、源远流长的共同文化。庙后岩石上，有“升天古迹”“观澜”等石刻。全岛最高处有一花岗石雕刻的妈祖像近10米高，面部慈祥，衣纹飘逸，日夜保佑来往船只平安。庙前岩岸海床有大片辉绿岩，受风涛冲蚀，形成天然凹槽。潮汐之声，由远而近，初似管弦细响，继如钟鼓齐鸣，再若龙吟虎啸，终则像巨雷震天，骤雨泻地。扣人心弦的“湄州潮音”因而驰名。湄洲岛以妈祖朝觐和海滨度假两大特色成为4A级旅游区、国家级旅游度假区。近年岛上又兴建了由妈祖碑林、妈祖故事群雕、妈祖文化展览馆组成的妈祖文化园，更丰富了人们对妈祖的了解。

（2）九鲤湖

九鲤湖位于仙游县城东北约25千米的万山之巅，如一颗晶莹剔透的翡翠镶嵌在万山丛中。相传汉时有何氏九兄弟在此炼丹。丹成时湖里跃出九条鲤鱼，九兄弟各乘一鲤鱼升天成仙，故名九鲤湖。湖的四周群峰兀立、层峦叠嶂、林木葱茏、千岩竞秀、怪石嶙峋、瀑漈泱泱，兼具林泉水石之胜。著名的九漈飞瀑从高耸的崖头猛泻入湖，水石相激，轰鸣如雷。九鲤湖飞瀑按每级落差分为九漈，名曰：雷轰漈、瀑布漈、珠帘漈、玉柱漈、石门漈、飞凤漈、棋盘漈、将军漈。各漈独具特色，瀑布大至一百多米，小到三四米。尤为壮观的是瀑布、珠帘、玉柱三漈。瀑布漈高达百米，气势磅礴，珠帘漈从刀削斧劈般的千仞巨石上齐刷刷地滑下，形成万斛水珠，宛若垂帘，颇为壮观；珠帘漈之东水从盘龙山顶贴着石壁滑下，形成两股晶莹的细流，妙似玉琢的双柱，故名之。珠帘、玉柱同注一泓深潭，是九漈景色最佳处，徐霞客盛赞“峻壁环锁，瀑流交映，集奇撮胜，唯此为最”。九漈飞瀑全长10余千米，沿途悬崖夹峙，蜿蜒曲折，奇胜不可名状。

此外，随着沿海高速公路、“动车”的开通，闽东丰富的山海旅游名胜逐渐展现在世人面前。如屏南县的白水洋，四面青山环绕，两条清澈见底的溪流汇合到一处面积约8万平方米的岩石溪床上，其中最大一块巨石达4万多平方米，最宽处约182米。溪床溪水均匀，人行其中水仅没脚踝，阳光下波光潋滟，一片白炽，因而得名“白水洋”。沿溪连绵十几里的“水上广场”天然原始，美不胜收。古人有“扑朔迷离、人间仙境”之赞，今人有“天下绝景、宇宙之谜”之叹。福鼎的太姥山、大嵛山，周宁的鲤鱼溪、霞浦杨家溪漂流、福安葡萄沟、寿宁的廊桥等吸引越来越多的游客前往。

小知识8-2

海峡两岸的桥头堡——平潭综合实验区

平潭综合实验区位于福州市东南部海域的平潭县，距台湾省新竹港仅68海里。2011年国务院正式批准《平潭综合实验区总体发展规划》，按照总体规划，平潭将建设成为两岸共同的“新家园”，将实施比现有经济特区更加优惠、灵活的政策，被形象地比喻为比特区还特殊的“新特区”。它作为两岸合作先行先试的区域，肩负探索两岸合作的新模式，建设两岸同胞共同向往幸福家园的责任。目前已开通平潭至台中航线的高速客滚运输船“海峡号”，行程只需2.5小时，是闽台黄金旅游线。

平潭地处福建沿海中心的突出部，扼“海上走廊”台湾海峡与闽江口咽喉，是太平洋西岸航线连接东海与南海海上航线的中枢区位，战略位置尤为重要。平潭由126个岛屿组成，区域总面积约6 436平方千米，其中陆域面积约372平方千米。主岛海坛岛面积271平方千米，形似“麒麟”，为全国第五大岛、福建第一大岛，相当于香港本岛的3.3倍、厦门本岛的2倍，总面积超过新加坡的一半。全长16.3千米的平潭海峡公铁大桥是我国首座、世界最长的跨海公铁两用大桥。目前已开通平潭至北京的的动车，彻底结束了往昔进出平潭岛依靠轮渡的历史。

平潭海滨沙滩总长达70千米，旅游资源景观独特、类别丰富，有国家一级至四级景点128个，历来有“海滨沙滩冠全国、海蚀地貌甲天下”之称。以半洋石帆、海坛天神、东海仙境、三十六脚湖、君山、南寨石景区等最为著名。

8.3.3 珠江三角洲旅游线与旅游活动

这条旅游线包括广州市、肇庆星湖风景名胜区、从化温泉、佛山市、南海西樵山、博罗东樵山、珠海市、深圳市等。

1）肇庆星湖风景名胜区

肇庆古称端州，主要旅游点为七星岩、星湖和鼎湖山。七星岩形似北斗七星，环绕星湖。自然风景优美在于湖泊和岩溶地貌的石山峰林错落相间，兼有“桂林之山、杭州之水”的综合景观特点。山中多洞穴，兼有暗河，可乘舟楫入内观赏地下河奥妙。星湖邻近的山峰和洞穴多摩崖石刻，湖中又有湖堤、九曲回廊、水榭亭台装点，是我国著名的风景游览胜地。星湖东侧是颇负盛名的鼎湖山，传说黄帝铸鼎于此而得名，它是我国著名的南亚热带森林自然保护区，这里森林茂密，沟深谷幽，飞瀑流泉，美不胜收。羚羊峡附近老坑出产的端砚，是我国著名的文房四宝之一。

2）从化温泉

从化温泉位于距广州市东北80千米处。温泉从流溪河东岸花岗岩裂隙中溢出，沿山崖飞泻，形成百尺瀑、香粉瀑、飞虹瀑等罕见的温泉瀑布。附近山峦重叠，流溪河蜿蜒流淌。修竹翠柏，景色秀丽，是我国著名的温泉疗养区。这里水温高达70°C，含有钙、钾、镁、钠、二氧化碳等，属于碳酸温泉，水滑如油，饮浴皆宜，对关节炎、消化器官疾病、神经痛、皮肤病等30多种疾病疗效显著。尤其“沙滩泉”，沙面浮薄烟，拂开细沙即泉水，人可埋身沙中做温沙浴。

3）南海西樵山

该山在佛山市南海区西南部，海拔346米，是座死火山，地质历史时期曾有过三次喷发。因流泉瀑布众多，故有“泉山”之称。这里山洞积水成湖，湖水分级下泻，“西樵云瀑”为羊城八景之一。到这里旅游，可实地考察火山地貌。与西樵山齐名的是博罗东樵山，又叫罗浮山。素有“南粤名山数二樵”之说。

4）佛山市

佛山市因传唐代于塔坡山掘出三铜佛而得名。在明清时与当时夏口、朱仙、景德并称四大名镇，清代还有以“北则京师，南则佛山，东则苏州，西则汉口”形容佛山繁荣。佛山祖庙建于北宋，最初系手工业者供奉其行业祖师，后改为道教建筑，供奉真武帝，但人们仍以祖庙称之。神像多由麻木髹漆塑成，神形逼真，国内少见。屋脊与照壁装饰24组人像陶塑，合计2 000余个千姿百态的人物。这些陶塑朴实浑厚，优美和谐，富于艺术表现力。佛山祖庙在建筑上的特点是集陶瓷、水雕、砖刻等项艺术为一体。佛山的名胜古迹还有经堂古寺和七级浮屠。

5）珠海市

珠海陆连澳门，水通香港，1980年建立特区以来，经济发展迅速，是一座现代化花园城市。随着2018年跨海港珠澳大桥的开通，珠海与港澳的交通更为便捷。珠海有得天独厚的自然环境，除原有的烈士陵园、海滨公园、唐家湾公园、白莲山洞等得到修缮和扩建外，又兴建了石溪、银坑、圆明园等景区，开辟了石景山旅游中心、珠海游乐场、珠海度假村及拱北宾馆、海景酒店、九州城购物中心等，这些地方都是游客的好去处。此外，这些建筑都注重与环境的和谐并突出中国古建筑的特色。

小知识8-3

开平碉楼与村落

开平碉楼是中国民居中土洋结合的一种形式，最早建于16世纪，多数兴建于20世纪二三十年代，主要用作防涝防匪，它们是开平政治、经济和文化发展的见证，是100多年前华侨文化的历史遗存。开平碉楼在鼎盛时期达3 000多座、现存1 833座，其建筑艺术和装饰风格令人叹为观止。古希腊风格的柱廊、古罗马风格的券拱和铁雕、哥特建筑的券拱、巴洛克建筑的山花以及工业派的建筑艺术等表现形式都融入了开平碉楼中。开平碉楼于2007年被列为世界文化遗产。

8.3.4　海南旅游线路与旅游活动

海南旅游资源以“椰风海韵”的热带海滨风光为特色，具有“不是夏威夷、胜似夏威夷”之誉，现已发展为国际性的新兴的热带海岛度假旅游胜地。主要旅游地有三亚市、五指山、海口市等。

1）三亚市旅游地

三亚位于海南岛最南端，1984年设市，古称崖州，别称鹿城。主要有南山文化旅游区、天涯海角、鹿回头、亚龙湾、大东海海滨潜水康乐度假冬泳区、崖州古城等著名旅游胜地。

（1）天涯海角

天涯海角原名下马岭，位于三亚市西24千米处。这里的花岗岩由于球状风化，又受海浪侵蚀而形成无数奇特的巨石散布在海滩上，成为石的世界。怪石中有两块巨石，分别刻着“天涯”和“海角”，字大如斗，睹此有站在世界边缘之感。民间传为苏东坡所书，实为清雍正年间崖州知州程哲所题。在天涯巨石左边，有一块状如钢柱的巨石，上刻有“南天一柱”四字。“天涯海角”背倚青山，面向大海，风光秀丽。每年在此举行“海上生明月，天涯共此时”的中秋欢乐节和“爱在天涯，恋在海角”的国际婚礼节（11月18日）。

（2）鹿回头

鹿回头位于三亚港南5千米，在珊瑚遍布的海滩上有座山岭拔地而起，从东北向西南延伸，然后折向西北，岬部雄伟峻峭，貌似一只金鹿站在海滨回头观望。这就是黎族民间传说中的“鹿回头”胜景。相传以前一位黎族青年勤劳勇敢，有一天上山打猎，手持弓箭追赶一只金鹿，一直追到碧波万顷的海边，金鹿猛回头变成一位美丽的黎族少女，对着青年微笑，后两人结为夫妻，这座岭就是金鹿的化身。现在山顶塑有“鹿回头”巨型石雕。

（3）亚龙湾、大东海

亚龙湾、大东海位于三亚市东，二者相距约15千米，均为半月形的大海湾。海面波平如镜、海沙光洁细软、阳光灿烂和煦，这里碧海、沙滩、空气、阳光和绿树融为一体，最具南国海滨特色。一年四季都吸引着来自全国的旅游者，也是我国最著名、最大的冬泳基地。在2005年“中国选美”中，亚龙湾居“中国最美八大海岸”榜首，专家们赞美亚龙湾是“跌落在地上的天空”，那样辽阔、深远、悠然、明朗、透明、轻柔，人在空中徜徉，就是神仙了！

2）五指山旅游区

五指山位于海南岛中部，主峰高达1 867米，为海南最高峰。因五峰耸立，形似五指而得名。山为热带林木覆盖，遍布奇花异草，遮天蔽日，云罩雾遮，须攀藤附葛而行。登山可体验早凉午热、夕暖夜寒，“一日四季”的气候。林中多有野生动物如长臂猿、梅花鹿等出现。游览五指山，一路览栈道、穷古林、攀藤梯、贴壁行、使人有腾云驾雾之感。发源于五指山的万泉河，全长168千米。两岸山花翠竹、椰林婆娑，在琼海市的入海口处，建有著名的博鳌水城——“亚洲论坛”永久性会址。

3）海口市旅游区

（1）海口市

海口是海南省省会。市人民公园内有解放海南岛的纪念碑，是为当年琼崖游击队和解放海南作战中牺牲的烈士而建。这里是明代清官海瑞的故乡，建有海瑞之墓。北宋文学家苏东坡被贬到海南，因此在这里建有苏公祠。清末在海口与琼山之间建五公祠，纪念被贬到海南并为海南人民做出贡献的唐代李德裕和宋代李纲、赵鼎、胡铨、李光等五人。海口市还有纪念海瑞和邱濬的二公祠。这些名胜古迹都是海南省重要的人文旅游资源。

（2）东坡书院

东坡书院在儋州市中和镇，建于北宋元符元年（1098）。载酒亭、载酒堂、奥堂龛等建筑古色古香，享有“南天名胜”之美誉。其中载酒堂是苏东坡被贬昌化时居住、讲学的场所，留有许多书稿墨迹、文物史料，足见“我本儋耳人，寄生西蜀州”之豪放情怀。

（3）东寨港红树林

东寨港红树林位于海口市区东部，1986年成为国家级自然保护区，1992年在我国首个被列入“世界重要湿地名录”。它以我国最大、最典型的红树林生物海岸和它胜似江南水乡的海岸美景被评为“中国最美八大海岸”之一。红树林是热带滨海泥滩上特有的常绿植物群落，是热带海岸的重要生态环境，能防风护岸，又是鱼虾繁衍栖息的理想场所。涨潮时分，茂密的红树林只露出翠绿的树干随波荡漾，成为壮观的“海上森林”。

4）三沙市

彰显主权的三沙市于2012年6月21日设立，是我国最年轻的地级市，管辖西沙、中沙、南沙群岛的岛礁及其海域，政府驻地在永兴岛。它是中国唯一的一个位于赤道热带、全部由珊瑚礁组成、年均温为26℃~28℃、拥有永远碧蓝清澈海水的城市。

小知识8-4

海南四日游

从省会海口出发，沿东海岸高速公路南下，重点游览文昌市的宋氏故居（内有宋庆龄汉白玉雕像、宋庆龄纪念馆等）；琼海市的万泉河入海口——博鳌水城（亚洲论坛永久性会址）、红色娘子军纪念园等；万宁市的兴隆温泉度假区、热带植物园、亚洲风情园、陵水南湾猴岛；三亚市的南山文化旅游区、天涯海角、鹿回头、大东海、亚龙湾滨海区等。年轻力壮者可往北沿中线登五指山（体验一日有四季），回海口。一般人均按原路返回海口（只需三日）。

8.3.5　台湾宝岛旅游线路与旅游活动

台湾位于祖国大陆东南100多千米的海面上，西隔台湾海峡与福建相望。1624年被荷兰侵占，1662年初郑成功收复台湾，1895年被日本侵占，1945年归还中国。台湾岛是我国第一大岛，全省面积3.6万平方千米。这里气候温暖湿润，地貌景观众多，水景丰富，动植物种类繁多，少数民族风情独特。

1）台北旅游区

本区较著名旅游点多达100余处，以阳明山、北投温泉、野柳海岸、乌来瀑布、故宫博物院和“101”摩天大楼最为突出。

（1）阳明山

阳明山位于台北市以北16千米，海拔443米，山上遍植樱花、梅花、杜鹃花等。山腰辟为公园，园内林木苍翠，风光绮丽，有两个“乐鱼园”鱼池，一池红色鲤鱼，一池青色草鱼，游人投食，群鱼竞跃。潭谷崖有两条对称的飞瀑，一条为阳明瀑，一条称泓龙瀑。阳明山附近的北投温泉是台湾最大的温泉区。泉水含硫磺，可治风湿及皮肤病。这里还有中和寺、玉皇宫、善光寺等古迹，是疗养和度假胜地。

（2）乌来瀑布

乌来瀑布在台北县乌来乡，来自不同方向的两支水流汇成一股十米宽的巨流，从80米高的悬崖飞奔而下，十分壮观。乌来温泉水温达80°C，是台湾著名温泉之一。近年来兴起的樱花季、桂竹笋大餐以及温泉泡汤是观光的新宠。沐浴在天然涌出的乌来温泉，共赏青山绿水，品尝泰雅风味佳肴，这种人文与自然结合的丰富飨宴，让游客陶醉其中。

（3）野柳海岸

野柳海岸位居“中国最美的八大海岸”第二名。它是台北突出海面的一个岬角，长约1 700米，站在其东南方的骆驼石上眺望，岬角有如海龟蹒跚离岸，匍匐海面、翘首拱背欲游出海，因此又称野柳龟。它是一处被海浪雕塑成似人像物的各种奇特形状的海岸，如女王头、仙女鞋、烛台石、大鲤鱼等海蚀景观，惟妙惟肖，被誉为海浪留在大地上的作品。这里每年游客达数十万人，是台湾最著名的海岸公园之一。

2）台中风景区

本区包括台中、彰化、云林、南投、嘉义等五县，是全省自然风光旅游资源最丰富的地区之一，有“双潭秋月”“阿里云海”“玉山积雪”等多处美景，另外还有建筑风格极具特色的中台禅寺。

（1）双潭秋月

日月潭是台湾最大的天然湖泊，在南投县境内，潭中一秀丽小岛在湖心如珠走玉盘。以小岛为界，潭北形似一轮红日，南部状如一弯新月，故名日月潭。湖水晶莹，翠山环抱，湖面的涵碧楼是观赏湖光山色的最佳处，周围还有玄光寺、玄奘寺、九层慈恩塔、文武庙等胜迹。

（2）阿里山云海

阿里山在嘉义市以东72千米处，以登山铁路、森林、云海、日出、晚霞闻名于世，号称阿里山五大奇观。尤其是在阿里山观云海、看日出、望晚霞，景象万千，令人心旷神怡。

（3）玉山积雪

玉山在嘉义、高雄、南投三县交界处的北回归线上，主峰高达3 952米，虽身居热带和亚热带，但山顶终年积雪，色白如银，极为壮观，“浑然美玉”，故称“玉山”，是冬季滑雪的好场所。

3）高雄风景区

以高雄为中心，包括台南市和台南、高雄、屏东及澎湖4个县，本区以开发历史悠久、古迹众多为特色。

（1）赤嵌楼

赤嵌楼位于台南市内。基址原为17世纪荷兰人入侵中国台湾时所建的普罗文萨堡，郑成功当年攻下此堡，即以此地为指挥部，赶走荷兰侵略军，收复台湾。现存建筑是文昌阁和海神庙，合称赤嵌楼，造型雄伟，墙壁廊柱皆为红色。

（2）澎湖

澎湖扼台湾海峡西岸海上交通咽喉，拥有大小岛屿64个，是我国唯一由火山熔岩组成的岛县，面积127平方千米。澎湖列岛以炽热的阳光、柔软的“星沙”、澄澈的海域、肥厚的仙人掌、罕见的玄武岩海景、七美屿的“双心石沪”以及悠久重要的战略地位，被评为“中国最美的十大海岛”之一、“世界最美的海湾”之一。置身其中，但见峥嵘壮丽的柱状玄武岩嵌着崩解的裂纹，惊世骇俗；聆听海水激荡，拍打着岩石发出漫天震响的潮音，如同感受着生命的韵律。

4）台湾东部风景区

本区包括台东和花莲两县，自然旅游资源十分丰富，尤以惊险壮丽的断崖谷最为突出，但旅游资源尚未得到充分开发。

太鲁阁大峡谷在2005年被评为“中国最美的十大峡谷”之一。因花莲县北的立雾溪从奇莱山海拔3 440米的源头下泻，直至海平面，正好在台湾东海岸举世闻名的清水断崖上，刻凿出这鬼斧神工的大峡谷。大峡谷沿立雾溪而走，东起太鲁阁，西至天祥，长约20千米，最深处约1 660米，宽度最窄处仅一二十米。由于峡谷崖壁皆由脆硬坚固且极富纹理之美的大理岩构成，故尤显其崔嵬壮丽，为峡谷地形所罕见。该峡谷以其惊艳的美与美国科罗拉多大峡谷齐名。它屹立在台湾东海岸，纳太平洋之云气、融阿里山之晶莹，成就了一条惊世骇俗的宝岛画廊。

本区主要风景名胜见图8-1。

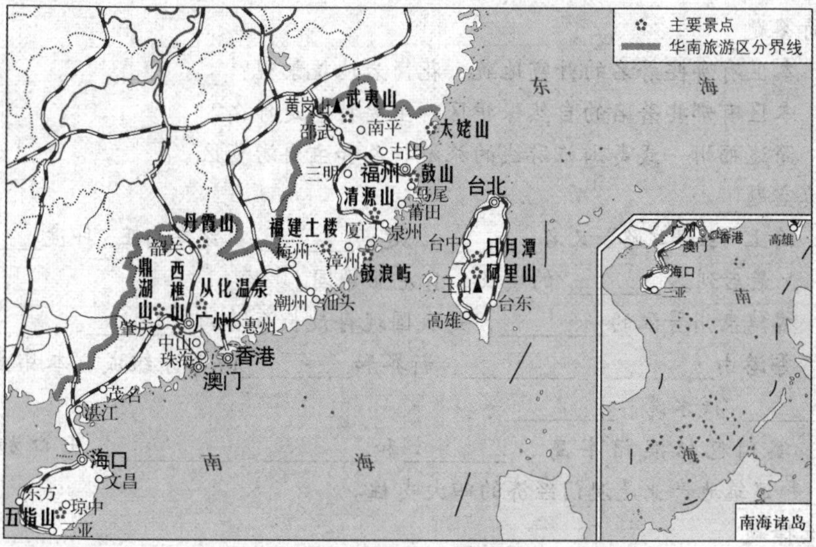

图8-1　华南旅游区主要风景名胜简图

本章小结

华南旅游区依山傍海，位于中国最南部，是我国最早对外开放的省区，经济发展迅速，华侨众多，极大地促进了本区旅游业的发展。旅游资源特征为典型的热带、南亚热带自然风光，丰富多样的丹霞、海岸、花岗岩等地貌景观，以及“海上丝路”遗迹。人造景观多和鳞次栉比的现代建筑也是本区旅游产品的特色。

重点旅游城市有厦门、广州、深圳、香港和澳门。厦门素有“海上花园”之称，以鼓浪屿、集美、南普陀等胜景吸引无数海内外游客。广州自古以来就是我国重要的对外贸易口岸，一年四季鲜花盛开，皆可旅游，既有越秀公园、白云山、荔枝湾等天然美景，又有革命纪念地，如农民运动讲习所旧址、三元里抗英斗争遗迹。深圳、港澳等地最为突出的特点是经济高度发达、民众消费水平较高、自然胜景不多，但人造景观极为丰富，且很多项目迎合现代人的口味。如“锦绣中华”、“世界之窗”、海洋公园、澳门的博彩项目等。

本区旅游线路较多。福州—武夷山旅游线以福州和武夷山为中心，其中以丹霞、岩溶地貌为特色的武夷山、金湖、将乐玉华洞组成绿三角旅游区，每年吸引了数以千万计的中外游客。闽南旅游线则以古城泉州为中心，往南可游览“花果之乡”漳州各景点，往北既可拜谒湄洲妈祖庙，又可欣赏九鲤湖的林泉水石之胜。珠江三角洲旅游线以肇庆星湖风景区和从化温泉为主。海南旅游线以“椰风海韵”的热带风光和花岗岩地质基础的海岸地貌为特色。台湾宝岛风光明媚，旅游景点多，游客流量大。

主要概念与词语

□ 主要概念

鼓浪屿　福建土楼　香港　鹿回头

□ 主要词语

武夷山　桃源洞　双潭秋月　天涯海角　集美学村

知识练习

□ 简答题

8.1　本区有哪些著名的丹霞地貌、花岗岩地貌景观？

8.2　本区有哪些著名的自然保护区？主要特色是什么？

8.3　简述福州—武夷山旅游线的旅游特色和主要游览区。

□ 填空题

8.1　海上“丝绸之路”又名________，起点________，经东南亚、印度________、________，最后到达________的埃及、肯尼亚等国。

8.2　福建泉州晋江的________，是我国现存最长海港的________。

8.3　香港由________、________、新界和________四部分组成。本岛主要游览点有________、浅水湾、________等。

8.4　澳门包括澳门半岛、________和________。________、出口加工业、________和建筑地产业是澳门经济的四大支柱。

□ 选择题

8.1　以下景点属花岗岩岩性的海岸地貌有（　　）。

A. 鹿回头　　B. 天涯海角

C. 东山风动石　　D. 珊瑚礁

8.2　以下景点属丹霞地貌的有（　　）。

A. 永安桃源洞　　B. 肇庆七星岩

C. 连城冠豸山　　D. 将乐玉华洞

8.3　具有“海上花园”城市之称的是（　　）；具有“花城”之誉的城市是（　　）。

A. 广州　　B. 深圳

C. 厦门　　D. 汕头

8.4　湄洲岛妈祖庙是属于（　　）。

A. 闽南旅游线　　B. 台湾旅游线

C. 海南旅游线　　D. 福州—武夷山旅游线

8.5　鼓浪屿、南普陀、万石山景点是属于（　　）旅游中心城市。

A. 香港　　B. 广州

C. 珠海　　D. 厦门

技能训练

8.1　请在地图上找出“海上丝路”的起点、终点以及沿途所经过的国家。

8.2　把本区第二、三批国家级风景名胜填入中国填充图。

观念应用

□ 分析题

8.1　与其他旅游区比较，华南旅游区旅游资源独特之处在哪里？

8.2　华南旅游区是全国著名的侨乡，试分析它对发展旅游业有哪些作用？

8.3　分析海南旅游线的旅游特色。

□ 实训题

8.1　您来华南旅游区旅游，最喜欢哪些旅游项目？为什么？

8.2　根据华南旅游区的旅游资源，试设计一条生态旅游路线或海滨旅游路线。

8.3　收集你所在省份的旅游品牌产品。

8.4　福建鼓浪屿何时被评为世界文化遗产？上网查找鼓浪屿获准列入世界文化遗产的依据。

□ 综合案例

大嵛山岛位于福建福鼎市沿海，东西长7.7千米、南北宽2.76千米、面积21.5平方千米、海拔541.4米，为福建省最高海岛。岛上有大小澳口36个、大小山峰20余座，在海拔400米处，镶嵌着大小2个天然湖泊，大天湖面积近千亩，可泛舟畅游，小天湖200多亩。两湖相隔千米，各有泉眼，常年不竭，水质甜美，水清如镜。湖四周山势平缓，间或有白色芦花点缀其中。青山、碧水、礁石，还有连片的万亩草场般的景观，被誉为“岛国天山”，山、湖、草、海在此浓缩，是东海上的神奇小岛。

西沙群岛位于南海西北，海水清澈湛蓝，生态环境极为优越，在这里形成了一个繁荣的整体的珊瑚礁生态系统，整个海面波光粼粼。礁盘上长满了各式各样的珊瑚，它们错落有致地拥在一起，和谐而有序地生长，从高空俯瞰就像一片翡翠海。岛屿周围的珊瑚礁就像环绕的光环一样美丽耀眼，你若潜入海里，恍如进入了一座绚丽的大花园。

涠洲岛位于广西北海市南面，南北长约6千米，东西宽5千米。它是我国最大的、最年轻的火山岛，其地层是第四纪火山活动形成的火山岩和火山喷出岩，因而岛的南部有大量的火山地貌景观。那一个个因火山爆发而被烧灼的、积压留下的石壁、石台，线条怪诞，色彩绚丽而奇特的海蚀地貌也多姿多彩地散布在周围海岸。海蚀洞、海蚀沟、海蚀龛、海蚀崖、海蚀台、海蚀残丘、海蚀蘑菇等，奇妙又壮观，如海上秘境。岛的北半部以海积地貌为主，有沙堤、沙滩及礁坪，平坦开阔，景色宜人，海底又有绚烂多姿的珊瑚。丰富而多样的滨海景色，使涠洲岛有南海“蓬莱岛”的美称，并被誉为水火雕出的作品。

以上三个岛屿均被评为“中国最美的海岛”，根据以上资料和学过的知识回答：

（1）在地图上找出它们的地理位置。

（2）专家对大嵛山岛的评语是：地处东南，却有西北高山草甸的风光；身是海岛，更有天湖清澈如镜。请你在上述资料中找出“评语”的依据。

（3）西沙群岛和涠洲岛属于哪类岛屿？景观特色是什么？

第9章 西南旅游区

■ 学习目标

9.1 概述

9.2 重点旅游城市

9.3 旅游线路与旅游活动

■ 本章小结

■ 主要概念与词语

■ 知识练习

■ 技能训练

■ 观念应用

学习目标

知识目标：了解西南旅游区地理环境特点，熟悉区内重点旅游城市及主要旅游线路，掌握本区旅游资源的特征。

技能目标：掌握本区主要旅游胜地的地理分布和特点，并能够把主要旅游胜地填在空白地图上。

能力目标：根据本区特有的地理环境和旅游资源特征，学会初步设计旅游路线。

引例： **岩溶造就的神奇风光**

滇、黔、桂三省区是我国石灰岩分布最广的地区，在湿热的气候环境中，发育了中国乃至世界最为神奇和壮观的岩溶地貌，拥有国内最高（135米）的贵州水城金盆乡干河天生桥；最深（424米）的垂直竖井—贵州盘县白雨洞；最大（面积11.6万平方米）的洞厅—贵州紫云格凸河苗厅；最长（257.4公里）的洞穴—贵州绥阳双河洞；最美的中国水墨画—桂林山水。这些大自然的杰作，每年吸引着无数中外游客和探险家、科考队。

西南旅游区包括滇、黔、桂三省区，面积约80.7万平方千米。岩溶地貌景观为本区最主要的自然旅游资源。区内气候温和，动植物资源十分丰富。本区少数民族的风土民情和丰富多彩的传统文娱活动是最具特色的人文景观。近几年旅游业发展迅速，已成为本区经济增长的支柱产业。

9.1 概述

9.1.1 旅游地理环境概况

1）高原为主的地形，岩溶地貌特别发育

本区地形可分为横断山地、云贵高原和广西丘陵盆地。横断山区地势起伏大，山高水深，形成许多峡谷和高峰。滇西北的“三江并流”、高山峡谷，十分壮观。长江第一转弯处的虎跳峡，是世界最雄伟的峡谷之一。玉龙雪山海拔5 596米，终年积雪，悬崖上挂着“冰瀑布”。由于纬度较低，相对高差大，横断山地自然景观垂直变化显著，植物资源丰富，堪称植物宝库。

云贵高原由云南高原和贵州高原组成。高原多断陷盆地和断层湖。断陷盆地在当地被称为坝子，是重要农耕区，如昆明盆地、大理盆地。滇池是盆地内著名的断层湖。高原碳酸盐类岩石分布面积大，岩溶作用强烈，岩溶地貌发育，是有很高品位的景观。高原边缘坡度较大，河流至此常形成急流和跌水，如德天瀑布、黄果树瀑布和马岭河瀑布。

广西是地势西北稍高、东南略低的倾斜盆地。盆地内山岭起伏，石灰岩广布，岩溶地貌十分明显，是我国乃至世界著名的热带岩溶地区。广西南部濒临北部湾，海岸沙滩宽广，沙质细洁，浪小潮平，冬暖夏凉，是良好的海滨浴场和理想的避寒疗养地。广西合浦是南珠的故乡。

2）气候温暖湿润、四季宜人

西南大部分地区属于热带、亚热带气候。由于距海较近，气候普遍温暖湿润，一年四季皆宜旅游。但因地势高低悬殊，地区差异明显。云贵高原冬季受热带气团控制，气温较高；夏季受海拔高度影响，天气凉爽，具有冬暖夏凉、四季如春的特点。昆明是著名的“春城”。广西北部属于亚热带季风气候，温暖湿润。南部为湿热的热带气候，夏季炎热，没有真正的冬季，但下雨就凉，因此有“四季皆为夏， 雨便成秋”之说。

9.1.2 旅游资源特征

1）岩溶地貌典型且分布广泛

本区是我国岩溶地貌发育最完美的区域，岩溶风景分布广、规模大、类型全，堪称本区富足的旅游资源。最具观赏价值的岩溶地貌主要有石芽、石林、峰林、溶蚀盆地和溶洞等。其中溶洞奇异多姿，观赏价值最高。本区大小溶洞不计其数，尤以广西、贵州更为普遍，仅已开发且著名的就有桂林七星岩和芦笛岩、贵州织金洞和龙宫、云南九乡等几十余处，而新的、大的溶洞还在不断地发现与开发之中。规模较大的溶洞一般有三个共同特点：顶部呈穹形的巨大厅堂、下部有狭窄的通道、洞内多奇形怪状的钟乳石等次生沉积地形。洞内的“精华”为次生沉积物微地形，人工配以灯光，千姿百态。

2）天然动植物王国

本区地形复杂，气候的水平和垂直分异显著，为多种动植物的生存提供了适宜的条件。因此，区内生物资源十分丰富，各热量带的植物几乎皆有，种类达1.5万种以上。云南植物种类达1.2万多种，居全国第一，被誉为“植物王国”，其中许多具有极高的观赏价值。广西植物在6 000种以上，多名贵药用植物，经济价值很高。同时，广西还是闻名全国的“水果之乡”。本区的动物种类亦冠于全国，其中不乏珍稀品种，如大小灵猫、云豹、小熊猫、大鲵、金丝猴、绿孔雀、长臂猿等。在野生生物繁多的地区建有许多自然保护区。

3）民俗风情绚丽多姿

本区是我国少数民族的最大聚居地。云南是我国少数民族最多的省份，人口在1万以上的就有20多个，是中国多民族的缩影。各民族在悠久的历史中，形成和发展了自己的民族风俗和文化，其服饰、礼仪、习俗、建筑都有自己鲜明的特点，对旅游者具有极大的吸引力。各民族的节庆活动很多，并与特殊的生产活动息息相关，婚礼与文娱活动相伴进行。此外，精美的工艺品和民族土特产也具有很高的装饰、使用和收藏价值。

小知识9-1

西南民族风情节

节日名称：火把节　泼水节　三月街　刀杆节　插花节　踩花山　目脑纵歌　白水台赛歌会

民族：彝族　傣族　白族　傈僳族　布朗族　苗族　景颇族　纳西族

时间（农历）：六月　三月　三月　二月　二月　正月间　二月

小思考9-1

西南旅游区为什么成为人们首选的旅游地？

答：本区岩溶地貌典型且分布广泛，是天然的动植物王国，民俗风情绚丽多姿。

9.2　重点旅游城市

9.2.1　贵阳市

贵阳市简称筑，位于贵州省中部，山川秀丽，气候宜人，有我国“第二春城”之美称。市区及附近风景名胜和文物古迹众多。

1）黔灵山

黔灵山位于贵阳市西北，峰峦叠翠，古树参天，多奇石怪木，人们称之“黔南第一山”。山腰的弘福寺是贵州名刹之一。至山顶瞰筑亭，可览山城全貌。山后有黔灵湖，湖北岸的“圣泉”水忽涨忽落，味甘甜，相传久饮圣泉水能换颜却老。山前麒麟洞为一岩溶洞穴，有千姿百态的岩溶地貌景观。抗日战争期间，爱国将领张学良、杨虎城曾先后被软禁于麒麟洞内。

2）花溪

花溪位于贵阳西南门千米处，有小山数座参与其间，或突兀孤立、或蜿蜒绵亘，形成山环水绕，水清山绿、堰塘层叠、河滩十里的绮丽风光。花溪之美在于真山真水的诗情画意和恬静优柔的田园风光。

3）甲秀楼

甲秀楼位于贵阳南明河鳌矶石上，为贵阳名楼，始建于明代。高约20米，三重檐四角攒尖顶，层层收缩，造型别具一格。楼中联匾书法甚多，以清代刘氏仿昆明大观楼长联所作的甲秀楼长联最为著名。甲秀楼与翠微园、涵碧亭、浮玉桥、水月台相互衬托，融为一体，组成一组瑰丽的风景古建筑群，素有“小西湖八景”之誉。

4）红枫湖

红枫湖距贵阳市33千米，位于清镇市。它是贵州最大的人工湖，有“高原明珠”之誉。湖面宽而清澈，有大小岛屿和半岛把湖区自然分割为北湖、中湖、南湖和后湖，蜿蜒曲折。南湖一带分布着大量溶洞，可驾小舟入洞。北湖是红枫湖电厂主建筑区，大坝附近辟为旅游区。

9.2.2　桂林市

桂林市位于广西东北部的漓江两岸，以多桂树而得名。桂林是我国重要的旅游城市，也是我国第一个创汇最多的非贸易外汇城市。桂林山水素以三山两洞一条江为代表。

三山指象鼻山、叠彩山和伏波山，均在市区内。象鼻山是桂林市的象征，山形酷似一巨象停立江滨，伸鼻吸水，江水从象鼻和象腿之间的石洞下穿流而过。两洞系指七星岩和芦笛岩，为著名溶洞，洞内石钟乳、石笋、石幔发育，形成千姿百态的景观。漓江是桂江上游河段名称，属阳朔县，桂林—漓江一线是世界闻名的岩溶景观游览地，两岸奇峰罗列，绿水萦圩，一江流水千幅画，有“碧莲玉笋世界”和“桂林山水甲天下，阳朔山水甲桂林”之誉。

9.2.3 昆明市

昆明市是一座风光明媚、历史悠久的文化古城。气候温和，夏无酷暑，冬无严寒，花树繁多，有中国第一“春城”之美誉。

1）西山

西山位于昆明市西南，卓立滇池西岸，最高的罗汉峰海拔2 500米，似一尊庞大睡佛，故称“卧佛山”，又称“睡美人”。山上峰峦起伏，古树参天，是著名的森林公园。登高远眺，滇池一览无余。山间有创建于元明清各代的寺院胜迹。华亭寺以五百罗汉像著称，太华寺以花卉繁茂取胜，以朱砂玉兰和古银杏最为著名，石径崖壁上多摩崖石刻。山腰还有音乐家聂耳墓，造型别致，宛如鸣琴。附近有音乐家生平事迹陈列馆。

2）滇池

滇池又名昆明湖，位于昆明市西南西山脚下，面积近300平方千米，是云贵高原最大的淡水湖。西岸有金马、碧鸡二山东西夹峙，湖上烟波浩渺，碧波万顷，风帆点点，景致极佳。湖四周多名山胜景，有大观楼、海埂、郑和公园、石寨山古墓遗址等。海埂是我国新辟的各种体育活动的训练基地。这里的云南民族村，汇集了云南所有少数民族，使人们能在一天内遍览各民族村寨和当地居民的生活方式、服饰习惯，品味到超乎寻常的民俗文化旅游享受。

3）大观楼

大观楼位于昆明西南约2千米的滇池湖畔大观公园内，始建于清康熙年间，高三层，呈正方形。楼前门柱上，有清代终生不仕的学者孙髯所撰的一副长联达180字。上联写景（五百里滇池奔来眼底……），下联述史（数千年往事注到心头……），寓情于景、情景交融，被誉为海内外长联第一佳作，大观楼也因此声名远扬。

4）世界园艺博览园

世纪之交的昆明世博会是展示中国特色和世界一流水平的园林园艺盛会。世博园选址在昆明金殿风景区，整体规划依山就势、错落有致、气势恢弘。集全国各省区市地方特色和32个国家风格迥异的园林园艺精品、庭院建筑和科技成就于一园，如树的世界、花的海洋，具有强烈浓郁的大自然气息，生动体现了“人与自然，和谐发展”的时代主题。园区包括五大场馆：国际馆、中国馆、人与自然馆、科技馆和大温室；七大专题展园：树木园、竹园、盆景园、药草园、茶园、蔬菜瓜果园和会后新建的名花艺石园；三大室外展区：国际室外展区、中国室外展区和企业室外展区。世博园具有多个世界之最：是世界最高规格A1类专业博览会；占地面积最大，共218公顷；精品最多，有76种珍贵原始物种，31种中国一二类保护植物；植物数量最多，移种2 000余种。世博园凭借全世界规模最大、最具原创性的园林园艺以及大观园独有的历史文化和景观价值，已成为具有世界性、民族性、园艺性、高品位性、唯一性、不可模仿性、价值可持续性的世界上唯一完整保留的会址文化遗产。

5）云南石林（路南石林）

云南石林位于云南省昆明市东南70千米的石林彝族自治县境内，为国家5A级重点风景名胜区。“群峰壁立，千峰叠翠”。巨大的石峰、石柱拔地而起，直冲云霄，远远望去犹如一片莽莽森林，被誉为“天下第一奇观”。在世界同类型石林中，云南石林最大，总面积达350平方千米，包括大小石林、外石林、大叠水瀑布、芝云洞、奇风洞、月湖、长湖等七大景点。石林到处怪石嶙峋，奇峰兀立。造型千姿百态，有的似笋如柱，有的如塔似人，“母女偕游”“凤凰梳翅”“万年灵芝”“阿诗玛”等都以其酷似的形态和优美的传说而命名，处处引人入胜。石峰间还有溶洞构成的曲折回廊、晶莹的溶蚀湖以及地下溶洞等。如一泓碧水的剑峰池，凭栏望池，水中一石矍立，似一柄利剑直刺青天；莲花峰造型逼真，亭亭玉立于群峰之间；阿诗玛石峰宛若一位风姿绰约的少女，令人想起撒尼人的美丽传说，吸引无数游人穿上民族服装与她合影留念。此外，云南石林与贵州荔波、重庆武隆共同组成的“中国南方喀斯特”申报世界自然遗产成功，在2007年第31届世界遗产大会上获全票通过。

6）九乡溶洞群

九乡风景名胜区位于昆明至石林的黄金旅游线上，景区内青翠阴郁的林木与碧水飞瀑、苍岩奇洞相映成趣，是一处融洞外自然风光、人文景观、民俗风情为一体的大型综合性风景区。南盘江支流麦田河纵贯全区，河床比降大，河谷深切，多V字形谷壁，侵蚀、溶蚀现象十分强烈。九乡共有大小溶洞90余个，是云南省规模最大、数量最多的洞穴群落体系。这些溶洞或俯居于河畔，或隐蔽于山腰，或藏觅于地下，景象奇特，令人叫绝，暗河中有盲鱼，旧石器时期穴居遗迹尚存，具有很高的美学观赏和科普科教价值，被誉为“溶洞博物馆”。泛舟暗河溶洞，瀑布溅流，两壁峭立，峡谷水翠天青，让人们领略大自然的静谧与神韵。目前已开发的主要有九乡叠虹桥景区，含卧龙洞、神女宫、白象洞和荫翠峡四大景点。

昆明市及其附近还有翠湖、金殿、筇竹寺、黑龙潭、安宁温泉等胜景。

昆明市为什么有“春城”之称？

答：从纬度看，昆明属低纬（北纬25°）地区，冬季不冷；从海拔看，昆明位于云贵高原，夏季凉爽，故有“春城”之称。

小思考9-2

观念应用9-1

如何策划旅游活动

昆明的旅游资源丰富多彩，既有典型的岩溶地貌景观，又有众多的名胜古迹，同时拥有世界一流的园艺博览园。现在有一学生夏令营欲赴昆明（在昆明停留三天），请帮助策划旅游活动。

[分析提示]

根据旅游对象与停留时间安排“三日游”。第一天世博园；第二天大观楼—滇池—西山；第三天石林、九乡。

9.3 旅游线路与旅游活动

9.3.1 贵州旅游线路与旅游活动

贵州是旅游资源大省，岩溶风景和民俗风情交融，景点遍布全省东西南北。最佳线路是以贵阳为中心，向四周辐射。

1）织金洞和龙宫

织金洞（原名打鸡洞）位于织金县东北约20千米处，这是一个多层次、多阶段、多类别、多形态的具有完整岩溶系统的溶洞，其特征可概括为“大、奇、全”，名列中国最美的六大旅游洞穴榜首。目前已探明的织金洞总长度为21.1千米，由分为4层的5个支洞组成，洞内总面积70多万平方米（远超过天安门广场44万平方米），洞体一般高度60~100米，最高处约150米，相当于50层的高楼。洞内有宏伟的12个大厅和47个厅堂，其中面积超过1万平方米的有5个，最大的一个名曰“十万大山”，达7万多平方米，相当于10个足球场，目前未向游人开放。碳酸钙堆积物种类多达40余种，囊括了当今世界溶洞的各种形态类别。洞内钟乳石具有多种自然色彩，组成四季景色。如冬厅（也称广寒宫）到处是洁白的碳酸钙结晶，寒气袭人，其亭亭玉立的“银雨树”与“霸王盔”是“镇洞之宝”、石笋精华，在国际洞穴中也是独一无二的稀世珍品；春厅晶体质地复杂，泛出绿彩，像片片秧苗，真是绝品。它是气势磅礴与仪态万方的完美结合，游人置身其中，常常产生梦幻般的感觉，对自然的敬畏也油然而生。织金洞既是一座地下艺术宝库，又是一座“岩溶博物馆”，堪称世界岩溶奇观。

龙宫位于安顺市西南，是以溶洞暗河为主的岩溶风景区，其特点是以暗河为主体，交替串联了明湖、溪流、石林、旱洞、瀑布和田园村寨，地上景与地下景、洞中景与洞外景相互呼应。景点分布成片、成串，奇特景象交替出现，风景资源类型多，乃国内罕见。

2）㵲阳河

㵲阳河位于黔东的镇远、施秉两县境内，沿河层峦叠嶂、景色各异。西段是高坝平湖，沿河有观音洞、老洞等6个景区；东段山高峡窄，由诸葛、龙王峡和西峡组成的小三峡以风光奇特著称。镇远城东的中和山三面临河、绝壁千尺，山上有万寿宫、玉皇殿、望星楼等明清建筑群，从峡中仰望，似粘壁悬空，壮丽异常。山南青龙洞历史悠久，号称“黔东第一洞天”。㵲阳河下游高碑寨景色幽秀。

3）马岭河

马岭河风景区位于黔西南兴义市境内。马岭河是南盘江北岸重要支流，发源于乌蒙山脉。从北部河源至南面河口的100千米流程内落差近千米。水流湍急，下切能力强，在兴义城东石灰岩高原上切出一条狭窄幽深的峡谷。两岸众多的支流下切速度滞后于主流，形成条条瀑布悬挂在峡谷两壁上。瀑布跌水过程中，碳酸钙析出附着在岩壁上，形成规模宏大的钙华瀑。在瀑布区下游的峡谷两岸有大面积的石灰岩峰林，达

200平方千米，称为万峰林。万峰林与马岭河同称双绝。

4）荔波樟江

地处黔南的荔波樟江风景名胜区和附近的茂兰自然保护区是地球上同纬度罕见的岩溶原生性森林生态系统，保存着2万多公顷的裸露型岩溶森林，物种资源丰富、水文地质地貌奇特，为世界各国科学家所瞩目。樟江风景名胜区由大七孔、小七孔和水春河三个景区组成。大七孔以一座大七孔古桥而得名，景区内分布着原始森林、峡谷、伏流、地下湖等。小七孔因一座小七孔石桥而得名，是一处融山水、林、洞、瀑为一体的天然原始景区。水春河峡谷在樟江上游，险峰对峙，浓荫蔽日。

此外，贵州毕节方圆250平方千米的百里杜鹃风景区是迄今为止中国面积最大的原生杜鹃林，每年3月底至4月下旬，漫山遍野的马缨杜鹃、露珠杜鹃、繁花杜鹃，姹紫嫣红，宛如一个巨大花盆点缀着群山起伏的贵州高原，近几年游人如织。

5）赤水

黔北的赤水风景名胜区，有“千瀑之乡、楠竹之乡、桫椤王国”之誉。区内大小河溪、瀑布众多，其中十丈洞瀑布无论瀑布规模还是周围环境皆优于黄果树瀑布。山上森林密布，植被覆盖率达90%以上，其中楠竹约18 000公顷。桫椤树是2亿年前曾在地球上盛极一时的高大植物，目前已濒灭绝，因此被科学家誉为“活化石”，但本区桫椤生长范围广、密度大，高大粗壮、郁郁葱葱。此外，还有以红军四渡赤水、酒乡文化为主体的人文景观。

9.3.2　广西旅游线路与旅游活动

广西的旅游资源多汇集于桂林、柳州、南宁、北海一线，包括国家级风景名胜区桂林漓江、桂平西山和花山等。这是一条以山奇水秀、洞幽石美而著称的旅游线。

1）南宁

南宁简称邕，地跨邕江，是一座“草经冬而不枯，花非春仍奔放”的美丽城市。市内路旁尽植亚热带花木，园林环境幽雅，亚热带风光浓郁，市内及附近的名胜主要有南湖公园、博物馆、药用植物园、伊岭岩和灵水、扬美古镇等。

（1）药用植物园

药用植物园创建于1959年，占地240公顷，至今已引种栽培2 500多种药用植物，是亚洲面积最大、种植药用品种最多的专业性药用植物园，比李时珍《本草纲目》记载的植物药种还多600多种，被誉为立体的“本草纲目”。其丰富的科学内容与文化内涵使它成为理想的教学与科研基地，现已是广西和南宁市旅游的新热点。

（2）伊岭岩

伊岭岩在南宁市北约21千米处，是一处多层天然洞穴景观。面积约2.4万平方米、游程1 100米，是我国著名的游览溶洞之一。洞景幽幻，钟乳石、石笋、石柱、石花等千姿百态，构成一幅幅玲珑奇伟的景象。最为壮观的是“海底奇观”，如入龙宫仙境。

（3）灵水

灵水在伊岭岩西北，距市区约46千米，是一个天然的泉水潭。水面5 000多平方米，水从潭底石缝涌出，由九股清泉汇集而成。灵水清澈透底，水温恒定，故名“灵水”。

2）柳州

柳州位于广西中部，又称龙城。四周群山环抱，柳江穿城而过，堪称山清水秀岩洞奇。唐宋以来即为游览胜地，主要风景名胜有鱼峰山、柳侯祠、都乐岩。

（1）鱼峰山

鱼峰山位于市南区，高88米，山小而高，形如立鱼，故又名“立鱼峰”或“石鱼山”。山上树木葱茏、四季常青，亭台楼阁，适布其间，有翠松亭、冠山亭、观美阁等古建筑。山腰有清凉园、盘古洞等七个岩洞，且彼此贯连相通，人称“灵通七窍”。洞内石钟乳千奇百怪，并有元、明、清以来的摩崖石刻50多处。相传，鱼峰山是刘三姐传歌升天的地方，至今仍有三姐岩、对歌坪等遗址。

（2）柳侯祠

柳侯祠位于柳侯公园内，是为纪念唐代思想家、文学家柳宗元而建的。祠内陈列着有关柳宗元的史料、图表、诗文和碑刻。诗文有100多篇，全为柳宗元在柳州所写。碑刻中有块“荔子碑”，刻有韩愈的诗篇，是苏东坡的书法，内容为柳宗元生平事迹，因而被后人誉为《韩诗苏书柳事碑》，又称“三绝碑”。

（3）都乐岩

都乐岩在柳州市南12千米处，有盘龙洞、通天洞、云水洞等岩溶地貌景观，洞与洞间隔50~300米，洞内石钟乳、石笋、石幔和石花等组成各种奇观。

3）桂平西山

桂平西山又名思灵山，位于桂平城西。从南朝梁设桂平郡治于西山起逐渐成为游览胜地。山上古树参天、清泉甘洌、石径曲幽。有孝公祠、洗石庵、龙华寺、乳泉亭、登飞阁等建筑。其中最宏伟的是清乾隆年间建造的龙华寺。乳泉亭旁泉从岩层中流出，冬不竭、夏不溢，其味清甜，泡茶香、酿酒醇，故西山茶和乳泉酒驰名国内外。登飞阁，俯瞰远眺，层峦叠嶂，苍翠浓淡，黔郁两江，双练交映，环抱城郭，浔城风光，尽收眼底。官桥秋柳、云台曲水、碧云石径、古洞仙踪、飞阁明月诸名胜，诗画妙境，引人入胜。

4）北海银滩

北海位于广西的最南端，是一座海滨城市。钦北铁路建成后，北海在广西的经济地位和旅游地位日渐提高。银滩是北海最著名的旅游区，位于市南部海滨，是一片绵延数十千米的美丽海滩，因沙滩呈银白色而得名。这里滩平沙软，海水清澈，水温适中，常年可以进行海水浴和日光浴，是旅游观光、度假、休闲、康体、避寒、购物、游乐、品海味美食的综合旅游胜地。附近的合浦，是我国最大的珍珠产地，所产南珠是世界名珠。

5）程阳风雨桥

程阳风雨桥位于三江侗族自治县城北，又称永济桥，建于1916年，全长76米，宽3.4米，为一座石墩木面桥。桥上建有五座楼阁，接连构成一条长廊式走道桥面，走道两侧设有长凳，供行人避雨和休息。楼阁和廊檐都雕刻有精美的侗族图案。整座桥用大木凿榫接合，大小木条斜穿直套、纵横交错、结构精密、形式优美，壮观实用。风雨桥是侗族文化在建筑艺术上的结晶，风格独特，技艺高超，独树一帜。

小知识9-2

中国第49项世界遗产——左江花山岩画

“花山”壮语称“岜莱”，意为有画的山。在崇左市，凡被称为“花山”者，崖壁上均绘有岩画。左江花山岩画文化景观位于广西壮族自治区崇左市宁明县、龙州县、江州区及扶绥县境内，由岩画密集分布、最具代表性的3个文化景观区域组成，包含38个岩画点（共109处岩画，4 050个图像），岩画所在的山体和对面的台地，以及约105千米左江、明江河段，面积总计6 621.6公顷。其中，以宁明县花山岩画单位面积最大、画面最集中、内容最丰富。宁明县花山岩画整个崖壁面向江边倾斜，相对水面高度270米，岩画最高处距江面90余米，最低处也有10米，总面积8 000多平方米，是世界上单幅面积最大的涂绘类岩画。

左江花山岩画画面多为众多的侧身人像围绕着一个形象高大、装束特殊的正身人像，表现的是一种受着某种观念强烈制约的形式固定化了的集体舞蹈，是当时人们举行原始宗教祭祀时集体歌舞的场面。其高度统一的“蹲式人形”图像表达方式、险峻的作画位置、神秘的原始宗教色彩、历久弥新的作画颜料等等，都充分展现了古骆越人的聪明才智，反映了他们的社会生活和精神面貌。

左江花山岩画是中国南方乃至亚洲东南部区域内规模最大、图像数量最多、分布最密集的岩画群，是世界岩画艺术的代表作之一，被称为“无字天书”“断崖上的敦煌”。

世界遗产委员会认为，左江花山岩画文化景观展示出独特的景观和岩石艺术，生动地表现出公元前5世纪至公元2世纪期间，当地古骆越人在左江沿岸一带的精神生活和社会生活，这是目前对该传统的唯一见证。左江花山岩画中的铜鼓及相关元素与当地铜鼓文化直接相关，见证了该区域广泛兴盛的文化特色。2016年7月顺利列入《世界文化遗产名录》，实现了我国岩画类世界遗产零的突破。

6）德天瀑布

德天瀑布位于广西大新县硕龙镇和越南高平省重庆县玉溪镇交界的边境线上，从德天村至硕龙镇一段以归春河为天然国界。归春河水在德天村附近浦汤岛遇断崖飞泻而下，形成德天瀑布。瀑布三级跌落，落差70余米、最大宽度200余米，年均流量50立方米/秒，被专家们评为中国最美的六大瀑布之一。20世纪末这个瀑布才被世人发现。德天瀑布美在四季变换：春天，繁花绿草把瀑布装点得绚丽多姿；夏天，激流滚滚，响声轰隆，声震河谷；秋天，那金黄色的梯田和飞流曲折的瀑布相映衬，令人酣然欲醉；冬天，碧水玉液，流水淙淙，宛如琉璃世界。周围还有被誉为“小桂林”的明仕田园风光、怪石遍布的雪平石林和水上石林、层峦叠嶂溶洞遍布的恩城山水及自然保护区、水平如镜石峰林立的乔苗平湖、鬼斧神工造型奇特的龙宫岩和中越边境53号界碑等景点。

9.3.3 云南旅游线路与旅游活动

云南位于中国西南边陲，旅游资源具有边疆、内陆、高原、多民族的特点，昆明、西双版纳、大理等地区是云南省的黄金旅游区。

1）西双版纳

西双版纳古称“勐马拉纳西”，意为美好、理想而神奇的乐土，在云南省最南部，清澈的澜沧江穿流而过。风景名胜区以景洪为中心，东至勐仑自然保护区，南及曼飞龙白塔，西至勐海南糯山、景真八角亭。西双版纳地处热带北缘，莽莽苍苍的热带雨林、品种繁多的奇花异草和多姿多彩的民族风情闻名中外，素有“植物王国”“孔雀之乡”之称。西双版纳终年常夏，高温多雨，植物资源极为丰富，仅高等植物就有4 000余种，占全国的1/7。热带雨林遮天蔽日，独木成林的巨大榕树、牵延蔓生的青藤、繁花异彩的气生兰点缀其间，令人神往。绿色宝库为野生动物提供了良好的生存环境，景区内的动物种类和数量均居全国之首，如已知的陆栖脊椎动物就有539种，占全国同类动物总数的1/4。其中以野象、绿孔雀、长臂猿等尤为珍贵，是国家重点保护的珍稀动物。西双版纳是傣族聚集区。傣族民居造型独特，竹楼由几十根柱子支撑而构成花园式的村寨。傣族信奉佛教，当地佛寺、佛塔众多，造型别致，充满傣族建筑艺术风格。著名的有曼飞龙塔、景真八角亭等。曼飞龙塔位于景洪南150千米，由高16米的主塔和8座高9米的小塔组成，为白色葫芦型塔身，塔上各种浮雕、彩绘造型优美。傣族有其独特的传统风俗，傣族的新年（傣历六月、公历4月）“泼水节”，声势浩大，民间活动丰富多彩。

2）大理

大理曾经是云南政治、经济、文化的中心，也是古代南方丝绸之路的门户。从南诏（649—902年）到大理国（937—1253年），兴盛570年，“延袤十五里”，有“东方瑞士”之美称。苍山、洱海、崇圣寺三塔以及大理古城是主要游览景点。三月街与三道茶是白族人民的传统习俗。

（1）苍山

苍山又名点苍山，共有19峰，南北排列，是著名的大理石产地。主峰马龙峰海拔4 122米，山顶终年积雪。溪水悬流飞瀑多，四季长流。苍山的云变幻多姿，有时淡如青烟，有时浓似泼墨。云、雪、峰、溪为苍山四大奇观，它与苍山之麓的洱海共同组成大理的绮丽风光。苍山的云弄峰麓有一处闻名遐迩的用大理石栏杆围护的蝴蝶泉。泉边古树每年农历四月开花，状如彩蝶，这时蝴蝶聚集泉边，形成五颜六色的“彩带”和“彩环”，最为奇特的是，有时大量的蝴蝶首尾相衔，从古树上一直垂到池面，其情其景，极为奇美。由此形成传统的每年“农历四月十五蝴蝶会”，会期游人如织，情歌四起，热闹非凡。

（2）洱海

洱海位于大理城东，因形如耳而得名。其南北长约40千米，东西平均宽约7千米，是断裂陷落而形成的构造湖。湖水碧绿，波光粼粼，与西岸苍山相辉映。人们用“苍山不墨千载画，洱海无弦万古琴”的绝句来赞美这个高原湖泊的风光。

(3) 崇圣寺三塔

崇圣寺位于大理老城西北，为唐宋时期南诏大理国皇家寺院，基方七里，规模宏大。山门前三座雄伟挺拔的砖塔，鼎足矗立于苍山、洱海之间。大塔名千寻塔，高69米多，为16层密檐式方形空心塔，建于南诏劝丰祐时期（824—859年）；南北两小塔均为八角10层密檐式空心砖塔，建于大理国时期（12世纪），高42米多。三塔布局和谐、浑然一体，是大理的标志。

(4) 大理三月街

大理三月街历史悠久。当地民谣："一年一回三月街，四面八方有人来。各族人民齐欢唱，赛马唱歌做买卖"。三月街最早形成于唐，至今已有1 300多年历史，每年大致在农历三月中旬举行。三月街盛况空前，各族人民穿着节日服装从各地赶来，大路两旁贸易布棚一字摆开，绵延数里，陈列着各类土特名产。街场上的牲畜和药材交易市场有各类优良畜种和名贵药材。与此同时，文艺团体和民间艺人还举行各种文娱活动，热闹非凡。

3）丽江古城-玉龙雪山

(1) 丽江古城

丽江古城也称大研古城。位于滇西北的丽江市，为一构造盆地，两侧山峰俊秀，城内没有规整的道路网络，但与穿城的水系密切结合形成主街傍河，小巷临水，屋后有溪，跨河筑楼，引水入院的景象。它的美流淌在古城水草飘逸的河水里，行走在古城磨滑的五花石板上，静立在千万所百年老屋的石柱边。古城建成于宋末元初，总面积3.8平方千米，是纳西族聚居地，有史以来就是区域政治及民族文教中心，是滇藏、中印贸易的枢纽，是纳西族历史文化的载体。该城于1997年被纳入《世界文化遗产名录》。纳西族人民创造了奇异的东巴文化，至今仍保存有大量的用东巴文写成的宗教、文化、科技文献。古城内主要游览点有丽江木府、四方街、黑龙潭等。

(2) 玉龙雪山

玉龙雪山位于丽江西北约10千米处，是横断山脉中段著名雪山，主峰扇子陡海拔5 596米，另有十二座山峰如擎天玉柱并列在金沙江东侧。山地上部终年积雪，宛如晶莹玉龙横卧山巅。自然景观垂直变化显著，登山地雪松村山麓是天然草场，牛羊成群。随着海拔增高，依次出现松林带、云杉和冷杉林带、高山杜鹃灌丛带、垫状植被流石滩。4 500米以上出现地形雪线，局部地方积雪终年不化。5 000米以上为皑皑白雪终年覆盖，现代冰川发育，是中国最南端的现代海洋性冰川。玉龙雪山不仅自然景观美，且在科研上占有重要地位。现在，游人可乘坐索道至云杉坪、牦牛坪及扇子陡正下方（海拔4 000米），一览雪域世界的神奇与美丽。

4）三江并流

三江并流于2003年列入《世界自然遗产名录》。它是指高黎贡山与怒山之间的怒江、怒山与大雪山之间的澜沧江、大雪山与雪山之间的金沙江，从而形成两山之间必有　水，两水之间必有一山的景观。三江本来都向南流，后来因四川盆地下降，长江向源侵蚀加强，终于切穿了长江与金沙江之间的分水岭，并把金沙江抢夺过来，成为长江的源流。三江并流，山高谷深，气势磅礴，巍峨壮观，水流湍急，声震山谷，扣人心弦。对峙两岸的山峰高耸入云，山坡上的田野、村寨和溪流犹如悬挂在高墙上的壁画，使人深感横断山景观奇特的天然美。当地为藏、纳西、傈僳等少数民族聚居地，民风民俗丰富多彩。

5）瑞丽江-大盈江

瑞丽江-大盈江位于滇西德宏州境内，与缅甸接壤。区内江水荡漾，白鹭、野鸭群飞。江两岸深岩千姿百态，树葱竹翠，缅寺古塔众多。本区珍稀濒危动植物较多，有国家一二级保护动物长臂猿、绿孔雀等40多种，有濒危植物十几种，有些地方保持着原始生态群落。峡谷、瀑布、熔岩、溶洞壮观，温泉分布广泛。瑞丽江畔傣寨错落，风景迷人，被誉为“天然农村公园”，景区内主要景点有腾冲地热火山群、南方丝绸之路蜀身毒道故地、榕树王、三仙洞等。还有几处对外开放的口岸，异国情调奇特。

腾冲火山群是中国三大火山群之一，火山群分布在县城周围，是我国保存最完好的新生代死火山。火山锥、火山口湖典型，火山地貌奇特。这里各种地热类型齐全，有温泉、热泉、高温沸泉（大滚锅）、热气泉、毒气泉、喷泉、低温碳酸泉、水热爆炸泉和热瀑布等七八十处，素有“地热之乡”之称。腾冲火山群对研究我国的火山活动意义重大，现开辟为“腾冲火山地质公园”“热海游览区”。县城周边“和顺侨乡”有建于1924年最大的乡村图书馆、中国哲学家艾思奇的故乡等景点。

6）建水

建水风景名胜区位于建水县，面积115.5平方千米，由古城、燕子洞、地下洞、地下岩溶和焕文江、红河民族风情等景区组成。该区人文景观丰富、自然景观奇特，类型多样，被誉为“滇南邹鲁”“云南名邦”。区内有以文庙、指林寺、双龙桥、文笔塔为代表的元、明、清各代古建筑；有以宋家花园、哈尼草房、彝族古学房为代表的特色鲜明的各族民居；有以古洞奇观、百万羽燕巢居、钟乳悬匾、采燕窝绝技而著称的燕子洞；有明代旅行家徐霞客慕之数十年足履其间的岩洞；有以朱德故居为代表的革命遗址纪念地；有奇异多彩的云海和气势磅礴的红河峡谷景观。林林总总，五彩缤纷，均有很高的旅游价值。

小知识9-3

云南经典旅游线路

（1）西北线：昆明起点—大理—丽江—香格里拉—稻城（12日游）

（2）西南线：昆明起点—普洱—西双版纳（5日游）

（3）东南线：昆明起点—石林—阿庐古洞—普者黑（3日游）

本区主要风景名胜见图9-1。

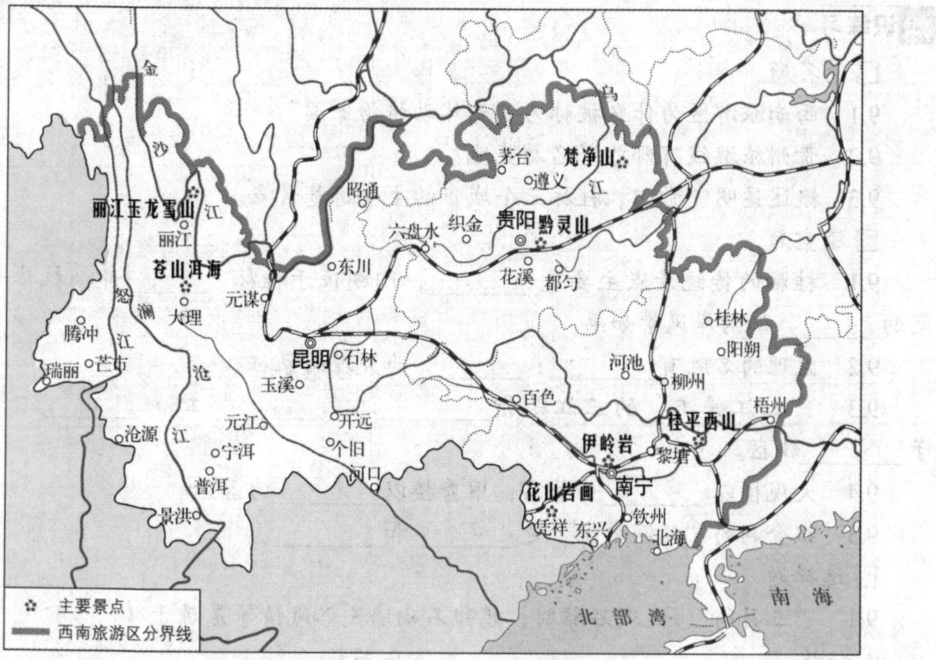

图9-1　西南旅游区主要风景名胜简图

本章小结

西南旅游区地形复杂多变，高低相差悬殊，使本区旅游资源具有多样性。横断山地山高谷深，有许多雪山冰峰和深切峡谷，是我国景观独特的地理单元之一。云贵高原崎岖不平，云南高原呈丘原，贵州高原为山原，碳酸盐类岩石分布广泛。气候普遍温暖湿润，受海拔的影响，大部分地区夏季较凉爽，四季皆宜旅游。

岩溶、生物、民族风情是本区重要旅游资源。这里是我国岩溶地貌发育最典型的地区，分布区域广泛，类型齐全，景观品位高，是本区最突出也最具特色的旅游资源。区内生物种属纷繁，植物和动物种类都居全国首位，且有许多珍稀品种，具有很高的经济价值和观赏价值。本区是我国少数民族最集中的地区。云南民族构成最复杂，除汉族外，彝族、白族、哈尼族、傣族和壮族人口最多。广西以壮族为主，壮族人口约占全区人口1/3。贵州是苗族的主要分布区。

昆明和桂林是闻名中外的旅游城市。桂林山水是广西旅游线的精华，知名度很高。桂林漓江一线是世界上规模最大、风景最美的岩溶景观游览区。贵州省70%以上是岩溶地区，“山、水、洞”是贵州旅游线自然景观中的“三奇”。黄果树瀑布是我国最大的瀑布。文物古迹与民俗风情紧密结合，构成人文景观的特色。云南旅游线自然条件差异大，景观类型多样。溶洞石林、高原湖泊、热带风光、高山峡谷、江河温泉、民族风情，景色各异。

主要概念与词语

□ 主要概念

滇池　西双版纳

□ 主要词语

云南石林　织金洞　丽江古城　三江并流

知识练习

□ 简答题

9.1　西南旅游区为什么被称为“天然动植物王国”？

9.2　贵州旅游线有哪些著名游览地？

9.3　概述昆明、贵阳、桂林三个城市的主要游览景点。

□ 填空题

9.1　桂林的传统景点主要是________，阳朔位于桂林________部，桂林—阳朔间的________江两岸风景如画。

9.2　大理的名胜有________；________为大理的象征。

9.3　“三江并流”的三江是指________江、________江和________江，均位于________山区。

9.4　大观楼以________为著名，甲秀楼以________为著名。

9.5　织金洞的“镇洞之宝”是________和________。

□ 选择题

9.1　“三月街”、大理石雕刻、鹅卵石砌墙民俗风情等是属于（　　）。

A.壮族

B.苗族

C.傣族

D.白族

9.2　花山岩画、程阳风雨桥旅游景点位于（　　）。

A.广西旅游线

B.云南旅游线

C.贵阳旅游线

D.桂林旅游线

9.3　最能体现纳西族风格和东巴文化的地区是（　　）。

A.南诏大理国

B.泸沽湖

C.丽江古城

D.香格里拉

技能训练

9.1　应用学过的知识，试设计昆明市区二日游和三日游的旅游线路。

9.2　读图：在地图中找出本区的历史文化名城、国家重点风景名胜和主要旅游城市。

观念应用

□ 分析题

9.1　试分析西南旅游区自然条件对旅游业的影响。

9.2　西南旅游区旅游资源的主要特征是什么？

9.3　西南旅游区有哪些重要的旅游线路？各线路有哪些著名的风景名胜区？

□ 实训题

9.1　结合学过的知识以及其他资料，试做广西旅游热点游程安排。

9.2　为本区定义区域形象，提出旅游功能，设计游览项目。

□ 综合案例

哈尼村落——万千明镜映炊烟

云南红河县、元阳县是哈尼族人民的主要居住地。在这绵延起伏、山高谷深的哀牢群山中，无数座高达上百级的“田山”从山脚顺着坡势层层叠叠，直通茫茫云海，规模宏大、气势磅礴，蔚为壮观。这就是蜚声海内外的哈尼（也称元阳）梯田，其落差达2 000多米。千百年来，哈尼族人用自己的勤劳与智慧，在哀牢山上，绘出了一幅世界上最美的田园图画，它是哈尼族人民与哀牢山大自然相融的天人合一的创造。而哈尼族村寨就坐落在这美丽的田园之中，宁静而祥和，如同仙境。为此，红河哈尼梯田文化景观于2013年6月被列入《世界文化遗产名录》。

黎平肇兴侗寨——白云生处有人家

贵州黎平的肇兴侗寨是黔东南侗族地区最大的侗族村寨之一，占地18万平方米，居民1 100余户、6 000多人，号称“黎平第一侗寨”。这里四面环山，寨子建于山中盆地，一条小河穿寨而过。寨中房屋为干栏式吊脚楼，鳞次栉比、错落有致，全部用杉木建造，硬山顶覆小青瓦，古朴实用，还有戏楼、歌坪、古仓等建筑，布局紧凑、别具一格。鼓楼是肇兴侗寨的一大特色，有五座春笋般的鼓楼耸立于寨中，恰如5朵荷花，分布在仁、义、礼、智、信五个自然寨。它是全寨人集会议事、处理寨中重大事情的地方，也是寨上举行重大节日或歌会、芦笙会等文娱活动的场所。侗族人祖祖辈辈生活在这里，青山绿水和侗族人勤劳的身影相互辉映，在古老的贵州大地显示出诱人的魅力。

根据以上资料回答：

（1）描述两处村落的地理位置。

（2）旅游资源有何特色，它们属于哪类旅游资源？

（3）它们为什么被列入“中国最美的六大乡村古镇”之一？

（4）上网查找世界遗产委员会对“红河哈尼梯田文化景观”的描述与评价。

第10章 西北旅游区

■ 学习目标

10.1 概述

10.2 重点旅游城市

10.3 旅游线路与旅游活动

■ 本章小结

■ 主要概念与词语

■ 知识练习

■ 技能训练

■ 观念应用

学习目标

知识目标：了解西北旅游区地理环境特点以及对旅游业的影响，熟悉区内重点旅游城市及主要旅游线路，掌握本区旅游资源的特征。

技能目标：掌握本区主要旅游胜地的地理分布和特点，并能够把主要旅游胜地填在空白地图上。

能力目标：根据本区特有的地理环境和旅游资源特征，学会初步设计旅游路线。

引例：　　　　　　　　丝绸之路——点亮东方和西方

早在19世纪末期，德国地理学家、东方学家李希霍芬就使用一个特殊的取景框将至少三千年的人类文明的大交流定格下来，这个截取漫漫历史长河的框子就是“丝绸之路”。丝绸之路这个学术名称将人类历史上牵涉几大文明、多个人种的特殊的人文区域和文化系统规整到一起，成为一门包括地理学、人类学、宗教学、民族学、中亚学、中西交流学、贸易学的综合学科。丝绸之路这个浪漫的名字一经出现，人们发现再也没有任何一种定义能够如此出神入化地描述和概括人类三千年的交流史。

2014年第38届世界遗产大会宣布，中哈吉三国联合申报的古丝绸之路的东段——“丝绸之路：长安—天山廊道的路网”成功申报世界文化遗产，成为首例跨国合作、成功申遗的项目。

那么曾经鼎盛繁荣的丝绸之路今何在？本章将带领同学们从“丝路”的起点长安（西安）出发，沿着“丝路”做一趟旅游，同学们要思考如何保护古代文明、如何处理好发展与环境保护的关系。

西北旅游区包括陕、甘、宁、新四省区，总面积约236.3万平方千米。民族构成复杂，除汉族外，还有维吾尔、哈萨克、回、乌孜别克等少数民族，是我国民族成分较多的地区之一。本区历史上长期为东西方经济文化交往的纽带，是陆地丝绸之路的必经之地，也是现代“一带一路”的重地。

10.1　概述

10.1.1　旅游地理环境概况

1）排列有序的地貌结构

本区地处我国地势的第二级阶梯面上，大地貌排列广阔、有序、雄伟。新疆地貌呈“三山夹两盆”的态势，由北向南依次为阿尔泰山、准噶尔盆地、天山、塔里木盆地、昆仑山。甘肃河西走廊两侧分布着祁连山和北山，使其成为世界上最长的走廊式峡谷。本区东部黄土高原盘踞大部地区，向南依次有渭河谷地和秦岭。

阿尔泰山海拔一般在3 000米以上，有现代冰川。山地植被垂直分布显著，为新疆主要牧场之一。天山横亘新疆中部，由数列东西走向的平行山脉和众多的断陷盆地组成，海拔一般超过4 000米，高峰终年积雪。塔里木盆地、准噶尔盆地和河西走廊内部戈壁流沙千里，盆地边缘的山麓地带有肥沃的绿洲，历史上许多古城沿山麓分布，连成古代丝绸之路。

黄土高原绵延范围很广，黄土地貌典型。高原南部的关中地区为一断层陷落地带，这里地势低平，土壤肥沃，物产富饶，号称“八百里秦川”，很早即成为人类生产、生活的重要场所，历史名城，古迹遍布。秦岭为东西走向古老褶皱断层山脉，多花岗岩高峰，如华山、太白山等，巍峨险峻，成为我国名山。秦岭是我国南北差异重要的地理分界线，山脉两侧有着迥然不同的自然景观和人文景观。

2）典型的温带大陆性干燥气候

本区地处我国西北内陆，除渭河流域、秦岭以南汉中盆地分属半湿润气候和湿润气候类型外，其他大部分地区为温带大陆性干旱、半干旱气候。其特点是冬寒夏热、干燥少雨、热量丰富、光照充足、气温变化剧烈，多大风。受自然条件的影响，区内地域分异性强。高山上部终年积雪，有现代冰川分布，是绿洲存在的主要条件。水分条件好的山地，草场资源丰富，有原始森林。内陆盆地则形成荒漠景观。同属山间盆地，伊犁谷地山清水秀如塞上江南；吐鲁番盆地则以干热著称，号称“火洲”。景观的地域差异增添了旅游魅力。

3）铁路、公路并举的旅游交通

本区土地辽阔，地形复杂，过去交通十分闭塞。新中国成立后，本区是国家铁路建设的重点地区之一，如今已形成了以兰州、西安和乌鲁木齐为枢纽，铁路、公路、航空并举的交通运输网。铁路是本区交通运输网的骨干，京兰、青银、陆桥高铁不仅沟通了本区与东部地区,同时联结了区内重点旅游城市,对开发区内旅游资源起到了重要作用。本区公路运输占有重要地位，全区所有的市县和90%以上的乡镇已通公路,区内很多旅游热点也主要依靠公路联结，这是本区旅游交通的主要特色。2017年通车的京新高速公路G7横穿本区，为旅游锦上添花。

4）以瓜果为主的土特名产

本区以盛产温带瓜果著称，温带瓜果是主要旅游资源之一。干旱、半干旱大陆性气候，极有利于瓜果的生长。由于云量少、光照强，气温日较差大，植物体内糖分积累多，所产瓜果特别甜。每年夏季是本区旅游的最佳季节。新疆的瓜果非常著名，如鄯善的哈密瓜、吐鲁番无核白葡萄、库尔勒香梨、叶城大籽石榴、阿图什无花果、库车白杏和伊犁的苹果等都闻名全国。甘肃名特产品首推兰州白兰瓜，还有冬果梨、西瓜等。陕西是全国第二大的苹果产地，秦岭山区的中华猕猴桃远近闻名。此外，本区传统民族工艺品、中药材以及其他土特产也很丰富，如和田地毯和宁夏红黄蓝白黑“五宝”，酒泉夜光杯等。

小思考10-1

什么是绿洲？干旱盆地的环状结构对旅游活动有什么影响？

答：荒漠中水源丰富可供灌溉、土壤肥沃的地方为绿洲。绿洲呈带状、点状分布。干旱盆地从边缘到内部，依次为绿洲、戈壁、沙漠，呈现环状结构。旅游活动主要发生在盆地边缘，内部主要为探险和科考活动。

10.1.2　旅游资源特征

1）丝绸之路历史悠久、文物古迹珍贵丰富

早在4 000多年前，中国古人就掌握了养蚕、缫丝技术，到了汉代，织锦和刺绣已达到很高的水平。随着生产水平的提高和商品交换的广泛发展，中国人把绚丽多彩的丝织品及其他商品传至西方，其中时间最长、影响最大的一条路线就是由长安出发，经渭河流域、河西走廊、新疆、帕米尔到中亚、西亚、欧洲、北非的路线。沿着这条路线，西方的技术和产品又传进中国。在中西方的商品技术交流中，由于丝绸贸易额巨大，曾引起西方世界的轰动，因此，19世纪德国地质地理学家李希霍芬首先称之为**“丝绸之路”**。

随着丝绸之路的开辟和繁荣，沿途许多地方得到开发，曾盛极一时，并留下了数量巨大、种类丰富的历史遗物和遗迹，有着很高的历史价值和艺术价值。在军事设施方面，以明代嘉峪关、汉代阳关、玉门关、秦长城遗址最为著名。宗教方面，石窟艺术占有突出地位，著名的有敦煌莫高窟、麦积山石窟、炳灵寺石窟、榆林窟、文殊山石窟和克孜尔千佛洞等。丝路沿途还遍布古墓，每年都有惊人的珍贵文物出土。渭河流域集古陵墓之大成，黄帝、秦、汉、唐陵均分布于此。古丝绸之路上曾有过众多的“小国”，由于自然条件变化以及疾病、战争等原因，许多赫赫有名的城池已变为废墟，如楼兰古城遗址、高昌古城、交河古城等，古颜残容，任人遐想。

2）奇异的风沙地貌

本区是我国沙漠集中分布的地区，风力强大成为塑造地表的主要作用力。在风力作用下，风沙地貌发育典型，一些地区受多种特定自然条件影响，形成自然奇观。2005年《中国国家地理》评出的“中国最美五大沙漠”中，除了巴丹吉林沙漠在内蒙古以外，其余四个（塔克拉玛干沙漠、古尔班通古特沙漠、鸣沙山月牙泉、沙坡头）均在本区。风蚀地貌以准噶尔盆地西北边缘的乌尔禾“风城”最为驰名，这里地处大风口，强劲风力夹带着砂粒对乌尔禾高地的砂页岩不断雕刻，地层被侵蚀磨蚀成直立的高达几十米乃至上百米的石蘑菇、石柱、石兽、石亭与石堡等形似城堡的地貌，故又称“魔鬼城”。风积地貌主要为沙丘，连绵的沙丘构成波涛起伏、浩瀚无垠的茫茫沙海。响沙是沙漠地区有趣的自然现象，人从大沙丘顶下滑，沙随人体颓落，发出不同的响声。高温季节，沙面温度高达70℃左右，灼热的沙粒被人带动，会发出响声。如果是含有石英和云母的变质岩，风化后形成的沙粒就粗大且硬，猛烈移动或受摩擦时，还会发出雷鸣般的响声。敦煌的鸣沙山就属于后一种。

3）民族风情绚丽多姿

本区是我国少数民族聚居的地区，有维吾尔、哈萨克、蒙古、回、满等40余个民族，各民族有着悠久的历史和独特古老的文化，民俗活动异彩纷呈、民族风情多姿多彩。新疆的主体民族是维吾尔族，占总人口的40%以上，此外人口相对较多的还有12个民族。各民族以能歌善舞著称，在服饰、饮食、民居、交往、婚丧、节庆、禁忌等方面都有鲜明的民族特色。宁夏是我国回族聚居区，回族是信仰伊斯兰教的民族，因此，宁夏伊斯兰教文化特征十分典型，清真寺风格独特，清真饭店、清真小吃比比皆是，人们的意识形态、生活方式以及民族传统，处处体现着伊斯兰教的伦理要求，展示出中国穆斯林的风情画卷。甘肃南部地区是藏、回、东乡、保安、撒拉等少数民族的聚居地，这里的宗教民俗活动丰富多样，独特隆重，令人叹为观止。规模庞大的“花儿会”在世界民俗风情中也占有一席之地。

根据西北旅游区旅游资源特点，西北旅游区旅游活动的表现形式有哪些？

答：丝路探险、古国觅踪、体验大漠风情、品尝特色瓜果。

小思考10-2

10.2 重点旅游城市

10.2.1 西安市

西安市位于陕西关中平原中部，古称长安，是我国七大古都之一。从公元前11世纪起，先后有13个王朝在西安及其附近建都，历时千余年，有近百个帝王在这里度过了他们的宫廷生活，为中国城池之最，在世界名城中亦属罕见。西安凝聚了中国千年的历史血脉，名胜古迹珍贵而丰富，著名的有西安城墙、蓝田猿人遗址、半坡村遗址、骊山华清池、秦始皇陵等。

1）西安城墙

进入西安，当为历史的源头；了解中国，当自西安城门始。城墙是自然伴随城市而诞生的，成为古代城市的显著标志，西安城墙也不例外。现在我们看到的西安城墙可追溯到公元六世纪的隋代。城墙在长达1 400多年中，拆拆建建，见证了古城的兴衰。20世纪末西安古城改造时，先后恢复了“朱雀门”（此门为唐时城市中轴线）、建国门、端履门、小北门、玉祥门与朝阳门等，同时在城墙根下建起了环城公园。人们站在城墙上可以强烈感受到现代勃勃生机的城市与古代建筑的自然契合。

2）钟鼓楼

钟鼓楼为西安市象征性建筑。钟楼坐落在西安市四条大街的十字中心，初建于明洪武年间。钟楼呈正方形，由基座和楼体两部分组成。基座由青砖砌筑，高8.6米、宽35.5米，四门正中有高大券门相通。楼体为重檐复层四角攒尖顶木质结构，边长23米，高26米，每层斗拱装饰，形式优美。钟楼西150米是鼓楼，与钟楼对峙，呈长方形，通高33米，楼体结构与钟楼相当。

3）大雁塔和小雁塔

大雁塔在西安市南隅的慈恩寺内，是唐三藏法师玄奘为保存从印度带回的经典和佛像而建造的藏经塔，创建于唐永徽三年（652年）。初建为砖表土心五层方形。长安年间，纯用青砖改修成方形楼阁式的七层，登塔盘梯改为盘道。大历年间又改建为十层。后经战火破坏，剩下七层。明代又在外表加砖予以保护，即为今日的大雁塔。今塔高64米，底边各长约25米，塔身磨砖对缝，通体呈方形角锥状。塔身中砌突出的塔柱，形似开间。每层方形塔室四周，均置砖券拱门，可凭栏远眺。整个建筑高大雄伟，造型简洁美观，比例协调适度，格调庄严古朴。塔底层南门两侧嵌立唐太宗撰《大唐三藏圣教序》和唐高宗撰《大唐三藏圣教序记》碑二方，为书法家褚遂良所书，是唐代遗留于后世的名碑。塔的门楣、门框都以阴线雕刻唐代建筑图案，画面严谨、线条遒劲，是研究我国古代建筑的重要资料。

小雁塔同大雁塔交相辉映，成为古长安保留至今的显著标志。它位于西安南门外荐福寺内，其建造晚于大雁塔半个世纪，为正方形密檐式砖塔，原有15层，塔顶毁于地震，现为13层，高40多米，底边11余米。塔的首层高大，向上逐渐缩小，呈现圆和流畅的卷杀轮廓，精致美观。

4）碑林

西安碑林在西安市三学街，系宋代文庙旧址，是一座园林式大院。创建于宋元祐五年（1090年），历经元、明、清，碑石逐渐增多，形成“碑石之林”。碑林藏有碑石珍品2 300多件，以碑石精华荟萃而闻名中外，是中国最大的石碑宝库，具有极高的史学和艺术价值。第一室陈列的《开成石经》，刻有13部儒家经典全文，共114石、228面、总计60多万字，是我国现存唯一完整的石经，也是世界最大、最重的一部经典。在众多的碑刻中，荟萃了各代书法家以不同的字体和书法流派书写的碑文，其中唐代著名书法家的作品占很大比重。

5）西安回坊

西安城内西北隅，聚居着约30万回族居民，当地人习惯称那里为“回坊”。这里散布着大大小小十几座清真寺和各式各样的伊斯兰风格的角楼。街道上，许多戴着白帽、围着盖头的穆斯林男女信徒以及随处可见的阿拉伯文张贴画分外引人注目。每当华灯初放，回坊里每一条街道都是香气弥漫，食客云集。这里汇集了几百种物美价廉的西北回民风味小吃：羊肉泡馍、水盆羊肉、灌汤包子、腊羊肉、黄桂柿子饼等。这里是品尝陕西风味小吃的好去处。

6）曲江胜景

曲江位于西安市东南郊，距市中心15千米，是中国历史上久负盛名的风景园林。每年春至，杨柳新绿，莺歌燕舞，长安市民多来此游玩，历史上就成为长安城皇家、贵族、士人、百姓的赏春之地。该区自1996年起，投入114亿多元，围绕“国际化、市场化、生态化、人文化”主题，融入文化产业和旅游业，在47平方千米内打造集休闲、旅游、会展、商贸、居住为一体的我国西部文化旅游目的地。最引人注目的是2005年对外开放的“大唐芙蓉园”，它是在原唐代芙蓉园遗址以北建成的文化主题公园，占地1 000亩，其中水的面积就达300亩，优越的自然环境与理想化的设计思想几乎达到了完美的统一。如此辉煌的成就不仅是中国文化的宝贵财富，也是对世界文化的重大贡献。今日的西安人希望以此展示盛唐文化的博大气势、繁荣和尊贵。

中国的历史古迹有两大集中分布区，是哪两个地区？

答：北京和西安。

小思考10-3

10.2.2 兰州市

兰州市古称金城，有两千多年的历史，汉唐时代是古丝绸之路上一个通津要邑。黄河从市区穿过，城南北有山地对峙，山水景观壮美。兰州集丝路文化与黄河文化于一体，成为西北商贸、旅游依托中心。

1）五泉山

五泉山位于兰州城南皋兰山麓，海拔1 600多米，因山上有甘露、掬月、摸子、惠、蒙五泉而得名。相传西汉元狩三年（公元前120年），骠骑将军霍去病征西时曾驻兵于此，士卒疲竭，霍去病执鞭击地，鞭响泉涌，遂成五泉。据有关专家分析，这里的泉水可能是由兰州东部兴隆山渗漏的地下水所形成。山上拥有建筑群10余处，主要建筑有崇庆寺、千佛阁、嘛尼寺、三教洞等。五泉山自汉代开始开辟，1955年建为公园，现已成为一处层楼叠阁，林木蔽天，清泉长流，名胜和风景相映、古迹与现代化设施并重的著名游览胜地。

2）白塔山

白塔山位于兰州市内黄河北岸，因山顶有白塔而得名。海拔1 700米，是祁连山东延的余脉，山势起伏，层峦叠嶂。白塔山与黄河相距不足百米，通道狭窄，古代即在山脚下修建有金城关，是著名军事要冲。山上主要建筑有白塔寺和三台建筑群，象皮鼓、紫荆树、青铜钟被称为镇山“三宝”。白塔寺始建于元代，寺内白塔通高约17米，下面是圆形，带有早期印度佛塔特征；上面是七级八面，为中国化的阁楼形式；檐角悬挂风铃，各面均雕有佛像，是中国境内少有的过渡形式的塔。一、二、三台三大建筑群依山势而升，排列有序，上下通达，连为一体。登临殿阁，黄河九曲，尽收眼底。

3）刘家峡和炳灵寺石窟

二者均位于兰州市西临夏州的永靖县境。刘家峡水库是黄河上游大型水利工程，高峡平湖，景色秀丽。炳灵寺石窟在刘家峡水库上游西端，始凿于十六国时的西秦，以后不断营造。现存窟龛180多个、大小石雕像近700尊，泥塑82身，石雕泥塑小塔5座，各式壁画900多平方米。洞窟形式和云冈、龙门相似，但佛龛多为覆钵式的塔形，为别处少见。炳灵寺前常举行盛大的花会。

10.2.3 乌鲁木齐市

乌鲁木齐在蒙古语里为优美牧场之意，位于天山北麓草原地带，是丝绸之路北新道的必经之路，具有西部城市的独特风韵。原乌鲁木齐河将城市分为新旧两市区，两区内建筑风格、生活习俗有明显的民族特点，现引河入渠。乌市为我国最西部的首府城市，与北京有两小时的时差。为方便起见，当地多采用乌鲁木齐时间。著名游览地有天山天池、南山风景区、天山一号冰川、红山公园、燕儿窝、水磨沟、民族巴扎、陕西大寺、塔塔尔清真寺以及自治区博物馆等。

1）红山公园

红山又名虎头山，突兀雄踞在市区中心，是乌鲁木齐市的象征。它由二叠纪的紫红色砂岩构成，故名红山，海拔910米。山顶建有10.5米高的九级青灰色砖塔，为“镇龙宝塔”。经过多年建设经营，红山成为占地50多万平方米的山顶公园，修建了盘山路，还有凉亭、远眺楼等旅游设施，成为人们休闲度假的好去处。登山远眺，全市一览无余。

2）水磨沟

水磨沟在乌市东郊，距市区5千米，为一狭长山谷，长约1千米。沟中有几十处大小山泉，合流成溪，水流淙淙，终年不竭。入夏，沟外暑气逼人，沟内却清凉缕缕。严冬，沟外河流早已封冻，沟内却是热气腾腾，温泉喷涌。水磨沟的温泉富含多种元素，是硫化氢和重碳酸钠泉水，对多种病症有良好疗效，且水温稳定。经过大规模整建，如今水磨沟有小溪、温泉、凉亭、小桥、花坪、花廊、葡萄园、苹果园、桦木林、白杨林，还建有温泉疗养院和水磨沟公园，成为一处游览、疗养和避暑胜地。

3）南山风景区

南山风景区在乌市以南乌鲁木齐县境内，天山之脉喀拉乌成山北坡，距乌市70多千米，属山岳、森林、草原结构性的天然风景区，总面积119平方千米。海外人士习惯统称整个风景区为乌鲁木齐的“南山牧场”。这里雪峰插云，冰川晶莹，群山蜿蜒，危崖耸立，峡谷幽深，林木葱郁，花草满坡，泉瀑淙淙，空气清新，景色迷人。区内主要景点集中分布在前山多条纵向平行沟谷中，自西向东有西白杨沟、菊花台、东白杨沟、照壁山、庙尔沟和大西沟等风景区。西白杨沟是南山风景区风景最集中之地，这是一条海拔2 250多米的沟谷，周围群山峻峭，雪峰巍峨，山坡上云杉茂密，绿草如茵，牛羊成群，毡帐点点。沟的尽头，有一道落差40多米的瀑布，水花飞溅，甚为壮观。游览白杨沟，可登高，可骑马，可野炊，还可领略哈萨克民族的风情习俗。

小知识10-1

“马背上的民族”

哈萨克族是以游牧为主的民族，哈萨克人自小在马背上颠簸成长，被训练出高超的骑术。赛马、叼羊、姑娘追是他们最擅长和最喜爱的马术活动，每逢节庆或有贵客光临，他们就会举行这些惊险、紧张又妙趣横生的表演，所以被誉为“马背上的民族”。哈萨克人除了善骑，还酷爱唱歌。

10.3 旅游线路与旅游活动

10.3.1 关中旅游线路与旅游活动

关中旅游线以西安为中心，是我国最重要的古都皇陵旅游线。它东起潼关，西抵宝鸡，沿线古都城、古墓葬、古宫殿遗址、地下文物以及其他古文化胜迹集中而丰富，为国内外罕见。线上还有多处国家级风景名胜区，是一条人文与自然风景并茂的黄金旅游线。著名游览胜地主要有西岳华山、临潼骊山及秦始皇陵、古都西安、汉陵、唐陵、宝鸡天台山等。

1）咸阳

咸阳是古代丝绸之路的首站，离西安只有25千米。咸阳曾是我国著名的秦王朝都城，历史文物非常丰富，文化遗址及古墓葬众多，尤以秦汉及唐代遗物最多，如茂陵、昭陵、乾陵、杨贵妃墓等。因其古墓垒垒，故被誉为“天然的历史博物馆，中国的金字塔群”。历史上，秦始皇曾在咸阳境内修建有著名的阿房宫，楚项羽入关以后将宫殿付之一炬，使中华民族痛失瑰宝。

2）宝鸡

宝鸡为陕西省第二大城市，位于关中平原西端，被视为关中西部的门户。宝鸡是我国古代文化重要发源地之一，商代为周人活动区域，春秋战国时期为秦政治活动中心之一。城内有秦羽阳宫、汉陈仓故城、大散关等遗址。史载民传，这里是炎帝神农出生地。著名的文物古迹有炎帝陵、姜子牙钓鱼台、岐山周公庙、五丈原诸葛亮庙等。天台山位于宝鸡南郊，为秦岭山脉北麓。区内群峰竞秀，植被繁茂，景色优美，气候宜人，是国家重点风景名胜区。

关中地区的其他名胜在第1章已叙，在此不赘述。

小知识10-2

陕西称谓的由来

秦：陕西省的简称，因陕西在春秋战国时期为秦国地而得名。

三秦：秦朝灭亡后，项羽把秦国之地分给秦朝的三个降将，分别统治关中西部、关中东部和陕北，故陕西又称“三秦”。

关中：因位居众关之中而得名。“西有陇关，东有函谷关，南有武关，北有临晋关，西南有散关”。

10.3.2　宁夏旅游线路与旅游活动

宁夏位于“丝绸之路”上，历史上曾是东西部交通贸易的重要通道。黄河纵贯本区，孕育了古老悠久的黄河文明。早在三万年前，宁夏就已有了人类生息的痕迹。公元1038年，党项人的首领李元昊在此建立了西夏王朝，并形成了独特的西夏文化。现在宁夏已形成了“穆斯林风情、西夏历史文化、戈壁荒漠奇景、塞上江南自然景观”观光四大旅游特色，已成为引人注目的旅游胜地。

1）银川

银川是宁夏回族自治区首府，又名凤凰城，有“塞上江南”之誉。西倚贺兰山，东临黄河，为宁夏全区政治、经济、文化和交通中心。银川平原土地肥沃，物产丰富，自然条件得天独厚，地理位置十分优越，公元11世纪初是西夏国都城，唐代以后即为华北通向河西走廊的必经之地。银川旅游资源丰富，名胜古迹众多，自然风景优美。大漠金沙、黄土丘陵和水乡绿稻这些截然相反的景色，在银川巧妙融合成了“塞上江南”的绚烂景观。主要旅游景点有西夏王陵（被誉为“东方金字塔”）、沙湖和南关清真寺等。

沙湖在银川平原北部的平罗县境内，是国家首批5A级景区。其距银川42千米，总面积约80平方千米，湖泊、湿地各占1/4，半流动沙漠有12.74平方千米，人们称之为“南沙北湖”，即南部是沙山、沙漠，北部为湖。这里芦丛如画、候鸟成群、湖光沙色、风光旖旎，让人在西北感受到江南湖泊的秀色。沙湖，美在沙水相融、秀在湖苇相印，奇在鸟飞鱼跃。湖水、金沙、芦苇、飞鸟、游鱼、彩荷、远山构成了沙湖独特的西部风光，景区专设国际沙雕园，自2002年起，每年举办国际沙雕大赛，吸引了海内外著名沙雕大师前来献艺，游客络绎不绝。

2）沙坡头

世界奇迹沙坡头位于中卫市，地处腾格里沙漠东南缘，黄河北岸。因河岸边有一个宽约2 000米、高约100米的大沙漠而得名。它以雄浑的沙漠、奔腾的黄河、神奇的绿洲风光和饮誉世界的治沙成果被誉为“沙都”和“沙漠明珠”，2005年被评为中国最美的五大沙漠之一。包兰铁路建成50多年来一直畅通无阻，得益于这里的农民采取固阻结合、以固为主的环保治沙方法，拽住流沙的脚步，被联合国评为世界环保治沙500佳之一。沙坡头成为人类适应自然规律、人与沙漠和谐共处的典范。在此，游客可以骑骆驼遨游沙海、乘坐古老羊皮筏子漂游黄河，咫尺之间充分领略“大漠孤烟直，长河落日圆”的壮美景观。

3）贺兰山岩画

贺兰山岩画位于贺兰口岩画风景名胜区内，距银川市区56千米。这里山势峻峭，风景如画，山泉四季不竭。在山口内外分布着5 000多幅岩画，其中人面像岩画就有700多幅，是贺兰山岩画的集萃之地。它记录了远古人类放牧、狩猎、祭祀、争战、娱舞等生活场景，以及羊、牛、马、驼、虎、豹等多种动物图案和抽象符号，揭示了原始氏族部落自然崇拜、生殖崇拜、图腾崇拜、祖先崇拜的文化内涵，是研究中国人类文化史、宗教史、原始艺术史的文化宝库。它以其表现形式丰富、分布区域集中、文化内涵深厚、距离中心城市近而名冠世界岩画之首，吸引了大批中外游客。2006年，该景区被中国30多家都市报及网站媒体联合评选为“中国最值得外国人去的50个地方”，并获金奖。岩画区内还分布着史前人类的穴居、房址、祭坛、圈石墓及多处古建筑遗址，还有以“范家大院”为主体的古村落及众多的民俗文化遗存。在近几年的开发建设中，景区最大限度地淡化现代建筑痕迹，保护古代岩画及其原始、古朴的自然生态环境和人文环境。置身其间，我们不仅能领略到贺兰山的雄伟、大自然的秀美、古岩画的神秘，而且还陶醉于古村落、古遗址原始厚重的文化氛围中，发思古之悠情。

4）镇北堡西部影城

被誉为“中国一绝”的镇北堡西部电影城，地处银川西部镇北堡。原址是明清时代的边防要塞。1993年由著名作家张贤亮创办，至今为止，这里已拍摄过荣获国际国内大奖的《牧马人》《红高粱》《老人与狗》《大话西游》《新龙门客栈》等80多部电影电视，享有“中国电影从这里走向世界”的美誉。现保留铁匠营、酒作坊、红高粱九儿居室、月亮门、比武台、龙门客栈、塔林、大话西游牛魔王宫、都督府、酒楼、多部影视一条街等40多处著名影视片的主场景和100多处附属场景。电影海报展馆、图片道具展览厅和古代家具展览馆不仅为演员提供了最佳的表演环境，还收藏有珍贵的古董家具以供游客欣赏，让其领略中国传统家居文化的精致和美感。更有中国首创的动态图片展览厅——百花堂，其外观是藏式的土堡，内部则是由100部电视机组成的电视墙，每部电视机播放在此拍摄的不同的影片画面，让人目不暇接，充分展现影视艺术的视觉冲击力。同时，百花堂也是一座中国影视艺术家的纪念馆。新建的“展览馆”再现先人的生活、生产和游乐方式，让游客来到这里就像穿过了一条“时光隧道”，回到我们已经消失了的过去，以此唤起我们民族的记忆，从而形成无限的想象力和创新精神。新增景点“遗址廊”，采用目前国际上最先进的“可逆性”保护措施，不仅将整座遗址罩起来，使其不再遭受人为破坏和风化，而且能让人们透过玻璃长廊看到遗址原貌。游客在此不仅可以参观游览，还可利用现成的场景、服装、道具，自编自演短片，拍摄旅游纪录片、MTV等作为永久纪念，实现“来时是游客，走时成明星”的愿望。

10.3.3 河西走廊旅游线路与旅游活动

丝绸之路出渭河平原进入河西走廊，在甘肃境内蜿蜒1 600多千米，沿途有天水、兰州、武威、张掖、酒泉、嘉峪关、敦煌等名城重镇和关隘分布，撒满璀璨的文化珍宝，历史积淀十分深厚。甘肃旅游资源以文物古迹、自然风光和民俗风情三位一体，种类多，分布广，品位高。

1）天水麦积山石窟

麦积山石窟位于天水市东南约45千米的麦积山。麦积山系西秦岭山脉小陇山的一座孤峰，形似堆积的麦垛而得名。石窟始建于4世纪末叶，大多是在20~80米高的悬崖绝壁上开凿，层层相叠、密如蜂巢。各洞窟之间有栈道相连，攀援而上可达山顶。现有窟龛194个，石雕、泥塑7 000多身，壁画1 300多平方米。麦积山石窟以泥塑为其特色，塑像有两大特点：强烈的民族意识和世俗化的趋向。除早期作品外，从北魏塑像开始，几乎所有的佛像都是俯首下视的体态，都有和蔼可亲的面容，成为人们美好愿望的化身。塑像的体形和服饰，也逐渐摆脱外来艺术的影响，体现出汉民族的特点。很多洞修成别具一格的“崖阁”，是我国典型的汉式崖阁建筑。

2）平凉崆峒山

崆峒山为六盘山支脉，位于甘肃、宁夏交界处，主峰海拔2 123米，耸立于平凉市西部。崆峒山大小山峰数十座，峰奇石怪，洞窍玲珑，林木苍翠，“山川雄秀甲于关塞”。相传上古时黄帝曾问道于此，秦汉时始建庙宇，成为道教名山。鼎盛时期的崆峒山琳宫梵宇，楼台道观遍布诸峰。现存明宝塔、清太和宫等。

3）武威

武威是古丝绸之路西进河西走廊的第一重镇，文物古迹十分丰富，以文庙、雷台汉墓、天梯山石窟最为著名。文庙是一组造型瑰丽、类似皇家宫阙的建筑群。庙内碑石林立，其中以正面为西夏文、背面为汉字的西夏碑最为珍贵。在城北门外雷台下，有东汉晚期大型砖室墓一座，1969年出土文物230多件，其中铜铸器物100多件，艺术水平最高的是一匹铜奔马，一足踏着飞鸟，三足腾空，长尾高翘，昂首嘶鸣，造型新奇、别具匠心，1983年被国家旅游局定为中国旅游图形标志。城南50千米的天梯山石窟为近年所发现，距今已有1 600多年历史，它将丝绸之路甘肃境内原来中断的古石窟景点连成一条东西长廊。在城东南20千米的腾格里沙漠边缘，还建有我国第一座沙漠公园。

4）嘉峪关

嘉峪关是万里长城的西端点，位于河西走廊咽喉之地的嘉峪关山麓，南为祁连山，北是马鬃山，是古丝绸之路必经的关隘。嘉峪关关城高踞关隘之中，两侧城墙横穿戈壁与南北山相连。关城呈梯形，周长733米，墙高10米，由内城、瓮城、罗城、外城、城壕等组成，整个工程坚固雄伟，工艺精绝。登楼远望，长城游弋于茫茫戈壁滩，瀚海金波与南山积雪尽收眼底。嘉峪关附近还有黑山石刻画像，散布于悬崖陡壁之上30余处，绵延1 000米，形象生动。

5）敦煌

敦煌在兰新线柳园站西南，是戈壁沙丘包围中的一块绿洲。古人习惯以敦煌为界，敦煌以西直至地中海沿岸称为西域。丝绸之路进入新疆的三条路线，都以敦煌为出发点。这样，作为通往西域的交通枢纽和佛教东传中原的第一站，敦煌石窟便应运而生。

（1）莫高窟

莫高窟俗称千佛洞，为世界上现存规模最大的石窟，是一座由建筑、绘画和雕塑组成的佛教综合艺术宝库。莫高窟凿于鸣沙山东麓断崖上，分为五层，高低错落有致，南北长达1 600米。洞窟始凿于4世纪，现尚存各代洞窟492个，壁画45 000多平方米，塑像2 415身，唐宋木结构建筑5座。莫高窟内的塑像为泥质彩塑，塑像以位居莫高窟中心的弥勒佛最大，高达33米，而最小的仅有10厘米。佛像分为单身像和群像。窟中塑像和壁画融为一体为莫高窟的一大特色，例如佛、菩萨、弟子、天王用泥塑，而天龙八部和飞天龙女等则用壁画表现。壁画分为佛像、佛经故事、民间神怪、经变、佛教史迹、供养人像、装饰图案七大类，内容以佛本生故事、佛传故事和经变故事为主。莫高窟还是一座名副其实的文物宝库，出土了大量的经卷、文书、织绣和画像等。这些稀世珍宝形象生动地反映了中古时期人民的宗教和社会生活，表现和弘扬了历代劳动人民非凡的智慧和杰出的成就。莫高窟被誉为“丝路明珠、举世无双”。

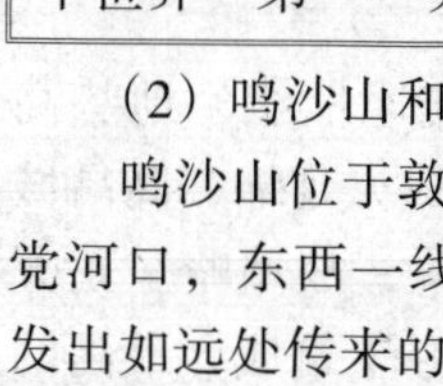

小知识10-3

敦煌的世界“第一”

在自然科学方面，发现了世界上最早的纸、最古老的书籍、最早的马具、最早星象图等；在社会科学方面，发现了世界上最早的乐谱、最早的棋经、最早的舞台演出图等。目前，敦煌文献中还有多少个世界“第一”呢？正等待着人们去发现。

（2）鸣沙山和月牙泉

鸣沙山位于敦煌城南6千米处，由细粒黄沙堆积而成。它东起莫高窟崖顶，西抵党河口，东西一线长约40多千米。沙峰起伏，游人从山顶下滑，沙砾随人体下落，发出如远处传来的悦耳鼓鸣声，是著名的沙漠奇观。鸣沙山北麓有一汪清泉，形如新月，名为月牙泉。泉在沙丘之间，历经千古，沙填不满。泉水不溢不涸，为沙漠中的奇迹。有关专家认为，月牙泉地下水补给丰富，泉水永远处于循环交替状态，故水不涸不腐。也有人认为，月牙泉原来是个风蚀湖，在特殊的地形下，周围沙丘滑落的沙子经大风又吹到沙山顶部，使泉水不为沙所掩盖。

观念应用10-1

甘肃——我国石窟艺术集中之地

我国西北地区石窟分布广泛，丝绸之路也是石窟艺术之路。甘肃是我国石窟艺术最集中地区，以至于世界上出现了敦煌学这门学科。为什么？

［分析提示］

一、我国四大石窟甘肃有两处。二、甘肃境内的古石窟从东到西构成一条长廊。

10.3.4 新疆旅游线路与旅游活动

新疆幅员辽阔，总面积达166.49万平方千米，占全国1/6以上的土地。景色宏大雄伟且地域分异性很强。多民族聚居、民俗各异，有“民族的橱窗”之称。丝绸之路分三路穿过本区：南道出阳关，沿塔克拉玛干大沙漠南缘行；北道出玉门关，在天山之南沿大沙漠北缘行；北新道沿天山北麓西行。本区旅游资源非常丰富且独具特色。

1）吐鲁番

吐鲁番西距乌鲁木齐183千米，古称高昌，为丝绸之路北道上的重镇。吐鲁番是天山中的陷落盆地，具有三项“中国之最”：在市区以南60余千米的艾丁湖，湖面低于海平面154.31米，是中国陆地最低处。由于深居内陆，气候十分干旱，是我国夏季最热的地方，同时也是我国降水量最少的地方。极端干旱的气候使千年的古城、佛窟、古墓葬和大量的地下地上文物得以保存，特殊的地理环境形成火焰山、葡萄沟、坎儿井等景观。

（1）火焰山和葡萄沟

火焰山位于吐鲁番市以东40千米，横亘于盆地中部，东西长约100千米、南北宽10千米。火焰山是由中生代红色砂岩构成的低山，山上寸草不生，在烈日骄阳下反射如火焰而得名。《西游记》描写的火焰山即以此为题材。在火焰山西侧的峡谷中有著名的葡萄沟，沟长8千米，水渠纵横、空气湿润、夏季气候凉爽宜人。沟内有6 000多亩葡萄园，所产葡萄含糖量极高，被誉为“中国绿珍珠”。这里是最富吐鲁番风情的地方。

（2）高昌故城

高昌故城位于吐鲁番市东约50千米处，曾是古丝绸之路的交通枢纽，地势高敞、富庶昌盛。经唐代200余年的经营，达到鼎盛时期。以后由于战火延绵，高昌城渐渐衰落，直到废弃。高昌故城是丝绸之路上保存最好的遗址之一，故城略呈正方形，周长约5千米、总面积约200万平方米，城垣大部分残存，为夯土筑成，最高的城墙达11米多。当年的街巷、官衙、神庙、民居、作坊、城垣等遗址仍清晰可辨，布局类似唐代长安城。

（3）交河故城

交河故城位于吐鲁番城西约10千米的河心洲高崖上，俗称崖儿城。城下有两条小河交叉环抱，故名交河。它是汉代车师人所建的“车师前国王庭”所在地，7世纪中叶，唐王朝为了加强在西域的经营，曾在交河城设置西域最高军事机构——安西都护府，唐代诗人李颀曾以“白日登山望烽火，黄昏饮马傍交河”来描写这里的戎马生涯。古城迄今保存完好，城依土崖作长方形，无城墙，全靠河心洲这一天然屏障。长1 650米、宽300米，城中有一南北大道，以其为中轴线将全城分为若干区域，功能分明、井然有序。

(4) 柏孜克里克千佛洞

柏孜克里克千佛洞在吐鲁番市以东约50千米处，是新疆著名石窟之一。洞始凿于南北朝末期，现有编号石窟83个，其中留有壁画的40多个，壁画总面积约1 200平方米。壁画内容丰富多彩，描绘了回鹘高昌时期各阶层人物的形态、衣着服饰、建筑风格、瓜果食品、珍禽异兽等，为认识和了解回鹘人提供了难得的形象资料。有些洞窟采取了开凿石崖与土坯砌建并用的建筑形式，风格独特。

2) 伊宁

伊宁是伊犁哈萨克自治州首府，位于新疆西部的伊犁河畔。这里气候温和，土壤肥沃，水草丰美，宜农宜牧，是丝绸之路北新道通往中亚的必经之地。这里早先是古乌孙国所在地，汉时开始屯田，唐代发展成丝路上的重镇。伊犁河畔多古代遗址，从河南岸到天山山麓，遗留有众多排列有序的乌孙墓。这里还建有纪念民族英雄林则徐的林公坊，并以其名字命名为“林公渠”。伊宁地处我国与哈萨克斯坦的边境地区，边境旅游也很活跃。

3) 喀什

喀什位于塔里木盆地西缘，是古丝绸之路南道和北道的会合点，素为中西方文化荟萃之地，也是我国古西域最早的国际市场。喀什是典型的维吾尔族城市，其建筑风格、文物古迹、手工艺品、集市贸易、民风民俗等，都反映出浓郁的维吾尔族色彩和气氛。艾提尕尔清真寺是喀什的象征，每天都有数千人在此礼拜，节日时可容纳万人活动。香妃墓位于喀什东郊，实是伊斯兰教式的陵墓，因其中葬有著名伊斯兰教大师阿帕霍加，故又称阿帕霍加墓。三仙洞在喀什东北，开凿于东汉，为我国西部现存最古老的佛教遗址，有洞窟3个，内有佛像。喀什大巴扎，又称中西亚国际贸易市场，占地面积130亩，是全疆规模最大的园林化综合性市场，每天有几万人在此赶集，是体验南疆民风的最理想之地。喀什也是登山探险的重要城市，附近的乔戈里峰、公格尔山、公格尔九别峰、慕士塔格山等都对探险旅游者有巨大吸引力。

4) 喀纳斯湖

“喀纳斯”在蒙古语中意为“峡谷中的湖”。这个深藏在阿尔泰山中的亚寒带高山河谷型湖泊，其实是额尔齐斯河支流喀纳斯河上最宽的一部分，呈豆荚形。湖面海拔1 374米，南北长24千米，平均宽约1.9千米，湖水最深188.5米，面积45.73平方千米，是我国最大的高山湖泊，并因其“湖怪”和变色湖的未解之谜而蜚声中外。水清时的湖为蓝绿色、冰川融水注入时湖为淡绿色、薄云下的湖呈粉红色、阴天时湖水则呈蓝灰色。湖东西两岸，尽是满山遍野、直插云天的原始针叶林和白桦林，渲染出一派恍如北欧大陆与俄罗斯林野的异域情趣。全长125千米的喀纳斯河犹如一条串着许多珍珠的项链，而喀纳斯湖就是项链上最大最美的耀眼明珠。在此可爬山登观鱼亭、观看喀纳斯全景、探访神秘的图瓦人村落、参观卧龙湾、神仙湾、月亮湾等迷人景致，住喀纳斯小木屋、游船、漂流，晚上可观看俄罗斯歌舞篝火晚会。1995年一位到喀纳斯考察的联合国的环保官员曾激动地说："喀纳斯是当今地球上保存最好的自然景观，它的存在向人们证明，人类曾有过多么美好的栖身地，这是世界上最后一片净土，它美丽得让人窒息"。

小知识10-4

新疆旅游线路细分

新疆幅员辽阔，以乌鲁木齐为中心，可细分为以下旅游线路。

东线：乌鲁木齐—吐鲁番—鄯善—哈密

南线：乌鲁木齐—库尔勒—库车—阿克苏—阿图什—喀什

西线：乌鲁木齐—昌吉—石河子—博乐—伊犁

北线：乌鲁木齐—克拉玛依—阿勒泰（喀纳斯湖）

本区主要风景名胜见图10-1。

图10-1　西北旅游区主要风景名胜简图

本章小结

西北旅游区自然景观以大、奇、雄、旷为特征，多世界著名的高大山系。西部气温、水分及植被垂直变化显著，出现雪山、高山、草甸、森林、戈壁、沙漠、绿洲紧密相连的奇特风光。温带大陆性气候典型，使本区成为我国温带瓜果质量最好的地区。东部的黄土高原紧邻渭河平原，景观迥然。

我国陆上丝绸之路全部位于本区，在历史上促进了沿线经济、宗教、文化的繁荣，留下了丰富多彩的人文旅游资源，丝路文化璀璨夺目。雄关、烽燧、寺塔、壁画、雕塑随处可见，石窟艺术集中，古墓遍布，堪称世界上最大的艺术宝库和最辉煌的历史文献。本区少数民族聚居，民俗各异，吃、住、行、游、购、娱，都体现出强烈的民族特色。

西安市是本区最大的旅游城市。以西安市为中心的关中地区，是我国古都皇陵的重要分布区，文物蕴藏极为丰富，同时也有足以称道的自然风光。乌鲁木齐市是我国最西部的首府城市，民族风韵浓郁。本区主要旅游线基本与古丝绸之路相吻合，由关中盆地到河西走廊，地沃物丰，古迹浩繁。其中，甘肃的石窟在全国地位最高。进入新疆，沿两大盆地的边缘至西部边境，以丝路风情、大漠风光、绿洲城市为主要特色。

主要概念与词语

□ 主要概念

丝绸之路

□ 主要词语

大雁塔　五泉山　嘉峪关　吐鲁番　敦煌莫高窟　麦积山石窟　武威　鸣沙山　月牙泉

知识练习

□ 简答题

10.1　何谓我国四大石窟？对比四大石窟的异同。

10.2　西北旅游区旅游资源的突出特色是什么？

10.3　“不到喀什，等于没到过新疆。”怎样理解这句话的含义？

□ 填空题

10.1　________号称“火洲”，是我国夏季最热的地方。这里以盛产________闻名遐迩。

10.2　一般认为，丝绸之路东起________，经河西走廊到________后分三路进入新疆。

10.3　________是西安市象征性建筑。________是乌鲁木齐市的象征。

10.4　中国旅游图形标志是________，其原型为一艺术珍品，出土于________。

10.5　坎儿井是________地区特有的灌溉方式，其作用是________。

10.6　本区的________和________被列入《世界遗产名录》。

□ 选择题

10.1　西安附近有我国最重要的（　　）。

A.汉陵　　B.唐陵

C.宋陵　　D.清陵

10.2　下列景观符合甘肃省的是（　　）。

A.石窟寺庙、长城关隘　　B.古城遗址、伊斯兰风情

C.青山秀水、温带草原　　D.大漠戈壁、冰川雪山

10.3　新疆人口最多的民族是（　　）。

A.汉族　　B.维吾尔族

C.哈萨克族　　D.回族

10.4　刘家峡位于兰州以（　　）。

A. 东　　B. 西

C. 南　　D. 北

技能训练

10.1　指出西安及其附近地区的主要游览胜地。

10.2　作丝绸之路示意图，在图上填出：(1) 历史名城；(2) 重要旅游城市；(3) 国家重点风景名胜。

观念应用

□ 分析题

10.1　本区自然景观地域分异性很强。说明主要现象，分析成因。

10.2　与我国东部旅游区比较，本区旅游交通有什么特点？在旅游活动中怎样综合利用？

10.3　分析西安和乌鲁木齐发展旅游业的优势。

□ 实训题

10.1　说出关中平原、河西走廊以及新疆有哪些著名风味小吃和特色果品。

10.2　沿陇海—兰新铁路，设计一条古都皇陵旅游路线或丝路风情旅游路线。

□ 综合案例

雪岭云杉已有4 000万年的生命历史，它们是天山上的活化石，主要分布在新疆天山南北坡的雪岭、昆仑山西部和准噶尔西部的山地上。云杉树形伟岸挺拔，一般都有二三十米高，在最适宜的条件下树高可达六七十米，素有"望天树"之称。在蔚蓝的天空下，山上浓郁而广漠的云杉林与上下的五花草甸和清澈的湖泊交相辉映；冬季银装素裹，万籁俱寂，树冠优美的雪岭云杉好像一个威严整齐的军阵，其威武声势震撼人心。在我国西北和中亚荒漠地区，四季青翠的雪岭云杉将戈壁沙漠的严酷远远地抛在了身后。在这里，冰川、森林、草原、湖泊、蓝天、白云和谐交融，给人以自然界交错美的震撼。

轮台胡杨林分布在新疆天山南麓、塔里木盆地北缘的轮台县，面积达40余万亩，有世界上面积最大、分布最密、存活最好的"第三纪活化石"——天然胡杨林。它是塔里木河流域典型的荒漠森林草甸植被类型，从上游河谷到下游河床均有分布。其四季景色变幻明显：春天，积雪融化，万木吐绿，林中百鸟争鸣，野花遍地；夏季，万木郁郁葱葱，驼铃声在一片绿色的海洋中此起彼伏；秋季，胡杨林披上一年中最灿烂的盛装，金黄色的树叶五彩斑斓，层林尽染，如诗如画；冬季，千里冰封，白雪皑皑，胡杨挺立在原野之间，无限高洁。它与当地的季节性河流、沙漠戈壁、绿洲、沙湖、古道及荒漠草原组成了西部"生命交响曲"。

根据以上资料回答：

(1) 在中国地图上，找出综合案例中两个景点的地理位置。

(2) 你认为何时去游览这两个景点为最佳时间？为什么？

(3) 为何云杉和胡杨树能在西北干旱区生存？

(4) 它们为何被评为"中国最美的十大森林"之一？

第11章 青藏高原旅游区

学习目标

知识目标：了解青藏高原旅游区地理环境特点以及对旅游业的影响，熟悉区内重点旅游城市及主要旅游线路，掌握本区旅游资源的特征。

技能目标：掌握本区主要旅游胜地的地理分布和特点，并能够把主要旅游胜地填在空白地图上。

能力目标：根据本区特有的地理环境和旅游资源特征，学会初步设计旅游路线。

引例： **青藏高原——神秘的天堂**

青藏高原拥有世界最高的山峰——雪山女神珠穆朗玛峰，它是攀登者的圣地，心灵的守望。峰顶金字塔造型亦是大自然的鬼斧神工，令人敬畏、赞叹、折服。从18、19世纪开始，陆续有一些国家的探险家和登山队前往珠峰探秘，20世纪20—30年代，国外登山队曾7次从珠峰北坡登顶，均以失败告终。1960年，中国登山队首次从北坡登上峰顶。青藏高原群峰林立，峰峦叠嶂，7 000米以上的高峰有40多座，8 000米以上高峰有10座。时至今日，仍有无数登山爱好者前仆后继。仅2007年申请从尼泊尔攀登多座世界高峰的国际登山队就达56支。西藏的布达拉宫及众多的宗教古建筑均充满神秘色彩，引无数中国乃至世界各地旅游爱好者前往，均把登上这“神秘天堂”作为一生中要实现的愿望。

本章将介绍该区主要的旅游资源和景点，揭开青藏高原神秘的面纱。

青藏高原旅游区包括青、藏两省区，面积195万平方千米，人口约868万，地广人稀，藏族为主要民族。高寒严酷的自然环境曾使许多人望而却步，而青藏铁路的建成通车，帮助越来越多的人登上青藏高原。

11.1 概述

1）高山横亘的“世界屋脊”

青藏高原地势高峻，平均海拔4 000米以上，是世界上最高的高原，有“世界屋脊”之称。高原上横亘着许多近东西向的山脉，从北向南有昆仑山、阿尔金山和祁连山、喀喇昆仑山和唐古拉山、冈底斯山和念青唐古拉山、喜马拉雅山等。喜马拉雅山脉平均海拔在6 000米以上，主峰珠穆朗玛峰海拔8 848米，是世界最高峰。

青藏高原内部山脉之间，分布着高原、盆地和谷地。柴达木盆地介于阿尔金山、祁连山与昆仑山之间，是一构造盆地，矿产资源甚为丰富。昆仑山和冈底斯山脉之间为广袤的藏北高原，是青藏高原的主体，自然条件恶劣，被称为“藏北无人区”。但此地野生动物资源丰富，联合国有关部门拟在这里与我国共同建立世界最大、原始面貌保存最好的自然保护区。冈底斯山、念青唐古拉山和喜马拉雅山之间是藏南谷地，雅鲁藏布江在谷地中自西向东蜿蜒流淌。这里地势开阔，水草丰美，是西藏人口与城镇最为集中的地区。藏南谷地也是世界上强烈的地热活动带之一。

青藏高原是大河的源地，亚洲许多大河多源于此。高原湖泊众多，是世界上数量最多的高原湖区，总面积达3万余平方千米，仅西藏就有大小湖泊1 500多个，以内陆湖、咸水湖为主。青海湖是我国最大的咸水湖，纳木错是世界上海拔最高的大湖，它们均被专家评为中国最美的五大湖之一。湖滨区地形平坦，牧草丛生，为优良牧场。

2）独特的高原气候

青藏高原由于地势高而形成了独特的高原气候：空气稀薄，含氧量和含尘量少，大气透明度高，光照充足，太阳辐射强烈。拉萨是著名的“日光城”。由于海拔高，青藏高原的年平均气压仅及海平面处的一半，水的沸点仅84℃~87℃。全区气温低，年较差小，日较差大，年平均气温大都低于5℃，藏北高原则在0℃以下。年降水较少，干湿季分明，多大风。在雅鲁藏布江下游谷地，海拔3 000米以下的地方，却是另一番景象，气候温暖，降水丰沛，四季常绿，一派热带风光。这里高差巨大，自然带谱齐全，生物资源丰富，是地理学、生物学研究的极好场所。

3）丰富的土特产品

本区地域辽阔，环境复杂，野生动植物资源较为丰富。本区是藏族聚居区，民族工艺品生产历史悠久、技艺精湛，具有浓厚的地方特色。名特产品首推名贵中药材，如麝香是我国特产，此外还有当归、鹿茸、天麻、冬虫夏草、藏红花等。传统工艺品以金银器、地毯闻名国内外。藏毯做工精细、质地优良、花色鲜艳、手感柔软，为中外旅游者所青睐。

4）发展中的旅游交通

本区由于自然条件复杂，地势高峻，气候寒冷，发展交通极为困难。新中国成立后，随着经济的发展，交通面貌有很大改善。区内交通以公路为主，已实现了县县通公路。在青藏铁路未通车前，进出西藏主要靠四条省际公路干线，即川藏公路、青藏公路、新藏公路和滇藏公路。2001年6月，国家总投资330.9亿元，动工修建格尔木至拉萨段全长1 142千米的铁路。青藏铁路攻克了“多年冻土、生态脆弱、高原缺氧”这三大世界性难题，于2005年10月全线贯通，2006年7月1日运行通车，从此悠悠天路飞彩虹。另外西藏目前有拉萨贡嘎机场、林芝米林高原机场，昌都有世界上海拔最高的民航机场——邦达机场、日喀则和平机场。

小思考11-1

对青藏高原来说，高度影响远远超过纬度影响。为什么？

答：青藏高原地处中低纬度，相当于我国东部的暖温带和亚热带。但由于海拔高，年平均气温低于5℃，一些地区在0℃以下，自然景观和动植物都呈现出高寒特点。

5）独特的高寒自然景观

青藏高原是世界上独一无二的具有神秘色彩的地理单元。本区因受高度影响，自然景观为高山草甸、草原和高寒荒漠，而非常绿阔叶林和落叶阔叶林。但山峰高耸，银装素裹，湖泊众多，雪山倒映，蓝天白云，风景壮观，气势磅礴。这里是我国最大的雪峰冰川营垒，也是全球中低纬度地区的最大冰川活动中心。冰川形态多样，规模大、数量多，占我国冰川总面积的80%，独霸中国最美六大冰川中的1/2。

“一年无四季，一日有寒暑”，青藏高原天气变化无穷。正当烈日炎炎、晴空万里，顷刻便会狂风大作、雨雪冰雹交加。夏季正午温暖，早晚却很凉，六月飞雪是常有的现象。奇特的高原繁衍着奇特的动物、“高原之舟”牦牛是主要的民间交通工具。河曲马是我国马类中的“劲旅”，兼有挽乘多用。此外，珍稀的特产动物尚有野驴、藏羚羊、棕熊、白唇鹿、麝、雪鸡以及棕头鸥、斑头雁等，给广阔的高原增添了生机。

6）地热奇观，独树一帜

青藏高原南缘是地球上两大岩石圈板块碰撞的地带，称为地缝合线。南面的印度洋板块和北面的亚欧板块在地缝合线处相挤压，使地壳褶皱抬升，造就了世界第一高峰和特殊生物群。强烈的板块运动导致岩浆活动频繁，使青藏高原的地热现象激烈而且普遍。地热田主要分布在雅鲁藏布江中上游的河谷地带，这里的地热类型众多，地球上已经发现的20多种地热类型这里都有。如羊八井热气田非常著名；昂仁县的间歇喷泉活动频繁，喷发时发出巨响，气柱高达几十米；曲水县的水热爆炸穴世上罕见。这些地热现象不仅给当地提供了重要的能源，而且是我国其他地方难得一见的自然奇观，成为本区独有的特色旅游资源。

7）藏传佛教与古建筑

本区有灿烂辉煌的古老的宗教文化与壮观的宗教建筑。7世纪初，松赞干布统一全藏，建立吐蕃王朝，佛教开始在西藏一带传布。佛教传入西藏后，与当地原始宗教相结合，形成了具有强烈地方色彩的佛教体系，即**“藏传佛教”**，并演绎出了一系列教派。其中格鲁派在藏族中影响最大。本区宗教文化的最大积淀就是拥有大量的宫殿寺院和珍贵的宗教艺术品，民风民俗也大多与宗教有关。佛教文化的交流包括各地的建筑艺术家和工匠来到高原贡献技艺等，外来艺术的影响与本民族艺术的交融，形成本区鲜明、独特的寺院建筑风格和佛教艺术。本区的民族主要是藏族，藏族居民基本上都信奉藏传佛教，因此青藏高原成为我国近现代史上寺庙和教徒都最多的地区，佛事活动兴盛，香火缭绕，终年不断。

小知识11-1

藏族民俗风情

一是礼节独特。主要有献哈达、磕头和鞠躬，且十分讲究姿态、场所和对象。二是饮食与众不同。以肉制品为主，喜欢喝酥油茶，吃糌粑，饮青稞酒，并各有其规。三是服饰别具一格。四是有许多传统节日。如藏历年、雪顿节、沐浴节等，节日活动内容具有浓郁的民族特色。

11.2 重点旅游城市

11.2.1 西宁市

西宁市位于青藏高原东北部的湟水谷地，四周群山环抱，湟水蜿蜒其中，扼青藏高原的东方门户，海拔2 300米，夏季凉爽宜人，素有“西宁无夏日”之说，是避暑的好去处。境内名胜古迹颇多，著名的有清真大寺、塔尔寺、北山寺等。

1）清真大寺

清真大寺位于西宁市区，始建于明洪武年间，历经几代修葺扩建，规模日臻宏大，成为青海省最大的清真寺，也是西宁市规模最大、保存最完整的古建筑。大寺有鹅黄色的西式大门，雅观悦目。主体建筑礼拜大殿为中国古代宫殿式建筑，木结构上装藏式镏金宝瓶，为国内清真寺所仅有。殿内宽敞素雅，可容纳3 000人做礼拜。每逢星期五的主斋日和每年的古尔邦节，附近伊斯兰教徒纷至大殿，万人礼拜，肃穆虔诚。

2）塔尔寺

塔尔寺位于西宁市西南26千米，为纪念藏传佛教格鲁派鼻祖宗喀巴而建，是黄教六大寺院之一（另外五寺为西藏的色拉寺、哲蚌寺、甘丹寺、扎什伦布寺和甘肃的拉卜楞寺），占地面积40万平方米。整个寺院依山势起伏而建，由众多的殿宇、经堂、佛堂、寺舍组成，规模宏大、建筑考究，是藏汉相结合的古宗教建筑群。大金瓦殿是塔尔寺的主体建筑，面积456平方米，高19米，为三层歇山式屋顶，以琉璃砖砌墙，镏金铜瓦覆顶，上置大金顶宝瓶，内有诸佛神像和11米高的神变大灵塔，陈设有金灯、古瓶、大象牙等多种法器。大经堂为塔尔寺最大建筑，面积2 750多平方米，堂内矗立着166根明柱，柱上围裹幡龙图案的彩色藏毯，地设长条禅座，上铺五彩条毯。堂内还有彩绘栋梁、斗拱、藻井和佛教故事壁画，并悬挂着帷幔、经布、幢幡、伞盖、刺绣和堆绣等。堂内四周供奉有千佛和藏经，正面设有达赖、班禅和法台的弘法宝座。屋顶装饰有镏金法幢、金顶、宝瓶、法轮、金鹿等。小金瓦殿是塔尔寺护法神殿，面积1 127平方米，殿内塑五勇猛明王护法神像，楼上两廊陈列有野生动物标本和造型怪异的佛像以及跳神等宗教活动的器物。酥油花、壁画和堆绣为塔尔寺“三绝”。寺内还设有显宗、密宗、天文、医学四大学院。每年有四大法会，活动内容有酥油花展、晒佛像及其他佛事活动。

11.2.2　拉萨市

拉萨市位于雅鲁藏布江支流拉萨河北岸，其藏语意为“圣地”或“佛地”。公元7世纪，松赞干布在这里建都，大兴土木，修建寺庙，兴盛佛教。拉萨庙宇林立，有布达拉宫等众多著名古建筑。

1）布达拉宫

布达拉宫坐落在拉萨市西北红山上，是我国著名的宫堡式建筑群，依山垒砌。宫体主楼13层、高117米，是世界上海拔最高的宫殿群。宫殿是木石结构，顶盖镏金铜瓦，宏伟壮丽、金碧辉煌，体现了藏式建筑的鲜明特点和汉藏文化相融的风格。它是历代达赖喇嘛的冬宫，也是西藏政教合一的统治中心。建筑群按颜色可分为白宫和红宫两部分。红宫为中央主体建筑，是历世达赖的灵塔殿和各类佛堂，现有灵塔八座；白宫是达赖生活起居和处理政务的地方。各殿堂与廊间绘有题材丰富、绚丽多彩的壁画，工笔细腻、线条流畅。宫内还保存有明、清两代皇帝封赐西藏官员的封诰、印鉴、礼品和工艺珍品，以及罕见的经文典籍、各类佛像等大量珍贵文物。新近又开启雪域供游人参观。

小知识11-2

布达拉宫雪域正式对外开放

雪域经过为期6年的维修，2007年5月31日正式对外开放。

雪域，是对布达拉宫正下方建筑的总称，占地面积5万平方米。曾经是西藏三大领主办公场所、为统治者提供生活服务的机构、僧俗贵族宅院以及农奴的住所等所在地。

雪域保存着丰富的建筑内容和文化内涵，也是认识旧西藏封建农奴制度的一个缩影。雪域内近期对外开放的7处复原式陈列有雪巴列空，即旧西藏地方政府的办事机构；雪监狱，旧西藏政府关押犯人及行刑场所；宝藏局雪造币厂，旧西藏地方政府铸造货币的场所，可以了解当时的财政、经济状况；堪苏宅、龙夏宅为当时僧官、贵族的宅院；羌仓，是公元17世纪下半叶重建布达拉宫时，为了向宫殿内堂的护法神敬献神饮所建，后逐渐变成酒馆，现辟为游客休息点，并通过复原青稞酒制作坊，展示酿酒的全过程；东印经院，现设“西藏书法艺术展”等。

资料来源　德庆白珍. 布达拉宫雪域正式对外开放［N］. 福建日报，2007-06-06.

2）大昭寺

大昭寺位于拉萨市市中心，是西藏佛教朝拜圣地，也是拉萨最古老的建筑之一。相传始建于公元7世纪唐朝初期，以建筑精美、塑像与壁画生动而著称。总面积2 500多平方米，现存金殿五座。正殿高四层，梁架斗拱为典型汉族建筑风格。柱头檐部装饰色彩艳丽，对比强烈，为典型藏族风格。椽头木雕伏兽、狮身人面像，兼收印度、尼泊尔建筑艺术。寺内有佛像300多尊，最珍贵的是文成公主从长安带来的释迦牟尼镀金铜像。殿堂回廊布满藏式壁画，内容多为佛教故事、藏民生活、西藏风光等，十分精美。寺内还保存有唐代以来的大量文物，极为珍贵。

3）哲蚌寺

哲蚌寺位于拉萨市西郊10千米的山坡上，明永乐十四年（1416年）由藏传佛教格鲁派创始人宗喀巴的门徒兴建，是藏传佛教最大的寺院，也是国内僧侣最多的佛殿。哲蚌寺与甘丹寺、色拉寺合称为拉萨三大寺，均类似于佛教大学，寺内有教学、教仪、教务、杂务等部，并设有扎仓。哲蚌寺依山而建，犹如一座山城，殿宇连接，以白色为主调的建筑错落有致。主体建筑错钦大殿雄伟壮观，经堂面积1 850平方米，可同时容纳9 000名喇嘛诵经。佛殿幽暗，运用空间、色彩、装饰和天窗来光等手法，造成光怪陆离的宗教气氛。寺内藏有大量佛教经典和珍贵文物。

4）甘丹寺

甘丹寺在拉萨市以东的达孜县境内，相传明永乐七年（1409年）由格鲁派创始人宗喀巴所建，是藏传佛教格鲁派的第一座寺院，被认为是格鲁派发源地。全寺由50多座建筑组成，依山修建、群楼重叠，气势宏伟、外观巍峨。寺内藏有许多明代以来的文物和工艺品，有保存宗喀巴等遗体的灵塔几十座。灵塔用白银建造，外包纯金，十分华美。

5）色拉寺

色拉寺位于拉萨市北郊山麓，明永乐十六年（1418年）由宗喀巴门徒兴建，为格鲁派大寺。全寺依山而起，规模宏伟，环境优美。寺内佛像上万尊，还有许多从内地带回的唐卡、法器、供器等珍贵文物，其中以金汁书写的大藏经和明清两代的卷轴最为著名。

6）罗布林卡

罗布林卡位于拉萨市西郊，其藏语为“珍珠花园”之意。始建于18世纪，以后陆续增建，全园面积约36万平方米。园内建有宫殿佛堂，亭台水榭，湖池曲径，花圃果园，后来又辟有动物园。罗布林卡过去是历代达赖喇嘛的避暑夏宫，现已辟为公园，是拉萨著名的园林风景区。作为布达拉宫扩展项目，罗布林卡被列入《世界文化遗产名录》。

7）八角街

八角街位于拉萨市中心，也称八廓街，在藏民心目中，它是一条古老又富有神秘感的“圣路”，意为上天之路。实际上八角街是由围绕大昭寺的许多小街道组成。当年大昭寺建成后，这里便成为拉萨的宗教活动中心，各类商业、服务业也应运而生，逐渐形成了拉萨市内最为繁华、热闹的贸易区。八角街的街市曲折狭窄，两旁是两三层的藏式居民小楼，上层为住宅，下层为店铺。商品琳琅满目、品种繁多，从现代商品到各式藏族传统商品，一应俱全。这里已成为西藏旅游的热点之一。

在拉萨市一日游可游览哪些景点？二日游又如何安排？

答：一日游可游览布达拉宫、大昭寺、八角街；二日游的第一天同“一日游”，第二天可游览罗布林卡、哲蚌寺、药王山。

小思考11-2

11.3　旅游线路与旅游活动

11.3.1　唐蕃古道旅游线路与旅游活动

青海自古为中原进藏的必经之地。唐代文成公主与藏王松赞干布联姻时，就是从长安出发，经兰州、西宁，翻日月山，大致沿今青藏公路入藏。这条路称为唐蕃古道，是青海的一条最佳旅游线。西宁和青海湖是主要游览地。

1）青海湖

青海湖位于西宁市西130千米，面积4 340平方千米，湖面海拔3 260米，环湖周长360多千米，蓄水量达778亿立方米，是我国最大的咸水湖，也是全国第一大湖。湖区是广阔的山间盆地，四周有日月山、大通山、南山等高山环抱，湖畔草原广袤，浩瀚缥缈的青海湖宛如巨大的翡翠玉盘镶嵌在高山草原之间，具有高原湖泊空阔、粗犷、质朴、静寂的特色。在这里，草原的优美、海的浩瀚与湖的沉静交织在一起，成就了青海湖的博大之美。湖中有鸟岛、沙岛、海心山等小岛，其中海心山和鸟岛都是著名的游览胜地。海心山在湖中心偏南，面积约1平方千米，岛上怪石嶙峋，林木葱郁，水鸟栖息，风光可人，有“蓬莱仙岛”之誉。位于湖西北隅的鸟岛，面积虽不足0.5平方千米，但因岛上栖息着数以十万计的各种候鸟而闻名遐迩。每年4—6月，几十种鸟云集岛上，飞翔雀跃，鸣声鼎沸，鸟巢遍地，鸟蛋比比皆是，一片鸟的世界，成为青海湖一大奇观。青海湖盛产湟鱼，肥嫩鲜美。湖岸有广大的草原，是良好的天然牧场。

2）日月山

日月山位于青海湖东侧，海拔3 720米，自古为从内地进藏的必经之地。传说当年文成公主赴藏登上此山远望，思绪万千，拿出唐太宗赐给的日月宝镜，想到最终还要入藏，为坚此心，便将日月宝镜摔下山去，此即日月山一名之由来。日月山东边是肥沃的湟水谷地农耕区，村落点点、良田漠漠，似塞上江南；西边是青海湖盆地草原放牧区，牧草青青、帐篷点点、牛羊成群。日月山是唐蕃古道的咽喉之地，修筑过颇具盛名的城堡，现有许多文化胜迹。现在山隘上尚立有“日月山”三字的青石碑，山顶修有遥遥相望的日亭和月亭，山南脚下有流向独特的倒淌河。

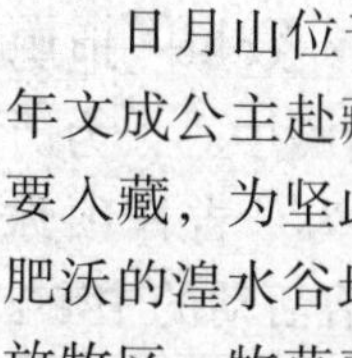

小知识11-3

可可西里——中国第12项世界自然遗产

2017年7月7日，在波兰克拉科夫召开的第41届世界遗产委员会会议上，青海可可西里申遗项目获表决通过，成为青藏高原首个世界自然遗产地。至此，我国的世界自然遗产已有12项，数量与澳大利亚、美国（包括一项濒危项目）并列世界首位。

可可西里位于世界最大、最高和最年轻的青藏高原东北部玉树藏族自治州治多县、曲麻莱县境内，平均海拔4 600米以上，面积3.74万平方千米，缓冲区面积2.29万平方千米，是目前亚洲面积最大的世界自然遗产项目。

世界遗产委员会及世界自然保护联盟（IUCN）对可可西里的遗产价值给予了极高评价：这片严酷的荒野一望无垠，美景令人赞叹不已，几乎没有现代人类活动的冲击。极端的气候条件和它的难以接近性，共同保护着这个最后的庇护所。它仿佛被冻结在时空中，但其地貌和生态系统却不停变化；拥有丰富的生物和濒危物种，保存着完整的藏羚羊在三江源和可可西里间不被干扰的迁徙路线……

资料来源　根据《中国建设报》2017年7月10日相关报道整理得来。

11.3.2　藏南谷地旅游线路与旅游活动

以拉萨为中心的藏南谷地是西藏经济最繁荣的地区，也是风景名胜最集中的地区。这里有壮丽的高原自然风光、古老的宗教文化、独特的民风民俗，是领略西藏独特风情的最佳旅游线。

1）纳木错

被誉为“天湖”的纳木错位于藏北高原、念青唐古拉山主峰的北面。面积约1 920平方千米，海拔4 720米，是西藏三大圣湖中海拔最高的湖，也是我国第二大咸水湖。这里远离现代文明污染，保持着自然原始生态，雪山与湖泊交相成趣，山神与湖神相依相傍，共同护佑着前来朝圣的人们。夏季的纳木错最为欢腾喧闹，湖滨牧草丰盛，成群野生动物如野牦牛、岩羊、野兔等悠闲自在地吃草，无数候鸟从南方飞来，在这里产卵、孵化、哺育后代；湖中的鱼群时而跃出水面，阳光下银鳞闪烁；牧人扬鞭跃马，牛羊浮动如天上飘落的云彩；悠扬的歌声在山谷中回响。整个纳木错生机勃勃，意趣盎然。

2）日喀则

日喀则市坐落在雅鲁藏布江与年楚河交汇处，是西藏第二大城市。这里土地肥沃、农牧业发达，历来是西藏的粮仓和农牧产品集散地。日喀则市是后藏中心，为历代班禅驻留之所，名胜古迹以扎什伦布寺最为著名。扎什伦布，意为“吉祥须弥山”，该寺位于城西南山麓，是班禅四世以后历代班禅举行宗教和政治活动的中心。该寺依山傍水，层楼高耸，巍峨庄严。全寺分4个扎仓，内有殿堂数10处，以1941年修建的强巴殿最雄伟，殿高7层达30米，供奉的强巴大佛（也称弥勒佛、未来佛）高26.2米、肩宽11.4米，用1万千克的黄铜铸成，堪称世界最大铜佛。还有历代班禅灵塔，塔身包裹银皮，镶嵌宝石。寺内收藏的佛像、唐卡、刺绣、珍玩、玉玺、封诰等亦极丰富。每年的展佛节，这里都举行盛大的宗教活动。

3）雅砻河

雅砻河位于冈底斯山脉以南，发源于藏南地区的措美，流经琼结和乃东，在山南地区行署所在地泽当镇注入雅鲁藏布江。据传这里是藏民族的发祥地。雅砻河流域风景优美，名胜古迹众多，尤以古寺、藏王墓为著名。藏王墓群位于琼结县的木惹山上，这里长眠着公元7—9世纪吐蕃王朝的历代赞普（藏王），方圆达3千米，形制大致相同，均为方形平顶，大小不一，酷似小山，以土石堆结而成。最醒目的是松赞干布和文成公主的合葬墓，墓基有石头甬道通上墓顶，建有祭祀庙宇一座。流域内多古寺。乃东县的雍布拉康，相传是西藏第一座宫殿建筑。昌珠寺由松赞干布主持建造，文成公主进藏初期曾在此居住。泽当镇以西的桑耶寺，是西藏第一座接纳僧人出家的寺院。

4）雅鲁藏布大峡谷

深达6 009米的雅鲁藏布大峡谷是世界上最深的峡谷，这是由中国科学家确认的一项新的世界之最。雅鲁藏布大峡谷全称为雅鲁藏布江下游大拐弯峡谷，简称大峡谷。雅鲁藏布江由西向东来，受南迦巴瓦峰的阻挡，转折北上，生生地切开了南迦巴瓦峰与加拉白垒峰间的构造薄弱地带，再做东流，受横断山脉的阻挡，又转折南下，并由南而西，围绕南迦巴瓦峰做了奇特的马蹄形大拐弯后进入墨脱县，最后到达国境线上的巴昔卡，全长504.6千米，形成了一个世界最深、最长的河流大峡谷（见图11-1）。这里拥有多项世界之最：水能资源最丰富，生物种类最丰富，世界热带山地气候分布的最北界。大峡谷的基本特点可以用十个字来概括：高、壮、深、润、幽、长、险、低、奇、秀。大峡谷是大自然赐予中国人民最珍贵的礼物，也是全人类共同的自然文化遗产。

观念应用11-1

"地热博物馆"

青藏高原地热资源丰富，地热现象普遍且典型，尤其是羊八井地区，星罗棋布着温泉、热泉、沸泉、喷气孔、水热爆炸、热水湖，并建有我国第一座湿蒸汽型地热电站。被誉为"地热博物馆"。为什么？

[分析提示]

该区位于两大板块的接触处，地壳活动频繁。

图11-1 雅鲁藏布大峡谷简图

小知识11-4

西藏五个旅游区

西藏为加快旅游业的发展，在加紧建设五个区域的旅游布局，即：以拉萨为中心的历史文化观光旅游区，以登山、探险为主的后藏旅游区，以森林生态、地貌科考为主的藏东旅游区，以雅砻河谷风景名胜为主的藏南旅游区，以野生动物观赏和草原风光为主的藏北旅游区。

本区主要风景名胜见图11-2。

图11-2 青藏高原旅游区主要风景名胜简图

本章小结

地理上的青藏高原除青海省和西藏自治区外还包括与其接壤的新疆、四川、甘肃和云南等省区的边缘部分，占国土面积的1/4以上，号称“世界屋脊”。高原上多山、多湖、多冰川、多大河源头。青藏高原地处中低纬度，但高度影响超过纬度影响，形成独特的高寒气候，自然景观以高山草甸、草原和高寒荒漠为主。青藏高原南缘是地球上两大岩石圈板块碰撞的地带，形成了世界第一高峰和特殊生物群。强烈的板块运动使高原成为世界地热分布区之一。地理环境复杂严酷，不少地区人迹罕至，原生性极强，具有奇特多样的高原自然风光。

宗教是本区整个社会意识形态的统领，宗教历史源远流长，宗教建筑叹为观止，宗教制度独具特色，宗教影响无所不在。丰富多彩的民俗风情也深受宗教影响。

湟水谷地和青海湖一线是青海省的黄金旅游线，集全省风景名胜之大成，自然景观主要有青海湖、日月山；藏传佛教寺院和伊斯兰教清真寺是人文景观的重要组成部分。藏南谷地是西藏地区一条自然与人文并茂的旅游线，自然风光以原始森林、地热景观和举世闻名的大峡谷为著名，人文景观有拉萨、日喀则等历史文化名城以及壮观的喇嘛庙、藏王墓等。

主要概念与词语

☐ 主要概念

藏传佛教

☐ 主要词语

塔尔寺 布达拉宫 罗布林卡 羊八井 青海湖 纳木错

知识练习

☐ 简答题

11.1 青海湖的风景类型有哪些特色？

11.2 青藏高原旅游区人文景观的突出特色是什么？

11.3 青藏高原旅游区的自然景观有何独特之处？

☐ 填空题

11.1 青藏高原最大的湖泊是________，最深的峡谷是________。

11.2 本区旅游交通以________为主，2006年7月1日通车运行的青藏铁路是________到________。

11.3 ________、________、________合称拉萨三大寺。

11.4 ________、________、________为塔尔寺“三绝”。

☐ 选择题

11.1 拉萨八角街是一（ ）。

A.街道　　B.寺院

C.贸易区　　D.广场

11.2 被列入世界文化遗产名录的胜迹有（ ）。

A.大昭寺　　B.布达拉宫

C.塔尔寺　　D.罗布林卡

11.3 对扎什伦布寺的正确叙述是（ ）。

A.历代班禅活动中心　　B.历代达赖活动中心

C.松赞干布为文成公主而建　　D.每年举行盛大展佛节

11.4 雅砻河成为国家重点风景名胜的主要优势是（ ）。

A.自然风光优美　　B.藏王墓所在地

C.寺庙众多　　D.藏南政治中心

技能训练

11.1 做青藏高原旅游区及对外联系交通示意图。

11.2 读图：指出青藏高原旅游区的历史文化名城、国家重点风景名胜和主要旅游城市。

观念应用

☐ 分析题

11.1 什么是藏传佛教？藏传佛教在历史的发展中给青藏高原旅游区带来哪些

影响?

11.2 为什么说雅鲁藏布大峡谷是世界最大峡谷?

□ 实训题

11.1 拟对青海东部进行二日游，试做游程安排。

11.2 藏南谷地旅游线有哪些著名游览地? 试把它标在填充图上。

11.3 为青藏高原旅游区定义区域形象，提出旅游功能，设计游览项目。

□ 综合案例

世界屋脊上的"绿色天路"

青藏铁路静卧在世界最高海拔地带，与蓝蓝的天、雪白的云、洁净的雪山、澄碧的湖泊、安详觅食的羊群相伴。这是一条绿色的天路! 它给古老的青藏高原带来了前所未有的改变。

青藏铁路的通车运营，从根本上缓解了制约西藏旅游业发展的交通瓶颈，"淡季"旅游不淡直接导致世界屋脊的商业季节持续延长。据统计，通车第一年，有150万人次选择乘火车进藏旅游，占进藏游客总人数的1/2强。西藏人民的生活也随之发生变化。

青藏铁路在建设时用于环保工程的投资达15.4亿元，在生态环境敏感区采取了一系列措施，有效保护了铁路所经地区的高寒植被、湿地及江河源区水质等高原环境，在世界屋脊上全力打造出了一条举世瞩目的"绿色天路"。沿线野生动物活动频繁区段，修建了33处野生动物通道，并设置了防护栏、警示牌和迁途诱导等设施。

根据以上资料和学过的知识回答:

(1) 在中国地图上找出青藏铁路经过的主要地貌单元和行政区。

(2) 如果你乘青藏铁路进藏观光旅游，沿线你看到了哪些景观?

第12章 自助旅游

■ 学习目标

12.1 概述

12.2 自助旅游的策划

■ 本章小结

■ 主要概念与词语

■ 知识练习

■ 技能训练

■ 观念应用

学习目标

知识目标：掌握自助旅游的含义和特点，熟悉自助旅游的策划过程，了解自助旅游的发展趋势。

技能目标：能够根据已获得的旅游信息，策划和安排自助旅游线路。

能力目标：能够设计自助旅游线路，并能应对自助旅游过程中遇到的各种突发问题。

引例：

马蜂窝数据显示，目前自助旅游成为主要的旅行方式，国内游中96%的游客会选择自助旅游，而在出境游中，自助旅游也已超过跟团游，占比近五成。在消费升级的大背景下，旅游消费结构越来越多元化，自助旅游作为一种便捷、时尚的旅游方式，尤其在后疫情时代，它对于推动旅游消费的转型和旅游产品的变革起到了较强的支撑作用。国内自助旅游目的地中，北京为国内最热门的旅游城市，其次为成都和上海。整体来看，自助游中游客较偏爱南方城市。

本章主要介绍自助旅游的基本知识，使同学们基本具备自助旅游的能力。

自助旅游从西方兴起，迅速传入我国，被我国广大的旅游爱好者所喜爱，尤其是那些追求个性化的青年旅游者。这种新型的旅游方式日益深入人心，具有很大的发展潜力。

12.1 概述

12.1.1 自助旅游的含义与特点

1）自助旅游的含义

自助旅游起源于西方国家，也叫背包旅行（Backpacker's Travel或Budget Travel）、省钱的旅行。在我国，自助旅游是指旅游活动中的食、住、行、游、购、娱等各环节要素完全由旅游者本人自行计划安排的一种旅游方式，包括目的地的选择，路线的设计，交通、食宿、购物的安排等。它是相对于由旅行社提供服务的包价旅游而言的，是不完全依赖旅游中介的一种旅游方式。

西方的自助旅游方式发端于青年人，随着崇尚自然之风的盛行，越来越多的青年人渴望亲近自然、回归自然，享受旅行的快乐，但又付不起昂贵的费用，于是自己背起背包自助旅行。他们在旅游中尽量节约开支，住最便宜的旅社，如西方的青年旅行社、汽车旅馆等大都是为自助旅游者提供服务的。有时徒步，有时借助于交通工具，如汽车、火车、自行车等。

自助旅游也可以借助于旅游中介提供的服务。如旅游者有时借助于旅行社提供线路或请旅行社帮助预订车、船票。自助旅游者在旅行前都会查阅大量的目的地资料或自助旅游手册，对各地的住宿、交通等旅游信息掌握得较全面。这种旅游方式省钱、个性化强，自它出现后，青年人纷纷仿效，后来有一定经济来源的都市人也接受了这种方式，自助旅游者的队伍越来越壮大。随着互联网等信息技术的出现，这种新型的旅游方式开始传入我国。

2）自助旅行的特点

（1）经济性

自助旅游者一般在吃、住、行、购、娱等方面自己设计安排，一般吃、住在比较廉价的客栈、饭店，交通方式的选择也倾向于中、低档，有时是依靠自行车等自备工具，有时甚至是徒步旅行。自助旅游者在购物、娱乐方面一般没有太高的要求，享受自然和旅行本身的乐趣是大部分旅游者的最大追求。在西方，背包旅游者一般为了多玩些地方而不轻易花钱，他们总是住在便宜的青年旅馆或汽车旅馆，甚至在机场或车站过夜。他们通过旅行手册知道如何在旅途中省钱，搭顺风车、住便宜店、吃饭时与人讨价还价。所以，与包价旅游相比，自助旅游显然花费要少得多，具有很强的经济性。

（2）个性化

与旅行社的包价旅游相比，自助旅游能充分体现出旅游者的个性化需求。在包价旅游中，由于旅游计划是事先拟订的，旅游团中的每一位游客无论个人的兴趣与爱好如何，都是按照统一的旅行计划执行。而事实上，旅游者由于年龄、性别、职业、个人爱好等的差异，而具有不一致的需求状况，例如，有人喜欢自然景观，有人却偏爱人文旅游资源；有人喜欢徒步登山，有人却喜欢乘坐索道缆车；有人喜欢走马观花，有人却喜欢细细品味……可以说每个人都有每个人的个性化需求。自助旅行恰恰能满足人们的这一需求，旅游者无须考虑别人的意见或态度，完全按照自己的意愿去旅行。也正是因为自助旅游的这一特点，才使得越来越多的旅游者放弃了千篇一律的包价旅游，加入到自助旅游的队伍中来。

（3）灵活性

自助旅游是最灵活的一种旅游方式。从旅行前目的地的选择、线路的设计到旅游过程中交通工具的选择、旅行时间的长短、食宿的安排等各个环节，都可以灵活地按照不同情形随时随地改变。旅游者完全可以按照个人的意愿随时修改他的旅行计划，而无须征得其他人的同意及付违约费用。

（4）人性化

人性化是自助旅游的一个重要特点，表现在以下几个方面：①它能更加充分地表达旅游者的内心情感，充分展现个人的潜能，展现自我，挑战自我。例如，探险旅游、生态旅游、驾车旅游等个性化的旅游能够使人最大限度地获得自我实现的满足。②它能够有效地实现人与自然的和谐统一。自助旅游者在旅行过程中能够充分感受自然的魅力，激发内心情感，实现人们返璞归真的愿望。③它能够增强人与人之间的交流和沟通。在旅游过程中，旅行者到任何一个地方，都能感受到当地的地域文化和人文风情。旅游者有机会与陌生人沟通，或者结伴而行，甚至与旅游地居民结下深厚的友情。同时，那些具有挑战性的自助旅游项目，如登山、探险，需要同伴间的协作，有时甚至要借助于当地居民的协作或帮助。对有些旅游者来说，自助旅游才是旅游的魅力所在，更能体现旅游本身的意义。

小知识12-1

西方的自助旅游的基本模式

西方的自助旅游者也可以选择旅行社提供的旅游产品。它的基本模式是：旅行社安排多条串联起几个景点的环形旅游线路，并确定每条线路所需的最少旅游天数，大客车定期在环形线路上行驶，最终回到起点。旅客可自行选择旅行路线和旅游日程，食宿费用自负。旅行社提供的住宿一般价格极其低廉，但很整洁，除了有公共卫生间和浴室（不提供浴具和清洁用品）以外，还有公共起居室和厨房。厨房内配有各种灶具、餐具、冰箱及基本调料和饮料，住宿者均可免费使用，用后将餐具和餐桌洗净即可。车上的司机兼任导游，可能按标准收取一定的小费，但决不强行导购。

12.1.2 自助旅游的发展趋势

1）自助旅游将沿着社会化方向发展

社会化包括两方面的含义。其一是自助旅游的人数会越来越多。自助旅游符合现代社会人对旅游活动的需求，所以它会被越来越多的人所接受，成为一种不可忽视的旅行方式。我国从2012年中秋节开始，春节、清明、国庆等法定节假日高速公路免费以来，自驾游的人数出现了井喷，各景点人山人海，严重超员。其二是自助旅游产品生产的社会化。随着自助旅游逐渐成为最受欢迎的旅行方式之一，旅游产品的供应商包括旅行社在内也会适时地推出一系列各具特色的与之相适应的产品和服务，而且这种供应逐渐地规模化、批量化，向社会大生产的方向发展。产生了一系列针对自助旅游的服务商和服务内容，例如，旅行社推出一系列适合自助旅游者的旅游线路，廉价、干净、舒适的旅馆、民宿越来越多，自助旅游手册随处可以购买。

2）现代信息技术广泛服务于自助旅游

信息技术尤其是网络的发展，使自助旅游者从准备到出游都可借助网络来安排，使出游越来越方便。如旅游信息查询、网上预订与结算、网上虚拟旅游等。

12.1.3 自助旅游的种类

自助旅游的种类繁多，根据不同的分类标准，可以有不同的划分方法。例如，根据参加自助旅游的人数，可以分为个人自助旅游和集体自助旅游；根据自助旅游的方式，可以分为徒步自助旅游、自行车自助旅游、自驾车自助旅游等；根据自助旅游活动的目的，可以分为生态自助旅游、探险自助旅游、科学考察自助旅游、民俗自助旅游、修学自助旅游、体育自助旅游等类型。

12.2 自助旅游的策划

自助旅游的策划一般分为三个阶段，即旅游目标的选择、旅游线路的设计和出游前的准备。

12.2.1 旅游目标的选择

旅游目标的选择过程实际就是旅游目的地的决策过程，影响这个决策过程的因素主要有以下几个。

1）目的地感知环境

人们在进行目的地选择时，总是要事先收集各种信息，这些信息来自不同的渠道，如报纸、杂志、电视广告、旅行社、网络、亲朋好友的推荐等。旅游者把这些信息摄入脑中，形成对旅游地的整体印象，这就是**感知环境**。感知环境的好坏，直接影响旅游者是否到该地去旅游的选择。例如，黄山本身旅游价值颇高，是一处很值得观光的旅游地，但旅游者若因为某种原因认为黄山的风景质量一般，有了这样的感知环境，可能就会导致他在选择旅游目的地时放弃黄山。

2）最大效益原则

旅游者总是希望用最小的付出获得最大的收益，这就是最大效益原则。人们在最大效益原则驱使下，一般会有这样的倾向：一是旅游时选择最有名的旅游地，例如，景观特征相类似的两处旅游地，旅游者往往选择名气大一些的旅游地；二是选择自然环境和文化环境与居住地差异较大的旅游地，例如，平原地区的旅游者往往选择山区，内地居民选择沿海等。

3）旅游偏好

旅游者由于年龄、性别、职业、学历等因素的不同，对旅游地感兴趣的程度也不同，这就是**旅游偏好**。就年龄而言，少年儿童天真活泼，对新鲜事物充满热情，特别是对游乐设施充满兴趣。青年人精力充沛，活泼好动，新鲜感强，喜欢新奇的、充满神秘色彩的旅游地。老年人则沉稳老练，加上体力不如年轻人，所以喜欢清静之地。

以上是一般旅游者出游时影响目的地选择的因素，在现实的自助旅游决策时，旅游者除了受到以上因素的影响外，还需要考虑时间和经济承受能力。时间决定着出游的距离，经济承受能力决定着自助旅游的可能性及旅游中的花费、开支等情况。

小思考 12-1

你认为影响你选择旅游目的地的最主要因素是什么？

答：从经济因素、时间因素、个人偏好这几个方面来回答，具体答案因人而异。

12.2.2 旅游线路的设计

自助旅游成行前，必须事先做一个周密的旅行计划，其最主要的便是设计一条可行的旅游线路。**旅游线路的设计**是指在一定地域空间，旅游者根据自己的旅行目的，凭借交通路线与交通工具，遵循一定原则，将若干旅游地的旅游景点、旅游设施合理地贯穿起来，专为开展旅游活动而设计的游览路线。旅游线路的设计是一项非常重要的工作，一条好的路线能够省时、省力，使旅行者顺利到达旅游目的地。

自助旅游者在设计旅游线路时，一般应遵循以下几个原则：

1）旅游线路设计要体现旅游者的个性化

自助旅游的个性化充分体现在旅游线路的个性化上面。个性化的旅游线路即是指具有特色的旅游线，能够充分展示旅游目的地的资源特征，并能深层次挖掘旅游地的旅游内涵，同时也能满足自助旅游对特色旅游的需求。自助旅游线路无需考虑市场的因素，无需考虑线路是“冷”是“热”。例如，假设从济南出发，在山东境内做自助旅游，不同的线路设计将体现出旅游者不同的兴趣与爱好。济南—锦绣川—莱芜九龙大峡谷—临沂蒙山就是一条以山野休闲、生态旅游、体验原始自然风光为主题的旅游线。虽然泰山距济南不到70千米，但是由于泰山属热点旅游景区，已被深度开发，不符合设计者的线路主题，故不能设计到线路中去。

2）尽量采用闭合的环状旅游线路，避免大的迂回往返

闭合的环状旅游线路可以使旅游者避免走重复路线，造成不必要的时间浪费，以达到花最少的时间、游玩最多旅游地的目的，可以体验更多类型的地域文化和自然景观。在环状的旅游线路中，要尽可能多地串联旅游点和丰富的旅游内容。仍以山东境内的旅游线为例，济南（趵突泉、大明湖、千佛山、泉城广场）—泰安（泰山）—曲阜（三孔）—临沂（蒙山）—淄博（鲁山、齐国故都）—济南，就是一条比较好的名山与齐鲁文化相结合的环状旅游环线。

3）要考虑到景区（点）的季节性

旅游地有热点和冷点之分，同一旅游地又有淡、旺季之分。在旅游热点地区的旅游旺季，游客量大，交通、住宿设施拥挤，有时旅游地严重超载，人满为患。自助旅游者设计线路时，一定要注意避开旅游热点地区的旅游旺季，以减少旅行中可能会遇到的麻烦。可有意识地关注旅游热点的淡季或旅游“温”“冷”点。例如，你若计划到泰山旅游，应尽量避开“五一”或“十一”等旅游高峰期。

4）旅游线路要保证旅游者的安全

出门旅游，安全第一。安全因素是自助旅游线路的设计者必须重点考虑的要素。一方面要避免路线中游客拥挤、碰撞、阻塞线路，甚至造成事故；另一方面要避免路线中气象灾害区、地质灾害区和人为灾害区的影响。对一些有特殊爱好的旅游者，如探险旅游、登山旅游、远足等，要考虑到线路上必要的安全救护和保护措施，如旅游线路中应有车辆维修站、救援人员及医院等。

根据以上原则，自助旅游者就可以设计出游的旅游线路了。除此之外，应根据自己的时间及经济支付能力确定路线的长短。如果假期时间长，又有足够的旅游费用支付能力，就可以选择较远的旅游景点和较长的旅游路线；而在短期的节假日，则适合到郊区或近程景点去旅游。对于初次旅游或者旅游知识不十分丰富者，可以采用旅行社推出的旅游路线。

小思考12-2

假如你有两天时间，你会选择什么样的地方去旅游？为什么？

答：因受时间限制，要选择近距离的旅游地旅游，但具体的旅游地点的选择因个人偏好不同而有差异。

观念应用12-1

运用本章所学的云南省的相关知识，根据自助旅游线路的设计原则，设计一条自助旅游线路。

[分析提示]

优秀自助旅游线路推荐：云南泸沽湖、丽江、大理、昆明。

所需时间：约11天　所需费用：约3 000元　最佳游览季节：一年四季

路线：第一天，乘车到达四川攀枝花市。

第二天，早上6点30分乘长途汽车到宁蒗彝族自治县，然后转乘开往永宁的中

巴，约2小时后到达泸沽湖畔较大的村寨——落水。在此可以领略摩梭人独特的母系氏族社会风情，也可以乘独木舟游览湖中的蛇岛和鸟岛。

第三天，一早由落水返回宁蒗彝族自治县，再转乘汽车赴216千米外的丽江，当天下午即到。当日可游览黑龙潭，远观玉龙雪山。

第四天，前往丽江西北部的玉龙雪山，游览玉峰寺、万朵山茶、干海子白沙壁画等，漫步丽江旧城大研镇。

第五天，游览虎跳峡和石鼓镇的长江第一弯。

第六天，由丽江南下至大理白族自治州首府——下关。下午抵达下关镇后游大理古城，喝著名的“三道茶”。

第七天，游览洱海、蝴蝶泉、大理三塔。可品尝大理的风味小吃——沙锅鱼和凉鸡米线。

第八天，由下关乘约8小时的长途车抵达昆明，当天可购买云南的土特产品，品过桥米线等著名小吃。

第九天，乘车游览距昆明70千米的石林景区，当日返回昆明。

第十天，游昆明市的大观楼、圆通寺、世博园等。

第十一天，离开云南。

12.2.3 出游前的准备

路线确定以后就可以准备出游了。出游前至少要做三个方面的准备，一是熟悉目的地知识，二是备好交通工具，三是常用物品的准备。

1）旅游目的地知识的准备

出游前，必须对所要去的目的地进行一定程度的了解。例如，当地旅游资源的概况、经济发展水平，有无特殊的禁忌等等。获取资料的途径有互联网、报刊、书籍、电视等。

2）交通方面的准备

可以利用地图了解交通状况，决定交通方式是火车、汽车、轮船还是自行车、徒步，要了解所使用交通工具的时间、准确的车站、码头、机场位置，预订好车票、船票、机票。如果是自己驾车或骑车旅游，一定要准备好、检修好使用车辆。徒步旅游、自行车旅游和自驾车旅游最好有车用导航或手机导航并携带罗盘。

3）常用物品的准备

（1）根据天气预报选择服装

对所去地区的天气状况要预先了解，根据天气情况准备服装。如果秋季到北京、西安等北方城市，最好穿深色的服装，要备一两件防寒的服装。因为这些地区秋季短促，秋、冬之间并没有很明显的界限，天气变化突然，寒气来得快。而同一季节到南方地区，则可穿色彩明丽、质地轻薄的棉、绒服装，因为南方多潮湿，这类服装防湿气，穿着舒服、惬意。探险旅游者、登山旅游者还要学习一定的气候变化知识，准备好相应的器材和服装。

（2）带一些必备的药物

一般有以下几种（可根据不同情况从中加以选择）：①抗生素类药物，如麦迪霉素、乙酰螺旋霉素、复方新诺明等，另备黄连素片，专用于肠道感染。②抗病毒药物，如板蓝根、苦甘冲剂等。③解热镇痛类药物，如阿司匹林、扑热息痛、去痛片等。④消化系统常用药，如快胃片、痢特灵、三九胃泰、开塞露等。⑤呼吸系统常用药，如速效伤风胶囊、复方甘草片、维C银翘片、牛黄解毒丸、草珊瑚或西瓜霜含片等。⑥镇静安眠类药物，如安定等。⑦心脏、心血管类药，如硝酸甘油、心痛定等。⑧抗过敏药物，如扑尔敏、息斯敏等。⑨防暑药，如藿香正气水、人丹、清凉油等。⑩外伤药，如正红花油、云南白药、红紫药水、碘酒等。

（3）摄影器材

携带摄影器材，如照相机、胶卷、电池、充电器等。

（4）钱

现金和全国通用的银行卡最好都带上。

当然，现代智能手机功能众多，既可拍照，又可以用于支付各种费用。

（5）必备的工具和器皿

如水果刀、细绳、笔记本、睡袋、餐具等。

（6）有效证件

如身份证、工作证、学生证。

（7）水果

旅行起始阶段可以自带一些水果等。

小知识12-2

野外宿营地的选择

宿营地是旅游者食宿、设置篝火的地方。应选择能防洪水、防塌方、防风、防雷电、防火、防害虫袭击的地方；不宜设在山岩脚下、悬崖下、冲积丘上以及可能发生雪崩的地方；不要设在干枯灌木丛林区，若失火，蔓延会很快；附近要有水源。营地最好选择在树林边的草地或林中空地，这样的地方向阳，有利于晒干帐篷和营区的露水，而且风小、空气新鲜。营地还可以选在平地的小山丘顶或者靠河边的山岗上。山地的营地最好选在东南坡，避风，还可以观看日出。

本章小结

自助旅游起源于西方发达国家，起初流行于青年旅行者中，后来慢慢被城市中各个阶层所接受。由于自助旅游具有包价旅游所不具备的一些优点，所以这种新的旅游方式迅速传播到全世界各地。

自助旅游具有经济性、个性化、灵活性、人性化等特点。随着现代信息技术广泛深入到旅游业，自助旅游也越来越多地利用现代信息技术。而且自助旅游总体上将会呈现出一种社会化的发展趋势。

策划自助旅游的过程中，一般要经过三个必需的环节，即旅游目标的选择、旅游线路的设计、出游前的准备。旅游目标的选择要受到目的地感知环境、最大效益化原则和个人偏好等因素的影响。设计旅游线路时，除了要考虑时间和经济支付能力外，应遵循以下原则：①旅游线路的设计要体现旅游者的个性化。②应尽量采用闭合的、环状的旅游线路，避免大的迂回曲折。③要考虑到景区景点的季节性。④旅游线路要保证游客自身的安全。

自助旅游者在线路设计完成后，经过充分准备，就可以上路进行愉快的自助旅游了。

主要概念与词语

自助旅游　感知环境　旅游偏好　旅游线路的设计

知识练习

□ 简答题

12.1　什么是自助旅游？

12.2　自助旅游有哪些特点？

□ 填空题

12.1　在西方，自助旅游也叫________，这种旅游方式发端于________。

12.2　自助旅游的社会化趋势有两方面的含义：其一是________，其二是________。

12.3　旅游者由于性别、年龄、职业、学历等的不同，对旅游地的感兴趣程度也不同，这就是________。

□ 选择题

12.1　徒步、骑自行车或自驾车自助旅游是根据（　　）来划分。

A.参加自助旅游的人数　　B.自助旅游的方式

C.自助旅游活动的目的　　D.以上都不是

12.2　对自助旅游者而言，出游前应做好（　　）准备。

A.常用物品　　B.交通知识

C.旅游目的地的知识　　D.必备药物

12.3　自助旅游线路的设计，重点要考虑（　　）。

A.路线体现个性化　　B.景区的季节性

C.安全性　　D.人性化

技能训练

12.1　选择一条你所熟悉的旅游线路，并在地图上标出来。

12.2　假如你要参加一次登山自助旅游，你需要做哪些准备？

观念应用

□ 分析题

12.1　分析影响旅游目的地选择的因素主要有哪些？

12.2　请举例说明设计自助旅游线路时，应注意什么？

□ 实训题

12.1　结合你的旅游经历，谈一谈自助旅游的特点。

12.2　根据你所熟悉的旅游资源，设计一条自助旅游路线。

□ 综合案例

小林和明明是两个刚满16岁的初中三年级学生。中考过后的暑假，他们决定跟随邻家的大哥哥一同到西藏自助旅游。他们设计了旅游路线，确定了行程，决定7月12日从上海出发。

请你结合本章所学的知识和你的旅游经验，谈一谈他们在旅游过程中应注意些什么问题。

综合案例

案例1　中国大运河遗产

中国大运河遗产，始建于公元前486年，由隋唐大运河（卫河、通济河段）、京杭大运河（通惠河、北运河、南运河、会通河、中河、淮扬运河、江南运河段）、浙东运河共三大部分，共十段河道组成，涉及沿线8个省27座城市的27段河道和58个遗产点，全长2 700千米（含遗产河道1 011千米），是世界上开凿时间较早、规模最大、线路最长、延续时间最久的运河，被国际工业遗产保护委员会在《国际运河古迹名录》中列为最具影响力的水道。

中国大运河跨越地球10多个纬度，纵贯在中国最富饶的华北大平原与江南水乡上，自北向南通达海河、黄河、淮河、长江、钱塘江五大水系，是中国古代南北交通的大动脉，代表了工业革命前水利水运工程的杰出成就，对中国乃至世界历史都产生了巨大和深远的影响。自清末改漕运为海运后，大运河的地位逐渐衰落。

申报的系列遗产分别选取了各河段的典型河道段落和重要遗产点，包括河道遗产27段，总长度1 011千米，相关遗产共计58处。遗产类型包括闸、堤、坝、桥、水城门、纤道、码头、险工等运河水工遗存，以及仓窖、衙署、驿站、行宫、会馆、钞关等大运河的配套设施和管理设施，还有一部分与大运河文化意义密切相关的古建筑、历史文化街区等。这些遗产分布在6个省、2个直辖市、25个地级市，遗产区总面积为20 819公顷，缓冲区总面积为54 263公顷。

"活态"文化遗产是大运河遗产的显著特征。大运河山东济宁以南的部分仍在通航，在交通运输中发挥着无法替代的重要作用。其他一些河道转变成为景观河、灌溉河、排涝河，在当代社会的方方面面也发挥着重要作用。此外，大运河的"活"还体现在它始终是一条不断发展变化的运河。历史上，因为黄河改道等自然原因，大运河就曾多次变迁。近代以来，随着传统功能的部分退化，运河使用功能在发生变化，管理维护设施不断更新，运河沿线城市面貌也持续改善，而这些变化共同为大运河作为活态文化遗产的价值做出贡献。妥善处理好遗产保护与"活态"遗产持续利用是大运河遗产保护的一项重要内容。

问题：

（1）上网查阅中国大运河何时正式列入《世界遗产名录》？世界遗产委员会是如何评价的？

（2）在中国地图上连接大运河所穿过的水系和主要省份。

（3）结合学过的知识，向同学们说说你去过或熟悉的大运河沿线的景点特征，并指出景点属于哪一类旅游资源。

案例2 地质公园与旅游

“地球的过去，其重要性绝不亚于人类自身的历史，应该学会保护地球的记录，阅读人类出现以前写下的这本书。”这是1991年“国际地球记录保护宣言”发出的呼吁。1999年联合国教科文组织创立了“地质公园”这一名词，决定“建立具有特殊地质特色的全球地质景区网络”，随后提出了创建世界地质公园的计划——用25年时间在全球建立500个世界地质公园。

在我国《国家地质公园规划工作指南（试行）》中，对“地质公园”的含义作这样的界定：以具有特殊的科学意义，稀有的自然属性，优美的美学观赏价值，具有一定规模和范围的地质遗迹景观为主体；融合自然景观和人文景观，并具有生态、历史和文化价值；以地质遗迹保护，支持当地经济、文化和环境的可持续发展为宗旨；为人类提供具有较高科学品位的观光游览、度假休息、保健疗养、科学教育、文化娱乐的场所。同时也是地质遗迹景观和生态环境的重要保护区、地质研究与普及的基地。

地质公园是具有一定规模和分布范围的地质遗迹区域。地质遗迹是指在地球演化的漫长地质历史时期，由于内外动力的地质作用，形成、发展并遗留下来的不可再生的地质遗产。它是大自然送给人类的礼物。重要的地质遗迹是生态环境的重要组成部分，也是国家的宝贵财富。地质公园是保护地质遗迹的一种重要形式。它融合了自然景观与人文景观，并具有生态、自然和文化三重内涵。它为人们提供了具有较高科学品位的观光游览、度假休息、保健疗养、科学教育和文化娱乐的天然场所；同时也是地质科学的研究与普及的基地。

为了便于公众保护、了解和接受，中国对地质景观进行了分类，它们分别是：典型地质剖面、古生物景观、地质地貌景观、水体景观、地质灾害遗迹景观、地质工程景观、典型矿床及采矿遗迹景观等八类。中国是世界上地质景观最为丰富多样的国家之一，拥有令人炫目的地质遗产，因而被选为首批世界地质公园试点国。1999年年底，我国申报和评审建立国家地质公园的工作拉开了帷幕，2001年以来，我国建立了85处国家地质公园，其中8处在2004年被联合国教科文组织列入首批世界地质公园。它们是：具有“地质百科全书”之称的嵩山构造地层，在嵩山七十二峰里，从最古老的太古代到最近的新生代的岩层都有发现，被称为“五世同堂”；赤壁丹崖、灿若明霞的广东仁化丹霞山；西南奇境的云南石林岩溶峰林；直立而密集、形态各异、伟岸挺拔的张家界石英砂岩峰林；石峰夹起、秀出天半的黄山花岗岩峰林地貌；“冰川标本”江西庐山第四纪冰川遗迹；有“火山博物馆”之称的黑龙江五大连池火山群；有“华北神韵、太行风骨”之称的河南焦作云台山。它们都是我国地质遗迹景观的重要组成部分。

地质公园的建设强调地质遗迹的独有特色，把地质遗迹的保护、区域自然景观和人文历史遗迹的保护与地质研究紧密结合，并且强调以开发促进保护，把地质公园的建设同发展地方经济特别是解决当地民众就业问题紧密结合起来。在优越的自然和文化背景上建立地质公园，能进一步合理而永久地利用宝贵的自然遗产，并能产生多方面的良好效益。

问题：

（1）何谓地质公园？

（2）把以上8处世界地质公园标注在中国地理填充图上。

（3）在教材中学过的旅游景观哪些属于地质公园？

（4）地质公园的旅游价值体现在哪些方面？

（5）地质公园与自然遗产有哪些不同点？

案例3　发展旅游业如何处理开发、利用与保护的关系

（1）佛光寺里“闹”蝙蝠

佛光寺坐落在著名的四大佛教名山——五台山上。在佛光寺东大殿的阁楼里栖息着大量蝙蝠，它们白天隐藏在古建筑的楼阁内，夜晚透过缝隙飞到外面捕食。蝙蝠本身倒也没什么特别令人讨厌之处，但它们排出的粪便和尿液严重地侵蚀着古建筑的顶棚，而且这些粪便的气味也颇令游人不适。管理人员想了各种办法驱赶蝙蝠。如他们制造了一种能发出超声波的仪器，将仪器挂在蝙蝠进出的洞口。刚挂上的时候果然有效，蝙蝠吓得惊慌失措，到处乱飞，但很快这些小飞兽似乎意识到这个庞然大物是个“纸老虎”，不便对它不再理睬。

（2）我国台湾的环境保护

台湾地区把环境保护称为环境保育，主要包括生态保育和公害防治。更确切地应叫作自然保育，因为自然保育包括生态保育和地景保育，只是现在保育的重点放在生物的栖息地上，所以就习惯地称为生态保育。而无论是自然或人类造成的灾害，诸如台风、地震、泥石流，以及空气污染、水污染、噪声等都是公害防治的对象。台湾地区建立保护区较美国晚了100年、较日本晚了50年，是一批热心的专家学者们有感于环境保育的重要性，借鉴环境保护的经验，积极推动发展起来的。首先是从环境调查评估开始，接着是制订自然保育规划。专家学者们提出建立自然公园的三个宗旨：第一就是保存自然遗存的动植物和景观资源；第二是保护人类的史前遗迹、史后遗迹（如北京周口店属史前遗迹，西安秦兵马俑属史后遗迹）；第三是保护对从事学术研究与环境教育有关的资源。根据这三个宗旨，台湾地区将公园划分为五个区，进行分区管理。这五个区是：生态保护区，该区是生物生长繁育的天然环境，自然生态在这里有着完整的演替过程，因而必须受到严格的保护；特别保护区，是指无法以人力再造的特殊天然景观而必须严格限制开发的地区；史迹保护区，是为保护人类重要史前遗迹、史后文化遗址以及有价值的历史古迹而划定的地区；游憩区，是适合发展野外娱乐活动并准许建造适当娱乐设施及有限度地利用资源的地区；一般管制区，是指公园区内不属于其他各区的土地和水面，包括原有的村落，并准许保持原有土地利用形态的地区。游客不能随便进入前三个保护区，如果要进入这三个保护区，必须事先登记，一般只有进行学术研究和环境教育的才可以进去。游客只能在游憩区和一般管制区内活动，开放这两个区也是为了传播环境保育的知识和理念。

（3）世界上公园最多的城市——墨尔本

墨尔本是澳大利亚维多利亚州的首府和澳大利亚第二大城市。人们常说，要把城市建设得像花园一样美丽。那么，花园城该是什么样子的呢？走入墨尔本，你会感到这里就是一座大花园。墨尔本拥有大小公园450多个，每一位到过这里的人，都会被这座南半球城市的优美生态环境所感动。多得不能再多的城市公园和花园，几乎就是

这座城市的依托，城市的建筑物好像花园中的点缀似的。给人们的感觉是花园才是这个城市的主体。在市区800多平方千米的地盘上，一条美丽的亚拉河穿城而过，城市1/4的面积是公园，这还不包括每家每户那前后花园中的花草树木和大街小巷两旁的花坛林木。城市中的房屋就像积木一般，规矩、整齐地排列在这一片绿色之中。行走在市区，到处枝繁叶茂、绿树成荫，给人一种清新安逸的感觉。难怪在1990年被国际人口行政组织评为“最佳居住城市”。

墨尔本集中了澳大利亚近40%的制造业，全澳大利亚60%的衣服、鞋帽制品，50%以上的各类纺织品，45%的汽车及其他交通设备，40%的纸品及33%的金属加工制品、石油、化学及煤制品等均出自这里。

那么，墨尔本是靠什么把一个工业如此集中的大城市的环境，保护得如此之好呢？这不仅单纯依靠多种几棵树、多栽几盆花，对水源的严加管理是至关重要的。

（4）替生态旅游担心

尽管一些人对“生态旅游”的概念还含含糊糊、弄不明白，但到人迹罕至的地方旅游一趟的“生态热潮”已扑面而来。对此，有关专家不客气地指出，有些地方为一时的经济利益所驱使，借生态旅游之名，行商业炒作之实。他们给这些以营利为目的的“生态游”泼了一盆冷水。这水泼得好、泼得及时。

毫无疑问，真正意义上的“生态游”，除了接触自然、认识自然外，立足点更在于亲近自然、保护自然，而绝不是“打起背包就出发”那么简单。正像专家们指出的那样：国外对生态旅游的定义是十分严格的。如你的旅游线路选定科学规范吗？你将要去的地方是“国家公园”（可以放心进入）还是自然保护区（不可或有限制地进入）？旅行社向游客介绍的“生态系统”是完整的吗？最要紧的是，游客的文明出游意识具备了吗？对眼下炙手可热的“生态游”，专家学者们真的很担心。在一些景点，即使要求游客讲文明的告示牌也挡不住人们爬高走低、“拈花惹草”的行为，更不用说那些人迹罕至的“生态”之地了。看来，眼下的“生态游”不能只听旅行社的，而应该先听听专家们的。例如，针对“生态旅游”先建立科普基地，提高旅游者的素质，培训导游人员，研究选择适当路线，更重要的是要加快制定相关的规章制度，大力宣传生态旅游的必要性等。有的地方推荐生态旅游的做法，他们特别用黑体字告示牌提示游客：到了野外，除了脚步，什么都不要留下；走回城市，除了照片，什么也不要带走。

问题：

（1）大量蝙蝠栖息在佛光寺里，由此带来了古建筑的保护问题。如何既能请走这些蝙蝠，又能妥善安置它们，是一个棘手的问题。你有什么好办法？

（2）你认为台湾地区的环境保育理念对祖国大陆有何借鉴之处？

（3）花园城——墨尔本，对你所在地区的工业城市环境保护有何启发？

（4）你读了“替生态旅游担心”后，有什么感想？

案例4 最值得去的九座小城

吐鲁番——一地三季。吐鲁番市位于乌鲁木齐东南，最低海拔-154.31米。其艾丁湖畔是神州大地最低且最热的“盆底”。在连绵100多千米的火焰山，岩石是赭红色的，地表气温达70℃，难怪当年的“唐三藏取经受阻火焰山，孙悟空三借芭蕉扇”。由于气候干热，陈列在阿斯塔纳古墓中的古尸以及木器、丝绸都不腐烂。最妙的是坐在葡萄沟的棚下品尝冰镇甜瓜的感觉。棚顶上的气温高达42℃，身边渠道流淌的天山融雪水只有10℃，再往下去，钻到全国独有的坎儿井里，更是冷飕飕了。上热中凉下冷，一地三季妙不可言。城东南有苏公塔和高昌故城的公共墓地，城东北有千佛洞，人文与自然景观两相其美。

延安——永远的圣地。无论从什么角度看，延安都非常值得一去。尽管许多人已经对杨家岭的灯火、枣园的灯光、王家坪的舞会耳熟能详，但历史毕竟在这宝塔山、凤凰山、清凉山环峙的延河中转了一个弯，亲临其境，触摸每一片厚重沉实的黄土，穿越窑洞和伟人的旧居，你会感悟到一种别处无法得到的情丝。

兴城——远离工业的海滨小城。从山海关出了关，沿着辽东湾一直北行，第一个到达的城市就是兴城。兴城是渤海之滨的古城，亦是新开发的旅游疗养胜地。虽然风景无限，但是兴城“城小言微”，养在深闺尚不为人识。兴城辽时始建县，未遭战火，远离工业，是我国现存古城中最完好的一座，在这一点上它胜过丽江和平遥。

凤凰——沈从文笔下的湘西风情。读过《边城》的人都对翠翠及其生活的地方留下了美好的印象：翠翠清澈如水的性情、乡民朴实旷达的作风、月光下水边的吊脚楼等等。《边城》是自称为“乡下人”的沈从文之作，描写的就是湘西的凤凰县。出城见天星山，进山上山顶，有一方池为“天池”，溪流汩汩。下山去奇梁洞，洞内有云雾山、天堂、龙宫、阴阳河等景。出洞入江，可观赏湘西最大的瀑布大龙洞和黄丝桥古城。

丽江——云南的桃花源。位于云南西北的丽江，几年前许多人还误以为是一条小江。现在可谓盛名在外，被联合国确定为世界历史文化名城。其实，早在明清时，丽江就享誉中原。其大研城的四方街、石板路、木桥、黑龙潭，东巴文化、纳西古乐等等均引人入胜，使古城独具魅力。

西昌——卫星从这里上天。位于川西南凉山彝族自治州中部、安宁河沿岸、成昆铁路线上的西昌，作为卫星发射中心，已经伴随着中国卫星以及其他国家的卫星的多次升空而闻名遐迩。西昌可以说是中国高科技之旅的首站。在那里，人们不仅可以看到巨大的火箭发射架，而且还能了解卫星发射的全部过程。出市区城南约5千米的泸山上有“光福寺”，寺内石碑记载了西昌及周边的地震情况，为中国罕见。东南2.5千米的邛海，湖水晶莹，蒲苇苒苒。螺吉山原始森林，林中小熊猫噙竹，獐麂飞驰，有飞瀑、海子等。

凭祥——离越南最近的地方。凭祥位于祖国西南边陲的中越边境线上，没有哪个城市比凭祥更能作为中越关系的历史见证，市西南约18千米的友谊关名字的变迁便是证明。友谊关始建于明末，时称镇夷关，后改镇南关。清时老将冯子材曾于此抗击法军，取得镇南关大捷。新中国成立后，中越交好，镇南关改名睦南关、友谊关。如今，凭祥成为中越边境贸易的第一大站。

玛多——追溯黄河源头。要指出玛多的精确位置实在不易，因为它四周并没有大的城市，我们只能说它位于青海省西宁市西南遥远的地方。玛多是黄河上游第一个县城，人口稀少，气候恶劣，海拔4 000米，然而却是值得一去的地方。因为，中华文化的摇篮——黄河源头就位于该县境内。自古以来，人们纷纷来此寻根溯源。在玛多县的西郊有黄河第一桥，这里黄河水清澈见底。再往西，见鄂陵湖及鄂陵湖以西的扎陵湖。源流而上有星宿海、约古宗列曲及著名的卡日曲。

平遥——拍古装戏不用布景。从太原市往西南方向走，顺着"酒香浓郁"的汾河下行约90千米处，见一古城雄立，形貌敦厚，即为平遥。平遥古城是我国现存最完整的古城之一，被联合国选为世界历史文化名城。如今，许多古装戏在此地拍摄外景时，连布景都不用。

问题：

（1）为什么说这九座小城是最值得一去的地方？

（2）这九座小城分别位于哪些旅游区和哪一旅游线路上？

（3）在中国地理填充图上，分别把它们的地理位置标注出来。

案例5　丝绸之路

2014年6月22日，在卡塔尔多哈进行的第38届世界遗产大会宣布，中哈吉三国联合申报的古丝绸之路的东段——"丝绸之路：长安-天山廊道的路网"成功申报世界文化遗产，成为首例跨国合作、成功申遗的项目。丝绸之路是东西方之间融合、交流和对话之路，近两千年以来为人类的共同繁荣做出了重要的贡献。此次申报的天山廊道段落在丝绸之路交通与交流体系中具有突出的特点。

丝绸之路是世界上路线最长、影响最大的文化线路。丝绸之路是指起始于古代中国的政治、经济、文化中心——古都长安（今天的西安），连接亚洲、非洲和欧洲的古代陆上商业贸易路线。丝绸之路起源于汉武帝派张骞出使西域，形成其基本干道。它的最初作用是运输中国古代出产的丝绸。因此，当德国地理学家Ferdinand Freiherr von Richthofen 最早在19世纪70年代将之命名为"丝绸之路"后，即被广泛接受。

丝绸之路天山廊道始于中国汉唐时期长安/洛阳至中亚七河流域地区，伸延5 000千米，连接了开拓丝绸之路的诸政权中心的两大中心，即中国汉唐中心都城长安/洛阳及中亚七河流域地区。蒙古高原与青藏高原之间向西通过中国中部黄河中游，穿过河西走廊，延伸于天山南北，直到楚河及塔拉斯谷地等肥沃的七河地区。丝绸之路天山廊道是连接中国与欧洲的整个丝绸之路的一部分，形成于公元前2世纪至公元1世纪，公元6世纪至14世纪为繁荣期，公元16世纪前一直是当时重要的商贸通道。廊道中交错排列的贸易路网，连接着大小城镇，总长约8 700千米。被提名申遗的33处遗址反映了丝绸之路的贸易不仅创造了财富，也为人员与商品的顺利通过建造了基础设施，促进了因贸易而孕育形成的众多民族之间的交流，传播了沿路的各种思想，并促使欧亚大陆两大文化，即定居农业民族与大草原游牧社会之间的深度融合。

33处遗址中有各个帝国与可汗王国的都城宫殿、贸易居所、佛教石窟寺、古代道路、驿站、关隘、烽燧、长城、古堡、墓葬以及宗教建筑等。其中，中国境内有22处考古遗址、古建筑等遗迹，包括陕西省7处（汉长安城未央宫遗址、唐长安城大明宫遗址、大雁塔、小雁塔、兴教寺塔、彬县大佛寺石窟、城固张骞墓）、河南省4处（汉魏洛阳故城遗址、隋唐洛阳城定鼎门遗址、新安县汉函谷关遗址、陕县崤函古道石壕段遗址）、甘肃省5处（麦积山石窟、炳灵寺石窟、锁阳城遗址、悬泉置遗址、玉门关遗址处）、新疆维吾尔自治区6处（高昌故城、交河故城、克孜尔尕哈烽燧、克孜尔石窟、苏巴什佛寺遗址、北庭故城遗址）；8处遗址在哈萨克斯坦共和国的阿拉木图州和江布尔州，3处遗址在吉尔吉斯共和国楚河州。

天山廊道沿路极端的地理条件真实地反映了远距离贸易所经历的艰难挑战。道路最高处海拔达到7 400米，最低海拔-154米，触及大河、高山湖泊、平川盐滩、无垠沙漠、终年雪山和肥沃草原；从极端干旱跨越至半湿润气候地带，一路有温带森林、温带沙漠植物、温带草原、高山牧场和绿洲植被。廊道中遗址所依存的环境多有鬼斧神工般奇特而壮观的地貌，有数千年的文字记录，为遗址提供了更宽广的背景。

问题：

（1）指出上述33处遗址分别位于你所学过的哪一个旅游区？在地图上标注出来。

（2）沿路有哪些地貌类型和气候带？

（3）用自助游的知识，设计一条重走丝绸之路的旅游线路。

（4）结合现在国家提出“一带一路”建设的宏伟蓝图，谈谈丝绸之路的历史和现实意义以及重要性。

综合实训

实训题1.发展旅游业对生态环境保护是否有利？为什么？

实训题2.从事饭店业是否有必要学习中国旅游地理？为什么？

实训题3.你所在的地区有哪些著名的地貌旅游资源？

实训题4.“旅游黄金周”推出的旅游线路，在设计上应特别注重运用哪些原则？为什么？

实训题5.网络是否是旅游信息的最好载体？

实训题6.为什么说东北旅游区是一个个性鲜明、极具特色的旅游区？

实训题7.什么是城市旅游形象？以北京为例说明其旅游形象。

实训题8.根据华南区的旅游资源，以小组为单位，讨论设计生态旅游路线或海滨旅游路线。

实训题9.西南区最大的旅游特色是什么？

实训题10.旅游线路可以分为哪些类型？西北旅游区的旅游线路属于什么类型？

实训题11.青藏高原旅游区独特的自然风光和文化资源表现在哪些方面？开发重点是什么？客源市场有什么特征？

实训题12.野外旅游时，如何架设篝火？

附录1　三批国家重点风景名胜区

国务院于1982—2012年共公布了8批、225处国家级风景名胜区。它们是我国山河的精华，中华民族的瑰宝。其中，第一批至第六批原称国家重点风景名胜区，2007年起改称中国国家级风景名胜区。附录1列出了第一至第三批国家重点风景名胜区。

第一批国家重点风景名胜区

名　　称	所属行政区	风景名胜类型
1. 八达岭–十三陵	北京市	长城、帝王陵墓
2. 承德避暑山庄–外八庙	河北省承德市	古典皇家园林
3. 秦皇岛–北戴河	河北省秦皇岛市	长城、山海关长城、北戴河海滨
4. 五台山	山西省五台县	佛教名山
5. 恒山	山西省浑源县	五岳之一
6. 泰山	山东省泰安市	五岳之首
7. 青岛–崂山	山东省青岛市	山海风光、道教名山
8. 鸡公山	河南省信阳市	避暑名山
9. 洛阳龙门石窟	河南省洛阳市	四大石窟之一
10. 嵩山	河南省登封县（今登封市）	五岳之一
11. 峨眉山	四川省峨眉县（今峨眉山市）	佛教名山
12. 长江三峡	四川奉节（今属重庆）至湖北宜昌	峡谷风景
13. 黄龙寺–九寨沟	四川省松潘、南坪县（今九寨沟县）	森林公园
14. 青城山–都江堰	四川省都江堰市	道教名山、古水利工程
15. 剑门蜀道	四川省剑阁县	古蜀道遗迹
16. 重庆缙云山	重庆市	游览避暑名山
17. 武汉东湖	湖北省武汉市	湖泊风景
18. 武当山	湖北省丹江口市	道教名山
19. 衡山	湖南省衡阳市	五岳之一
20. 黄山	安徽省黄山市	游览名山
21. 九华山	安徽省青阳县	佛教名山
22. 天柱山	安徽省潜山县	游览名山
23. 太湖	江苏省苏州市、无锡市	湖泊风光
24. 南京钟山	江苏省南京市	山地名胜古迹

续表

名　　称	所属行政区	风景名胜类型
25. 杭州西湖	浙江省杭州市	湖泊风光
26. 富春江-新安江	浙江省建德、淳安、桐庐、富阳等地	江湖山风光
27. 雁荡山	浙江省乐清县（今乐清市）	名山
28. 普陀山	浙江省舟山市	山海风光、佛教名山
29. 庐山	江西省九江市	游览避暑名山
30. 井冈山	江西省井冈山市	游览名山、革命纪念地
31. 武夷山	福建省崇安县（今武夷山市）	丹霞地貌
32. 肇庆星湖	广东省肇庆市	岩溶山湖风光
33. 桂林漓江	广西壮族自治区桂林市	岩溶地貌景观
34. 黄果树瀑布	贵州省镇宁布依族苗族自治县	瀑布群
35. 云南石林	云南省路南（今石林县）彝族自治县	岩溶地貌景观
36. 大理	云南省大理市	高山湖泊风景
37. 西双版纳	云南省西双版纳傣族自治州	热带景观
38. 华山	陕西省华阴县（今华阴市）	五岳之一
39. 临潼骊山	陕西省西安市	游览名山、秦始皇陵
40. 麦积山	甘肃省天水市	石窟
41. 天山天池	新疆维吾尔自治区阜康县（今阜康市）	高山湖泊
42. 千山	辽宁省鞍山市	名山
43. 镜泊湖	黑龙江省宁安县（今宁安市）	火山堰塞湖及火山地貌
44. 五大连池	黑龙江省五大连池市	火山堰塞湖及火山地貌

第二批国家重点风景名胜区

名　　称	所属行政区	风景名胜类型
1. 野三坡	河北省涞水县	山地风景
2. 苍岩山	河北省井陉县	山地风景
3. 黄河壶口瀑布	山西省吉县、陕西省宜川县	瀑布景观
4. 胶东半岛	山东省胶东半岛东北部	海滨风光
5. 金佛山	四川省南川县（今重庆市南川区）	山地及珍稀植物
6. 蜀南竹海	四川省江安、长宁二县交界处	山地楠竹林
7. 贡嘎山	四川省甘孜藏族自治州	极高山、冰川风光
8. 大洪山	湖北省随州市	山地景观
9. 武陵源	湖南省大庸市（今张家界市）	砂岩峰林、森林公园

续表

名　　称	所属行政区	风景名胜类型
10.岳阳楼-洞庭湖	湖南省岳阳市	湖泊、古建筑
11.琅琊山	安徽省滁州市	游览名山
12.云台山	江苏省连云港市	游览名山
13.蜀岗瘦西湖	江苏省扬州市	湖泊园林
14.天台山	浙江省天台县	佛教、游览名山
15.嵊泗列岛	浙江省嵊泗县	海岛风光
16.楠溪江	浙江省永嘉县	山河风景
17.三清山	江西省德兴县、玉山县	游览名山
18.龙虎山	江西省贵溪县、余江县	道教、游览名山
19.鼓浪屿-万石山	福建省厦门市	海滨、园林风光
20.太姥山	福建省福鼎市	花岗岩地貌
21.清源山	福建省泉州市	风景名山、海上丝路遗迹
22.西樵山	广东省南海县（今南海区）	游览名山
23.丹霞山	广东省仁化县	丹霞地貌
24.桂平西山	广西桂平县（今桂平市）	游览名山
25.花山	广西宁明县	山地壁画群
26.织金洞	贵州省织金县	溶洞景观
27.㵲阳河	贵州省镇远县	山河风景
28.红枫湖	贵州省清镇县（今清镇市）	湖泊风景
29.龙宫	贵州省安顺市	溶洞景观
30.三江并流	云南省丽江纳西族自治县（今丽江市）	高山峡谷景观
31.昆明滇池	云南省昆明市	湖泊山地景观
32.丽江-玉龙雪山	云南省丽江纳西族自治县（今丽江市）	古城、极高山风光
33.鸭绿江	辽宁省丹东市	河川风光
34.金石滩	辽宁省大连市	海滨风光
35.兴城海滨	辽宁省兴城市	古城及海滨风光
36.大连海滨-旅顺口	辽宁省大连市	海滨游览避暑胜地
37.松花湖	吉林省吉林市	湖泊风景
38.八大部-净月潭	吉林省长春市	湖泊、古建筑
39.西夏王陵	宁夏回族自治区银川市	帝王陵墓
40.雅砻河	西藏自治区山南地区	古寺、藏王墓

第三批国家重点风景名胜区

名　称	所属行政区	风景名胜类型
1.盘山	天津蓟县	京都第一山
2.嶂石岩	河北省赞皇县	风景名山
3.北武当山	山西省方山县	道教名山
4.五老峰	山西省永济市	风景名山
5.王屋山-云台山	河南济源	风景名山
6.西岭雪山	四川大邑	雪山风光
7.四面山	四川江津（今属重庆）	风景名山
8.四姑娘山	四川理县卧龙	高山风光
9.韶山	湖南湘潭	革命圣地
10.隆中	湖北襄樊市（今襄阳市）	三国古迹
11.九宫山	湖北通山县	风景名山
12.莫干山	浙江省德清县	避暑胜地
13.雪窦山	浙江省奉化溪口	名山、古寺
14.双龙洞	浙江金华	岩溶地貌
15.仙都	浙江缙云县	岩溶地貌
16.齐云山	安徽休宁县	风景名山
17.桃源洞-鳞隐石林	福建永安	丹霞、岩溶地貌
18.金湖	福建泰宁	人工湖风光
19.鸳鸯溪	福建屏南	江河风光
20.海坛岛	福建平潭	海蚀地貌
21.冠豸山	福建连城	丹霞地貌
22.三亚热带海滨	海南	热带海滨
23.荔波樟江	贵州南部	江河风光
24.赤水	贵州北部	江河风光
25.马岭河峡谷	贵州西南兴义市	河谷地貌
26.腾冲地热火山	云南腾冲县	温泉风光
27.瑞丽江-大盈江	云南德宏	江河风光
28.九乡	云南宜良县	溶洞景观
29.建水	云南建水县	岩溶地貌
30.宝鸡天台山	陕西宝鸡市	风景名山
31.崆峒山	甘肃平凉市	风景名山
32.鸣沙山-月牙泉	甘肃敦煌	风沙地貌
33.青海湖	青海	鸟岛风光
34.凤凰山	辽宁省凤城县（今凤城市）	风景名山
35.本溪水洞	辽宁省本溪市	溶洞景观
36.鼓浪屿	福建省厦门市	鼓浪屿景观

附录2 中国国家重点风景名胜区分布示意图

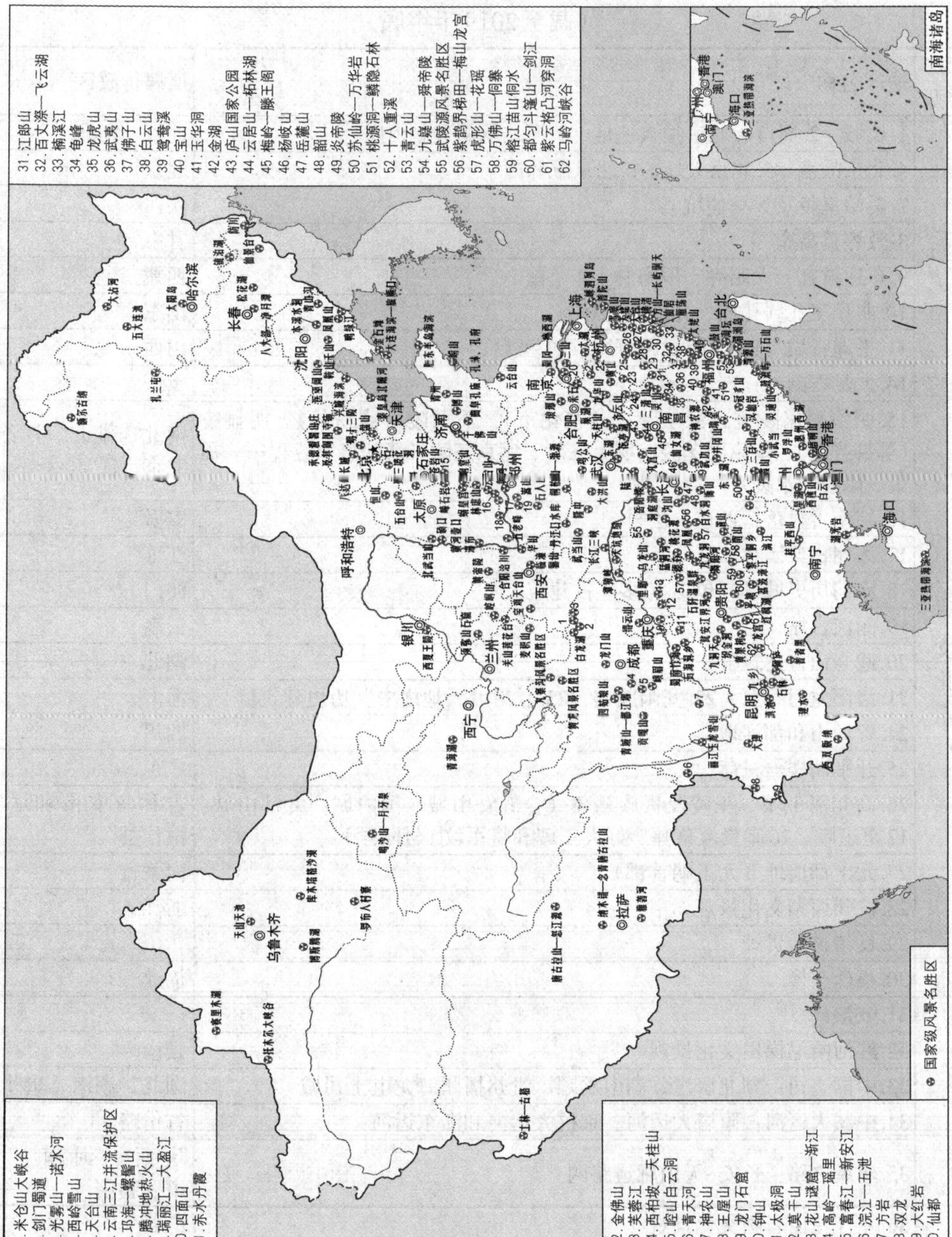

附录3 我国列入《世界遗产名录》的景点

（截至2019年年底）

遗产类型	遗产名称	所属行政区
文化遗产	1.长城 2.周口店北京猿人遗址 3.河北承德避暑山庄	北京、河北
	4.北京故宫 5.北京天坛 6.北京颐和园	北京
	7.秦始皇陵及兵马俑坑	陕西
	8.敦煌莫高窟	甘肃
	9.布达拉宫、大昭寺、罗布林卡	西藏
	10.曲阜三孔（孔庙、孔府、孔林）	山东
	11.平遥古城 12.大同云冈石窟 13.五台山	山西
	14.大足石刻	重庆
	15.明清皇家陵寝：清东陵（冀遵化市）、清西陵（冀易县）、明显陵（鄂钟祥市）、南京明孝陵、明十三陵、盛京三陵（清朝皇家陵寝——福陵、昭陵和永陵）	河北、湖北、江苏、北京、辽宁
	16.皖南古村落：西递、宏村	安徽
	17.苏州古典园林	江苏
	18.澳门历史城区（包括20多座古建筑）	澳门
	19.丽江古城	云南
	20.武当山古建筑群	湖北
	21.洛阳龙门石窟 22.安阳殷墟 23.登封“天地之中”历史建筑群	河南
	24.青城山和都江堰	四川
	25.开平碉楼与村落	广东
	26.高句丽王城、王陵及贵族墓葬（含五女山城、国内城、丸都山城、12座王陵、26座贵族墓葬、好大王碑和将军坟1号陪冢）	吉林集安市和辽宁桓仁县
	27.元上都遗址（元王朝首都）	内蒙古
	28.杭州西湖文化景观	浙江
	29.良渚古城贵址	
	30.福建土楼	福建
	31.鼓浪屿	
	32.红河哈尼梯田文化景观	云南
	33.中国土司：湖北唐崖、湖南永顺、贵州播州海龙屯土司城	湖北、湖南、贵州
	34.中国大运河：隋唐大运河、京杭大运河和浙东运河	省份略
	35.丝绸之路：长安-天山廊道路网	陕西、河南、甘肃、新疆
	36.左江花山岩画文化景观	广西
	37.庐山	江西

续表

遗产类型	遗产名称	所属行政区
自然遗产	1.九寨沟国家级名胜区　2.黄龙国家级名胜区　3.大熊猫栖息地（包括卧龙、四姑娘山、夹金山脉）	四川
	4.武陵源国家级名胜区	湖南
	5.三江并流	云南
	6.中国南方喀斯特（由云南石林的剑状、柱状和塔状喀斯特,贵州荔波的锥状喀斯特,重庆武隆的以天生桥、地缝、天坑群等为代表的立体喀斯特共同组成）	云南、贵州、重庆
	7.三清山	江西
	8.中国丹霞（广东丹霞山、福建泰宁、浙江江郎山、江西龙虎山、湖南崀山、贵州赤水）	粤、闽、浙、赣、湘、黔
	9.澄江化石地	云南
	10.新疆天山（含托木尔峰、喀拉峻-库尔德宁、巴音布鲁克、博格达4个片区）	新疆
	11.神农架	湖北
	12可可西里	青海
	13.梵净山	贵州
	14.黄（渤）海候鸟栖息地（第一期）	江苏
文化自然双重遗产	1.泰山	山东
	2.峨眉山-乐山大佛名胜区	四川
	3.黄山	安徽
	4.武夷山	福建

主要参考文献

［1］林婉如．中国经济地理［M］．5版．大连：东北财经大学出版社，2017.

［2］罗兹柏，张述林．中国旅游地理［M］．天津：南开大学出版社，2000.

［3］保继刚，楚义芳．旅游地理学［M］．北京：高等教育出版社，2012.

［4］王柯平．旅游美学［M］．4版．北京：旅游教育出版社，2015.

［5］刘振礼，王兵．新编中国旅游地理［M］．天津：南开大学出版社，1999.

［6］中华人民共和国国家统计局．2020年中国统计年鉴［M］．北京：中国统计出版社，2020.

［7］中华人民共和国国家旅游局．2006年中国旅游年鉴［M］．北京：中国旅游出版社，2006.

［8］中国科学院地理科学与资源研究所，中国地理学会．中国国家地理［J］．北京：中国国家地理杂志社，2005—2015.